Paul Innerhofer und Christian Klicpera
Die Welt des frühkindlichen Autismus

W0188381

Paul Innerhofer und Christian Klicpera

Die Welt des frühkindlichen Autismus

Befunde, Analysen, Anstöße

Ernst Reinhardt Verlag München Basel

Prof. Dr. Paul Innerhofer
Doz. DDr. Christian Klicpera

Institut für Psychologie der Universität Wien
Abteilung für Angewandte und Klinische Psychologie

L. Boltzmann-Institut für Präventiv- und
Rehabilitationspsychologie im Jugendalter

CIP-Titelaufnahme der Deutschen Bibliothek

Innerhofer, Paul:
Die Welt des frühkindlichen Autismus : Befunde, Analysen, Anstösse / Paul
Innerhofer u. Christian Klicpera. – München ; Basel : E.
Reinhardt, 1988
    ISBN 3-497-01146-0
NE: Klicpera, Christian:

© 1988 by Ernst Reinhardt, GmbH & Co, München. Dieses Werk einschließlich aller
seiner Teile ist urheberrechtlich geschützt. Jede Verwertung außerhalb der engen
Grenzen des Urheberrechtsgesetzes ist ohne schriftliche Zustimmung der Ernst Rein-
hardt, GmbH & Co, München, unzulässig und strafbar. Das gilt insbesondere für
Vervielfältigungen, Übersetzungen in andere Sprachen, Mikroverfilmungen und die
Einspeicherung und Verarbeitung in elektronischen Systemen.

Printed in Germany
Gesamtherstellung: F. Pustet, Regensburg

Inhaltsverzeichnis

Geleitwort 9

1. Einleitung 13

2. Theorie der logischen Formen 25

3. Empirische Befunde: Darstellung und Interpretation 40

3.1. Ein Denken ohne Vorstellung: Zusammenhangloses Denken . . 40
3.1.1. Intelligenz und Intelligenzprofile 40
3.1.2. Spezielle kognitive Fähigkeiten 43
3.1.3. Die kognitive Entwicklung autistischer Kinder nach dem Piaget'schen Modell 45
3.1.4. Gedächtnisleistungen autistischer Kinder 51
3.1.5. Sensorische Defizite bei autistischen Kindern 54
3.1.6. Bedingungsanalyse mit Hilfe des Experimentes: Der Ansatz von Hermelin und O'Connor 58
3.1.7. Spielverhalten 70
3.2. Eine Sprache ohne Vorstellung: Akontextuale Sprache 76
3.2.1. Die präverbale Phase und die Anfänge der Sprachentwicklung . 78
3.2.2. Phonologie und Artikulation 80
3.2.3. Syntax 80
3.2.4. Semantik 84
3.2.5. Intonation 88
3.2.6. Pragmatik 90
3.2.7. Vertauschen persönlicher Fürwörter 94
3.2.8. Echolalien 98
3.3. Ein Sozialverhalten ohne Vorstellung: Sozialverhalten ohne Bild vom Anderen 104
3.3.1. Blickkontakt 113
3.3.2. Distanzverhalten 115
3.3.3. Non-verbale Kommunikation 119
3.3.4. Gesichter Erkennen, affektiver Ausdruck und soziales Verständnis: Der neue Ansatz von Hermelin, O'Connor und Frith . 122
3.4. Ein Verhalten ohne Vorstellung: aus dem Zusammenhang gerissenes Verhalten 129

3.4.1.   Der Drang zum Aufrechterhalten von Gleichheit und Unver-
           ändertheit in der Umgebung. Ritualistische und zwanghafte
           Verhaltenselemente   129
3.4.1.1.   Das Bedürfnis nach Gleichförmigkeit 132
3.4.1.2.   Die Ausprägung besonderer Interessen 133
3.4.1.3.   Die Neigung zu Ritualen 134
3.4.1.4.   Die Neigung zu zwanghaften Reaktionen   135
3.4.2.   Stereotypien 135
3.4.3.   Selbstverletzendes Verhalten 140
3.5.   Entwicklungsverlauf der autistischen Störung 142
3.5.1.   Die Entwicklung der sozialen Kontaktfähigkeit 145
3.5.2.   Die Entwicklung der Sprache 147
3.5.3.   Die Entwicklung kognitiver Fähigkeiten 149
3.5.4.   Die Entwicklung ritualistischen und zwanghaften Verhaltens . . 149
3.5.5.   Die Entwicklung aggressiven und selbstverletzenden Verhal-
           tens 150
3.5.6.   Affektive Entwicklung 150
3.5.7.   Sexuelle Schwierigkeiten während der Adoleszenz 151
3.6.   Somatische Faktoren in der Genese des frühkindlichen Autis-
           mus 154
3.6.1.   Frühkindlicher Autismus im Rahmen spezifischer Erkrankun-
           gen 155
3.6.2.   Strukturelle Veränderungen des Zentralnervensystems 157
3.6.3.   EEG-Befunde und Epilepsien 158
3.6.4.   Prä- und perinatale Risikofaktoren 159
3.6.5.   Genetische Faktoren 159
3.6.6.   Hypothesen über die Genese des frühkindlichen Autismus . . . 160
3.7.   Die Eltern autistischer Kinder 164
3.7.1.   Beziehung der Eltern zu ihren autistischen Kindern 165
3.7.2.   Auffälligkeiten der Eltern-Kind-Interaktionen, die mit den
           besonderen Schwierigkeiten der Kinder zusammenhängen . . . 166
3.7.3.   Was ist für die Eltern belastend? 166
3.7.4.   Folgen der Schwierigkeiten autistischer Kinder für die Familien . 169
3.7.5.   Besonderheiten der Eltern autistischer Kinder 171
3.7.6.   Wie können wir den Eltern wirksam helfen? 174
3.8.   Epidemiologie des frühkindlichen Autismus 176

4.   **Diagnostik** 178
4.1.   Die Selektionsdiagnostik bei autistischen Kindern: Aufgaben
           und Ansätze 179

4.1.1. Diagnostische Kriterien für das Syndrom des frühkindlichen Autismus 179
4.1.1.1. Die Definition von Kernsymptomen 179
4.1.1.2. Die Erstellung von Merkmallisten (Der Ansatz von Rimland) . . 181
4.1.2. Der differentialdiagnostische Ansatz 183
4.1.2.1. Differenzierungen innerhalb des Syndroms Autismus 183
4.1.2.2. Unterschiede und Gemeinsamkeiten zwischen geistig behinderten und normal intelligenten autistischen Kindern 184
4.1.2.3. Unterschiede und Gemeinsamkeiten zwischen dem frühkindlichen und dem Asperger'schen Autismus 186
4.1.2.4. Unterschiede und Gemeinsamkeiten zwischen geistig behinderten Autisten und alleiniger geistiger Behinderung 190
4.1.2.5. Unterschiede und Gemeinsamkeiten zwischen autistischen und dysphatischen Kindern 193
4.1.2.6. Unterschiede und Gemeinsamkeiten zwischen frühkindlichem Autismus und Schizophrenie 196
4.1.2.7. Unterschiede und Gemeinsamkeiten zwischen frühkindlichem Autismus und desintegrativer Psychose (Heller'sche Demenz) . 199
4.2. Therapievorbereitende und -begleitende Diagnostik 200
4.2.1. Theoretische Konzeption einer therapiegeleiteten Diagnostik . 202
4.2.2. Handlungen und Reaktionen, die unmittelbar von V-Schemata gesteuert werden und blockiert sind, wenn diese nicht wenigstens in rudimentärer Form vorhanden sind 203
4.2.3. Mittelbare Auswirkungen des Defizites an V-Schemata 207
4.2.4. Auswirkungen des Defizites an V-Schemata in Form von Kompensationen 209

5. Behandlung: Erziehung und Therapie 212

5.1. Eintritt in eine gesunde Welt 212
5.2. Überlegungen zur Bewertung der Autismusbehandlung 214
5.2.1. Das Kriterium der Effizienz oder die Normalisierungshypothese 215
5.2.2. Die theoretische Transparenz und das Kriterium der Wissenschaftlichkeit 216
5.2.3. Das Kriterium des ethisch Vertretbaren 217
5.2.4. Therapie und Selbstentfremdung durch die therapeutischen Eingriffe 219
5.2.5. Die Anwendung von Kriterien und die Zusammenschau von Gesichtspunkten im Gespräch mit den Beteiligten 220
5.3. Hinweise zur Gewinnung von Therapiezielen 220
5.4. Gestaltung des Alltags in Zusammenarbeit mit den Eltern . . . 222

5.4.1.   Lernen, mit autistischen Kindern zu leben   224
5.4.2.   Beschützende Lebenshilfe für das Kind   225
5.4.3.   Gestaltung der Umgebung unter der Rücksicht der Lernerleich-
         terung   227
5.5.   Spezielle therapeutische Förderung   228
5.5.1.   Aufbau praktischer Fertigkeiten   230
5.5.2.   Aufbau sozialer Verhaltensmuster   231
5.5.3.   Aufbau von Kommunikation   232
5.5.3.1. Verhaltenstherapeutische Sprachaufbauprogramme   232
5.5.3.2. Linguistisch orientierte Sprachaufbauprogramme   242
5.5.3.3. Die Berücksichtigung besonderer Merkmale autistischer Kin-
         der in der Sprachtherapie   246
5.5.3.4. Der Einsatz anderer Sinnesmodalitäten in der Sprachtherapie .   248
5.5.3.5. Aufbau von Kommunikation nach der Theorie der logischen
         Formen   249
5.5.4.   Abbau störender Verhaltensweisen   251
5.5.4.1. Behandlung von Stereotypien   252
5.5.4.2. Medikamentöse Behandlung   256
5.6.   Schulische Integration   258
5.7.   Therapie der autistischen Kinder – Einbeziehung der Eltern . .   259
5.7.1.   Die Festhaltetherapie   262

6.   **Abschließende Reflexion**   267

Literaturverzeichnis   270
Namenverzeichnis   283
Sachverzeichnis   286
Fallbeispiele   288

Geleitwort

Als Kanner vor etwa 45 Jahren erstmalig eine Gruppe von Kindern beschrieb, welche er »autistisch« nannte, betonte er vor allem ein anscheinendes Fehlen normaler Reaktionen auf andere Menschen als charakteristisch für die betroffenen Kinder. In der Folge zeigte sich, daß bei den meisten autistischen Kindern zusätzlich eine schwere geistige Behinderung vorliegt, die sich vor allem in abnormer Sprachentwicklung, dem Nicht-Verstehen von Symbolen und symbolischen Handlungen wie in einem Nicht-Begreifen von gesetzmäßigen Zusammenhängen und Regelmäßigkeiten äußert. Es stellt sich nun die wichtige, meiner Ansicht nach noch nicht beantwortete Frage, ob und in welcher Weise diese beiden Basisdefizite – die abnormen Reaktionen im sozialen Bereich und die kognitiven Schwierigkeiten – einander bedingen. Auffallend ist dabei, daß abnormes Verhalten autistischer Kinder häufig von Geburt an von ihren Eltern bemerkt wird, und dies bezieht sich sowohl auf das Verhalten gegenüber anderen Menschen wie auch auf dasjenige gegenüber der gegenständlichen Umwelt. Dies läßt jedenfalls den Schluß zu, daß die eine Art der Fehlentwicklung wohl doch nicht als Folge einer Abnormität auf dem anderen Gebiet angesehen werden kann.

Kanner hatte bereits ausgeführt, daß seiner Meinung nach dem Autismus eine biologische Pathologie zugrunde liegen müsse. Es hat sich bisher jedoch als außerordentlich schwierig erwiesen, eine abnorme Entwicklung im Zentralnervensystem zu erkennen, von der die Mehrzahl der an Autismus leidenden Kinder betroffen wäre. Allerdings stellt der Autismus in dieser Hinsicht keinen Einzelfall dar. Dieselben Schwierigkeiten bestehen in bezug auf andere psychiatrische Erkrankungen, so z.B. die Schizophrenie. Trotzdem werden aber endgültige Aussagen über das Wesen und den Grund für den Autismus erst dann gemacht werden können, wenn es gelungen ist, die dem Syndrom zugrunde liegende abnorme Neurophysiologie und Neurochemie zu erkennen.

Das vorliegende ausgezeichnete Buch bietet einen umfassenden Überblick über den gegenwärtigen Stand der Autismusforschung auf allen ihren Teilgebieten. Das Neue und Wichtige daran ist, daß sich die Autoren nicht mit einer Aufzählung von klinischen Beobachtungen und Forschungsergebnissen begnügen; sie gehen einen entscheidenden Schritt weiter, indem sie diese diversen Tatsachen innerhalb einer begrifflich einheitlichen Theorie zu ordnen suchen, und ermöglichen uns so, die mannigfaltigen Manifestationen des Autismus als Ganzes zu begreifen.

Im Zentrum dieses Buches steht das Argument, daß autistische Kinder nicht
fähig sind, Vorstellungsschemata zu bilden; da es aber gerade solche Vorstellungen sind, die Einzelinformationen erst in Zusammenhänge bringen, bleibt
ohne sie die Umwelt für autistische Kinder fragmentarisch und ohne Sinn. Daß
dieses Fehlen von Vorstellungsschemata vielleicht nicht alle Verhaltensweisen
autistischer Kinder gleichermaßen erklärbar macht, liegt im Wesen der viel-
schichtigen Symptomatik des Krankheitsbildes begründet und beeinträchtigt in
keiner Weise diesen durchdachten Versuch, uns ein einheitliches Bild der
kognitiven Pathologie des Autismus zu geben.

Es muß überdies hervorgehoben werden, daß es den Autoren gelungen ist,
sowohl Fachkollegen wie auch Eltern und Betreuer autistischer Kinder gleichermaßen anzusprechen. Dies ist in der heutigen Fachliteratur nur allzu selten
und sicherlich auf die klare Sprache zurückzuführen, die hier benutzt wird.
Diese wiederum ist ein Zeichen für das klare Denken, das ihr zugrunde liegt,
und dem man auf diesem komplexen Gebiet nicht häufig begegnet. Schließlich
sei darauf hingewiesen, mit welchem Mut zur Ehrlichkeit die Grenzen aufgezeigt werden, die trotz erheblicher Teilerfolge der Therapie wie auch dem
vollen Verständnis der betroffenen Kinder noch gesetzt sind. Nur mit der hier
demonstrierten Integrität werden sich weitere Fortschritte in der Erforschung
des Autismus erzielen lassen.

Beate Hermelin
London 1987

*Frau Dr. Gertrud Bleek-Siedl in Dankbarkeit
für die vorbildhafte und fruchtbare Zusammenarbeit
zwischen Psychologie und Psychiatrie, die sie an
der kinderpsychiatrischen Abteilung des
Max-Planck-Instituts für Psychiatrie ermöglichte.*

1. Einleitung

Bestimmte psychische Störungen üben auf den Menschen eine starke Faszination aus. Die Beschäftigung mit ihnen erscheint ebenso interessant wie die Auseinandersetzung mit einer philosophischen These.

1943 beschrieb der Kinderpsychiater Kanner elf behinderte Kinder und gab ihrer Störung den Namen »frühkindlicher Autismus«. Ein besonderes Merkmal dieser Kinder ist das völlige In-sich-zurückgezogen-sein.

Viele dieser Kinder fallen als besonders hübsch auf und ihre soziale Zurückgezogenheit läßt sie manchmal wie Traumwandler erscheinen. Ihre abnorme Beziehung zu Gegenständen, zu Menschen und zu sich selber, bei anscheinend normaler Intelligenz, legt den Forschern die Frage nahe, ob hier die Natur nicht einen Spalt öffnet, um in das Wirkungsgefüge der frühkindlichen Sozialisation hineinschauen zu können. Eltern und Therapeuten verbinden damit die Hoffnung, diesen Kindern näherzukommen und ihnen ein normales Leben ermöglichen zu können. Die werdende Persönlichkeit eines Kindes im Zusammenspiel von Begabung und Erziehung ist uns noch weitgehend unbekannt. Die Bedingungen sind zu vielfältig und wenig dauerhaft und vollziehen sich in zu raschem Wandel, um diese Wirkungsprozesse erforschen zu können.

Heute, mehr als 40 Jahre nach Kanners erster Publikation, hat sich unser Bild vom frühkindlichen Autismus etwas modifiziert. An die Stelle vage formulierter Hoffnungen sind differenzierte Kenntnisse getreten, eine Fülle von Einzelbefunden, für deren Zusammenschau eine Theorie bislang fehlt.

Die Erfahrung mit einem Denkspiel

Um einen persönlichen Zugang zur Erfahrungswelt autistischer Kinder zu gewinnen, möchten wir dem Leser eine durchaus logische, aber doch verwirrende Aufgabe stellen.

Eine logische Aufgabe

»Die Mädchen schwatzten am Schulausflug von Aki, Bauzi, Knirps und Dicki. Die Lehrerin fragte: ›Wovon redet Ihr eigentlich?‹ Eine Schülerin antwortete: ›Von einem Mädchen, einem Hund, einem Jungen und einer Katze.‹ Darauf die Lehrerin: ›Und wer ist was?‹ Das Mädchen gab zur Antwort: ›Wenn Aki nicht der Junge ist und Bauzi nicht das Mädchen, dann ist Knirps der Hund. Wenn Dicki nicht die Katze ist, dann ist, falls Aki nicht das Mädchen ist, Bauzi der Hund.‹ Mindestens eine der folgenden drei Angaben ist richtig. Knirps ist die Katze, Dicki ist der Junge, Aki ist der Hund. Wenn weder Knirps noch Dicki das Mädchen sind, dann ist Bauzi der Hund. Wie heißen Junge, Mädchen, Hund und Katze?«

Wir verstehen die Sprache dieses Denkspiels. Der einzelne Satz für sich genommen ist klar und einfach. Um aber die Lösung zu finden, müßten wir *»alle Sätze zugleich denken«* können und das überfordert uns. So sind wir geneigt, nach dem zweiten Satz abzuschalten, oder wir greifen zu einem Hilfsmittel: zu Bleistift und Papier.

Der Leser dieses Denkspiels erlebt wahrscheinlich etwas, das in manchen Aspekten den Erfahrungen ähnlich ist, die autistische Kinder im alltäglichen Umgang mit Menschen und Gegenständen machen: Eine starke Verwirrung, weil die Teile nicht zu einem sinnvollen Ganzen zusammengebracht werden können.

Verallgemeinern wir diese Erfahrungen, so können wir sagen:

1. Selbst eine klare logische Aufgabe hinterläßt in uns das Gefühl der Verwirrtheit, wenn wir ihre Logik nicht erfassen.
2. Dieser Zustand der Verwirrtheit ist unangenehm und Situationen, in denen uns solche Aufgaben gestellt werden, versuchen wir zu vermeiden.
3. Der räumlichen Vermeidung folgt die psychische: Die geistige Auseinandersetzung ist nicht mehr möglich. Wir ziehen uns von der Anforderung geistig und physisch zurück.
4. Diese Erfahrung hinterläßt in uns eine negative Selbstbewertung: Ich bin zu dumm, ich schaffe das nicht, ich muß diese Aufgabe anderen überlassen. Was zunächst nur wie ein intellektuelles Problem ausgesehen hat, hinterläßt Spuren in unserer Gefühlswelt.

Ist es nur ein Spiel, das wir zu meiden beginnen, oder ein Schulfach, so hält sich der Schaden in Grenzen. Es sind genug alternative Bereiche vorhanden, auf die wir ausweichen können. Autistische Kinder werden jedoch schon von Alltagssituationen so verwirrt, daß sie verleitet werden, die Augen zu verschließen und in die innere Emigration flüchten. Wie muß es einem Menschen ergehen, den schon einfache soziale Interaktionen mit dem Gefühl zurücklassen: »Die Mutter verwirrt mich, ich kann ihre Absichten nicht verstehen und ihre Reaktionsweisen ergeben für mich keinen Sinn!« Diese Fragen werden uns von nun an ständig begleiten.

Zunächst aber wollen wir drei autistische Kinder vorstellen:

Donald, Elisa und Felix.

Als Einzelfälle zeigen sie zugleich das Typische, aber auch die Spanne der individuellen Unterschiede in der Ausprägung dieses Störungsbildes.

Drei Fallbeispiele

Donald gehört zu jener Gruppe autistischer Kinder, deren Intelligenz im Normalbereich liegt, und die doch die typisch autistischen Verhaltensweisen zeigen: Vermeidung sozialer Interaktionen, bizarre Interessen, Streben nach einer gleichförmigen Umwelt usw. Wir bringen hier einen Auszug aus der Falldarstellung von Kanner (1943):

Donald

Donald ist fünf Jahre alt, als er dem Psychiater vorgestellt wird. Bevor der Vater mit ihm in die Klinik kam, schickte er einen 33 Seiten langen Bericht über Donalds Biographie. *Er fällt früh auf durch ungewöhnliche Gedächtnisleistungen.* Donald konnte schon mit einem Jahr Lieder singen. Er hatte schon mit zwei Jahren ein ausgeprägtes Gedächtnis für Gesichter und kannte eine große Zahl von Häusern. Er lernte den 23. Psalm auswendig und 25 Fragen und Antworten des Presbyterianischen Katechismus. Er fand an Bildern Interesse und hatte keine Mühe, diese schnell aus einer großen Zahl wiederzuerkennen. Er lernte auch schnell das Alphabet vor- und rückwärts zu sprechen und bis 100 zu zählen. *Er war alleine am glücklichsten.* Schon früh wurde beobachtet, daß er alleine am glücklichsten war. Er schien sich selbst zu genügen. Er bat die Mutter nie, daß sie ihn irgendwohin mitnehme. Das Heimkommen des Vaters schien er nicht zu bemerken. Er registrierte überhaupt nicht, ob jemand kam oder ging, und er zeigte nie Freude, den Vater, die Mutter oder einen Spielkameraden wiederzusehen. Die Eltern brachten einmal einen gleichaltrigen Waisenjungen mit nach Hause. Doch Donald ging ihm aus dem Weg, er stellte keine Fragen und beantwortete keine. Einmal gingen die Eltern mit ihm auf einen Spielplatz. Er weigerte sich, am Rutschen teilzunehmen. Als am nächsten Morgen keine Kinder am Spielplatz waren, ging er zum Rutschbrett, um zu rutschen. Er rutschte immer nur, wenn keine Kinder anwesend waren, die ihn hätten anschubsen können. Er zog sich auch sonst oft zurück und schien die Umwelt nicht wahrzunehmen – wie wenn er dauernd denken würde. Es war eine Wand zwischen ihm und der Umwelt. Er schien völlig selbstgenügsam zu leben wie in einer Muschel. *Seine Gefühle waren für die Eltern oft nicht nachvollziehbar und ebenso auffällig waren seine Interessen.* Donald war immer heiter und geschäftig, doch immer mit sich alleine. Wurde er gestört, bekam er einen Wutanfall und wurde destruktiv. Mit drei Jahren zeigte er eine große Angst vor Dreirädern. Mit zwei Jahren entwickelte er eine Manie, Gegenstände zu kreiseln. Er brachte alle möglichen Gegenstände zum Kreiseln und sprang dann ekstatisch auf, wenn er sie kreiseln sah. Während eines Klinikaufenthaltes gewöhnte er sich das Schaukeln an. Er zeigte auch Stereotypien mit den Fingern. Der Großteil seiner Bewegungen bestand in Wiederholungen. So z. B. fädelte er Knöpfe immer in derselben Weise auf, wie es ihm sein Vater einmal gezeigt hatte. *Viele Begriffe hatten für ihn eine eingeschränkte Bedeutung.* Er äußerte viele verbale Rituale während des gesamten Tages. Wollte er hinuntergehen, sagte er: »Boo (Name der Mutter) sagt: Don, willst du hinuntergehen?« Er sprach Wörter und Phrasen vor sich her: »Dalia, Chrysanthemen, durch dunkle Wolken scheinen«. Wörter hatten für ihn eine starre Bedeutung. Er schein unfähig zu generalisieren. »Ja« bedeutete lange Zeit, der Vater solle ihn auf den Rücken nehmen (der Vater versuchte, ihm »ja« und »nein« an diesem Beispiel einmal beizubringen). Zustimmung zu einer Frage zeigte er dadurch, daß er die Frage wiederholte. Er stellte kaum Fragen und wenn, dann nur in Einwortsätzen. Er gab auch keine Antworten. *Nach Angaben der Eltern begannen die Auffälligkeiten im zweiten Lebensjahr.* Seine

Entwicklung war zunächst völlig unauffällig. Schwangerschaft und Geburt verliefen ohne Komplikationen. Mit dreizehn Monaten ging Donald. Mit zwei Jahren zeigte er, wie bereits beschrieben, ungewöhnliche Leistungen und die ersten Auffälligkeiten. Sein Spielen war stereotyp, wurde aber mit der Entwicklung variationsreicher. Doch es blieb ritualistisch. Aufmerksamkeit und Konzentration wurden zunehmend besser, und manchmal nahm er auch spontan Kontakt zu Personen auf. Er zeigte auch Freude, wenn er gelobt wurde. Mit viel Mühe wurde er dazu gebracht, einfache Verhaltensformen zu übernehmen und Gegenstände sinnvoll zu gebrauchen. Mit neun Jahren stellte er Fragen korrekt, aber in zwanghafter Weise. Auch war er unerschöpflich in der Variation bestimmter Fragen: »Wieviele Tage hat eine Woche?« »Wieviele Tage hat ein Monat?« »Wieviele Tage hat eine halbe Woche?« usw.

Auszug aus der Krankengeschichte von Elisa

»Elisa hat in der beobachteten Stunde von sich aus keinen Kontakt mit den anderen Kindern aufgenommen. Einmal ging Martin zu ihr hin und nahm ihr von den Legosteinen, mit denen sie spielte, einen weg. Sie wehrte sich durch Kratzen, ließ die Steine aber dann liegen und ging einige Schritte weg. Mehr an sozialem Geschehen konnte nicht beobachtet werden. Als ich in das Zimmer trat, begrüßte mich die Erzieherin und die Kinder kamen her oder schauten zu mir. Nur Elisa sah nicht auf und es war nicht zu erkennen, ob sie mich nicht bemerkte, oder ob sie auf mein Erscheinen nicht reagieren wollte.«

Zusammenfassung des Ergebnisses der Sprachtestung

Elisa hat keinen Sprachgebrauch und auch kein Sprachverständnis. Ihr Lautrepertoire besteht aus Schreien, Weinen, Quietschen. Die häufigste spontane Vokalisation, die beobachtet wurde, ist »ge-ge-ge«. Gelegentlich wurde aber auch Echolalieren beobachtet. Das Sprachverständnis wurde zunächst mit Hilfe des Peabody Picture Vocabulary Tests zu erfassen versucht. Dies gelang aber nicht, weil Elisa bereits auf die Testinstruktionen nicht reagierte. Beobachtungen in der Gruppe ergaben, daß Elisa keine Aufforderungen, außer »Elisa, komm Essen« befolgte. Dazu war jedoch wegen der begleitenden Umstände (Essenswagen, gedeckter Tisch usw.) kein Sprachverständnis notwendig. Auf Grund längerer Beobachtung kann angenommen werden, daß Elisa kein Sprachverständnis hatte. Auch Hinweise auf ein latentes Sprachverständnis fehlten.

Protokoll einer Therapiestunde

Aufbau einfacher Interaktionsregeln:

1. Schritt: Der Therapeut rollt den Ball zu Elisa und sie lernt, ihn wieder zurückzurollen. Nach dem 34. Versuch machte sie keine Fehler mehr.
2. Schritt: Elisa bekommt den Ball und lernt, auf ein Signal des Therapeuten den Ball zum Therapeuten zu rollen, der ihn zu Elisa wieder zurückrollt. Nach zwölf Minuten wird der Versuch abgebrochen. Der Schritt ist zu groß gewählt. Elisa muß erst lernen, auf ein Signal des Therapeuten zu achten.

Nach zwanzig Minuten wird Elisa zurück in die Gruppe gebracht. Die Therapiestunde ist für diesen Tag zu Ende. Nur in ganz kleinen Schritten ist es geistig behinderten, autistischen Kindern möglich, einfache Verhaltensmuster zu erwerben.

Felix

Felix ist ein zwanzigjähriger Autist, der den Sprung zu einer selbständigen beruflichen Tätigkeit geschafft hat. Mit seiner Mutter führten wir folgendes Gespräch:

M(utter): Ich möchte mich vorstellen. Ich heiße Marianne H., bin seit 25 Jahren verheiratet, habe einen 20 Jahre alten Sohn, ein autistisches Kind. Von ihm möchte ich Ihnen erzählen. Es war eine anonyme Adoption und ich bekam ihn mit dreizehn Tagen. Als ich ihn das erste Mal gesehen habe, war ich erschrocken, da er so ein häßliches Kind war. Er wog bei der Geburt 2,70 kg und war 43 cm lang. Heute ist er 1,74 m groß und wiegt 62 kg.

P(sychologe): Frau H., haben sie dem Felix gesagt, daß sie zu uns kommen werden, um mit uns über ihn und Felix zu reden?

M: Ja. Er weiß, daß er ein Autist ist. Ich habe ihm gesagt, daß ich zu Studenten gehe, die über Autismus lernen und daß ich erzählen werde, was wir erlebt haben. Ich habe ein leichtes Unbehagen, über ihn zu sprechen, aber vielleicht kann man in Zukunft anderen eher helfen. Man muß Erfahrungen austauschen.

P: Wann ist Ihnen zum ersten Mal aufgefallen, daß Ihr Kind anders ist als andere Kinder?

M: Mir ist aufgefallen, daß er als Dreijähriger in der Nacht nicht geschlafen, sondern nur gewackelt hat. Untertags ist er zusammengebrochen und hat seinen Schlaf nachgeholt. Ich würde meinen, er ist dann aus Erschöpfung eingeschlafen, beruhigt hat er sich nicht. Ich habe ihn manchmal zu mir in mein Bett geholt, wenn er so laut geschrien hat und habe zu summen begonnen. Das hat ihn öfters beruhigt. Wenn er nicht schlafen konnte, zeigte sich eine Tendenz zur Selbstverstümmelung. Er ist mit dem Kopf gegen die Gitterstäbe seines Bettes gestoßen und das stundenlang, bis er eine Beule hatte.

P: Wie ist es Ihnen ergangen, als Sie das erste Mal merkten, daß Ihr Kind anders ist?

M: Man merkt, daß etwas nicht stimmt. Meine Reaktion war, daß da etwas geschehen muß und ich habe Hilfe gesucht.

P: Bekamen Sie die notwendige Hilfe?

M: Wie er drei Jahre alt war, bin ich mit ihm zum Arzt gegangen. Der konnte nichts feststellen. Felix hatte panische Angst vor Ärzten, er hat gezittert und geschrien. Im Wartezimmer stellten die Patienten immer dieselben Fragen.»Was hat er denn?«Ich habe innerlich gezittert, vielleicht hat es sich auf das Kind übertragen. Die Angst ist geblieben. Wir hatten Schwierigkeiten mit dem Hausarzt und dem Zahnarzt. Sie waren nicht bereit, ihn zu behandeln. Später bekam ich Hilfe.

P: Können Sie uns etwas über die frühe Kindheit erzählen?

M: Er war als Säugling sehr kränklich, hatte Hüftschalen und Hautkrankheiten und hat viel geschrien. Er wollte keinen Kontakt zu anderen Kindern, hat sich an mich angeklammert, ist unter meinen Rock gekrochen. Er hat immer Angst gehabt.

P: Können Sie sich an die Zeit, als Felix noch ein Baby war, erinnern?

M: Zur Zeit, wie wir das Baby bekamen, haben wir in einer Wohnung mit dünnen Wänden gewohnt. Ich war die Einzige im Haus, die ein Baby hatte. Niemand konnte verstehen, wie man sich so etwas freiwillig antun kann. Da er als Baby sehr kränklich war, hat er sehr viel geschrien und war nicht zu beruhigen. Wenn ich mit dem Kind spazieren fuhr, habe ich im

Stiegenhaus die Welle der Mißgunst und den Haß gespürt. Ich war verunsichert und wußte nicht, wo ich hingehen sollte, damit sich niemand aufregt. Wenn wir auf Urlaub fuhren, hat er während der ganzen Fahrt gebrüllt. Die Leute haben uns gedroht, weil sie glaubten, wir mißhandeln das Kind. Ich konnte mich nicht mit anderen Müttern im Park unterhalten. Er hat es nicht zugelassen, ich war isoliert. Er hat gebrüllt, an mir gezerrt. Die anderen Mütter meinten, daß man ihm den Hintern vollhauen sollte, dann würde er sich schon beruhigen. Ich wußte mir nicht mehr zu helfen. Schläge haben nichts geholfen; dann habe ich es mir abgewöhnt, in den Park zu gehen und bin mit dem Auto in den Wald gefahren. Mit vier Jahren war er schon stiller und kam in den Kindergarten, damit ich vormittags noch etwas machen konnte. Man hat mir dann nahegelegt, den Felix wieder abzuholen, da er nicht wie andere Kinder die Ruhepause eingehalten hat, sondern herumgegangen ist. Die Kindergärtnerin hat gesagt: »Er ist anders als die anderen.«

P: Wie war es mit der Einschulung?

M: Als er begonnen hatte, in die Schule zu gehen, war er noch nicht reif dazu. Keiner hat es uns aber gesagt. In der 2. Klasse bekam er einen Nachhilfelehrer in Rechnen. Ihm ist einiges aufgefallen. Er hatte mehr Erfahrung, da er in einer Sonderschule unterrichtet hatte. Wir sind dann zum Kinderpsychiater gegangen und er hat mir erklärt, daß mein Kind ein Autist ist. Ich konnte mir darunter nichts vorstellen und wollte wissen, wie lange es dauert, bis er wieder gesund wird. Seine Antwort war: »Ein Leben lang«, und er versprach mir eine gute Therapeutin. Nun ist der Felix zwölf Jahre in der Therapie.

P: War die Schulzeit schwer für ihn?

M: Im Klassenverband ist er sich verloren vorgekommen. Er wurde unter der Bank getreten, aber er hat sich nie beklagt und sich auch nicht gewehrt. Er hatte Angst vor der Schule, Angst vor den Menschen.

P: Er hat in der Klasse nicht gestört?

M: Er war äußerst brav, zu brav. Er hatte Schwierigkeiten im Rechnen, war aber gut in Deutsch. Auffällig war, daß er alles über sich ergehen ließ. Er hat sich ein Winkerl gesucht, wo er sich aufhalten konnte. Er hat sehr gelitten, wenn man ihn gezwungen hat, im Mittelpunkt zu stehen, z. B. bei Theateraufführungen. Er hat schlecht gesehen, aber trotzdem haben die Schulärzte nichts unternommen. Ich bin mit ihm dann zum Augenarzt gegangen und er hat ihm eine Brille verschrieben. Man hat ihn sekkiert, ihm die Brille weggenommen usw. Kinder sind grausam, man kann ihnen dafür keinen Vorwurf machen, aber der Lehrer stand dabei und hat nichts unternommen. Ich habe es zufällig gesehen, als ich in der Pause in das Klassenzimmer kam. Auf meine Frage: »Sehen Sie nicht, was da vorgeht?« antwortete er: »Ich sag ihm ja immer, daß er sich wehren soll.«

P: Hatte er Kontakte zu anderen Kindern?

M: Es ging nie von ihm aus. Es gab Kinder im Kindergarten und in der Schule, die ihn ganz gern hatten. Ich habe immer versucht, ihn mit Kindern zusammenzubringen, etwa indem ich die ganze Klasse in den Garten eingeladen habe. Alle haben sich sehr gut mit mir unterhalten, aber nicht mit ihm. Er ist allein in einem Eck gesessen.

P: War Felix schwer zu lenken?

M: Er hat immer das Gegenteil von dem, was man von ihm verlangt hat, gemacht. So habe ich immer das Gegenteil gesagt, damit er doch das macht, was ich will. Wenn wir irgendwohin gingen, blieb er ohne Grund stehen und war nicht zum Weitergehen zu bewegen. Man mußte ihn dann tragen. Einmal ging sein Vater mit ihm spazieren. Er kam nach zehn Minuten mit dem Kind geschultert wieder zurück. Während der Schuljahre hatte er einen Kassettenrekorder, da hat er ein Band aufgenommen. Es ist voll mit den schlimmsten Schimpfwörtern über seine Lehrer. Ich kann's Ihnen nicht beschreiben. Diese Kassette hörte er sich stundenlang an und lachte. Eine Zeit lang hat er Menschen an einem Galgen baumelnd gezeichnet. Es waren seine Lehrer. Sie können sich vorstellen, wie die sich gefreut haben. Auch seine Ängste haben sich natürlich ausgewirkt. Vor allem in den ersten Jahren. Er hatte lange Zeit Angst vor dem Baden. Es gab beim Waschen immer einen Kampf. Er hat überhaupt viele Dinge abgelehnt, z. B. beim Essen. Ich habe ihn monatelang nur mit Käsebröckerln gefüttert.

P: Hatte er besondere Interessen?

M: Ja, z. B. hat er, obwohl er viel Spielzeug gehabt hat, eine zeitlang immer mit Töpfen gespielt. Dabei ist er in der Küche auf dem Boden gesessen und hat mit ihnen Lärm gemacht, stundenlang. Plötzlich hat es ihn nicht mehr interessiert, wie alle Dinge, die er so intensiv durchgeführt hat, bis man nicht mehr durchblicken konnte.

P: Hat er auch Gegenstände gesammelt?

M: Er hat immer Dinge gesammelt, wie Türklinken, Autohebel usw. Gebrauchte Türklinken gibt es nicht zu kaufen. Er hat sich diese Sachen aber zu Weihnachten gewünscht. Mein Mann ist auf den Schrottplatz gefahren und hat Schalthebel aus Wracks herausmontiert. Er sammelt diese Dinge, um sie anzuschauen.

P: Welche Reaktion hat er gezeigt, als er die Dinge bekommen hat?

M: Er war selig. Er hat sie auf sein Zimmer getragen. Sie durften nicht weggeworfen werden. Er wollte auch Dinge haben, die er bei anderen Leuten gesehen hat. Das haben sich aber die Leute nicht gefallen lassen. Als er drei bis vier Jahre alt war, ging er einmal im Park zu den Leuten hin und wollte ihre Schuhe haben. Die ihn kannten, gaben ihm ihre Schuhe; dann ist er vor einem riesigen Berg von Schuhen gesessen und war glücklich. Seine Wünsche, sein Tun und Wollen liegen oft abseits der Realität.

P: Bevorzugt er bestimmte Kleidungsstücke?

M: Er trägt seine Kleidungsstücke so lange bis sie »herunterfaulen«. Er mag keine neuen Sachen. Früher war seine Zusammenstellung von Kleidern auch ungewöhnlich. So zog er abgerissene Jeans an und dazu ein schönes Sakko.

P: Reist er gerne?

M: Er reist gerne. Wir waren vor drei Jahren zusammen in Israel. Er möchte immer dort hin, wo er schon war. Aber nicht aus dem Grund, weil es ihm dort besonders gut gefallen hat, sondern weil er Dinge wiedersehen will. Er ist sehr penetrant in seinen Forderungen.

P: Felix ist heute zwanzig Jahre alt, was macht er nun?

M: Er arbeitet seit zwei Jahren in einem Zeitungsarchiv als Zeitungsarchivar. Er hat sich Wissen angeeignet über Geographie und Geschichte, das aber abgegrenzt ist; z. B. interessiert ihn deutsche Politik. Zu gleichaltrigen Arbeitskollegen hat er keinen Kontakt. Er mag eher sehr ruhige, stille Menschen. Dabei habe ich mir immer einen Buben gewünscht, der Fußball spielen geht. Ich wollte ihn auch anlernen, sich zu wehren. Aber das hat wenig gebracht.

P: Fährt er allein zur Arbeit?

M: Nein. Er fährt mit seinem Vater. Vor einem Jahr erst hat er begonnen alleine wegzugehen; früher mußten immer entweder mein Mann oder ich mit ihm fortgehen.

P: Hat er ein Verhältnis zu dem Geld, das er verdient?

M: Er bekommt ein Gehalt, legt etwas von seinem Geld in eine sogenannte »eiserne Kassa«, legt es auch auf die Bank und zahlt mir Wirtschaftsgeld. Das ist für ihn ein Erfolgserlebnis, macht ihn stolz. Er ist zu etwas nütze. Er scheint den für ihn passenden Rahmen gefunden zu haben, einen Beruf und daneben Arbeit in einer Pfarre. Vielleicht lernt er in ein paar Jahren Maschineschreiben und verbessert sein Englisch.

P: Macht er sich Gedanken über die Zukunft?

M: Sein Beruf gefällt ihm. Ich weiß nicht, wie weit er sich sonst Gedanken über die Zukunft macht. Seine Therapeutin hat ihm gesagt, daß er nie heiraten wird, keine Partnerin in dem Sinne haben wird.

P: Versuchen Sie, ihn mit jungen Menschen zusammenzubringen?

M: Ich gebe sehr viele Einladungen, es sind alles mehr oder weniger Bekannte. Es ist noch gar nicht so lange her, daß er überhaupt alleine fortgeht. Das ist schon eine positive Entwicklung.

P: Geht er auch alleine zu Unterhaltungen weg?

M: Er war in der Tanzschule, da er eine Saison geschenkt bekommen hat. Er hat immer gerne Musik gehört und in den Urlaubsorten hat er auch die Damen zum Tanzen geholt, aber erst solche ab 60 Jahren aufwärts. Wir haben ihm dann einen Anzug und weiße Handschuhe gekauft. Als er nach Hause kam, war natürlich meine erste Frage: »Na, wie war's?« und er: »Naja, es kam ein rotes Kleid auf mich zugestiegen.« Dann wußte ich schon, wie es war. Er ging nicht lange hin. Es war ihm zu laut. Man hat ihn sicher verspottet.

P: Hat er keine Kontakte zum anderen Geschlecht?

M: Er hat keinen Kontakt. In der Pfarre ist ein sehr hübsches Mädchen mit langen blonden Haaren, zwölf Jahre alt. Er hat vor einem Jahr begonnen, Briefe an sie zu schreiben, die er aber nicht abgeschickt hat. Er schiebt diese Briefe unter seiner Türe durch. Ich habe sie gefunden und ungelesen wieder zurück gegeben. Er würde diese Briefe dem Mädchen nie geben. Er ist glücklich, wenn er sie nur anschauen kann.

P: Hat er andere Kontakte?

M: Er schreibt Briefe an Verlage, Magazine. Ich frage nie, was er schreibt und würde es auch nie lesen.

P: Schickt er die Briefe an die Verlage ab?

M: Natürlich, da die Verlage unpersönlich sind. Bei persönlichen Kontakten hat er noch immer viel Angst.

P: Überwindet er die Angst manchmal?

M: Er arbeitet heute in der Pfarre mit, wo er früher Ministrant war. Er traut sich auch schon die Fürbitten sagen. Früher hat er sich nicht alleine auf das Podium getraut. Ich muß aber immer in der ersten Reihe sitzen.

P: Hängt er an Ihnen?

M: Das weiß ich nicht so genau.

P: Wenn sie zu ihm zärtlich sind, was macht er dann?

M: Er lehnt es ab. Er wehrt sich. Ich darf ihn nur hin und wieder am Kopf kraulen. Wenn die Kinder von der Schule herauskamen, wurden sie von ihrer Mutter geküßt, ich hätte es nie gewagt. Er hat mir nie Zuneigung gezeigt, vielleicht kann er es nicht. Wenn ich sage: »Magst Du mich denn überhaupt nicht?« sagt er: »Aber ja.«

P: Vielleicht haben Sie es aufgegeben, ihn zu liebkosen?

M: Das ist gegen mein Naturell. Sie kennen mich nicht.

P: Spürten Sie Zuneigung von ihm?

M: Er konnte keine Zuneigung zeigen. Ich war neidisch auf die anderen Mütter, die ihr Kind liebkost haben und von ihm auch Zärtlichkeit wieder zurückbekommen haben; bei mir war das nicht so.

P: Wenn er etwas von Ihnen braucht, was sagt er dann?

M: Wenn er etwas zum Putzen hat, gibt er es mir und sagt »bitte« und »danke«, aber sonst nichts.

P: Hat er Ihnen schon einmal ein Geschenk gemacht?

M: Ein einziges Geschenk habe ich von ihm bekommen. Er hat in Grinzing in einer Konditorei eine Marzipanfigur, einen Kaktus gekauft. Ich habe mich wahnsinnig gefreut, aber es ist fürchterlich kitschig. Wenn er kommt, stelle ich es auf den Tisch. Ich bekomme immer etwas zum Muttertag, aber das hat mein Mann gekauft, nicht Felix.

P: Lehnt er sich auch manchmal gegen Sie auf?

M: Er zeigte früher fast keine Reaktion. Seit kurzem ist es anders. Vor ungefähr einem dreiviertel Jahr war mir einmal nicht gut und er mußte sich selbst ein Stück Brot schneiden, wobei er nur den Anfang und das Ende des Brotes ißt. Er war endlos lange in der Küche. Ich bin aufgestanden und schaute von außen in die Küche und habe gesehen, wie er mit der Papierschere das Brot schneiden wollte. Er hatte früher nie Brot geschnitten und konnte es einfach nicht. Ich ging hinein und sagte zu ihm:»So blöd kann doch kein Mensch sein.« Da ist es aus ihm herausgebrochen. Er schrie mich an:»Ich bin nicht blöd, mir ist ganz egal, wie man das Brot schneidet.« Er zeigte eine Reaktion und ich war froh darüber.

P: Gibt es jetzt häufiger Gelegenheiten, wo er sich auflehnt?

M: Er ist manchmal gar nicht gut auf seinen Vater zu sprechen. Sie streiten furchtbar.

P: Wie sieht das aus?

M: Wie in anderen Familien auch.

P: Gibt es zwischen Ihnen und Felix auch gelegentlich Streit?

M: Er bestraft mich immer, wenn ich von einer Reise zurückkomme. Ich muß beruflich viel reisen. Er nimmt mich dann fast gar nicht wahr. Er fragt mich, ob ich ihm ein Geschenk mitgebracht habe. Das letzte Mal hat er mich zwei Wochen lang nicht wahrgenommen.

P: Das heißt, daß er Sie nicht anspricht?

M: Ja.

P: Wenn er sich in der Arbeit geärgert hat, erzählt er es Ihnen?

M: Ja, schon, aber wahrscheinlich nie am gleichen Tag. Wenn er etwas erzählt, dann nur beiläufig und nur nach einigen Tagen. Unterhaltungen in diesem Sinne gibt es nicht und das bedaure ich natürlich sehr.

P: Können Sie uns einmal ein Wochenende schildern?

M: Am Samstag stehen wir um halb sieben auf. Mein Mann macht das Frühstück und wir essen gemeinsam. Felix bekommt sein Frühstück ans Bett, was mir nicht behagt. Ich möchte dies abbauen. Dann hört er Platten und fährt um neun Uhr zum Kahlenberg, um dort spazieren zu gehen. Er geht dann nach Grinzing und kauft sich eine Zeitung, entweder die »Züricher« oder die »Welt«. Dann kommt er nach Hause, setzt sich in den Garten und liest seine Zeitung. Wir essen dann zu Mittag. Nach dem Essen macht jeder, was er will.

P: Hilft er beim Aufdecken oder Abdecken?

M: Nein, aber wer macht das schon.

P: Was machen Sie am Nachmittag?

M: Entweder wir sind eingeladen, oder es kommen Gäste. Er sieht fern. Er hat in seinem Zimmer einen Apparat. Wenn Leute kommen, die ihn nicht interessieren, geht er schon weg. Es sind kaum Leute, die er nicht kennt, da wir ihn immer in unseren Freundeskreis einbezogen haben.

P: Geht er mit, wenn Sie am Samstag weggehen?

M: Meistens.

P: Weil Sie es wollen?

M: Er kann machen, was er will. Er hat sich lange nicht getraut, allein zu bleiben. Wenn wir weggingen, war immer jemand bei ihm. Er konnte nicht sagen, wovor er Angst hatte.

P: Leiden Sie darunter, daß er sich oft in sich zurückzieht?

M: Ich frage mich, ob ein solcher Mensch glücklich ist oder nicht. Mir tut am meisten weh, daß ich nicht weiß, ob er glücklich ist oder nicht. Er zieht sich nach wie vor gerne zurück. Er hört gerne Musik, von den Gregorianischen Chorälen bis zu den »Kasamandln«. Er liest gerne. Er kann stundenlang nicht allein in seinem Zimmer sein.

P: Ist es für Sie schwer, ihn so anzunehmen wie er ist?

M: Wir wollten ein Kind, konnten aber keines bekommen. Für mich hat es nie einen Unterschied gemacht. Ich habe alles für das Kind getan. Da ich ihn nicht stillen konnte, habe ich Milch aus der Semmelweißklinik gekauft. Ich habe wie jede Mutter das Kind gewickelt und hatte am Anfang Angst dabei.

P: Was macht Ihnen die meisten Sorgen?
M: Meine größte Sorge ist, wer für ihn da ist nach unserem Tod. Ich wäre dankbar, wenn dieser junge Mann jemanden findet, der ihn versteht. Erzwingen kann man es natürlich nicht.

Standortbestimmung

Die Berichte über die drei Fälle bringen uns gleichsam in Bildern diesen Menschen und ihrem Leiden näher. Es sind aber auch Berichte, die unsere Neugier wecken, die interessant sind wie Geschichten, die uns verleiten, autistische Kinder zu betrachten wie Menschen einer fremden Kultur.

Die Patienten stellen uns vor die Frage, ob wir berechtigt sind, diese Familien und ihr Leiden zu analysieren und zu beschreiben, bzw. wie wir unsere Aufgabe wahrnehmen müssen, damit Eltern und ihre Kinder Solidarität und Verständnis erfahren und unsere Hilfe annehmen können.

Die Antwort ist nicht schwer zu finden. Die Mutter von Felix sagt im Gespräch »Niemand hat uns verstanden«, und sie klagt, daß sie darum auch nicht die Hilfe habe bekommen können, die sie gesucht hat. Die Familie von Felix lebt mitten unter uns wie andere Familien autistischer Kinder: als Nachbarn, Bekannte, Freunde. Als Therapeut, Lehrer, Erzieher sind wir auch Betroffene. Es besteht darum kein Grund, sich in die Anonymität des objektiven Forschers zurückzuziehen.

Aber noch in einem anderen Sinne sind wir Mitbetroffene. Was beim autistischen Menschen ins Abnorme gesteigert ist, hat in manchen Situationen, in mancher sozialen Beziehung oder im Verhältnis zu manchen Gegenständen und Ereignissen für jeden Menschen Gültigkeit.

Die Auseinandersetzung mit den eigenen autistischen Zügen steht in unserem Bericht nicht im Vordergrund. Trotzdem kann diese Auseinandersetzung dazu dienen, andere Menschen besser zu verstehen, um verstehend Anteil nehmen zu können. Persönliches Verstehen, das Solidarität erleichtert, soll die distanzierte Betrachtung ergänzen und korrigieren, so wie fachliche Hilfe erst durch die persönliche Anteilnahme für die Familie annehmbar wird. Wir möchten diesen Gedanken noch etwas vertiefen, indem wir uns mit der Situation der Eltern autistischer Kinder auseinandersetzen.

Erfahren die Eltern, daß ihr Kind behindert ist, so beginnt für sie ein langer Leidensweg. Die Familie eines autistischen Kindes lebt in der Regel ein bis zwei Jahre im Glauben, ein gesundes, normales Kind zu haben. Wenn allmählich das Ausmaß der Störungen bekannt wird, müssen sie erst die lange gehegten Hoffnungen aufgeben. Noch ein weiterer Umstand bedeutet für die Eltern auf die »Folter« von Hoffen und Bangen gespannt zu werden: Viele der autistischen Kinder zeigen in der praemorbiden Phase (vor dem Auffälligwerden), aber auch später noch »inselhafte« Sonderleistungen. So äußern Eltern nicht selten, ihr autistisches Kind sei »ein emotionales Genie«, es sei »ein ganz besonders begabtes Kind«. Voll verzweifeltem Unglauben äußert eine Mutter: »Aber er hat mit einem Jahr schon deutlich sprechen können?!« Auf diese Frage der Mutter wissen wir keine Antwort, Fachleute und Eltern müssen mit dieser Frage leben. Autistische Kinder zeigen im Gegensatz zu ähnlich schweren Störungen eine Tendenz zur spontanen Besserung. Es ist dieser Umstand, der Eltern autistischer Kinder ihr Schicksal leichter ertragen läßt und sie zu besonderen Anstrengungen ermuntert, der aber zugleich immer wieder zu neuen Enttäuschungen führt und die Eltern von einer Institution zur anderen laufen läßt, weil es ja sein könnte, daß es doch noch vollständige Heilung für ihr Kind geben könnte.

Ein besonderes Problem für die Eltern stellt das scheinbar gleichgültige oder sozial abweisende Verhalten der Kinder dar. Sie verhalten sich anderen Personen gegenüber, als ob sie Gegenstände wären. Eltern sind betroffen, daß ihr Kind nicht nur keine besondere Beziehung zu ihnen aufbaut, sondern daß es sich oft so verhält, als würde es die Eltern gar nicht wahrnehmen.

Eltern autistischer Kinder äußern immer wieder: »Wenn wir es doch wenigstens verstehen könnten!« Sie haben das Gefühl, alles falsch zu machen, und bekommen Schuldgefühle. Diese Schuldgefühle werden dadurch noch genährt und verstärkt, daß es ihnen auch selbst kaum gelingt, eine sichere, stabile Beziehung zu dem Kind aufzubauen. Sie blicken dann auf andere Familien und glauben, dem Kind gegenüber versagt zu haben. Versetzen wir uns in die Situation der Eltern: Sie haben ein behindertes Kind, dessen Behinderung von einem Teil der Therapeuten durch Erziehungsfehler verursacht gedeutet wird. Der Grad der Behinderung ist nicht endgültig, sondern mit der Hoffnung auf Heilung verbunden, ohne daß vollständige Heilung tatsächlich erreicht wird. Die Behinderung betrifft die gesamte Persönlichkeit des Kindes. Annehmen und Helfen wird dem Erzieher dadurch besonders erschwert, als das sozial abweisende Verhalten des Kindes in keiner Weise zum Helfen ermuntert. So bleiben diese Kinder auch dem engagierten Erzieher in einer Weise fremd, daß der Aufbau einer personalen Beziehung kaum gelingt. Andererseits erleben sie Fortschritte beim Kind und hoffen auf Heilung; eine Hoffnung, die immer wieder neue Erlebnisse von Mißerfolgen in sich birgt, da vollständige Heilung nicht erreicht wird. Es wird oft von therapeutischer Seite erwartet, daß die Familien autistischer Kinder auffällig sind. Doch nach allem, was wir heute über die Familien autistischer Kinder wissen, sind es völlig normale Familien; nur die Sorge für ein autistisches Kind macht ihre Situation auffällig.

Die Fragen und Sorgen dieser Eltern, ihre außerordentliche seelische und physische Belastung können wir unmittelbar nachempfinden. Was in den Kindern vorgeht, können wir nur ahnen. Je mehr wir uns von ihrer Situation berühren lassen, desto eher werden wir der Gefahr entgehen, uns in belanglose Detailfragen zu verlieren, oder uns in theoretische Streitigkeiten zu verstrikken. Unsere Auseinandersetzung soll schließlich jenen Hilfe bringen, die betroffen sind, den Eltern und ihren Kindern.

Das Verhalten autistischer Kinder weicht in einer Vielzahl von Elementen von anderen Kindern ab: Sie nehmen selten Blickkontakt auf; sie reagieren mit großer Angst schon auf geringfügige Veränderungen ihrer vertrauten Umgebung; sie haben Probleme mit der richtigen Verwendung der Pronomina; sie können Witze, die ein Situationsverständnis voraussetzen, nicht verstehen; sie zeigen wenig Gesten usw. Dies sind Elemente, die in Bezug auf Lernort, Lernbedingungen, Verwendungszweck usw. recht verschieden sind.

Das ist die Ausgangslage der Theoriebildung. Sie steht vor der Aufgabe, ein oder mehrere Prinzipien zu finden, und daraus ein Ordnungsgerüst zu entwikkeln, das verständlich macht, weshalb diese heterogenen Elemente beim frühkindlichen Autismus miteinander auftreten.

Eine Gruppe von Theorien versucht das Störungsbild als Wahrnehmungsstörung zu interpretieren (s. Kapitel 4.4). Sie erklären plausibel die Wahrnehmungsdefizite autistischer Kinder.

Eine zweite Gruppe von Theorien sieht in dem Störungsbild die Folge einer Informationsverarbeitungsstörung (z. B. Hermelin & O'Connor, 1970).

Eine weitere Gruppe geht von einer mißlungenen frühkindlichen Sozialisation aus (z. B. Tinbergen & Tinbergen, 1983).

Jede vermag einen Teil der Auffälligkeiten verständlich zu machen. Die Aufgabe der Theorie besteht jedoch darin zu zeigen, wie eine Störung der frühen Mutter-Kind-Beziehung zu den spezifischen Wahrnehmungsstörungen führen muß; oder wie eine Störung der Wahrnehmung eine fundamentale Störung des Sozialverhaltens einschließt usw.

Wir haben uns daran gewagt, eine eigene Theorie über den frühkindlichen Autismus zu entwickeln, obwohl wir gesehen haben, wie viele vor uns an dieser Aufgabe gescheitert sind. Wir haben sie die »Theorie der logischen Formen« genannt. Wir haben dabei natürlich von den Teilergebnissen anderer Theorien profitiert. Dabei erwies sich das Werk von Hermelin und O'Connor (Hermelin & O'Connor, 1970; O'Connor & Hermelin, 1978; Hermelin, 1978; Hermelin & O'Connor, 1985) als besonders hilfreich.

Im folgenden Abschnitt versuchen wir, die Theorie der logischen Formen zu beschreiben, und aufzuzeigen, wie sie zur Entstehung des frühkindlichen Autismus angewandt werden kann.

2. Theorie der logischen Formen

Im folgenden Abschnitt wird der Leser viel Geduld mit uns haben müssen. Aber selbst wenn er am Ende unserer Ausführungen sich unserer Meinung nicht anschließen sollte, wird er es als Bereicherung empfinden, das Störungsbild einmal von dieser Seite aus betrachtet zu haben.

Wissenschaftstheoretische Anmerkungen zum Theoriebegriff

Theorien fördern nicht neue Tatsachen zutage. Sie verändern vielmehr die Betrachtungsweise bekannter Phänomene. Es kann allerdings vorkommen, daß man erst in der neuen Sichtweise über ein Phänomen reden kann, das man an sich immer schon wußte. Eine Theorie erlaubt uns aber auch, neue Fragen zu stellen und damit hilft sie uns auch zu neuen Fakten zu gelangen.

Theorien sind logische Konstruktionen, die dazu dienen, Dinge, Ereignisse, Eigenschaften zu ordnen und damit aus vielem Eines zu machen.

Die Annahme von drei Informationsverarbeitungsmodi

Die Theorie der logischen Formen ist eine Theorie der Informationsverarbeitung. Sie geht von der Annahme aus, daß der Mensch sich an drei voneinander relativ unabhängigen Informationsverarbeitungsmodi orientiert: dem Sprachmodus, dem Vorstellungsmodus und dem Reihungsmodus.

Bevor wir die Annahme der drei Informationsverarbeitungsmodi begründen, müssen wir den Begriff »Informationsverarbeitung« erläutern.

Erläuterung des Begriffes »Informationsverarbeitung«

Informationen sind logisch verarbeitete Wahrnehmungsinhalte. »Logisch verarbeitet« bedeutet, daß Reizgegebenheiten zu Inhalten und Handlungen, d. h. zu Einheiten verknüpft werden. Verbleiben wir für einen Moment beim Begriff »logisch verarbeiten«.

Wir sind an anderer Stelle im Zusammenhang mit der Grundlegung einer Beobachtungsmethode dieser Thematik nachgegangen (Innerhofer, 1982). Im Vordergrund stand dort die Frage: »Ist Beobachtung ein Fenster, durch das etwas hereinleuchtet, oder ein Tor, durch das wir hinausgehen? Gibt es das fertige Objekt, das der Beobachter nur hereinzuholen braucht, oder ist das Objekt unsere eigene Konstruktion?«

Die Antwort auf diese Fragen versuchten wir im Zusammenhang mit einem Kippbild zu geben.

Abb. 1: (Aus: Legewie/Ehlers, Knaurs Moderne Psychologie. Droemer Knaur Verlag, München 1977, Seite 69)

Dieses Bild ergibt zwei gegenständliche visuelle Bilder, einen Pokal oder zwei Gesichter, je nachdem, wie wir das Reizmaterial ordnen.

An diesem Beispiel der logischen Ordnung eines Reizmaterials können wir erkennen, daß Beobachten durch einen Faktor der Willkür zustandekommt und durch einen Faktor der Notwendigkeit. (Denn es liegt an uns als Beobachter, ob wir das Bild eines Pokals oder ob wir zwei Gesichter sehen, aber die Bilder, die wir tatsächlich sehen können, hängen vom Reizmaterial ab.) Wir können dieses Material z. B. nicht so ordnen, daß wir eine Frau mit Kind sehen.

Die Gegenstandswahrnehmung kommt offensichtlich durch eine Interaktion zwischen Wahrnehmbarem und Wahrnehmendem zustande, die wir die »logische Verarbeitung« einer Reizgegebenheit nennen können. Sie läßt sich so darstellen:

1. Das Reizmaterial drängt dem Beobachter keine bestimmte Ordnung auf. Er selbst muß sich für eine bestimmte Ordnung entscheiden, und die Begründung für diese Wahl kann nicht dem Reizmaterial entnommen werden.
2. Nicht jede beliebige Ordnung ergibt etwas Sinnvolles, ein Bild. Metaphorisch ausgedrückt: Die Reizkonfiguration legt uns bestimmte Ordnungsstrukturen nahe, andere erschwert sie.

Was sich an der Beobachtung eines Vexierbildes zeigen läßt, kann verallgemeinert werden: Jeder Reizstrom wird durch den Erkennenden geordnet, sodaß sich daraus unterscheidbare Gestalten und Folgen ergeben. Doch nicht jede beliebige Ordnung ergibt etwas Sinnvolles, ergibt ein Bild oder eine Handlung.

Damit wird unsere Aufmerksamkeit auf die Tätigkeit des Beobachters gelenkt: »Welche Operationen führt er aus?« Betrachten wir nochmals das Beispiel vom Vexierbild. Wie kommt das Sehen des einen oder anderen Bildes zustande? Will ich, daß der Beobachter zwei Gesichter sieht, so kann ich ihm die Anweisung geben:

> »Teile das Reizfeld so, daß sich ein schwarzes und ein weißes Feld ergibt.«

Der Beobachter zieht eine Grenze, sie verläuft in unserem Beispiel entlang des weißen und des schwarzen Feldes. Damit wird ein Ausschnitt des Reizfeldes eingegrenzt. Daß sich die Grenze hier ohne weiteres ziehen läßt, dafür ist die Reizgegebenheit, die dem Beobachter vorliegt, verantwortlich.

Wir sehen also, daß bei jedem Schritt eine Zusammenarbeit zwischen Beobachter und der Reizgegebenheit stattfindet. Das Ziehen der Grenze können wir als eine Handlung der Eingrenzung ansehen und kommen somit zu einer ersten Basisregel der logischen Verarbeitung des gegenständlichen Wahrnehmens. Wir können somit die erste Beobachterregel formulieren:

> Der Beobachter faßt einen Ausschnitt von Reizen zu einer Einheit zusammen.

Der Beobachter zieht noch weitere Grenzen: Hals, Kinn, Mund. Doch auch das ist noch nicht genug. Die Elemente ergeben erst in einer bestimmten Beziehung zueinander ein Bild. Das ist die zweite grundlegende Beobachterhandlung. Die Beobachteranweisung könnte lauten:

> »Ordne das weiße und das schwarze Feld so an, daß das weiße Feld das umschließende Feld und das schwarze das umschlossene ist.«

Jetzt erst wird der Beobachter zwei schwarze Gesichter sehen. So formt der Beobachter aus den Elementen eine Struktur. Die zweite Grundregel lautet somit:

> Der Beobachter ordnet die ausgegrenzten Einheiten so an, daß sich eine Gestalt oder eine Handlung ergibt.

Vieles von der Reizgegebenheit wird nicht verarbeitet, man übergeht es. Auch das ist eine notwendige Handlung des Beobachters. In unserem Beispiel könnten wir ihn anweisen: »Übergehe das weiße Feld in der Mitte, den schwarzen Balken in der oberen Hälfte des Bildes usw. Wir können somit eine dritte Beobachterregel formulieren:

> Reizgegebenheiten, die in die Gestalt nicht integrierbar sind, übergeht der Beobachter.

> Eingrenzen, Ordnen, Selektieren, das sind die Grundoperationen des Beobachtens. Jede inhaltliche Festlegung einer Beobachtungsoperation stellt eine dieser Grundregeln dar.

So ergibt sich uns eine neue Frage: »Woran orientieren wir uns bei der inhaltlichen Festlegung der Operationen?« Wir haben gesagt, daß nicht jede Ordnung ein sinnvolles Bild ergibt. Was sind aber die Kriterien, wonach entschieden wird, ob ein Bild oder eine Folge sinnvoll ist?

In unserem Beispiel des Vexierbildes heißt die Reizgegebenheit sinnvoll zu ordnen, sie so zu ordnen, daß sich ein uns bekannter Gegenstand ergibt. Dies wiederum hängt mit der Konvention zusammen, nach der wir gelernt haben, Bilder in einer bestimmten Weise zu verwenden: Bilder sollen so geordnet werden, daß sie Abbilder von Gegenständen aus unserem Lebensbereich sind.

Jede *Ordnung einer Reizgegebenheit* steht somit in einem größeren Zusammenhang. Wir wollen diesen größeren Zusammenhang den *Lebenszusammenhang* nennen. Wir könnten auch von der *Kultur* sprechen. Sie lehrt das Kind, wie Reizgegebenheiten zu Gegenständen geordnet und wie Ereignisfolgen zu Handlungen strukturiert werden. Wir können verallgemeinernd sagen: Eine Ordnung ist sinnvoll, wenn sie zielführend ist. Es kann daher nur aus einem Lebenszusammenhang heraus entschieden werden, was es konkret bedeutet, eine Reizgegebenheit sinnvoll zu ordnen.

Der Schema-Begriff

Die Ordnungsoperationen des Wahrnehmenden werden in der Regel zu fest eingeübten Gewohnheiten, die dazu führen, daß Reizgegebenheiten schnell, sicher und konsistent in bestimmter Weise geordnet werden. Heben wir diese Operationen vom Inhalt der Reizgegebenheit ab, so haben wir das, was wir eine logische Form oder ein Schema nennen.

> Ein logisches Schema ist somit eine eingeübte Weise, mit der sicher und konsistent eine Reizgegebenheit geordnet wird. Wir können somit festlegen:
> Die *logische Struktur* einer Gestalt oder einer Handlung nennen wir *Schema*.
> Die Schemata werden in der Regel nicht jeweils zum Gebrauch generiert, sondern einmal gelernt und stehen dann als Repertoire der Orientierung für zukünftige Fälle zur Verfügung.

Entwicklungspsychologisch betrachtet, steht das Kind vor der Aufgabe, dieses Repertoire an logischen Formen allmählich auszubilden und damit ein umfassendes und stabiles Weltbild zu gewinnen. Logische Formen können ganz individuell erworben werden und die Eigenheit einer Person darstellen. Der Großteil dieser logischen Schemata jedoch ist intersubjektiv identisch und wird im Verlauf der Sozialisation erworben. Damit dienen sie der Ausbildung gemeinschaftlicher Lebensweisen. Das *Gesamt an Schemata* nennen wir die *objektivierte Kultur.* Diese bilden die *Tradition,* den Inhalt der Sozialisation.

Die These

»Erkenntnis gründet auf Einheit.«
   Das war eine der wichtigsten Aussagen Kants.

»Einheit kommt durch Logik zustande.«
   So hat Wittgenstein den Gedanken weitergeführt.

Diese erkenntnistheoretische Position hat es uns erlaubt, Erkenntnis unabhängig von der Sprache zu betrachten und die Frage zu stellen: Kann »Einheit« auch unabhängig von der Sprache gebildet werden? Kann diese Frage bejaht werden, so folgt des weiteren: Erkenntnis ist nicht an Sprache gebunden. Sprachliche Erkenntnis ist nur eine Form der Informationsverarbeitung.
   Eine Fülle weiterer Fragen tut sich auf: Leisten die verschiedenen Erkenntnisformen Verschiedenes? Kann es sein, daß eine psychische Störung auf den Ausfall einer Erkenntnisform zurückgeführt werden kann? Kann es zu psychischen Störungen dadurch kommen, daß eine Erkenntnisform (z. B. die sprachliche) in der Erziehung einseitig gefördert worden ist?
   Aus der Beschäftigung mit diesen Fragen (Innerhofer, 1982) wurde die These dieses Buches entwickelt:

> Frühkindlicher Autismus ist auf die mangelnde Entwicklung der Informationsverarbeitung durch Vorstellungslogik zurückzuführen.

Bevor wir diese These weiter ausführen, möchten wir auf einige Phänomene hinweisen, und damit auf die Bedeutung der Annahme von den verschiedenen Erkenntnisweisen aufmerksam machen.

Belege außersprachlicher Erkenntnis

Das Gesichtererkennen

Wenn wir jemandem eine uns vertraute Person beschreiben müssen – vielleicht weil er sie vom Bahnhof abholen muß – so sagen wir z. B.: »Er ist ca. 1,80 m groß, trägt einen Vollbart und Brille, seine Haare sind schwarz usw.« Trotz der genauen Beschreibung wird der Bekannte Mühe haben, die beschriebene Person zu identifizieren. Wir selbst hingegen würden sie sicher auch dann wiedererkennen, wenn sie in der Zwischenzeit die Haare gefärbt, den Bart rasiert hätte und statt der Brille Kontaktlinsen trüge. Das Erkennen vertrauter Personen erfolgt offensichtlich nicht mit Hilfe sprachlicher Informationen.

Was wir vom Gesichtererkennen sagen, läßt sich auf andere »innere« *Bilder* übertragen. Der Blick über die Stadt, das Bild des Elternhauses usw. Im Bild sind unendlich viele Informationen verarbeitet, in einem Satz nur eine.

Die Körperwahrnehmung

Da wir uns mit Hilfe der Sprache verständigen, können wir außersprachliche Erkenntnisse nur andeutungsweise mitteilen. Das ist unser Problem. Was uns aber beim Gesichtererkennen deutlich geworden ist, läßt sich auch auf den Bereich des sozialen Interaktionsprozesses und auf seine Voraussetzung, die Körperwahrnehmung, übertragen. Wir erkennen, wenn sich jemand fragend an uns wendet, wenn wir mit einer Bemerkung jemanden verletzt haben, wenn jemand verblüfft ist usw.: Aber gefragt, was wir gesehen haben, was diese Erkenntnis trägt, könnten wir kaum Auskunft geben.

Es gibt Menschen, die aus *Ausdruck und Gestik* den Beruf einer Person mit großer Zuverlässigkeit erraten können. Manche können auch erfassen, ob sie mit jemandem zusammenarbeiten können oder nicht – usw.

Der Laie spricht von »*Intuition*«, wenn ihm solche oder ähnliche Erkenntnisfähigkeiten begegnen. Wir sehen darin eine Informationsverarbeitung, die nicht über die Sprache geht, d. h.: Es sind Informationen, die nicht ohne weiteres mit Worten wiedergegeben werden können. Wir können sie auch für uns selber nicht mit Worten aufzeichnen und festhalten.

Die motorische Koordination

Wenn wir in unserem Leben nach Einheiten suchen, so werden wir auch auf die vielen *Handfertigkeiten* aufmerksam, ohne die ein Überleben nicht möglich wäre. Auch hierbei handelt es sich um eine Vielheit (Verhaltenselemente), die zu einer Einheit *(Verhalten)* geordnet worden ist. Wir wissen, daß sie auf verschiedene Weise gelernt werden können und daß die Aneignung nicht unbedingt über die Sprache gehen muß.

Diese drei Beispiele sollen zunächst genügen, wo es nur darum geht, auf die Bedeutung unserer Annahme aufmerksam zu machen. Im weiteren Verlauf werden wir eine Fülle weiterer Fälle detailliert beschreiben und analysieren.

Sprache, Vorstellung, Reihung: Drei Modi der logischen Informationsverarbeitung

Wir haben bislang ganz allgemein von logischen Operationen oder von logischen Formen gesprochen als von Schemata, mit deren Hilfe das Individuum Reizgegebenheiten zu Gestalten und zu Handlungen ordnet, um sich in der Welt zurechtfinden zu können. Wir sagten aber auch, daß diese Ordnungsstrukturen – einmal erworben – als Repertoire der Orientierung zur Verfügung stehen. Dies lenkt unsere Aufmerksamkeit auf die Frage: »Wie werden logische Operationen repräsentiert?« Schemata werden durch Sprache, durch Vorstellung oder durch Motorik repräsentiert.

Die S-Schemata

Gehen wir zunächst von dem aus, was uns vertraut ist, der Repräsentation der logischen Formen durch Sprache.

Die Denkaufgabe begann mit dem Satz: »Wenn Aki nicht der Junge ist und Bauzi nicht das Mädchen, dann ist Knirps der Hund.« In dem Partikel »Wenn . . . und wenn . . . dann« findet das Schema seinen Ausdruck. Wir können es abstrakt so darstellen: »Wenn p und q, dann z.«

Nach unserer Definition ist diese inhaltsleere logische Form ein Schema und da dieses Schema durch Sprache repräsentiert wird, wollen wir es »Sprachschema« oder abgekürzt »S-Schema« nennen.

> Wir legen somit definitorisch fest:
> Ein S-Schema ist eine logische Form, die durch Sprache repräsentiert wird.

Die V-Schemata

Die Logik, auf die sich das Wiedererkennen eines Gesichtes stützt, wird durch keine Sprache repräsentiert. Wodurch dann?

Die Frage bringt uns in Verlegenheit, denn ein ähnlich objektives Zeichen wie die Sprache läßt sich für die logische Form, mit deren Hilfe wir die Gesichtswahrnehmung zu einer Information verarbeiten, nicht finden. Vielmehr müssen wir feststellen, daß es offensichtlich logische Formen gibt, die keine objektivierte Repräsentation haben. Wir könnten allenfalls von »*inneren Bildern*«, von »*Imagination*« oder von »*Vorstellung*« sprechen. Aber auch damit ist nicht etwas intersubjektiv Gültiges, sondern etwas Subjektives ausgesprochen. Außerdem würde es das von uns Gesuchte nur dann bezeichnen, wenn es nicht auf das Bildhafte eingeschränkt ist. Hinzu kommt, daß der Begriff »Vorstellung« in der Psychologie schon belegt ist und andere Phänomene bezeichnet.

Trotz der eben angedeuteten Sprachunsicherheit nennen wir die hier angesprochenen logischen Formen »Vorstellungsschemata« bzw. »V-Schemata«.

Wir legen wiederum definitorisch fest:
Ein V-Schema ist eine logische Form, die *nicht* durch Sprache repräsentiert wird.

In eingeschränktem Sinn kann man von einer Repräsentation durch Vorstellung sprechen, da manche dieser logischen Formen mit einem Bild belegt sind.

Allgemeine Gültigkeit hat die Definition aber nur dann, wenn der Begriff »Vorstellung« auf Klangfolgen, auf Abhängigkeitsverhältnisse usw. erweitert wird. Um eine Verwechslung mit dem Vorstellungsbegriff, wie er in der Psychologie bereits gebraucht wird, zu vermeiden, werden wir in der Folge die Abkürzung »V« für Vorstellung verwenden.

Die R-Schemata

Es gibt noch einen dritten Bereich. Schauen wir einem Menschen bei der Verrichtung alltäglicher Dinge zu, so registrieren wir in seinem Verhalten eine große Regelmäßigkeit. Bestimmte Aufgaben werden monoton, immer in der gleichen Weise erledigt. Es sind dies *Reaktionsfolgen,* die dem Handelnden selber meist nicht bewußt sind (z. B. Skifahren, Gehen, Springen usw.). Er verwendet sie, wenn der auslösende Reiz geboten wird, unreflektiert, ja oft gar nicht mehr reflektierbar.

Hier begegnet uns eine weitere Art von Einheit. Hatten wir schon bei den V-Schemata Mühe, eine Antwort auf die Frage nach ihrer allgemeinen Repräsentation zu finden, so bleiben wir jetzt ganz ohne Antwort. Wir gehen davon aus, daß diese Art von logischer Verarbeitung völlig stimulusgebunden ist und im motorischen Gedächtnis gespeichert ist. Wir sprechen in diesem Falle von »Reiz-Reaktionsmuster« bzw. von »R-Schemata«.

> Wir legen definitorisch fest:
> Ein R-Schema ist eine logische Form, die keine Repräsentation hat. Sie ist im motorischen Gedächtnis gespeichert.

Logische Verarbeitung und Fähigkeit

Im letzten Abschnitt haben wir uns mit der Repräsentation logischer Formen beschäftigt. Jetzt fragen wir, ob den drei Verarbeitungsmodi auch verschiedene Leistungen entsprechen und ob sich daraus spezifische Fähigkeiten ergeben.

Der Informationsgehalt
Einfache Sätze enthalten eine Information »Der Baum ist grün«, »Die Luft ist warm«, und selbst komplexe Sätze enthalten nur einige wenige Informationen.

Ein V-Schema hingegen kann eine Fülle von Informationen enthalten: Die Vorstellung meiner Wohnung, der Blick über die vertraute Stadt.

Vorstellungsschemata ermöglichen uns dort eine rasche Orientierung, wo viele verschiedene Informationen zugleich verarbeitet werden müssen, wie z. B. beim Wiedererkennen eines individuellen Gesichtes und der Einschätzung einer sozialen Situation, beim Erfassen einer sozialen Rolle, sei es nun die eigene oder die einer fremden Person, beim Identifizieren des Ausdrucksverhaltens, beim Zurechtfinden in einer fremden Umgebung usw.

Sicherheit der Einzelinformation
Die Information eines S-Schemas ist relativ sicher, bestimmt und stabil. Die Einzelinformationen des V-Schemas hingegen sind wenig zuverlässig. Es kommt dort anscheinend nicht auf die Einzelinformation an, wir können auf andere ausweichen, das Bild muß nur ungefähr stimmen. So erkenne ich z. B. meinen Freund wieder, auch wenn er heute blaß ausschaut, oder wenn er inzwischen ergraut ist. Denn die Einzelinformation zählt nicht.

S-Schemata eignen sich zur Verarbeitung einzelner Informationen, die zeitlich stabil sind und auf deren sicheres Erfassen es ankommt. Die Technik z. B. ist ein Gebiet, wo es darauf ankommt, einzelne Informationen sicher zu haben. Der Tischler, der ein Brett zuschneidet, muß genau wissen, wie lang es sein soll.

Die Art der Einheit
Die R-Schemata bringen nur einfache Reihungen zustande. Auf dem Stimulus 1 folgt die Reaktion 1, auf die Reaktion 1 folgt Stimulus 2 usw.

Mit der Hilfe von S-Schemata können hingegen sehr kunstvolle und verschränkte Systeme gebildet werden, wie z. B. die Algebra oder die Aussagenlogik usw. Mit Hilfe der Meta-Aussagen sind ihnen auch hinsichtlich der Dimensionen keine Grenzen auferlegt.

Ein V-Schema kann einen Gegenstand wie z. B. das Wohnzimmer umfassen, aber auch eine Stadt, eine Person oder ein Ereignis, wie z. B. einen Unfall.

Wiederum, glaube ich, können wir darlegen, daß die verschiedenen Formen von Einheit uns zu Verschiedenem befähigen. Die R-Schemata erlauben eine besonders rasche Orientierung und wohl auch eine sehr zuverlässige, sodaß sie die bevorzugte logische Form bei der Ausführung von Alltagshandlungen darstellen.

Einheiten der V-Schemata hingegen sind vage und ungefähr, aber leicht zu generieren, leicht abzuwandeln und wohl besonders geeignet, ein Hintergrundwissen zu ordnen und zu speichern. So ist wahrscheinlich unsere Verwendung der Sprache nur in Verbindung mit dem Hintergrundwissen möglich, das uns die Vorstellung organisiert.

Individuell Erlebtes fällt unwiederbringlich dem Vergessen anheim, wenn es nicht in Sprache gefaßt wird. In diesem Sinne ist unsere Kultur und auch die Wissenschaft eine Errungenschaft der Sprache, was aber einschränkend auch bedeutet, daß es eine Sprachkultur ist, im Gegensatz zu einer Vorstellungskultur.

Kommunizierbarkeit

S-Erkenntnis ist klar mitteilbar, V-Erkenntnis nur andeutungsweise. Kommunikation ist nur mit Hilfe der Sprache möglich, während wir über die Vorstellung nur andeutungsweise kommunizieren können. Dies mag der Grund dafür sein, daß wir uns nur sehr grob an andere mitteilen können. Ein großer Bereich unserer Erfahrung, unseres Selbstverständnisses und unserer Sicht von den Dingen bleibt nicht mitteilbar. So ist ein sich gegenseitiges Verstehen immer nur in groben Zügen möglich und spart das Intimste, die eigene Empfindungswelt aus.

Die Allgemeinheit

Die Sprachschemata sind interindividuell. Wir haben sie gemeinsam mit der Sprachgruppe, der wir angehören, über die Sprachschemata gewinnt die Kultur prägenden Einfluß auf unser Weltbild.

Die V-Schemata hingegen enthalten unsere Individualität. Mit ihrer Hilfe können wir uns ein Stück weit dem prägenden Einfluß durch Tradition und Kultur entziehen, wird es uns möglich, unsere eigene Welt zu haben.

Plastizität

Sprachschemata sind in Bezug auf ihre Information starr. Es liegt wahrscheinlich an ihrer Funktion – der Kommunikation – und an ihrer Entstehung in einem intersubjektiven Normierungsprozeß, daß ihre Struktur situationsinvariant ist. Würden Begriffe ad hoc immer wieder verändert, wäre eine sichere Kommunikation nicht möglich. Man müßte sich vor jedem Wortgebrauch erst vergewissern, welcher Inhalt gerade mit einem Wort verbunden wird. Dasselbe gilt für die Satzstruktur. So stellt die Sprache ein relativ starres, wenig wandelbares, interindividuelles Ordnungsgerüst dar. Die Vorstellungsschemata hingegen sind umweltplastisch. Sie können sich je nach Verwendung an verschiedene Reizgegebenheiten anpassen. Sie sind jederzeit wandelbar und wenig stabil. Vorstellungen sind daher in einem ständigen Wandel begriffen. Ihre Stärke liegt darin, daß auch in wenig stabilen Situationen ein Minimum an Ordnung ausgebildet werden kann, und daß die Orientierung auch bei rascher Veränderung möglich ist. Dies ist zugleich ihre Schwäche.

Wir können nicht wissen, ob die Vorstellungen von heute identisch sind mit den Vorstellungen von gestern. Soweit sich die Sprache der Vorstellungsschemata bedient, ist sie daher immer auch Mißverständnissen offen.

Die Verschränkung der drei Formen der Informationsverarbeitung

Es ist deutlich geworden, daß Sprach- und Vorstellungsschemata sowie die Reaktionsschemata Ähnliches, aber nicht Gleiches leisten.

Umgreifende Ordnungen oder sehr komplexe Ordnungen bevorzugen die *Sprachschemata*, um sich vom Gedächtnis unabhängig machen zu können und weitere Hilfsmittel, wie Schrift, Apparate etc. einsetzen zu können. Ordnungen im Mikrobereich wiederum bevorzugen die *V-Schemata*, weil in ihnen eine wesentlich differenziertere Verarbeitung von Umweltreizen möglich ist und weil vor allem nicht planbare, zufällige Umweltreize besser integriert werden können.

Die *R-Schemata* haben ihren genuinen Anwendungsbereich im Ausbau von Handlungsabfolgen. Sie sind begrenzt gegeneinander austauschbar. Man kann auch mit Hilfe verbaler Instruktionen Schifahren lernen (zumindest theoretisch begrenzt) oder sich mit Gebärden die Buchstaben merken oder in der Vorstellung Schaltpläne entwerfen. Die Sprache steht zu den Vorstellungsschemata nicht im Widerspruch, im Gegenteil. Die Sprache bedient sich vielfältig der Vorstellungsschemata und gewinnt wohl erst über sie die Anschaulichkeit.

Die *R-Schemata* sind die ausgeführtesten und die am wenigsten abstrakten. Sie sind starr und können zufällige Reize schlecht verarbeiten. Es lassen sich mit ihnen auch keine anderen Systeme bilden als Reihungen. Sie sind daher auch schwerer generalisierbar. Beim R-Schema sind Orientierung und Handlung noch in eins gefaßt. Sie können auch leicht in Vorstellungs- und Sprachschemata integriert werden, können aber selber diese nicht integrieren. Man kann im gewissen Sinne das R-Schema akontextual, asystematisch nennen, also ein Schema ohne Bezugssystem. Sie werden gelernt und stehen zur Verfügung; gleichgültig, was rundherum noch alles passiert. Eine übergreifende Ordnung ist für ihren Gebrauch nicht notwendig.

In dieser Beziehung ist das *Sprachschema* das andere Extrem. Sprachschemata eignen sich zur Ausbildung formallogischer Systeme. Aber diese Systeme können nur eine grobe Orientierung geben. Sie sind wie das Skelett am Körper. Die Dürftigkeit der Information, die mit Hilfe von S-Schemata verarbeitet werden kann, wird uns bewußt, wenn wir eine uns vertraute Person betrachten. Wir kennen ihren Schritt, ihre Handbewegungen, den Gesichtsausdruck, das Haar, die Mimik und Gestik usw. All diese Informationen sind nur über die Vorstellung zugänglich. Wollten wir sie sprachlich ausdrücken, müßten wir Bände schreiben und kämen doch nicht hin. Hätten wir nur ein sprachlich formuliertes Skript, wir könnten Personen wohl kaum identifizieren.

Die Informationen der *V-Schemata* geben unserem Weltbild die Tiefenstruktur. Aber ohne die Stütze der Sprache bleiben es Einzelbilder, die uns ständig zu entgleiten drohen: Eine Welt der Subjektivität, aber auch eine Welt ohne Kommunikation, ohne Blick über den Zaun in den Garten des Nachbarn.

Die gesprochene Rede – davon müssen wir ausgehen – ist ein komplexes Wechselspiel von V- und S-Schemata. Die S-Schemata bilden die grammatikalische Struktur; die V-Schemata hingegen geben als organisierter Hintergrund den Begriffen Farbe und Erlebnisreichtum. S- und V-Schemata verhalten sich zueinander wie Figur und Grund.

Orientierungs- und Handlungsschemata

Betrachten wir die Schemata von ihrer Funktion aus, so kommen wir zu einer Zweiteilung. Wir haben einmal Schemata, die dazu dienen, uns in der Umwelt zurechtzufinden. Wir nennen sie die Orientierungsschemata. Wir haben ferner Schemata, die unser Verhalten steuern. Wir nennen diese die Handlungsschemata. Die Orientierungsschemata beziehen sich auf die Außenwelt und bringen Ordnung in das Wahrnehmungsfeld. Die Handlungschemata konzentrieren sich auf das Verhalten und bringen Ordnung in dieses. Ein Handlungsschema stellt die Struktur einer Handlung dar. Zwischen beiden Gruppen besteht jedoch kein wesentlicher Unterschied. Wir können auch Verhalten als einen Bereich der Reizgegebenheit auffassen und dann unterscheiden sich Handlungsschemata nicht mehr von Orientierungsschemata.

Nach der Funktion unterscheiden wir Orientierungs- und Handlungsschemata. Orientierungsschemata dienen der Orientierung, Handlungsschemata der Verhaltenssteuerung.

Zusammenfassung

Wir werden versuchen, den zurückgelegten Weg nachzuzeichnen, bevor wir
zur Anwendung der Theorie schreiten.

Ausgehend vom abstrakten Begriff der Informationsverarbeitung als Aus-
grenzung von Elementen der Wahrnehmung und Zusammenfassung dieser
Elemente zu Einheiten haben wir nach Fällen der Informationsverarbeitung
außerhalb der Sprache gesucht. Wir sind dabei auf drei Gruppen von Ereignissen gestoßen und benannten nach der Art ihrer Repräsentation die spezifischen
Informationsverarbeitungsformen

   S-Schemata, V-Schemata und R-Schemata.

Die Inhalte dieser drei Schemata unterscheiden sich in einer Vielzahl von
Eigenschaften und begründen verschiedene Fähigkeiten des Menschen. Aus
dieser Sicht der Informationsverarbeitung ergeben sich für die Psychopathologie neue Fragen, so z. B.:

Wie sieht die Entwicklung eines Menschen aus, bei dem einer dieser drei
Informationsverarbeitungsmodi gestört ist?

Damit sind wir wieder bei der These dieses Buches.

Anwendung der Theorie auf das Störungsbild »Frühkindlicher Autismus«

Die Auffassung, daß das Störungsbild des frühkindlichen Autismus auf einer
Störung der Informationsverarbeitungsprozesse beruht, ist vielfach geäußert
worden. Wir können in der Theorie der logischen Formen diese Annahme
folgendermaßen präzisieren:

Annahme 1:
»Autistische Kinder sind in der Fähigkeit, V-Schemata auszubilden und
zu verwenden, eingegrenzt.«

Es kann nicht angenommen werden, daß autistische Kinder V-Schemata überhaupt nicht generieren, wohl aber, daß sie dabei so erhebliche Probleme haben, daß ihnen dies nur in sehr beschränktem Ausmaß gelingt.

Diese Annahme schließt nicht aus, daß zur spezifischen autistischen Störung eine allgemeine Retardierung hinzutreten kann. Nach alledem, was wir heute wissen, ist eine solche Kombination sogar recht wahrscheinlich. Wir möchten daher eine ergänzende Annahme machen.

> Annahme 2:
> »Viele autistische Kinder haben zusätzlich zur spezifischen autistischen Störung sehr wahrscheinlich eine allgemeine Intelligenzminderung. Zur autistischen Störung tritt dann eine geistige Behinderung.«

Diese zweite Hypothese bleibt vage, weil wir keine Möglichkeit sehen, zu entscheiden, ob eine allgemeine Retardierung eine sekundäre Folge der autistischen Störung darstellen kann, oder ob sie als primäre Störung kombiniert mit der autistischen Störung auftritt.

Für die Analyse der empirischen Befunde benötigen wir eine dritte Annahme:

> Annahme 3:
> »Autistische Kinder versuchen, ihre Defizite im Bereich der logischen Formen durch Einschränkungen des Lebensraumes, durch ganz spezifische Gedächtnisleistungen und andere Ersatzmöglichkeiten zu kompensieren.«

Wer nur ein Bein hat, wird sich auf Krücken fortbewegen und nicht auf einem Bein stehen bleiben. Ein Defizit hinterläßt nicht einfach ein Loch. Vielmehr werden wir an dieser Stelle einen kompensatorischen Mechanismus finden. Organismen versuchen Defizite zu kompensieren. Autistische Kinder werden versuchen, die fehlenden Schemata durch alternative Schemata zu kompensieren. Sie werden versuchen, komplexere durch einfachere, V-Schemata durch Sprachschemata zu ersetzen, um ein Minimum an Ordnung zu erreichen. Die pathologischen Phänomene sind nicht als direkter Ausdruck des Fehlens eines V-Schemas zu sehen, sondern zeigen vielmehr, wie das autistische Kind V-Schemata durch andere Schemata zu kompensieren versucht.

Besinnen wir uns zurück auf das Denkspiel. Die Aufgabe ist mit logistischen

Regeln leicht zu lösen. Fehlen sie, so versucht das Individuum durch eine verstärkte Gedächtnisleistung übergreifende Schemata zu kompensieren. Dies ist grundsätzlich möglich. Aber die meisten von uns sind mit dieser Gedächtnisanforderung überfordert. Daher greift ein Teil von uns zu Hilfsmitteln, nämlich zu Bleistift und Papier, und manche schaffen es dann.

Die Ausbildung des autistischen Störungsbildes ist sowohl von der Ausprägung der spezifischen autistischen Störung wie von der Höhe der übrigen intellektuellen Fähigkeiten abhängig, wie Abb. 2 deutlich macht.

Autistische Störung Allgemeine Intelligenz	leicht ←——————————————→ stark	
hoch	Asperger'scher Autismus	intelligente Autisten
niedrig	geistig Behinderte mit autistischen Zügen	geistige behinderte Autisten

Abb. 2

Je höher die Intelligenz, desto eher werden kompensatorische Mechanismen gefunden und eingesetzt. Wir müssen natürlich auch davon ausgehen, daß auch die autistische Störung selbst in verschiedenen Graden ausgeprägt sein kann, was nochmals eine Differenzierung bringt. Daraus ergeben sich vier verschiedene Störungsprofile:

1. geistig behinderte Autisten,
2. geistig Behinderte mit autistischen Zügen,
3. intelligente Autisten,
4. Asperger'sche Autisten.

Damit haben wir nun die Theorie, mit deren Hilfe wir die autistischen Phänomene in einen Zusammenhang bringen wollen, im einzelnen dargestellt. Wir wollen nun versuchen, die empirischen Befunde im Lichte dieser Theorie neu zu interpretieren, um schließlich zu neuen Konzepten in der Behandlung von autistischen Menschen und in der Beratung von Eltern und Erziehern zu gelangen.

3. Empirische Befunde: Darstellung und Interpretation

Die Autismusforschung hat einen beträchtlichen Umfang angenommen. Es war uns nicht möglich, die gesamte Literatur zur Frage der Genese des frühkindlichen Autismus darzustellen. Wir mußten uns mit einem repräsentativen Querschnitt begnügen, wobei die Literatur der letzten zehn Jahre besondere Berücksichtigung fand.

3.1. Ein Denken ohne Vorstellung: Zusammenhangloses Denken

Wir müssen annehmen, daß in einem Denken ohne Vorstellung die Welt, auch die alltäglich erfahrene, unvorstellbar bleibt. Dies gilt auch für zielgerichtetes Verhalten, das ohne Vorstellung zu Reaktionsketten degeneriert.

3.1.1. Intelligenz und Intelligenzprofile

Nach unserer Auffassung, wonach Autisten primär in der Ausbildung ihrer logischen Fertigkeiten gestört sind, muß sich die autistische Störung im Bereich der Intelligenz am unmittelbarsten zeigen. Deshalb beginnen wir die Darstellung der empirischen Befunde mit den Untersuchungen zur Intelligenz.

Die Mehrzahl autistischer Kinder hat sowohl nach den Leistungen bei verbalen wie bei nonverbalen Intelligenztests einen Intelligenzquotienten, der sie als geistig behindert ausweist. In der relativ großen Stichprobe von DeMyer et al. (1973; 1974) hatten im nonverbalen Bereich nur etwa 10% der autistischen Kinder einen Intelligenzquotienten im Normalbereich, ebenfalls etwa 10% waren minderbegabt, bei den übrigen mehr als 75% lag der nonverbale Intelligenzquotient unter 68. Langfristig zeigt die Überprüfung der intellektuellen Begabung keine größeren Schwankungen als bei normalen Kindern. Die Korrelation der Intelligenzeinstufung über mehr als fünf Jahre hinweg weist auf eine hohe Stabilität des allgemeinen Begabungsniveaus hin (Lockyer & Rutter, 1970; DeMyer et al., 1973). Der Anteil jener Kinder, deren allgemeines Leistungspotential sich über diese relativ lange Zeitperiode hinweg deutlich verbessert hat (20%), hält sich in etwa die Waage mit dem Anteil jener Kinder, deren Leistungspotential sich verschlechterte (15%). Bei den meisten Kindern sind sowohl die Verbesserung wie die Verschlechterung reale Phänomene und keine Testartefakte. Wenn diese Veränderungen auch nicht bei allen Kindern mit den gleichen Faktoren zusammenhängen, so lassen sich doch bestimmte

Einflüsse identifizieren, die für die Entwicklung einer größeren Zahl dieser Kinder maßgebend sind.

Intelligenzniveau und prozentuelle Verteilung bei Autisten

> 86	85–68	67–52	51–36	35–20	< 20
2,8%	3,5%	20,0%	26,1%	40,0%	7,8%

Verteilung der testmäßig erfaßten Intelligenz bei autistischen Kindern (N = 115) nach DeMyer et al. (1974).

Viele autistische Kinder bleiben bereits frühzeitig in der Entwicklung zurück. Die ersten Meilensteine sowohl der motorischen wie der sprachlichen Entwicklung werden von ihnen verspätet erreicht. Nach Lockyer und Rutter (1970) erfolgt die Entwicklung in den verschiedenen Bereichen gleichmäßig, ähnlich wie bei normalen Kindern. Nur die sprachliche Entwicklung erfolgt bei den Autisten in der Mehrzahl der Fälle verzögert.

Von Eltern wird öfters der Eindruck berichtet, daß die Entwicklung der Kinder unregelmäßiger erfolgt, als dies bei normalen Kindern der Fall sei (Fish, 1959, 1961). In der Tat sind die Schwankungen im Erreichen verschiedener Meilensteine bei den autistischen Kindern größer. Doch der Eindruck, daß die Entwicklung bei Autisten häufiger für längere Zeit stillsteht, um dann in plötzlichen Spurts wieder rasch zuzunehmen, läßt sich statistisch nicht sichern (Ornitz et al., 1977). Kanner (1943) berichtet, daß autistische Kinder in manchen Bereichen deutlicher behindert sind, während sie in anderen eine nahezu normale oder sogar überdurchschnittliche Begabung erkennen lassen. Auch Eltern berichten oft, daß sich die autistischen Kinder in manchen Situationen sehr intelligent verhalten. Eine Überprüfung solcher Aussagen hat ergeben, daß es sich nur bei der Hälfte um Handlungen handelt, die altersentsprechend sind oder gar darüber liegen (DeMyer, 1979). Ähnliche Aussagen von Eltern über den Entwicklungsstand normaler Kinder entsprechen jedoch alle dem vom Alter zu erwartenden Entwicklungsstand oder liegen darüber. Zudem unterscheidet sich auch die Art dieser Handlungen bei normalen und bei autistischen Kindern. Für normale Kinder werden oft Handlungen berichtet, in denen sie verbal ein besonderes Verständnis oder eine bemerkenswerte Fähigkeit zur Abstraktion zum Ausdruck gebracht haben. Bei autistischen Kindern sind dies oft Handlungen, die Ausdruck eines besonders guten Gedächtnisses sind, wie das Wiedererkennen und Sich-Zurechtfinden in einer Gegend, wo sie nur ein paar Mal waren, oder das Behalten von Werbesprüchen und Geschichten. Bei einer relativ großen Zahl autistischer Kinder lassen sich im Vorschulalter inselhafte Begabungsschwerpunkte nachweisen, die signifikant über ihrem allgemeinen Leistungsstand und ihrer allgemeinen intellektuellen Begabung liegen. Nach DeMyer (1979) trifft dies für etwa 60% der autistischen Kinder zu. Im Schulalter hingegen ist dies bedeutend seltener der Fall.

Es sind einige Fälle beschrieben worden, wo im Vorschulalter beobachtete außergewöhnliche Begabungen sich allmählich wieder rückgebildet haben. Der wahrscheinlich eindrücklichste Bericht betrifft ein autistisches Mädchen, Nadja, das im Alter von drei bis fünf Jahren eine außergewöhnliche zeichnerische Begabung zeigte, während sie noch nicht sprechen konnte und schwere Verhaltensauffälligkeiten hatte. Als sie mit großer Mühe durch besondere Anstrengungen der Eltern und Lehrer sprechen lernte, wurden ihre Zeichnungen deutlich einfacher, ihr Wunsch zu zeichnen nahm ab und nach einigen Jahren war das besondere Talent dieses Mädchens nicht mehr zu beobachten. Die Zeichnungen entsprachen nun ihrem niedrigen allgemeinen geistigen Entwicklungsstand (Selfe, 1977).

Die nicht so seltenen Teilbegabungen autistischer Kinder dürften eine wesentliche Ursache dafür sein, daß die Eltern die allgemeine Begabung der Kinder häufig überschätzen. Auch in der klassischen Literatur bestand lange Zeit Unsicherheit darüber, ob die Teilbegabungen nicht ein Hinweis auf das wahre Begabungsniveau dieser Kinder sind und daher bei der Bestimmung des kognitiven Entwicklungsstandes und des Intelligenzniveaus bevorzugt berücksichtigt werden sollten. Nachuntersuchungen einer größeren Zahl autistischer Kinder haben jedoch gezeigt, daß die später erreichte kognitive Entwicklung und die den Kindern erreichbare soziale Anpassung nicht wesentlich von solchen Teilbegabungen abhängt, hingegen bereits im Vorschulalter recht gut durch Intelligenztests vorhergesagt werden kann (De Myer et al., 1973; DeMyer, 1979).

Teilbegabungen sagen also über das allgemeine Intelligenzniveau eines autistischen Kindes nichts aus. Das Begabungsprofil der intelligenteren autistischen Kinder weist einige auffallende Gemeinsamkeiten auf. Es unterscheidet sich von jenem normaler Kinder sowie zum Teil auch von jenem sprachgestörter Kinder und jenem anderer Kinder, die sich in psychiatrischer Behandlung befinden. Beim Wechsler-Intelligenztest finden sich etwa bei diesen autistischen Kindern häufig deutlich geringere Leistungen im Verbalteil als im Handlungsteil (Lockyer & Rutter, 1970). Die Diskrepanz zwischen dem Verbal- und dem Handlungsteil ist bei ihnen sogar größer als bei nichtautistischen Kindern mit Sprachverständnisschwierigkeiten (Bartak et al., 1975).

Intelligente autistische Kinder erzielen sowohl bei den Untertests des Verbal- wie des Handlungsteils diskrepante Leistungen. Im Verbalteil ist dabei die gute bis überdurchschnittliche Zahlenspanne der autistischen Kinder auffällig, während die Leistungen beim Untertest Allgemeinverständnis, bei dem das Verständnis für Vorgänge des alltäglichen praktischen Lebens geprüft wird, besonders gering sind. Im Handlungsteil erzielen sie gute Leistungen im Mosaiktest und im Figurenlegen; schlechte Leistungen hingegen beim Zahlen-Symbol-Test. Das Profil der Untertests der intelligenten autistischen Kinder unterscheidet sich somit deutlich von jenem sprachentwicklungsgestörter Kinder, die oft nur eine geringe Zahlenspanne haben und auch im Mosaiktest schlechtere Leistungen als die autistischen Kinder erzielen, während ihr Allgemeinverständnis recht gut ist (Bartak et al., 1975). Auch in anderen Intelligenztests, die aus mehreren Untertests zusammengesetzt sind, zeigen sich bei autistischen Kindern stärkere Unterschiede in den Ergebnissen der Untertests, als dies in anderen Gruppen, etwa bei den geistig Behinderten der Fall ist. So erzielen autistische Kinder auf dem nonverbalen Leitertest (Leiter International Performance Test) gute Leistungen auf jenen Untertests, in denen konkrete, anschauliche Aufgaben zu lösen sind, schlechte dagegen in den Untertests, in denen abstrakte, formale Operationen verlangt sind und vom sinnlich Gegebenen abstrahiert werden muß, etwa wenn Merkmale von Gegenständen miteinander verglichen werden müssen (Maltz, 1981).

3.1.2. Spezielle kognitive Fähigkeiten

Musikalische Begabung

Unter den besonderen Begabungen autistischer Kinder wurde oft ein besonderer Sinn für Musik hervorgehoben. Rimland (1964) meinte sogar, daß alle autistischen Kinder eine besondere musikalische Begabung aufweisen. Cain (1969) fand Hinweise für eine solche Begabung wenigstens bei einigen Kindern. In der Tat hört der überwiegende Teil der autistischen Kinder gerne Musik, auch wenn sich die Vorliebe oft nur auf wenige Musikstücke beschränkt und weniger vielfältig ist als bei normalen Kindern (DeMyer, 1979). Die Wiedergabe bestimmter Tonqualitäten scheint Autisten leichter zu fallen als musikalisch begabten normalen Kindern. Hingegen kann die Mehrzahl von ihnen Melodien kaum nachsummen und ihre rhythmischen Fähigkeiten sind ebenfalls eher schlecht (Simmons & Baltaxe, 1975; DeMyer, 1979). Es scheint zudem seltener zum gleichzeitigen Beherrschen verschiedener musikalischer Bereiche zu kommen, was DeMyer (1979) so interpretiert, daß bei autistischen Kindern die Integration musikalischer Fähigkeiten nur selten vorkommt. Die Fähigkeit zur Wiedergabe eines Rhythmus zeigt bei Autisten, ähnlich wie dies auch für sprachgestörte Kinder beschrieben ist, einen deutlichen Zusammenhang mit dem Stand der sprachlichen Begabung (Simmons & Baltaxe, 1975).

Zusammenfassung

Fassen wir kurz die wichtigsten Abweichungen in der kognitiven Entwicklung autistischer Kinder zusammen: Drei Viertel der autistischen Kinder haben einen IQ unter 68 und sind somit als geistig behindert einzustufen, nur 10% erreichen normale Werte.

Die Schwankungen in der kognitiven Entwicklung sind in der Regel nicht größer als bei normalen, ca. 20%, die sich verbessern, stehen 15% gegenüber, die sich verschlechtern. Die Zahl der Kinder, deren Intelligenzniveau in Teilbereichen wesentlich über dem Allgemeinniveau liegt, wird auf 60% geschätzt. Diese Diskrepanz im Intelligenzprofil ist in der frühen Kindheit am stärksten und nimmt im Schulalter ab. Die Teilbegabungen sind kein Hinweis auf die wahre Begabung dieser Kinder. Die später erreichte kognitive Entwicklung und die soziale Anpassung sind nicht wesentlich von solchen Teilbegabungen abhängig.

An speziellen kognitiven Fähigkeiten ragt ein gutes Gedächtnis und die musikalische Begabung heraus.

Interpretation

Die Abweichungen autistischer Kinder in den Intelligenzleistungen lassen sich ohne weiteres aus den obigen drei Annahmen erklären.

Unsicherheit besteht darin, ob die schwere Entwicklungsstörung, die bei mehr als der Hälfte der Kinder beobachtet wird, eine sekundäre Folge der Störung in den V-Schemata darstellt, oder ob zusätzlich zur autistischen Störung eine geistige Behinderung angenommen werden muß. Am Begabungsprofil ist auffällig, daß Autisten häufig Teilbegabungen haben, die deutlich über ihrem Durchschnittsniveau liegen.

Gut sind sie in der Regel in der Zahlenspanne (z. B. beim Wechsler Intelligenztest), was nicht weiter verwundert, da das Gedächtnis von der autistischen Störung nicht unmittelbar tangiert wird.

Gut sind sie weiters im Mosaiktest und im Figurenlegen (Untertests des Wechsler Intelligenztests). Dieses Ergebnis können wir nicht sicher interpretieren, da wir nicht wissen, welche intellektuellen Teilleistungen zum Lösen dieser Aufgaben eingesetzt werden. Es wird aber allgemein angenommen, daß die Lösungen im Mosaiktest und im Figurenlegen auf der genauen Erfassung von visuellen Einzeleigenschaften beruht. Damit wären die guten Leistungen in diesem Bereich geklärt, denn die Sinnestätigkeit ist bei den Autisten nicht gestört.

Besondere Schwierigkeiten haben die Autisten im Allgemeinverständnis. Dies überrascht nicht, da das Allgemeinverständnis stark von der Vorstellung über Alltagssituationen abhängt. Die geringen Leistungen im Zahlensymbol-test können wir nicht erklären.

Die spezifisch autistische Störung ist von den Teilbegabungen unabhängig. Die Bedeutung der Teilbegabungen liegt lediglich darin, daß sie kompensato-risch eingesetzt werden können. Dies ist jedoch nur bei einigen Teilbegabun-gen möglich und setzt bereits einen relativ hohen Entwicklungsstand voraus, der nur von wenigen autistischen Kindern erreicht wird. Werden Teilbegabun-gen nicht von anderen Fähigkeiten gestützt, so verkümmern sie. Deshalb sind auffallende Teilbegabungen eher bei jüngeren autistischen Kindern anzutref-fen.

Unter den häufig berichteten Teilbegabungen befindet sich die Musikalität autistischer Kinder. Ihre Schwierigkeiten liegen nicht in der Sinnestätigkeit, nicht im Erfassen des einzelnen Tones, sondern im Erfassen von Tonfolgen. Töne zu Folgen zu ordnen, ist eine logische Verarbeitung, und darin besteht wahrscheinlich eine Störung bei vielen Autisten.

3.1.3. Die kognitive Entwicklung autistischer Kinder nach dem Piaget'schen Modell

Die Untersuchung der kognitiven Entwicklung mit Aufgaben, die Fähigkeiten prüfen, die nach dem Piaget'schen Modell stufenweise erworben werden, erscheint bei autistischen Kindern aus mehreren Gründen sinnvoll. Zum einen können mit diesen Aufgaben die ersten Stadien der kognitiven Entwicklung analysiert werden, und in diesen Stadien müßten sich – bedenkt man den frühzeitigen Beginn der Störung – die besonderen Schwierigkeiten der autisti-schen Kinder bereits deutlich abzeichnen. Zum anderen werden im Piaget-'schen Modell Annahmen darüber gemacht, welche Fähigkeiten sich gleichzei-tig entwickeln sollten, sodaß Abweichungen von diesem Entwicklungsverlauf Aufschluß über die Eigenart der speziellen Schwierigkeiten autistischer Kinder geben. Praktisch relevant ist diese Art der Untersuchung, weil sie auch bei autistischen Kindern möglich ist, die nicht sprechen.

Der allgemeine Entwicklungsstand der sensomotorischen Fähigkeiten, wie er mit Piaget'schen Aufgaben ermittelt wird, wurde in einer Untersuchung von Sigman & Ungerer (1981) überprüft. Er entspricht bei autistischen Kindern etwa dem Stand der kognitiven Fähigkeiten, wie er mit traditionellen psycho-metrischen Verfahren erhoben werden kann (Sigman & Ungerer, 1981). Bei autistischen Kindern ist jedoch die Dissoziation zwischen verschiedenen Fähig-keiten, deren Ausbildung von Piaget dem gleichen Stadium der kognitiven Entwicklung zugerechnet wird, größer als dies bei normalen Kindern der Fall ist. Auch im Vergleich zu anderen geistig retardierten Kindern weist ihr Entwicklungsprofil eine größere Streuung auf (Sigman & Ungerer, 1981).

Nach Piaget entwickeln sich bei normalen Kindern folgende sensomotorischen Fähigkeiten gleichzeitig:

– die Objektpermanenz,
– die Imitation von Gesten,
– der Einsatz von Hilfsmitteln zum Erreichen eines gewünschten Ergebnisses in der Umwelt,
– die Kausalität.

Bei nichtsprechenden autistischen Kindern ist die Objektpermanenz früher und die Fähigkeit zur Imitation am wenigsten ausgebildet (Curcio, 1978).

Auch Sigman & Ungerer (1981) beobachteten, daß jüngere autistische Kinder kaum Schwierigkeiten haben, einen verborgenen Gegenstand an der richtigen Stelle aufzusuchen, wenn dieser Gegenstand für sie attraktiv ist. Das Konzept der Objektpermanenz scheint jedoch bei autistischen Kindern nicht stabil bzw. nicht voll ausgebildet zu sein. Hammes & Langdell (1981) demonstrierten dies in einem Experiment unter Verwendung des Tunneleffekt-Paradigmas. Dabei schauen die Kinder zu, wie ein Gegenstand in einem Tunnel verschwindet und wie erwartet nach einiger Zeit wieder auftaucht. Einige Male sehen jedoch die Kinder, wie etwas Ungewöhnliches passiert; zuerst taucht der Gegenstand gleich, nachdem er verschwunden ist, auf der anderen Seite wieder auf oder statt des verschwundenen erscheint ein anderer Gegenstand. Die Erwartung der Kinder über das Wiederauftauchen des Gegenstandes am Ende des Tunnels läßt sich sowohl an den Augenbewegungen feststellen als auch durch die Registrierung der Herzrate und der normalerweise zu beobachtenden antizipatorischen Dezeleration sowie letztlich durch Beobachtung des Verhaltens der Kinder bei jenen Versuchen, bei denen etwas Anormales geschieht. Bei diesem Experiment unterscheiden sich autistische Kinder von geistig behinderten Kindern gleichen Alters und gleicher nichtverbaler Intelligenz zwar nicht in ihrem Verhalten. Beide Gruppen schienen erstaunt. Die autistischen Kinder blickten auch gelegentlich zum Ausgang des Tunnels, wenn der Gegenstand verschwunden war, sie taten dies jedoch weniger konsistent. Die Autisten zeigten auch nicht die antizipatorische Herzratendezeleration vor dem zu erwartenden Wiederauftauchen des Gegenstandes. Sie hatten sich also wohl eine gewisse Vorstellung von dem Gegenstand gebildet, aber dies hatte nicht zur Entwicklung fester Erwartungen geführt. Hammes & Langdell (1981) interpretieren dies als Hinweis darauf, daß die innere Vorstellung, die die Autisten von dem Gegenstand hatten, die Form eines starren Bildes hatte, das relativ reizgebunden und keine selbstgeformte, manipulierbare Repräsentation ist.

Das Verständnis der Mittel-Zweck-Relation und der Kausalität lassen den deutlichsten Zusammenhang mit der Fähigkeit erkennen, mit anderen Personen Kontakt aufzunehmen, um etwas zu erreichen (Sigman & Ungerer 1981). Auch mit dem Vorhandensein bzw. der Verwendung von nonverbaler Kommunikation – etwa beim Grüßen oder der Mitteilung von Bedürfnissen durch Kopfschütteln und ähnlichem – besteht ein Zusammenhang. Das Verständnis von Kausalität und der Mittel-Zweck-Relation scheint bei autistischen Kindern Voraussetzung dafür zu sein, daß sie die Notwendigkeit sozialer Kommunikation zur Erfüllung ihrer Bedürfnisse begreifen, daß sie alles verstehen, daß andere Personen ihnen bei der Erfüllung der eigenen Bedürfnisse behilflich sein können.

Besonderes Interesse haben in der Forschung auch die Schwierigkeiten autistischer Kinder bei der Imitation gefunden, da Piaget der Fähigkeit zur Imitation unter den sensomotorischen Vorstufen der Sprachentwicklung entscheidende Bedeutung zumißt. Eine detaillierte Untersuchung hierzu haben Hammes & Langdell (1981) durchgeführt. Autistische und geistig behinderte Kinder sollten die Handlungen anderer Kinder nachmachen. Die Modellkinder führten die Handlungen mit verschiedenen Gegenständen (z. B. Einschenken von Tee) entweder direkt mit den entsprechenden Gegenständen aus oder aber mit Gegenständen, die den Handlungen nicht entsprachen, bzw. rein pantomimisch. Bei anderen Aufgaben sollten die Kinder die Handlung nicht selbst machen, sondern eine Puppe diese Handlungen ausführen lassen. Autistische Kinder konnten die vorgezeigten Handlungen ausführen, solange sie dabei die »richtigen« Gegenstände benutzen konnten. Sobald die Gegenstände teilweise bzw. schließlich dann ganz durch andere unpassende ersetzt wurden, hatten sie deutlich mehr Schwierigkeiten als die geistig behinderten Kinder. Sie verwendeten dabei die Gegenstände nicht, als ob sie für die Handlung geeignet wären, sondern in einer der tatsächlichen Funktion der Gegenstände entsprechenden Art und Weise. Auch bei rein pantomimischer Darstellung der Handlung hatten die Autisten Schwierigkeiten. Die Autisten waren also nur auf einem sehr niedrigen Entwicklungsniveau fähig zu imitieren.

Die Fähigkeit, vertraute Handlungen pantomimisch darzustellen, bzw. eine solche pantomime Darstellung zu imitieren, wurde auch von Curcio & Piserchia (1978) bei älteren autistischen Kindern mit wenigstens minimaler Sprache untersucht. Die autistischen Kinder hatten immer noch deutliche Schwierigkeiten, solche Pantomimen völlig adäquat auszuführen. Sie verwendeten meist einen Teil ihres eigenen Körpers, um den fehlenden Gegenstand bei der Ausführung der Handlung zu ersetzen, ein auch bei normalen Kindern zu beobachtendes Stadium der Entwicklung, das dem vollen Erwerb der gestischen Repräsentation vorausgeht. Das Vorzeigen der Pantomime durch den Untersucher verbesserte die Qualität der Darstellung nur bei einigen Kindern. Dies waren Kinder, die sich auch in ihrem Spiel durch eine größere Fähigkeit zu symbolischem Spielverhalten auszeichneten. Bei den meisten autistischen

Kindern blieb jedoch auch nach dem Vorführen der Pantomime ihre eigene
Darstellung konkret. Es ist offensichtlich eine gewisse Fähigkeit zur abstrakten inneren Repräsentation der Handlungen nötig, die bei diesen Kindern
nicht vorhanden war. Überdies fand sich ein klarer Zusammenhang zwischen
der Ausführung der Pantomime und dem Sprachentwicklungsstand der Kinder. Kinder, deren Sprache zu einem großen Teil aus Echolalien bestand,
waren nicht in der Lage, eine pantomimische Darstellung der Handlungen zu
geben.

Interpretation

Die Untersuchung der kognitiven Entwicklung der autistischen Kinder mit
Aufgaben, die unmittelbarer die logische Entwicklung erfassen, ist für uns
deshalb so bedeutsam, weil wir in diesem Bereich die zentrale Störung der
autistischen Kinder vermuten. Es geht uns dabei vor allem um eine Eingrenzung der Störung auf die Generierung von V-Schemata. Greifen wir zunächst
das Hauptergebnis dieser Untersuchungen heraus. Die Ausbildung der Objektpermanenz, der Imitation von Gesten, des Einsatzes von Hilfsmitteln und
der Kausalität ordnet Piaget dem gleichen Stadium der kognitiven Entwicklung
zu. Beim autistischen Kind erfolgt die Ausbildung dieser sensomotorischen
Fähigkeiten nicht nur mit einem größeren zeitlichen Abstand zueinander, die
größere Streuung läßt auch eine Systematik erkennen: Die Objektpermanenz
wird am ehesten ausgebildet. Es folgt der Einsatz von Hilfsmitteln und die
Kausalität und zum Schluß erst wird die Imitation von Gesten entwickelt. Es
wird mithin die Objektpermanenz am ehesten und die Imitation von Gesten
zum Schluß gelernt. Ausgehend von unserer Hauptthese müßten wir folgern:

> Bei der Ausbildung der Objektpermanenz spielen V-Schemata eine
> geringere Rolle als bei der Imitation von Gesten.

Der Beweis dieser These führt uns einen Schritt weiter in der Frage, wie das
autistische Kind die Umwelterfahrung logisch verarbeitet.
- Wir möchten hierzu den Begriff »Kontextoffenheit kognitiver Inhalte«
einführen:

> Unter *Kontextoffenheit eines Begriffes* verstehen wir seine Möglichkeit,
> in verschiedenen Aussagen verschiedenen Inhaltes vorzukommen.

So kann der Begriff »Haus« in den Sätzen vorkommen:

»Wir wohnen in diesem Haus.«
»Es hat eine Million gekostet.«
»Es wurde um die Jahrhundertwende gebaut.«
»Wahrscheinlich werden wir es in den nächsten Jahren restaurieren.« usw.

Der Begriff »Haus« hat somit seine Beziehung zu Wohnen, zu Bauen, zu Restaurieren, zu Kaufen und mit dem Begriff lernt das Kind zugleich diese Beziehungen, sonst kann es ihn nicht sinnvoll verwenden. All diese sprachlichen Beziehungen oder die Möglichkeit, in diesen Sätzen vorzukommen, bilden die *sprachliche Kontextoffenheit* des Begriffes »Haus«.

In einer ähnlichen Weise sprechen wir von einer *vorstellungsmäßigen Kontextoffenheit* der Wahrnehmung. Die Eisenbahn, die das Kind beobachtet, fährt auf Schienen, sie kann stehen oder fahren, sie fährt an Schranken vorbei usw. So wie der Begriff ist auch die Vorstellung »Lokomotive« in ein Geflecht anderer Vorstellungen einbezogen und mit ihnen verwoben. Sie bilden den Vorstellungshintergrund des Begriffes.

Betrachten wir nun die verschiedenen Objekte, so sehen wir, daß sie sich hinsichtlich ihrer Kontextoffenheit unterscheiden. Der Kontext der Vorstellung »Lokomotive«, die das Kind in den Tunnel hinein- und hinausfahren sieht, ist wesentlich dürftiger als die Vorstellung »Mutter«. Es gehört zur Lokomotive, daß es Schienen und Bahnhöfe gibt, daß sie anfährt, anhält usw. Der Vergleich zeigt aber, daß der Umkreis der Vorstellung »Lokomotive« viel stärker auf ein bestimmtes Anschauungsfeld bezogen ist, daß sie räumlich und zeitlich eingegrenzter ist und vom Kind eine weit geringere Vorstellungsfähigkeit verlangt als die Vorstellung »Mutter«. Die Mutter steht mit verschiedensten Ereignissen in Beziehung. Sie kommt und geht, sie tut dies und jenes, und sie »vorauszuberechnen« erfordert ein immenses Vorstellungsvermögen. Alle ihre Möglichkeiten gehören aber zu ihrem Kontext, der mit dem Begriff »Mutter« zugleich realisiert werden muß, wenn er voll gedacht werden will.

Der Umgang mit Personen stellt daher eine viel größere Herausforderung an die Vorstellungsfähigkeit des autistischen Kindes dar als der Umgang mit Gegenständen und auch hier wiederum gibt es Unterschiede. Der Bauklotz ist immer derselbe, wo immer er ist. Er bewegt sich nicht von der Stelle, wenn ihn nicht das Kind selbst bewegt. Er ist nichts als ein Klotz. Die Eisenbahn ist schon wesentlich komplexer als der Spielstein.

Auch die vier sensomotorischen Fähigkeiten, die Objektpermanenz, die Imitation von Gesten, der Einsatz von Hilfsmitteln und die Kausalität unterscheiden sich wesentlich, was ihre Kontextoffenheit und mithin ihre Abhängigkeit von der Vorstellung betrifft. Bei der Objektpermanenz spielt der Kontext eine geringe Rolle, mehr Bedeutung kommt dem Kontext bei der Kausalität zu, bei der schon mindestens zwei Objekte in einer Zeitrelation miteinander zu verbinden sind, und am meisten bei der Imitation, bei der die Ereignisfolgen am komplexesten sind. Ergänzend hierzu muß auch die Zeitdimension beachtet werden, die bei der Imitation aber auch bei der Kausalität eine bedeutsamere Rolle spielt als bei der Objektpermanenz, zeitliche Folgen sind aber schwerer logisch zu ordnen als räumliches Nebeneinander.

Zusammenfassend können wir sagen: Die verschiedenen sensomotorischen Fähigkeiten unterscheiden sich hinsichtlich der vorausgesetzten Vorstellungsfähigkeit. Dies erklärt das abweichende Entwicklungsprofil autistischer Kinder.

Wir haben nun versucht darzulegen, warum die Imitation von Gesten für das autistische Kind schwerer zu erlernen ist als die Objektpermanenz. Trifft jedoch dasselbe nicht auch für das normale Kind zu? Und in der Tat ist es für uns schwer zu erklären, warum das normale Kind die Objektpermanenz und die Imitation von Gesten zugleich lernt. Wahrscheinlich spielt dabei die Motivation eine entscheidende Rolle, sodaß die größere Schwierigkeit in der Imitation von Gesten ausgeglichen wird durch eine stärkere Motivation, Personen nachzuahmen.

Noch ein weiteres Ergebnis gilt es zu erklären: Das Ausmaß der Fähigkeit, Mittel-Zweck-Relationen zu erfassen, hängt mit der Kommunikationsfähigkeit autistischer Kinder stärker zusammen als das Ausmaß ihrer Imitationsfähigkeit. Wiederum haben wir ein Ergebnis, das sich nicht leicht erschließt. Nach unserer dritten Annahme zum frühkindlichen Autismus meiden die Autisten schwerer auszubildende Schemata und versuchen, sie durch leichter verfügbare zu kompensieren und zu ersetzen. Die Ausbildung der Imitation beruht – wie wir gesehen haben – auf sehr komplexen Schemata und ihre Entwicklung überfordert das autistische Kind schnell. Sie meiden daher entsprechende Aufgaben, sodaß ihre rudimentären Fähigkeiten zur Imitation noch weiter verkümmern. In der weiteren Entwicklung fehlen ihnen daher diese Schemata. Wir haben es hier ferner mit einem Bereich zu tun, den autistische Kinder nur zu einem geringen Teil kompensieren können und zum größten Teil auslassen müssen. Sie werden somit zu einem späteren Zeitpunkt, zu dem sie auch soziale Erfahrungen zulassen, nicht auf das Grundrepertoire solcher Schemata zurückgreifen können und sie werden mithin versuchen, auf andere Weise soziale Aufgaben zu bewältigen. Die Imitation wird damit aber zu einem vernachlässigten Bereich, der mit der Gesamtentwicklung nicht mitgeht, und darum ist er auch ein geringer Gradmesser für die Gesamtentwicklung.

Zum Schluß möchten wir noch das Ergebnis aufgreifen, wonach autistische Kinder Imitationshandlungen mit realen Gegenständen leichter ausführen als mit symbolischen. Die Ausführung einer Handlung mit symbolischen Gegenständen verlangt einen stärkeren Einsatz von V-Schemata als die Ausführung mit realen. Dem autistischen Kind wird somit die Ausführung mit symbolischen Gegenständen viel größere Probleme bereiten, da es mit den V-Schemata Probleme hat. Je mehr Vorstellung zum Lösen einer Aufgabe notwendig ist, desto schwieriger wird sie für das autistische Kind.

Der Zusammenhang von Sprachentwicklung und Imitationsfähigkeit weist darauf hin, daß auch in diesem Bereich V-Schemata durch Sprachschemata ersetzt werden können. Die Sequenzen der Imitationshandlung können in Sprachschemata gefaßt werden und die Ausführung der Handlung kann unmittelbar durch Sprachschemata gesteuert werden. In eigenen Beobachtungen ist uns aufgefallen, daß die imitierte Handlung in der Struktur zwar stimmt, daß sie aber weniger ausgeführt ist. Während in der groben Struktur die Handlung exakt ist, zeigt die Feinausführung kaum Ähnlichkeit mit dem imitierten Vorbild. Das entspricht dem Unterschied, der zwischen vorstellungsgesteuertem und sprachgesteuertem Handeln besteht.

3.1.4. Gedächtnisleistungen autistischer Kinder

In der klinischen Literatur wird oft auf eine besonders gute *Erinnerungsfähigkeit* autistischer Kinder als auf eine *Spezialbegabung* hingewiesen. Bereits Kanner (1943) hat berichtet, daß sich autistische Kinder beim Auswendiglernen besonders leicht tun. *Auswendiggelerntes,* das sie nicht verstehen, kann von autistischen Kindern erstaunlich gut wiedergegeben werden. Auch ihre *mechanische Lesefähigkeit,* die ja gleichfalls ein gutes Gedächtnis erfordert, ist bedeutend größer als das Leseverständnis (Frith & Snowling, 1983).

So berichtet eine Mutter, daß ihr autistischer Junge schon mit zweieinhalb Jahren alle Strophen des Liedes »Stille Nacht, heilige Nacht« auswendig konnte.

Über Donald – der in unserem ersten Fallbericht beschrieben wird – berichteten die Eltern, daß er mit zwei Jahren ein ungewöhnliches Gedächtnis für Gesichter hatte und eine große Zahl von Häusern kannte. Er lernte den 23. Psalm auswendig und 25 Fragen und Antworten des Presbyterianischen Katechismus (Kanner, 1943). Solche Einzelleistungen scheinen jedoch nicht repräsentativ für das allgemeine Erinnerungsvermögen autistischer Kinder zu sein. Sie haben im allgemeinen wegen Aufmerksamkeitsproblemen (übergroße Selektivität der Aufmerksamkeitszuwendung, geringere Motivierbarkeit) und den Schwierigkeiten beim Erfassen bedeutungsvoller Strukturen Probleme, Informationen aufzunehmen und zu speichern.

Daneben scheint wenigstens ein Teil der autistischen Kinder auch spezifische Gedächtnisschwierigkeiten zu haben, in denen Boucher und Warrington (1976;

Boucher, 1981 b) eine Parallele zu den Amnesien Erwachsener sahen. Diese Gedächtnisschwierigkeiten werden vor allem dann deutlich, wenn zwischen dem Einprägen des Materials und der späteren Prüfung des Behaltenen ein größeres Intervall liegt, in dem die Kinder mit einer anderen Aufgabe beschäftigt sind. Dann zeigt sich, daß den autistischen Kindern sowohl die freie Wiedergabe wie das Wiedererkennen der vorgegebenen Informationen schwer fällt (Boucher & Warrington, 1976). Die Wiedergabe gelingt jedoch ganz gut, wenn an die Kinder Hinweise und Hilfen gegeben werden, unabhängig davon, ob diese Hinweise sich auf die Bedeutung oder auf sensorische Informationen beziehen, also semantischer und phonologischer Art sind. Ähnlich wie bei den Amnesien der Erwachsenen scheint also autistischen Kindern der Abruf und die Suche bzw. die Identifikation gespeicherten Materials schwer zu fallen, obwohl eine Speicherung stattgefunden zu haben scheint. Diese Schwierigkeiten sind nicht modalitätsabhängig und zeigen sich sowohl bei akustischer wie bei visueller Vorgabe.

Ursache dieser Schwierigkeiten ist nach der Meinung von Boucher und Warrington (1976) eine erhöhte Interferenz zwischen den gespeicherten Informationen, die die Identifikation der richtigen Informationen behindert. Der Eindruck besonders guter Gedächtnisleistungen autistischer Kinder im Vergleich zu ihrer sonstigen Begabung rührt wahrscheinlich daher, daß die Wiedergabe unmittelbar zuvor aufgenommener Informationen bei autistischen Kindern nicht beeinträchtigt ist.

Die sensorische Speicherung im akustischen Bereich, das sogenannte Echogedächtnis, ist bei diesen Kindern ähnlich gut wie bei normalen Kindern. Allerdings scheint das Echogedächtnis auch nicht überdurchschnittlich gut zu sein. Die relativ große Zahlenspanne (Anzahl an Zahlen, die unmittelbar reproduziert werden kann) autistischer Kinder ist nicht repräsentativ für ihre Leistungen bei anderen Gedächtnisspannenaufgaben. Der Unterschied zwischen der Zahlenspanne und etwa der Wiedergabe von Wörtern ist bei autistischen Kindern größer als bei anderen Kindern. Eine Ursache dafür mag die besondere Vorliebe für Zahlen bei vielen autistischen Kindern sein. Wegen des guten Echogedächtnisses können die autistischen Kinder einen Teil der Schwierigkeiten bei der Wiedergabe von Informationen kompensieren, was sich in einem besonders starken Rezenzeffekt (Wiedergabe der zuletzt gehörten Informationen) ausdrückt (Boucher, 1978; 1981 b).

Die Gedächtnisschwierigkeiten autistischer Kinder dürften auch klinisch relevant sein. So wird allgemein berichtet, daß autistische Kinder kaum über weiter zurückliegende Ereignisse berichten, ohne dazu besonders aufgefordert zu werden und Hinweise zu erhalten. Boucher (1981 a) konnte zeigen, daß sich diese Schwierigkeit, zurückliegende Ereignisse zu berichten, auch experimentell nachweisen läßt. Selbst autistische Kinder mit guter sprachlicher Begabung können nur wenige Aufgaben aufzählen, die sie zuvor ausgeführt haben. Erst wenn sie Hinweise auf diese Aufgaben erhalten, gelingt es ihnen, sich daran zu erinnern.

Boucher und Warrington (1976; Boucher, 1981 b) vermuten, daß wenigstens bei einem Teil der autistischen Kinder die unzureichende Entwicklung der Sprache, aber auch andere Schwierigkeiten, Folge eines von Anfang an bestehenden Gedächtnisdefizites sein könnten. Sie sehen in dem Gedächtnisdefizit autistischer Kinder darüber hinaus den Ausdruck einer Dysfunktion basaler Hirnstrukturen (vor allem der Amygdala und des Hippocampus), die auch zu einer erhöhten Perseverationstendenz sowie zu anderen Verhaltensdefiziten führt.

Der Eindruck aus klinischen Untersuchungen, wonach autistische Kinder besonders gute Gedächtnisleistungen im Vergleich zu ihrer sonstigen Begabung aufweisen, läßt sich mithin nicht halten. Dieser mag wahrscheinlich dadurch zustande gekommen sein, daß die Wiedergabe unmittelbar zuvor aufgenommener Informationen bei autistischen Kindern nicht beeinträchtigt ist.

Fassen wir zusammen: Die Wiedergabe unmittelbar zuvor aufgenommener Informationen ist bei vielen autistischen Kindern nicht beeinträchtigt. Die Leistung hingegen im Aufnehmen und Speichern allgemeiner Informationen ist beeinträchtigt. Diese Beeinträchtigung ist größer, wenn zwischen dem Einprägen des Materials und der späteren Prüfung des Behaltens ein größeres Intervall liegt, in dem die Kinder mit einer anderen Aufgabe beschäftigt sind. Auch zurückliegende Ereignisse in ihrer Biographie werden schlechter erinnert, können jedoch abgerufen werden, wenn sie konkrete Hinweise erhalten.

Interpretation

Nach unserer Annahme gehört die Gedächtnisstörung nicht zur primären Störung des frühkindlichen Autismus. Werden Beeinträchtigungen von Gedächtnisleistungen bei autistischen Kindern beobachtet, so sind sie als sekundäre Folge der Störung anzusehen und zu interpretieren.

Die Gedächtnispsychologie hat aufgezeigt, daß Sinnstrukturen bei der Aufnahme, der Speicherung und Abrufung von Gedächtnisinhalten eine zentrale Bedeutung haben. So kann eine Geschichte durchaus richtig erinnert werden, auch wenn bei der Wiedergabe andere Wörter verwendet werden als bei der ursprünglichen Erzählung. Neben der Speicherung einzelner Worte wird mithin auch die Speicherung von Sinnzusammenhängen angenommen. Die Gedächtnisleistung profitiert mithin von der logischen Weiterverarbeitung des aufgenommenen Materials. Ein Teil dieser Sinnstrukturen – wie z. B. der

Zusammenhang einer Geschichte – ist vorstellungsmäßig gegeben, nicht sprachlich. Daher ist es verständlich, daß autistische Kinder von solchen Sinnstrukturen nicht profitieren können, da die entsprechende logische Weiterverarbeitung des Gedächtnismaterials mit Hilfe der Vorstellung nicht geschieht.

Auch das Phänomen, daß zurückliegende Ereignisse von autistischen Kindern erst dann erinnert werden, wenn sie konkret darauf angesprochen werden, erklären wir damit, daß die dargebotenen Inhalte von ihnen logisch nur bedingt weiterverarbeitet werden und daß mithin eine Systematisierung des Gedächtnismaterials fehlt, die die spontane Abrufung zusammengehörender Inhalte erleichtern sollte.

Auch die vor anderen intellektuellen Leistungen herausragende Gedächtnisleistung läßt sich gut ins Bild einfügen. Aber es bleiben auch einige unerklärbare Tatsachen zurück: So das Ergebnis von Hermelin & O'Connor (1970) (siehe Kapitel 3.1.6), wonach Autisten sinnloses verbales Material ähnlich gut behalten wie sinnvolles. Das sinnvolle Material bestand aus sinnvollen Sätzen bzw. aus Begriffen, die unter einem Oberbegriff zu erfassen sind, aus Inhalten also, von denen wir annehmen, daß sie nicht durch die Vorstellung gespeichert werden müssen. Diese Fakten müssen wir mit einem Fragezeichen stehen lassen. Auch die Schwierigkeit von Autisten, vorgegebene Informationen wiederzuerkennen, fügt sich nicht in unsere Interpretation. Nach unseren theoretischen Annahmen müßte ihnen das Wiedererkennen gelingen, weil zum Wiedererkennen vorgegebener Informationen die Systematisierung der Gedächtnisinhalte nicht nötig ist. Der reizbezogene Hinweis müßte als Hilfe genügen.

3.1.5. Sensorische Defizite bei autistischen Kindern

Eine Reihe an Verhaltensauffälligkeiten deuten darauf hin, daß autistische Kinder Probleme bei der Verarbeitung von Sinnesreizen haben, bzw. daß ihre Wahrnehmungsfähigkeit anders entwickelt ist als bei normalen Kindern (Ornitz, 1974). Autistische Kinder zeigen eine auffällige Kombination von Hypo- und Hypersensibilität gegenüber Sinnesreizen. Im akustischen Bereich wird beschrieben, daß autistische Kinder bereits frühzeitig ein geringeres Orientierungsverhalten zeigen, daß sie sich als Kleinkinder weniger hinwenden, wenn ein Geräusch in der Umgebung zu hören ist, daß auch auf laute Geräusche hin keine Reaktion erfolgt, vor allem jedoch, daß sie Aufforderungen und an sie gerichtete verbale Äußerungen ignorieren. Dies geht bei einigen Kindern soweit, daß sie für taub gehalten werden.

Beispiel:

»Wir besuchen eine Gruppe im Kindergarten, in der Stefan, ein autistischer Junge, ist. Die Kindergärtnerin stellt mich vor: ›Schaut her Kinder, wir haben Besuch bekommen!‹ Die Kinder schauen her, nur Stefan ignoriert die Aufforderung völlig und hantiert weiter an einem Steckspiel herum. Die Kindergärtnerin läßt ihren Schlüsselbund klirrend fallen, die Kinder lachen, einige schauen zu Stefan; er rührt sich nicht. Er hantiert weiter an seinem Spielgerät, als ob er nichts gehört hätte, oder als ob ihn das Ganze nichts anginge.«

Auf der anderen Seite zeigen autistische Kinder oft auch eine extreme Sensibilität akustischen Reizen gegenüber. Manchmal geraten sie bei lauten Geräuschen, aber auch beim Geräusch von Staubsaugern, rinnendem Wasser usw. in Panik und es ist bei jüngeren autistischen Kindern oft zu beobachten, daß sie sich die Ohren zuhalten.

Im visuellen Bereich wird ebenfalls ein auffälliges Ignorieren von Reizen beschrieben. Es entsteht der Eindruck, daß die Kinder gewisse Reize nicht wahrnehmen. Autistische Kinder laufen in Hindernisse und weichen nicht rechtzeitig aus.

Andererseits zeigt sich auch hier eine zum Teil erhöhte Sensibilität. Autistische Kinder bemerken kleine Änderungen in ihrer vertrauten Umgebung und reagieren darauf sehr aufgeregt.

Beispiel:

Eine Mutter berichtet: »Als wir einmal für das Eßzimmer einen neuen Teppich kauften, starrte er zuerst mit offenen Augen auf den Teppich, lief dann wie verrückt um den Teppich herum, als ob er da etwas ganz Besonderes entdeckt hätte.«
Dieselbe Mutter: »Am Abend ging ich mit meinem Mann ins Theater und, nachdem ich mich umgezogen hatte, wollte ich Andi noch ein Gute-Nacht-Bussi geben. Als er mich sah, fing er jedoch an zu schreien, es war, als ob er mich nicht mehr erkannt hätte.«

Manche autistischen Kinder reagieren auch sehr furchtsam auf Änderungen in der Beleuchtung.

Ein besonderes, häufig beschriebenes Symptom ist das visuelle Explorieren von Gegenständen mit dem peripheren Gesichtsfeld.

Beispiel:

Michael nimmt einen Gegenstand in die Hand und führt ihn mehrmals seitlich an den Augen vorbei ohne ihn zu fixieren, wobei man den Eindruck gewinnt, daß er den Gegenstand auf diese Weise mustert.

Im taktilen Bereich wird ebenfalls beschrieben, daß autistische Kinder öfters Gegenstände, die ihnen in die Hände gelegt werden, fallen lassen.

Schmerzhafte Reize lösen bei diesen Kindern manchmal ebenfalls keine Reaktion aus. Auf der anderen Seite gibt es auch hier Hinweise auf eine erhöhte Sensibilität. Sie scheinen die Beschaffenheit mancher Stoffe nicht zu vertragen, etwa von Wolldecken, und sie bevorzugen glatte Oberflächen. Auf der anderen Seite scheinen sie auch eine besondere Freude an taktilen Stimulationen zu haben – Kratzen an Mauern, am Lack, Drehen von Fäden.

Das Phänomen »Overselectivity« (übermäßige Reizselektion)

Aus Therapieversuchen ist ein Phänomen bekannt, das Lovaas (Lovaas et al., 1979) als »Overselectivity« bezeichnet hat. Er versteht darunter die Neigung autistischer Kinder, bei der Begriffsbildung nicht den gesamten Inhalt zu abstrahieren, sondern ihn auf ein oder wenige ausgewählte Merkmale festzulegen. »Overselectivity« bezeichnet somit die Tendenz, bei der Verarbeitung von Informationen nur wenige Merkmale zu berücksichtigen.

Ein Kind etwa, das die Aufforderung gelernt hat »Bring mir den Ball!« bringt nur Bälle, wenn sie rot sind, weil der Ball, an dem es die Aufforderung gelernt hat, rot war. Autistischen Kindern bereitet es große Mühe, mehrere Reize gleichzeitig zu beachten. Sie neigen dazu, sich statt dessen ausschließlich einem Reiz zuzuwenden und die anderen zu ignorieren. Besonders auffällig ist dies, wenn Reize in verschiedenen Sinnesmodalitäten auftreten und die autistischen Kinder nur die Informationen einer Sinnesmodalität behalten.

Die übermäßige Selektivität der Aufmerksamkeit führt nicht nur zum Ausblenden von Sinnesreizen, sondern betrifft auch die Verarbeitung von Reizmerkmalen. Autistische Kinder neigen ganz allgemein dazu, sich einzelnen Aspekten selektiv zuzuwenden und alle anderen Merkmale zu vernachlässigen. Dieses Defizit läßt sich vor allem durch bestimmte experimentelle Lernparadigmen nachweisen (Lovaas et al., 1979).

Die übergroße Selektivität autistischer Kinder ist am deutlichsten, wenn gleichzeitig Reize in verschiedenen Sinnesmodalitäten zu beachten sind. Jedoch läßt sich die gleiche Schwierigkeit auch feststellen, wenn in einer Sinnesmodalität ein komplexer, in sich gegliederter Reiz zu verarbeiten und zu behalten ist, sowie auch dann, wenn ein Reiz verschiedene Merkmale aufweist, also in der visuellen Modalität etwa Merkmale wie Form, Farbe und Größe. Je komplexer ein Reiz bzw. eine Reizkonfiguration ist, desto stärker ist die Tendenz zu einer übergroßen Selektivität. Die übergroße Selektivität ist auch nicht ein unveränderliches Merkmal autistischer Kinder. Haben sie Erfahrung gewonnen, daß es notwendig ist, möglichst viele Eigenschaften eines Reizes zu behalten, so geben sie allmählich die Tendenz zur übergroßen Selektivität auf. Allerdings dauert dies sehr lange und tritt wohl nur ein, wenn sie über längere Zeit unmittelbar nacheinander beobachten können, welche Reaktion der Lösung einer Aufgabe angemessen ist und welche nicht. Können autistische Kinder auf diese Weise mehrmals hintereinander bei einer Reihe von Aufgaben feststellen, daß sie mehr Informationen aufnehmen müssen, dann ändern sie wenigstens bei der entsprechenden Art von Aufgabe ihre Strategie.

Die Störung ist nicht auf autistische Kinder beschränkt, sondern tritt auch bei anderen Kindern mit kognitiven Defiziten auf, also vor allem bei geistig behinderten Kindern.

Eine andere Aufmerksamkeitsstörung hingegen, die bei Kindern mit Schulschwierigkeiten häufig zu sehen ist, kommt bei autistischen Kindern nicht vor: Sie besteht in einer zu breiten Aufnahme von Informationen, also einer zu geringen Selektivität, und einer erhöhten Ablenkbarkeit. Wir können die Abnormität autistischer Kinder im sensorischen Bereich zusammenfassen:

1. Autistische Kinder tendieren in allen Reizmodalitäten dazu, einzelne Reize auszublenden und nicht zu verarbeiten.
2. Sie tendieren dazu, einzelne Reize als störend zu empfinden.
3. Es werden einzelne Reize überakzentuiert wahrgenommen und verarbeitet.

Interpretation

Warum tendieren autistische Kinder dazu, einzelne Reize auszublenden, obwohl sie sie grundsätzlich wahrnehmen könnten? Hier zeigt sich das Problem des autistischen Kindes bei der logischen Verarbeitung von Wahrnehmungen von einer anderen Seite.

Es hängen wohl alle drei Teilergebnisse zusammen, nämlich die Tendenz

– bestimmte Reize auszublenden,
– einzelne Reize als Störung zu erleben und
– andere Reize überakzentuiert wahrzunehmen.

Einen Reiz logisch zu verarbeiten bedeutet, ihn in Beziehung zu setzen mit anderen Reizen: z. B. Schienen, Waggons, Häuser, Lokomotive als Eisenbahnspiel zu verstehen.

Einen neuen Reiz logisch zu verarbeiten bedeutet, ihn in das bestehende Bild, in die bestehende Ordnung zu integrieren. Dazu muß die Vorstellung vom Gesamtbild der Ordnung entsprechend erweitert werden. Gelingt diese Erweiterung nicht ohne weiteres, so kann ein neuer Reiz nicht anders denn als Störreiz wahrgenommen werden, er erweitert dann nämlich die bestehende Ordnung nicht, sondern bringt sie ins Wanken. Werden autistische Kinder z. B. beim Spielen von einem anderen Kind gestört, so gelingt es ihnen nicht, die Störung in das Spiel einzubeziehen, das Spiel also auszuweiten, und sie sind daher gezwungen, entweder bei der eigenen Tätigkeit zu bleiben und das Kind zu ignorieren oder sich dem Kind zuzuwenden und die eigene Tätigkeit aus dem Auge zu verlieren. Wir müssen also annehmen, daß sie – ihr Defizit kompensierend – gelernt haben, Reize, die stören, nicht wahrzunehmen. Ihre Irritierbarkeit ist eine ganz andere als die der hyperaktiven Kinder. Haben diese Schwierigkeiten, sich auf einen Reiz zu konzentrieren und sich nicht von einem anderen ablenken zu lassen, so haben Autisten Probleme, einen neuen Reiz in eine Handlung aktiv einzubeziehen, und da sie sich konzentrieren können, ist es ihnen möglich, Reize zu ignorieren, die sie nicht haben wollen. Das Ausblenden vieler Reize ist für sie notwendig, um überhaupt zu einer bestimmten Ordnung gelangen zu können. Das Beharren auf bestimmten anderen Reizen bzw. das Verwenden weniger Merkmale bei der Begriffsbildung ist die Umkehrung dieses Problems. Sind sie gezwungen, störende Reize einfach auszublenden, weil sie sie in die bestehende Ordnung nicht einbeziehen können, so sind sie andererseits auch gezwungen, sich auf die Reize zu fixieren, mit denen sie sich gerade beschäftigen.

Demnach stellt Überselektivität bereits eine Kompensation dar: Die Schemata werden vereinfacht, und in die Vorstellung von einem Gegenstand gehen nur wenige seiner Eigenschaften ein. Damit kommt es zu einem undifferenzierteren Wahrnehmen. Das ist der Versuch, eine bestehende Komplexität, mit der man überfordert ist, auf ein noch handhabbares Maß zu reduzieren. Dies bedeutet zugleich eine reduzierte Möglichkeit, sich von anderen Reizen ablenken zu lassen, und so erklären wir die übermäßige Selektivität der Aufmerksamkeit bei autistischen Kindern, aber auch die gleichfalls beobachtete Hypersensibilität manchen Reizen gegenüber.

Ein Analogiebeispiel zum Schluß soll uns die Schwierigkeit verständlich machen: Betritt die Mutter den Fernsehraum, wo die Familie gerade einen spannenden Krimi sieht, so mag es ihr ähnlich ergehen, wie dem Erzieher mit den autistischen Kindern.

3.1.6. Bedingungsanalyse mit Hilfe des Experimentes: Der Ansatz von Hermelin und O'Connor

Wir widmen den Arbeiten von Hermelin & O'Connor ein eigenes Kapitel, obwohl die Hypothesen, die ihren Arbeiten zugrunde liegen, auch schon vorher angesprochen wurden. Wir tun dies, weil diese Autoren mit ihrer Annahme, der frühkindliche Autismus beruhe auf einer Störung der logischen Verarbeitung, unserer eigenen Theorie sehr nahe stehen, und weil sie in einer Reihe origineller Experimente besonders aufschlußreiche Einzelbefunde gesichert haben. So stellt dieses Kapitel eine Zusammenfassung und Vertiefung der vorausgehenden dar. Hermelin & O'Connor haben versucht, die besonderen Schwierigkeiten autistischer Kinder vor dem Hintergrund der Entwicklung der Wahrnehmungsfähigkeit, des Denkens und der Sprache zu verstehen. Sie gingen dabei davon aus, daß die klinische Beschreibung nur ein unzureichendes

Verständnis der Schwierigkeiten autistischer Kinder ermöglicht und daß eine genaue Analyse mit Hilfe des Experimentes erforderlich sei. In ihren Untersuchungen verwandten Hermelin & O'Connor große Mühe darauf, auch durch die Wahl geeigneter Kontrollgruppen, die spezifischen Schwierigkeiten autistischer Kinder von unspezifischen logischen Verarbeitungsschwierigkeiten zu unterscheiden, wie sie etwa durch eine geistige Retardierung bedingt sein können. Autistische Kinder wurden in allen Experimenten mit Gruppen anderer Kinder verglichen, die den gleichen Leistungsstand aufwiesen. Wenn die Leistungen autistischer Kinder jenen normaler Kinder gegenübergestellt wurden, so handelte es sich also immer um normale Kinder, die um einiges jünger waren als die autistischen Kinder.

Diskrimination einfacher Reize

Hermelin & O'Connor interessierte zunächst, ob es Unterschiede in der Diskriminationsfähigkeit zwischen autistischen, geistig behinderten und normalen Kindern gibt. O'Connor & Hermelin (1967) testeten diese Frage mit einer einfachen Testanordnung, die minimale Anforderungen an die Kinder stellt. Sie gaben verschiedene visuelle Reize vor, die sich in Größe, Helligkeit, Farbe, Komplexität und darin unterschieden, ob es sich um eine Darstellung von Menschen oder von Dingen handelte, ob also die Abbildungen einen sozialen Inhalt aufwiesen oder nicht. Als Maß für die Diskriminationsfähigkeit wurde der Einfluß dieser Reizmerkmale auf die Aufmerksamkeitszuwendung bei autistischen, geistig behinderten und normalen Kindern bestimmt. Die Autoren kommen zu einem ersten Ergebnis:

> Autisten beobachten visuelle Reize kürzer als entwicklungsgleiche geistig behinderte und normale Kinder.

Bei akustischen Reizen läßt sich etwas Ähnliches schwer beobachten, aber zumindest an den physiologischen Reaktionen läßt sich zeigen, daß bei Autisten die anfängliche Reaktion auf neue akustische Reize ebenso stark ausgeprägt ist wie bei normalen und geistig behinderten Kindern, daß diese Reaktion aber rascher abnimmt (schneller habituiert) (Hermelin & O'Connor, 1968). Es ließ sich somit ein zweites Ergebnis sichern:

> Die Aufmerksamkeit auf akustische Reize ist weniger anhaltend.

In einem weiteren Experiment wurde geprüft, wie weit autistische Kinder ihre Diskriminationsfähigkeit einsetzen können, wenn die Unterscheidung mit einer operanten Lernaufgabe verbunden wird.

Auch schwer geistig behinderten Autisten fiel das Lernen einfacher Unterscheidungen (wie Größe und Helligkeit) nicht schwer. Im Unterschied zu normalen Kindern hatten sie jedoch beim Lernen etwas komplexerer Unterscheidungen, vor allem bezüglich der Orientierung bzw. Richtung eines Objektes, größere Schwierigkeiten. Wie Hermelin & O'Connor auch betonen, spielt beim Diskriminationslernen nicht nur die Reizunterscheidung, sondern auch das Behalten solcher Merkmale eine Rolle. Ein drittes Ergebnis:

> Die Ausbildung einfacher Signalreize ist ungestört, während es bei komplexeren Reizen Probleme gibt.

Sensorische Dominanz

Wenn die Wahl zwischen paarweise vorgegebenen einfachen Reizen verschiedener Sinnesmodalitäten gegeben wird und die Kinder durch Belohnungen motiviert werden, diese Entscheidungen zu treffen, so entscheiden sich auch Autisten ebenso wie normale und geistig behinderte Kinder eher für visuelle als für andere Reize. Autisten wählen jedoch Reize, die durch passive Bewegungen erzeugt werden, relativ häufiger als geistig Behinderte des gleichen Entwicklungsstandes (Hermelin & O'Connor, 1965).

Ein zusätzlicher Hinweis für eine andere Gewichtung sensorischer Information bei Autisten resultiert aus einem Experiment (Hermelin & O'Connor, 1970), bei dem die Kinder einmal mit und einmal ohne Möglichkeit, ihr Vorgehen visuell zu kontrollieren, einen Stift durch ein Labyrinth führen sollten, ohne die Wände zu berühren. Während bei normalen Kindern des gleichen geistigen Entwicklungsstandes die Leistung deutlich abfiel, wenn sie keine visuelle Kontrollmöglichkeit hatten, war bei den Autisten diese Leistungsbeeinträchtigung deutlich geringer ausgeprägt. Autisten verwenden also zur Lösung von Aufgaben seltener die Informationen mehrerer Sinnesmodalitäten als Normale.

Fehlen eines räumlichen Referenzsystemes

In einer Serie von Experimenten prüften Hermelin & O'Connor (1975) die Hypothese, daß die Autisten ähnliche Leistungen erzielen müßten wie normale Kinder, wenn beide Gruppen nur kinästhetische Information benutzen können. Die autistischen Kinder sollten diese Informationen jedoch nicht auf Referenzen aus anderen, vor allem visuellen Sinnesgebieten beziehen können und wären deshalb blinden Kindern ähnlich, die wegen ihrer Sinnesbehinderung keine Möglichkeit dazu besitzen.

Zur Prüfung dieser Hypothese wählten Hermelin & O'Conor (1975) die Aufgabe, einen Hebel von verschiedenen Ausgangspunkten aus entweder in eine bestimmte Endposition zu bringen, oder diesen Hebel eine vorher vorgegebene Strecke zu bewegen. Die erste Aufgabe kann allein mit Hilfe kinästhetischer Information gelöst werden, da die periphere Rückmeldung für das Einnehmen einer bestimmten Armposition ausreichende Anhaltspunkte gibt. Zur Ausführung der zweiten Aufgabe reicht jedoch die kinästhetische Rückmeldung allein nicht aus, wenn nicht auf Grund von Erfahrung ein (visuelles) Referenzsystem über die räumlichen Veränderungen gebildet wurde, die durch Bewegungsimpulse bewirkt werden.

Die Ergebnisse dieses Experiments entsprachen genau den Erwartungen. Blinde Kinder konnten die erste Aufgabe ebensogut lösen wie normale und autistische Kinder, denen die Augen verbunden worden waren. Bei der zweiten Aufgabe erzielten jedoch die normalen Kinder trotz verbundener Augen deutlich bessere Leistungen als autistische und von Geburt an blinde Kinder.

Autistische Kinder ordnen demnach kinästhetische Information ähnlich blinden Kindern nicht in ein Raumschema, selbst wenn die Aufgabe eine solche Bearbeitung des Reizmaterials nahelegt.

In einer weiteren Untersuchung gaben O'Connor und Hermelin (1975) blinden, normalen und autistischen Kindern, denen die Augen verbunden worden waren, erneut zwei Aufgaben, für die unterschiedliche Arten von Informationen ausreichend waren. Bei beiden Aufgaben war es nötig, Informationen aus dem Tastsinn über die Merkmale eines Gegenstandes (räumlich) zu transformieren, um die Übereinstimmung mit den Merkmalen eines Vergleichsobjekts beurteilen zu können.

In der ersten Aufgabe waren die zu vergleichenden Merkmale durch wenige Aussagen zu beschreiben und die Veränderung der räumlichen Orientierung von einem zum anderen Objekt konnte direkt an den einzelnen Merkmalen vorgenommen werden, ohne Rücksicht auf die anderen Informationen über den Gegenstand. Es sollten zweidimensionale geometrische Figuren verglichen werden, die nebeneinander auf einem Brett befestigt waren, und die Kinder mußten angeben, ob die beiden Formen ineinanderpassen.

Bei der zweiten Aufgabe war für ein Modell einer Hand, das in verschiedenen räumlichen Orientierungen präsentiert wurde, zu entscheiden, ob es sich um eine linke oder rechte Hand handelt. Diese Aufgabe war leicht lösbar, wenn es gelang, innerlich die verschiedenen Merkmale zu einer räumlichen Vorstellung zu verbinden und so mit der eigenen linken und rechten Hand zu vergleichen. Anderenfalls war die zweite Aufgabe wegen der vielen möglichen Rotationen nur schwer zu lösen.

Auch hier bestätigten die Ergebnisse die Erwartungen. Blinde Kinder und normale sowie autistische Kinder mit verbundenen Augen lösten die erste Aufgabe etwa gleich gut, bei der zweiten Aufgabe hatten die normalen Kinder jedoch deutlich weniger Schwierigkeiten als die beiden anderen Gruppen. O'Connor & Hermelin (1978) vermuteten, daß autistische Kinder, wann immer ihnen kinästhetische Informationen zur Verfügung stehen und zur Bearbeitung einer Aufgabe benutzt werden können, keine weitergehende Verarbeitung dieser Informationen und keine Einordnung in ein räumliches Schema vornehmen. Auch hierin würden sie blinden Kindern gleichen, denen eine solche Verarbeitung gleichfalls schwerfällt. Bei normalen Kindern würde hingegen diese Einordnung nahezu automatisch erfolgen. Diese unterschiedliche Verarbeitung von Sinnesreizen demonstrierte die folgende Untersuchung (O'Connor & Hermelin, 1978): Blinde, normale und autistische Kinder, denen die Augen verbunden wurden, lernten, ein Wort mit der Berührung und Bewegung einer der Finger zu assoziieren. Wenn das Behalten der Assoziationen dann geprüft wurde, während die Kinder die Hände überkreuzt hatten, so antworteten blinde und autistische Kinder mit dem Wort, das dem berührten Finger entsprach. Normale Kinder tendierten hingegen dazu, mit jenen Wörtern zu antworten, die der räumlichen Position des Fingers entsprachen.

Bevorzugung des Raum- vor dem Zeitschema

Noch eine weitere Besonderheit in der Verarbeitung von Reizen konnten Hermelin & O'Connor nachweisen: Wenn Informationen sowohl einen zeitlichen wie einen räumlichen Bezug haben, so tendieren autistische Kinder dazu, die Reize eher in ein räumliches Bezugssystem zu bringen. O'Connor & Hermelin (1973) gaben normalen, autistischen und tauben Kindern die Aufgabe, Folgen von drei Buchstaben in der richtigen Reihenfolge wiederzugeben. Bei der Vorgabe stimmte jedoch die Reihenfolge des Auftretens in räumlicher, d. h. in der horizontalen Anordnung, und in zeitlicher Hinsicht nicht überein. Den Kindern wurde die Wahl gelassen, welche Anordnung sie wählen wollten.

Normale Kinder wählten bei der Wiedergabe spontan zumeist eine Reihenfolge, die der zeitlichen Anordnung bei der Vorgabe entsprach. Autistische und taube Kinder wählten hingegen zumeist die räumliche Anordnung. In einem weiteren Experiment mit Zahlen in ähnlicher Weise wurde nicht die Wiedergabe, sondern das Wiedererkennen der Zahlenfolgen geprüft. Normale Kinder erkannten nur jene Zahlenfolgen als richtig an, die der zeitlichen Reihenfolge bei der Vorgabe entsprachen. Autistischen und tauben Kindern waren dagegen nur jene Zahlenfolgen vertraut, die der ursprünglichen räumlichen Anordnung entsprachen.

Können Informationen sowohl zeitlich wie räumlich geordnet werden, so bevorzugen Autisten das Raumschema.

Gedächtnis

Wenn die Anzahl der zu behaltenden Reize die unmittelbare Gedächtnisspanne übersteigt, fällt bei normalen ebenso wie bei autistischen Kindern das

Behalten aller Informationen außer den zuletzt aufgenommenen deutlich ab (Hermelin & O'Connor, 1967). Bei gleicher Gedächtnisspanne ist aber die Anzahl der noch aus dem unmittelbaren Gedächtnis reproduzierbaren Information (Rezenzeffekt) bei Autisten deutlich größer als bei normalen Kindern. Normale Kinder können beim Behalten längerer Wortfolgen die Tatsache ausnutzen, daß das Vorhandensein einer Satzstruktur die Wortfolge teilweise vorhersagbar macht, bei autistischen Kindern wird das Behalten von Wörtern dagegen unter diesen Bedingungen weniger verbessert (Hermelin & O'Connor, 1967b). Dieser geringe Einfluß des Satzrahmens auf die Behaltensleistung kann sowohl von der Semantik als auch von der Syntax herrühren.

Hermelin & O'Connor (1967) machten in einer weiteren Untersuchung wahrscheinlich, daß ein geringer Einfluß des Sinnzusammenhangs für die schlechteren Leistungen autistischer Kinder verantwortlich ist. Sie zeigten, daß die Zusammensetzung der Wortliste aus Wörtern einiger vertrauter semantischer Kategorien (Farben, Zahlen, Eßutensilien) zwar bei jüngeren normalen und bei geistig behinderten Kindern zu einer Verbesserung des Behaltens führt, nicht jedoch bei autistischen Kindern. Bei autistischen Kindern werden die Wörter bei der Wiedergabe auch kaum zu Gruppen mit ähnlicher Bedeutung zusammengestellt, während dies sowohl bei den jüngeren wie bei den geistig behinderten Kindern der Fall ist. Werden hingegen Wörter in einer Liste nicht durch Bedeutung gegliedert, sondern wird die Liste durch besondere Betonung einzelner Wörter strukturiert, so führt dies, wie in einem weiteren Experiment (Frith, 1969) gezeigt wurde, auch bei Autisten zu einer gewissen Verbesserung des Behaltens der hervorgehobenen Wörter. Dieser Einfluß ist bei autistischen Kindern ähnlich groß wie bei jüngeren normalen und geistig behinderten Kindern.

Es stellt sich die Frage, ob die Schwierigkeiten beim Behalten von geordneten Folgen auf das Behalten von sprachlichen Inhalten beschränkt sind oder darüber hinausgehen. Frith (1970a, b) gab, um dies zu prüfen, autistischen Kindern eine ähnliche verbale und nonverbale Gedächtnisaufgabe; und zwar sollten zufällige und redundante, in sich geordnete Folgen verbaler Symbole und nonverbale Reize wiedergegeben werden. Als verbale Symbole wurden zwei Wörter, als nonverbale Reize rote und blaue Würfel gewählt. Es wurden längere Folgen dieser zwei Reize gebildet. Autistische Kinder konnten im Gegensatz zu normalen und geistig behinderten Kindern sowohl bei verbalen wie bei nonverbalen Reizfolgen die Redundanz ausnutzen und erzielten bei wohlgeordneten Reizfolgen bessere Leistungen als bei der Wiedergabe zufälliger Reizfolgen. Bemerkenswert war, daß bei den von den Autisten produzierten Sequenzen zwar ebenfalls eine Ordnung zu erkennen war, diese jedoch nicht der in der vorgegebenen Reizfolge enthaltenen Ordnung entsprach.

Frith (1971) konnte in nachfolgenden Experimenten die Tendenz autistischer Kinder, sich bei einfachen Aufgaben, wie dem Erzeugen von Tonfolgen oder von Farbreihen, selbst eine Struktur zu wählen, näher erkunden. Danach neigen Autisten stärker als andere Kinder dazu, die Variationsmöglichkeiten durch Beschränkung der Anzahl möglicher Elemente einzuschränken. Sie halten sich viel strikter an eine von ihnen einmal gewählte Struktur bzw. Regel. Die von ihnen erzeugten Ton- und Farbreihen erhalten dadurch einen monotonen Charakter. Neue, originelle Muster werden viel seltener gebildet als von normalen und sogar von geistig behinderten Kindern.

Interpretation

Die Ergebnisse von Hermelin & O'Connor sind geeignet, unser Bild von den logischen Defiziten der Autisten und ihrer Kompensation zu präzisieren.

Die Wahrnehmung
Die Fakten:

1. Die Diskrimination einfacher Sinnesreize ist nicht gestört.
2. Autisten bearbeiten visuelle Reize kürzer und weniger intensiv und sie vergleichen Teile unzureichend. Sie zeigen ferner ein geringeres Orientierungsverhalten auf akustische Reize.
3. Informationen aus den proximalen Rezeptoren werden jenen aus den distalen Rezeptoren vorgezogen.
4. Sie nutzen stärker motorische Reaktionen als Informationen über Gegenstände.

Hermelin und O'Connor haben diese Ergebnisse zunächst als Hinweis auf eine Wahrnehmungsstörung interpretiert. Sehr bald aber ließen sie diese Hypothese fallen und konzentrierten sich auf die Art und Weise, wie Autisten die aufgenommenen Sinnesinformationen weiterverarbeiten.

Die Reizverarbeitung
Die Fakten:

1. Autisten lösen Aufgaben gut, wenn dazu nur Informationen aus der unmittelbaren Anschauung nötig sind.
2. Sie tun sich schwer, sich wiederholende Regelmäßigkeiten zu erkennen.
3. Reize werden in der Modalität kodiert, in der sie aufgenommen werden.
4. Sie können Informationen aus verschiedenen Sinnesgebieten nur schwer miteinander in Beziehung bringen.
5. Sie zeigen einen Mangel in der Entwicklung genereller Raum- und Zeitschemata.

Wenden wir uns zunächst der Frage zu: Was heißt, ein Reizmaterial zu bearbeiten?

Ein Reizmaterial zu bearbeiten heißt, Wahrnehmungen (Sachverhalte) in verfügbare Ordnungsschemata einzureihen, und es beinhaltet die Entwicklung neuer Ordnungsschemata, wo noch keine zur Verfügung stehen. Es müssen geometrische Eigenschaften entwickelt werden, wie »rund«, »spitz«, »rauh« usw., um damit die Gegenstände beschreiben zu können. Es bedeutet die Entwicklung verschiedener Farbeigenschaften, um den Gegenstand farblich einordnen zu können sowie auch die Entwicklung verschiedener Relationseigenschaften, wie »größer – kleiner als«, »schwerer – leichter als« usw., um Gegenstände aufeinander beziehen zu können. Es bedeutet die Entwicklung verschiedener funktionaler Eigenschaften, wie »rollt«, »tut weh«, »schmeckt gut« usw., um den Gegenstand entsprechend einsetzen zu können.

Alle diese Eigenschaften sind logische Formen. Sie werden vom Kind in der Auseinandersetzung mit den Gegenständen selbst entwickelt oder von der sozialen Umwelt über die sprachliche Kommunikation übernommen. Die Reizverarbeitung ist somit die Einbeziehung eines Reizes in einen größeren Lebenszusammenhang mit Hilfe logischer Schemata. Erst durch die Verarbeitung des Reizmaterials treten Gegenstände in eine erkennbare Beziehung zueinander, bilden sich erkennbare übergeordnete Einheiten, und aus einer Menge von Elementen wird ein geordnetes Bild: ein Gegenstand, ein Sachverhalt, ein Ereignis, ein Wesen. Die logische Verarbeitung kann prinzipiell in allen drei Arten von Schemata erfolgen. Soll die Einheit jedoch eine Gestalt ergeben – die Gestalt eines Gegenstandes, eines Sachverhaltes, einer Person etc. – kann dies nur in V-Schemata erfolgen.

V-Schemata jedoch können Autisten wohl – so unsere These – nur ungenügend generieren und die Defizite, die Hermelin & O'Connor schildern, geben uns anschauliche Beispiele, wie sich der Mangel an V-Schemata bei der Bearbeitung einfacher Sinnesreize auswirkt.

Autistische Kinder tun sich schwer, Regelmäßigkeiten in einem vorgegebenen Reizmaterial zu erkennen

Das Nichterkennen von Regelmäßigkeiten an einem vorgegebenen Reizmaterial ist keine Wahrnehmungsschwäche, sondern eine Schwäche der logischen Verarbeitung. Um das Gemeinsame an verschiedenen Objekten und Ereignissen erkennen zu können, ist vorausgesetzt, daß zuvor ein Schema entwickelt wird, nach dem Reize selektiert, zu Einheiten zusammengefaßt und geordnet werden können.

Wir gehen davon aus, daß solche Schemata zunächst in der Vorstellung ausgebildet werden, aus der später entsprechende Sprachschemata entwickelt werden können. Aber selbst wenn man diese Annahme fallen ließe und nur von einer gemeinsamen Verarbeitung der Begriffe von V- und S-Schemata ausginge, wären die Defizite der Autisten erklärbar. Sprachschemata sind starrer und berücksichtigen nur einen oder wenige Aspekte.

Auch bei Aufgaben des Gemeinsamkeitenfindens stoßen wir daher unmittelbar auf das Defizit der autistischen Kinder, V-Schemata auszubilden. Es widerspricht nicht, sondern unterstützt die These, daß das autistische Kind unter Anleitung und Hilfestellung durchaus in der Lage ist, Gemeinsamkeiten wahrzunehmen. Nach unserer Interpretation bedeutet dies, daß die Hilfestellung dazu führt, das Gemeinsame als logische Form nicht in der Vorstellung, sondern in der Sprache zu etablieren. Dies ist ihnen eher möglich. Das starre Sich-Halten an eine Regel, sowie das Unvermögen, vorstellungsmäßige Regeln auszubilden, ist ein und dieselbe Schwierigkeit, nur von verschiedenen Seiten betrachtet. Einmal zeigt sich darin die Schwierigkeit, vorstellungsmäßige Regeln auszubilden, sodaß Gemeinsamkeiten nicht erkannt werden, auf der anderen Seite zeigt sich die Ausbildung von sprachlich repräsentierten Regeln, an die man sich dann starr halten muß, anstatt der Ausbildung einer vorstellungsmäßigen Regel, die variabel gehandhabt werden könnte.

Autisten betrachten Reizmaterial weniger intensiv

Wo die Möglichkeit der logischen Weiterverarbeitung eingeschränkt ist, ist schon die Informationsaufnahme eingeschränkt und eine intensive Bearbeitung der Sinnesinformationen wird sinnlos. Das Interesse an einem Gegenstand ist mithin nicht nur abhängig von seiner Reizgegebenheit, sondern auch von den Möglichkeiten, mit der Information etwas anfangen zu können. So führt das Fehlen von V-Schemata zu einer verminderten Möglichkeit der Bearbeitung von Sinnesinformationen und diese wiederum schränkt die Handlungsmöglichkeiten ein. Ein negativer Kreislauf setzt hier ein und führt zu einer Blockierung der Entwicklung: Autisten schaffen es häufig nicht, Reizmaterial in eine sinnvolle Ordnung zu bringen. Und weil Reizmaterial nicht sinnvoll geordnet ist, ergeben sich keine Handlungsmöglichkeiten, und darum verlieren sie an neuem Reizmaterial sehr schnell das Interesse.

Probleme mit der Ausbildung des Raumschemas
Die Fakten:

1. Autistische Kinder zeigen eine Vorliebe für Informationen aus proximalen Rezeptoren (Tastsinn, Kinästhetik) im Gegensatz zu solchen distaler Rezeptoren (Sehen, Hören).
2. Wo Autisten akustische und visuelle Informationen aufnehmen, tendieren sie dazu, sie unverbunden nebeneinander stehen zu lassen.

Dieses Ergebnis läßt sich auf ein Defizit von V-Schemata zurückführen, wenn wir annehmen, daß Informationen aus den proximalen Sinnesmodalitäten zu R-Schemata verarbeitet werden, denn in diesem Falle wäre zu erwarten, daß sie die R-Schemata zur Kompensation von V-Schemata einsetzen. Visuelle Informationen müßten sie in V-Schemata verarbeiten, die ihnen schwer gelingen. Deshalb vermeiden sie diese, wo sie können, und bevorzugen Informationen aus Tastsinn und Kinästhetik, die sie in motorischen Schemata verarbeiten können, die ihnen leichter gelingen. Es entspricht dies unserer These 3 (Kapitel 2), wonach die Autisten jene Reizgegebenheiten bevorzugen, die sie kompensatorisch einsetzen können und deren logische Verarbeitung ihnen leichter gelingt; dies sind Reize, die sprachlich oder motorisch verarbeitet werden können. Je vielfältiger und umfassender der Bereich ist, der in einem Schema geordnet werden muß, desto schwerer gelingt die Ordnung. Das beziehungslose Nebeneinanderstellen von akustischen und visuellen Informationen auch dort, wo eine Verbindung beider notwendig wäre, ist das Kapitulieren vor dieser Aufgabe.

Die Ausbildung des Zeitschemas
Die Fakten:

1. Autisten können Aufgaben gut bewältigen, zu deren Lösung Informationen nötig sind, die kurzfristig, schwer hingegen jene, die längerfristig behalten werden müssen und zu deren Speicherung das Zeitschema notwendig ist.
2. Wo es möglich ist, ordnen Autisten Informationen im Raumschema, auch wenn die Ordnung im Zeitschema ökonomischer wäre.

Logische Formen unterscheiden sich darin, wie schwer sie zu bilden sind. Unmittelbare, einfache Verknüpfungen sind leichter als Verknüpfungen zu Ordnungen höheren Grades, die an Hand eines allgemeinen Prinzips erfolgen. Das Raumschema ist einfacher auszubilden als das Zeitschema, wie uns die Entwicklungspsychologie des normalen Kindes lehrt. Einfache logische Formen, sobald sie einmal ausgebildet sind, bieten in ihrer Anwendung wenig Mühe, komplexe hingegen sind auch in der Anwendung mühevoll, weil verschiedene Informationen gleichzeitig verarbeitet werden müssen.
Ereignisse ins Zeitschema zu ordnen, fällt Autisten besonders schwer, deshalb vermuten wir, daß ihr Erleben zeitlos ist, sodaß nur eine rudimentäre Vorstellung von der eigenen Vergangenheit besteht und Zukunftsperspektiven fehlen. Die Schwierigkeiten mit dem Zeitschema bestehen im speziellen noch darin, daß schon bei der Ausbildung einfacher Ordnungen nur ein Teil der Informationen unmittelbar gegeben ist und ein anderer Teil im Gedächtnis behalten werden muß. Daher verwenden wir auch zur Messung von Prozessen häufig das Raumschema. Die analoge Zeituhr ist ein Beispiel dafür. Umge-

kehrt können wir nie beobachten, daß der starre Zusammenhang visueller Informationen im Zeitschema ausgedrückt wird. So gesehen ist der Versuch des autistischen Kindes, wo es kann, das Raumschema an Stelle des Zeitschemas zu verwenden, nicht so ungewöhnlich, wie es zuerst erscheinen mag.

Bedeutsam sind diese Befunde vor allem hinsichtlich des Weltbildes des autistischen Kindes. Die Zeit als Ordnungsschema ist Voraussetzung für das Verständnis von Biographien und für die Ausbildung eines Geschichtsbewußtseins. Sie ist ferner Voraussetzung für alle Zukunftsorientiertheit, für das Aufstellen und Ausführen von Plänen, wie überhaupt für die Entwicklung von Lebensperspektiven. Das Bewußtsein autistischer Kinder – so müssen wir annehmen – ist nahezu zeitlos. Was dadurch gesagt wird, ahnen wir, wenn wir uns ihre Geschichten anhören. Diese Geschichten, die sich autistische Kinder gelegentlich ausdenken, bestehen meist in einem Aufzählen von Dingen und Ereignissen und nicht in der Beschreibung eines Prozesses. Sie erscheinen eigenartig, da ihnen die Zeitdimension fehlt, sodaß es eher um ein Auflisten der Requisiten einer Geschichte geht.

Wir müssen annehmen, daß dem autistischen Kind die Zeitdimension auch im Erleben fehlt, sodaß vergangene Ereignisse gegenwärtig erlebt werden. Wir müssen annehmen, daß dies auch für das Erleben dramatischer Ereignisse gilt und daß dramatische Erlebnisse nicht in dem Sinne verarbeitet werden können, daß sie für die Person der Vergangenheit angehören und ein Neuanfang möglich ist, sondern daß dramatische Erlebnisse als etwas erlebt werden, das jederzeit und an jedem Ort wieder auftreten kann. Eine Verarbeitung im eigentlichen Sinne gibt es nicht. Dieser Aspekt des Weltbildes des autistischen Kindes erscheint uns vor allem bedeutsam im Zusammenhang mit der Therapie bzw. der Erziehung. Sicherlich können sie Erlebnisse einfach vergessen, aber sie können sie nicht so verarbeiten, daß sie zwar noch bewußt sind, aber doch der Vergangenheit angehören. Vielleicht ist dieser Aspekt auch in der Erziehung des normalen Kindes bedeutsamer, als wir bisher angenommen haben, da auch das normale Kind nur begrenzt in der Lage ist, Ereignisse im Zeitschema zu ordnen. Damit müßte auch für das normale Kind gelten, daß vergangene Ereignisse, soweit es sich daran noch erinnert, wie gegenwärtige Ereignisse erfahren werden, als Erlebnisse also, die nicht einfach der Vergangenheit angehören, sondern Erlebnisse, die jederzeit wieder erlebt werden können.

Gedächtnisleistungen

Die Fakten:

1. Autistische Kinder setzen bei Gedächtnisaufgaben Sprachstrukturen nicht als Hilfe für das Behalten ein.

Und aus anderen Beobachtungen wissen wir:

2. Sie können Informationen nicht wiedergeben, wenn ein größeres Intervall zwischen der Aufnahme und der Wiedergabe besteht.
3. Die Zahlenspanne ist nicht beeinträchtigt.
4. Werden ihnen Hinweise gegeben, phonologische oder inhaltliche, so können sie auch weiter zurückliegende Ereignisse reproduzieren.

Das Fehlen übergreifender Vorstellungsstrukturen erschwert die Ausbildung und den Einsatz von Eselsbrücken und von Gedächtnisstrategien. Das autistische Kind ist weitgehend auf das unmittelbare Behalten angewiesen. Hier sehen wir Auswirkungen der fehlenden logischen Verarbeitung des Reizmaterials auf die Gedächtnisleistung. Dabei ist der Befund von Hermelin & O'Connor wie eine Erklärung für andere Ergebnisse: Informationen werden unmittelbar gespeichert, ohne sie in einen übergreifenden Sinnzusammenhang einzubeziehen, der aus früheren Erfahrungen zur Verfügung steht.

Wir müssen also annehmen, daß das autistische Kind, so wie es einen Begriff aufnimmt, ohne ihn in einen umgreifenden Sprach- oder Sinnzusammenhang einzubeziehen, auch Gegenstände aufnimmt oder unmittelbar speichert, ohne verschiedene Gegenstände in einen Sinnzusammenhang zu bringen. Die Einzelinformationen über Gegenstände oder Sprache bleiben auch nach der gedächtnismäßigen Speicherung Einzelinformationen. Es fehlt der Kontext, der sie erst in eine Beziehung zueinander bringt. Die Welt des Autisten – so müssen wir sie uns wohl vorstellen – ist eine Welt von Einzelereignissen, von Einzelobjekten, und sie ist viel weniger eine Welt der Zusammenhänge, eine Welt, in der Teile zu Ganzheiten und Gestalten verbunden sind. Daß diese elementare Welterfahrung die Gesamtbefindlichkeit und das Gesamtverhalten des Kindes bestimmt und beeinflußt, liegt auf der Hand.

Daß sie auch Sprachstrukturen nicht einsetzen, um einzelne verbale Inhalte miteinander zu verbinden, scheint zunächst unserer Interpretation zu widersprechen, da die Sprachstrukturen den autistischen Kindern leichter verfügbar sind als Vorstellungsstrukturen. Wir erklären uns dieses Defizit folgendermaßen: Der Einsatz von Sprachstrukturen als Hilfen für das Behalten von Wörtern erfordert, die Wörter in ein System zu bringen, daß eine Ordnung auf höherem Niveau gebildet wird, in das die zu behaltenden Wörter als Teile eingehen. Das systembildende Prinzip kann grundsätzlich mit einem Sprachschema dargestellt werden. In der Regel jedoch sind diese Prinzipien nur als Vorstellung vorhanden. Würden wir mithin autistischen Kindern das systembildende Prinzip vorgeben, so z. B.

»Du kannst Dir das Behalten erleichtern, indem Du Überbegriffe bildest und nach denen Wörter aufsuchst«,

so müßte ihnen – nach unserer These – diese Hilfe ebenso zugänglich sein wie den normalen Kindern. So ist es auch zu erklären, daß intelligentere Autisten Sprachstrukturen als Hilfe für das Behalten von Wörtern einsetzen.

Sollen autistische Kinder irgendwelche Folgen bilden, so halten sie sich rigide an Regeln, die sie sich selber geben

Hermelin & O'Connor haben Schwierigkeiten, dieses Phänomen zu interpretieren, weil sie annehmen, daß Autisten vorgegebene Strukturen nicht oder nur schwer erkennen können. Wir dagegen sehen das zentrale Defizit nicht in einem Wahrnehmungsdefizit, sondern darin, daß sie kaum Strukturen bilden können, die nur als Vorstellung repräsentiert sind. Das schließt nicht aus, daß es ihnen ohne weiteres möglich ist, Strukturen auszubilden, die durch Sprache oder durch Motorik repräsentiert sind. Motorisch repräsentierte Schemata sind aber starre Schemata, wie alle Schemata, die nur als Assoziationskette gegeben sind. Das starre Verwenden von Sprachschemata bei den Autisten führen wir darauf zurück, daß sie selten systembildende Prinzipien formulieren, auf deren Basis Variationen möglich werden. Auch normale Kinder formulieren selten solche Prinzipien, sie sind aber bei ihnen als V-Schemata gegeben.

3.1.7. Spielverhalten

Vorstellung ist an beinahe allen intellektuellen Leistungen beteiligt, aber nirgends kommt sie so stark zum Tragen wie im kreativen Phantasiespiel. Deshalb ist das Spiel für die Beschreibung und Erklärung der autistischen Störung von ganz besonderem Interesse.

> Spielen autistische Kinder?
> Unterscheidet sich ihr Spiel von dem normaler Kinder?

Ein besseres Verständnis des Spielverhaltens läßt sich dadurch gewinnen, daß wir es als Anzeichen der kognitiven Entwicklung betrachten. In der Entwicklung des Spielverhaltens kann man vier Stadien erkennen:

- einfaches Manipulieren von Gegenständen,
- einfaches kombinatorisches Spiel,
- funktionelles Spiel und
- symbolisches Spiel.

Einfaches Manipulieren von Gegenständen

In einer ersten Stufe kann man bei den Kindern nur einfaches Hantieren mit einzelnen Gegenständen sowie das Explorieren dieser Gegenstände beobachten.

Einfaches kombinatorisches Spiel

Etwas später beginnen die Kinder, mehrere Gegenstände in ihr Spiel miteinzubeziehen und diese zunächst nicht ihren Funktionen, sondern ihren physischen Eigenschaften entsprechend zu kombinieren. Daraus entwickelt sich das funktionelle Spiel.

Funktionelles Spiel

Als Vorstufe des echten symbolischen Spielens entwickelt sich zunächst das funktionelle Spiel, in dem Gegenstände in einer ihrer Funktion entsprechenden Weise spielerisch verwendet werden. Die Vielfalt dieser Kombinationen nimmt dann fortschreitend zu, wobei sich immer mehr auch die Art des Umgangs mit den Spielsachen ändert: Die Gegenstände werden weniger egozentrisch gebraucht, d. h. die Verwendung der Gegenstände ist weniger auf die Kinder selbst gerichtet. Die Kinder lassen die Gegenstände zunehmend Aktionen ausführen, die ihnen ein eigenes Leben geben, an denen die Kinder teilhaben. Die Handlungssequenzen werden auch komplexer. Zunächst wird die gleiche Handlung mit zwei verschiedenen Gegenständen ausgeführt oder mit demselben Gegenstand werden nacheinander zwei verschiedene, aber ähnliche Handlungen ausgeführt. Immer häufiger aber werden die einzelnen Teilhandlungen integriert, sodaß eine in sich geordnete und sinnvolle Sequenz entsteht.

Symbolisches Spiel

Das Stadium des ausgereiften symbolischen Spiels ist schließlich dadurch gekennzeichnet, daß die Verwendung der Gegenstände nicht mehr konventionell ist, nicht durch die physischen und funktionellen Eigenschaften beschränkt ist, sondern mit den Spielsachen Handlungen ausgeführt werden, in denen ihnen von den Kindern neue Eigenschaften zugewiesen und sie in längere, komplexere Handlungsfolgen eingebunden werden. Von einem solchen Entwicklungsstandpunkt aus betrachtet, erweist sich das Spiel auch älterer autistischer Kinder als deutlich reduziert. Autisten sind in der Entwicklung des Spielverhaltens noch stärker als in der gesamten kognitiven Entwicklung retardiert.

In der Untersuchung von Ungerer & Sigman (1981) erreichten nur wenige von sechzehn autistischen Kindern das Stadium echten reifen symbolischen Spiels. Auffällig war in dieser Studie auch, daß selbst bei jenen autistischen Kindern, die gelegentlich Sequenzen symbolischen Spiels zeigten, dies neben dem weitaus häufigeren einfachen Manipulieren und Explorieren der Spielsachen sowie neben dem funktionellen Spiel keine große Rolle spielte. Bei normalen Kindern dominiert dagegen das symbolische Spiel eindeutig das Repertoire an Spielverhalten, sobald die Kinder in dieses Stadium gelangen. Auch zeigten die autistischen Kinder spontan nur relativ kurze Sequenzen von miteinander zusammenhängenden Spielhandlungen und die Kinder führten mit den Spielsachen auch nicht sehr viele verschiedene Handlungen aus.

Dies besserte sich zwar, wenn den Kindern Möglichkeiten gezeigt wurden, was sie mit den Spielsachen machen konnten, bzw. wenn ihnen verbale Anregungen gegeben wurden. Die Vielfalt und das Niveau des Spielverhaltens war dabei deutlich von dem kognitiven Entwicklungsstand und vom Sprachentwicklungsstand abhängig, vor allem in der Situation, in der den Kindern Spielanregungen gegeben wurden. Erstaunlicherweise bestand kein Zusammenhang zwischen dem Spielverhalten, auch nicht dem funktionellen Spiel, und der Fähigkeit, den Spielsachen entsprechende Gegenstände im alltäglichen Leben zu verwenden. Autistische Kinder können also die Funktion von Gegenständen erfassen – so interpretieren Ungerer & Sigman (1981) die Ergebnisse – behalten aber keine innere Vorstellung von dieser Funktion, die sie spielerisch einsetzen könnten. Autistische Kinder haben danach nicht die Fähigkeit, Gegenstände innerlich in Form des Symbols zu repräsentieren und dieses Symbol unabhängig von einem konkreten Handlungsvollzug wachzurufen und zu gedanklichen Manipulationen zu verwenden.

Wing et al. (1977) meinen, daß bei autistischen Kindern öfter als echtes Symbolspiel eine stereotype Wiederholung einzelner symbolischer Spielhandlungen zu beobachten ist. Auch sie stellten fest, daß ein enger Zusammenhang zwischen dem Spielverhalten und dem Sprachentwicklungsstand der Kinder besteht. Dies gilt jedoch nicht nur für autistische Kinder, sondern auch für retardierte Kinder ohne frühkindlichen Autismus. Geistig behinderte Kinder, die kein symbolisches Spielverhalten zeigen, sind ebenfalls zu einem Großteil in ihren sozialen Beziehungen stark behindert und zeigen vielfach einfache Stereotypien.

Wing et al. (1977) stellten zudem fest, daß das Spielverhalten ein wichtiger prognostischer Indikator ist. Kinder ohne symbolisches Spielverhalten werden vielfach, wenn sie älter sind, in Heime eingewiesen und bleiben nicht in den Familien. Selbst ein stereotypisches symbolisches Spiel ist mit einer etwas günstigeren Prognose verbunden als gar kein symbolisches Spiel, stellt also wahrscheinlich doch ein erstes Stadium oder zumindest ein Vorstadium echten symbolischen Spiels dar.

Ein Vergleich des Spielverhaltens autistischer Kinder mit jenem jüngerer normaler und gleichaltriger retardierter mongoloider Kinder, die jeweils den gleichen Umfang passiven Wortverständnisses hatten (Riguet et al., 1981), zeigt, daß autistische Kinder auch gegenüber diesen Kindern (mit wenigstens in gewisser Hinsicht vergleichbarem Sprachentwicklungsstand) ein niedrigeres

Spielniveau aufweisen. Wenn den Kindern der Umgang mit den Spielsachen vorgemacht wurde, um symbolisches Spielverhalten anzuregen, war das Spielniveau der autistischen Kinder immer noch niedriger.

Beobachtungen der Art und Weise, wie die Kinder die demonstrierten Spielsequenzen nachahmten, wiesen darauf hin, daß den autistischen Kindern auch die Imitation der symbolischen Spielhandlungen schwerfiel, obwohl sie es versuchten. Wegen des engen Zusammenhanges zwischen der Fähigkeit zur Imitation und der inneren Repräsentation von äußeren Ereignissen, den Piaget postuliert, lassen diese Schwierigkeiten auf ein generells Defizit in der Bildung von Symbolen schließen. Die Schwierigkeiten bei der Imitation und bei der Entwicklung symbolischen Spiels könnten also auf dem gleichen basalen Defizit beruhen, sie dürften sich allerdings auch gegenseitig verstärken. So interpretierten Wing et al. (1977) ihre Ergebnisse.

Das Spielverhalten autistischer Kinder kann aber nicht nur von den Erwachsenen angeregt werden, auch Reize in der Umgebung, das Vorhandensein von Objekten, vor allem, wenn sie sich für grobmotorische Spiele eignen, fördern das Spiel autistischer Kinder. In einer entsprechenden Umgebung fällt es autistischen Kindern zudem leichter, sich in das Spiel mit anderen Kindern einbeziehen zu lassen (Black et al., 1975). Wegen des engen Zusammenhanges zwischen Spielverhalten und kognitiver Entwicklung ist auch vorgeschlagen worden, das Niveau des Spielverhaltens als Maß für den kognitiven Entwicklungsstand autistischer Kinder zu verwenden, gerade weil autistische Kinder mit formellen Testverfahren oft schwer testbar sind (Clune et al., 1979).

Fassen wir die wichtigsten Ergebnisse über das Spielverhalten autistischer Kinder zusammen:

Autistische Kinder verbringen weniger Zeit mit konstruktivem Spiel als normale Kinder. Dies ist zum Teil, aber nicht ausschließlich auf ihre extreme Zurückgezogenheit zurückzuführen, die im Vorschulalter kaum echtes soziales Spiel aufkommen läßt, sowie auf die häufigen Stereotypien und selbststimulierenden Tätigkeiten. Auch dann, wenn die autistischen Kinder spielen, ist die Verwendung von Spielsachen sehr einfach.

Selbst wenn autistische Kinder das Stadium symbolhaften Spiels erreicht haben, dominiert weiterhin das einfache Spiel. Bei normalen Kindern wird hingegen in diesem Stadium das symbolische Spiel deutlich bevorzugt. Die Sequenzen von miteinander zusammenhängenden Spielhandlungen sind bei autistischen Kindern zudem kürzer. Autistische Kinder können symbolische Spielhandlungen auch schwerer imitieren als entwicklungsgleiche normale. Symbolisches Spielverhalten kann aber bei Autisten durch verbale und averbale Anregungen gefördert werden. Wiewohl die Retardierung im Spielverhalten im Vergleich zum allgemeinen kognitiven Entwicklungsstand auch für die intelligenten Autisten gilt, besteht ein Zusammenhang des Spielverhaltens mit dem kognitiven und sprachlichen Entwicklungsstand. Auffällig ist aber, daß bei autistischen Kindern kein Zusammenhang besteht zwischen dem symbolischen Spielverhalten und der Fähigkeit, entsprechende Gegenstände im alltäglichen Leben zu gebrauchen.

Interpretation

Nach diesen Befunden ist das einfache Spielverhalten autistischer Kinder nicht gestört. Abweichungen zu den normalen Kindern werden erst registriert, wenn die kognitive Entwicklung ein Spielverhalten auf höherer Stufe, vor allem das symbolische Spiel, ermöglichen sollte. Dabei ist das Verhalten autistischer Kinder nicht einfach retardiert, also zeitlich in der Entwicklung verzögert, sondern anders. Komplexe Spielhandlungen sind auch dann, wenn sie beherrscht werden, kürzer und seltener, das einfache Spiel dominiert. Im Spielverhalten werden somit autistische Kinder erst später auffällig. Vielleicht ist dies dafür verantwortlich, daß autistische Kinder im ersten Lebensjahr von ihren Eltern meistens unauffällig eingeschätzt werden.

Wir sehen darin aber auch einen Hinweis, daß die Wahrnehmung an sich bei autistischen Kindern nicht gestört ist, sondern erst ihre Weiterverarbeitung zu verwendbaren Informationen.

Nach unseren theoretischen Überlegungen haben wir uns die Frage zu stellen: Wie kann denn das Spielverhalten bei einem Kind aussehen, dem es schwerfällt, V-Schemata zu entwickeln? Es ist dies auch die Frage nach der Funktion und der Bedeutung der V-Schemata in der Spielhandlung.

Anders als der funktionelle Gebrauch der Gegenstände im alltäglichen Leben, wo die Mittel-Zweck-Relation oft schon an den physischen Eigenschaften der Gegenstände abgelesen werden kann und wo zumindest ein eindeutiger Bezug zwischen beiden besteht, ist der Gebrauch des Gegenstandes im symbolischen Spiel teilweise oder völlig von der Phantasie des Kindes abhängig. Diese Abhängigkeit besteht nicht nur zu Beginn des Spieles, sondern sie muß während des gesamten Spiels durchgehalten werden. Die Gegenstände, die im symbolischen Spiel benützt werden, sind mithin in ihrem Gebrauch völlig von V-Schemata abhängig. Ein Kind, dem die Entwicklung von V-Schemata nur schwer gelingt und das nur ein geringes Repertoire an solchen Schemata besitzt, wird mithin nur im begrenzten Umfang, wenn überhaupt, symbolische Spielhandlungen ausführen können. Wenn normale Kinder, sobald sie das Entwicklungsstadium des symbolischen Spiels erreicht haben, dieses vor einfacheren Spielhandlungen bevorzugen, so zeigt das, daß ihnen die Entwicklung von V-Schemata, die sie zum symbolischen Spiel benötigen, keine Mühe mehr bereitet, sobald sie einmal das entsprechende Entwicklungsalter erreicht haben. Die Schwierigkeit, V-Schemata zu generieren, hält bei den autistischen Kindern dagegen auch dann noch an, wenn sie dieses Entwicklungsalter erreicht haben, d. h. daß es ihnen auch dann noch schwer fällt, V-Schemata zu entwickeln, wenn sie von ihrem kognitiven Entwicklungsstand her grundsätzlich dazu in der Lage sind. Das symbolische Spielverhalten erscheint uns wie kein anderer Bereich ihrer Tätigkeit abhängig von V-Schemata und es wundert daher nicht, wenn gerade dieser Bereich bei autistischen Kindern gestört ist, und deshalb das symbolische Spielverhalten ein guter Indikator für ihre gesamte Entwicklung ist.

Da das symbolische Spiel wesentlich vom Repertoire an V-Schemata abhängig ist, kann das symbolische Spiel als Indikator der autistischen Störung an sich interpretiert werden.

Ob die Schwierigkeit, symbolische Spielhandlungen zu imitieren, Folge oder Ursache der Störung ist, läßt sich nicht sagen, beides ist denkbar. Einmal können wahrscheinlich nur jene Schemata richtig imitiert werden, die zuvor aufgenommen und gebildet worden sind; anderseits kann die Imitation selbst für die Bildung der V-Schemata eine wichtige Komponente darstellen. Insgesamt vermuten wir aber, daß die Imitationsschwierigkeiten eher als Folge anzusehen sind und daß die Entwicklung der V-Schemata dieser vorausliegt. Wegen der Nähe des symbolischen Spielverhaltens zu der zentralen autistischen Störung vermuten wir, daß gerade dieser Bereich für die therapeutische Intervention besondere Bedeutung haben könnte.

In einer Fallstudie mit einem achtjährigen Jungen konnten wir zeigen, daß komplexes Spielverhalten sehr rasch aufgebaut werden kann, wenn die einzelnen Spielzüge verbal repräsentiert und dem Kind vermittelt werden. Sämtliche Spielzüge eines Gruppenspiels wurden in Regeln gefaßt und dem Kind vorgegeben. Nach einer kurzen Eingewöhnungsphase konnte der Junge alle Rollen vom Mitspieler bis zum Schiedsrichter regelgerecht ausführen. Obwohl Regelverstöße kaum vorkamen, war das Spielverhalten des Jungen insgesamt doch noch schwer gestört. Man könnte die Auffälligkeiten, die noch bestanden, nachdem der Junge das Spiel beherrschte, so beschreiben: Die Grobstruktur der Handlung, die in Regeln gefaßt werden konnte, beherrschte er. Diese konnte er sich offensichtlich mit Hilfe der Regeln aneignen, das Verhalten danach steuern. Die Feinausführung der Handlungen jedoch, die sprachlich nicht mehr zu beschreiben ist und von der wir annehmen, daß sie durch V-Schemata gesteuert wird, fehlte bzw. sie war auf die Handlung nicht genügend abgestimmt. Dies zeigt, daß zwar Spielverhalten verbal gesteuert werden kann und somit V-Schemata zum Teil durch S-Schemata ersetzt werden können. Es bleibt jedoch ein Mangel bestehen: Das Spielverhalten wirkt eckig, es fehlt jene Flexibilität und Spontaneität, die dem Spielverhalten von Kindern zu eigen ist.

Wir haben nun den Aspekt der Intelligenz und Intelligenzentwicklung dargestellt, jenen Bereich also, in dem wir die zentrale Störung des autistischen Kindes vermuten. Vielleicht ist schon deutlich geworden, was wir mit dem Denkrätsel am Anfang dieses Buches vermitteln wollten, daß nämlich kognitive Probleme nicht einfach als isoliertes Phänomen dastehen, sondern daß sie in vielfältiger Weise Auswirkungen auf die Befindlichkeit wie auf das Gesamtverhalten des Kindes haben. Wir werden im folgenden diese Auswirkungen auf das Gesamtverhalten genauer erläutern. Insgesamt handelt es sich dabei um sekundäre Schädigungen. Auch wenn häufig die Grenze zwischen primärer und sekundärer Schädigung schwer zu ziehen ist.

3.2. Eine Sprache ohne Vorstellung: Akontextuale Sprache

Bevor wir uns den Einzelbefunden zuwenden, wollen wir unsere theoretische Position in Bezug auf den Spracherwerb und den Sprachgebrauch darstellen.

Nach unserer Hypothese ist die Sprachstörung des autistischen Kindes eine sekundäre Folge seiner gestörten Vorstellungswelt, soweit diese durch V-Schemata repräsentiert wird. Es ist nun zu erklären, in welcher Weise die Sprache von V-Schemata abhängig ist. Eine derartige Abhängigkeit besteht nach unserer Auffassung

– erstens bei der Sprachentwicklung und
– zweitens auch bei der Sprachverwendung.

Sprachentwicklung

Im ersten Lebensjahr kann das Kind Ordnung nur durch Vorstellung repräsentieren, da Sprache noch nicht ausgebildet ist. Die V-Schemata sind somit ursprünglicher und gehen der Sprache voraus. Die Regelmäßigkeiten, die das normale Kind im Zusammenwirken mit einer geregelten Umwelt ausbildet, können zunächst nur in der Vorstellung bestehen. Ordnungen können bis zur Ausbildung von Sprache nur durch V-Schemata und durch R-Schemata gebildet werden.

Erst später können die Elemente der Ordnung mit Wörtern bezeichnet werden. Die Sprachschemata entwickeln sich somit aus den V-Schemata. Da wir annehmen, daß beim autistischen Kind V-Schemata zum Teil überhaupt fehlen und zum Teil nur in rudimentärer Form vorhanden sind, muß es die Sprache ohne Rückgriff auf V-Schemata entwickeln. Es muß somit ein Glied in der Sprachentwicklung überspringen, womit zu erwarten ist, daß die allmähliche Ausprägung und Klärung einer Ordnung durch selektive Wahrnehmung bei ihm nicht vorhanden ist.

Sprache, die eine feste Ordnung voraussetzt, kann sich bei Autisten nur dort entwickeln, wo der Gegenstand selber eine ausgeprägte Ordnung darbietet.

Hier setzt auch die Sprachtherapie an, wenn sie dem Kind Diskriminierungs-
aufgaben vorgibt, in denen künstlich die Übergänge ausgeschaltet sind und nur
eine diskrete Ordnung wahrnehmbar ist. Für die Sprachentwicklung des
autistischen Kindes können wir zwei Zusatzthesen aufstellen:

1. Die Sprachentwicklung wird bezogen auf das Entwicklungsalter bei autistischen Kindern verzögert einsetzen.

Sie muß verzögert einsetzen, da bei ihnen die Möglichkeit, Sprache zu
entwickeln, wesentlich eingeschränkter ist als bei normalen Kindern.

2. Die Sprachentwicklung wird sich auch inhaltlich von der anderer Kinder
   unterscheiden.

Sind es bei normalen Kindern bewegliche Objekte, die zuerst benannt werden,
wie Auto, Hund, Mama, so dürften es beim autistischen Kind unbewegliche
sein, weil Unbewegliches leichter in eine Ordnung zu bringen ist. Die bevorzugte Hinwendung des autistischen Kindes zu Objekten hat somit keinen
emotionalen Grund, wie fälschlicherweise oft vermutet worden ist, sondern ist
in der Schwierigkeit der autistischen Kinder begründet, Umwelt zu ordnen,
wobei bewegliche Umwelt sehr viel größere Probleme bereitet, als die starre,
unbewegliche.

Sprachverwendung

Sätze bestehen bekanntlich aus Wörtern. Das bedeutet aber, daß die sprachliche Aussage auf in sich abgeschlossenen Elementen beruht. In der sprachlichen
Welt sind somit Inhalte voneinander abgegrenzt und voneinander getrennt.
Hierin unterscheiden sich die V-Schemata grundlegend von den Sprachschemata.

Ist es zum Beispiel in der Sprache schwierig, Übergänge zwischen Baum und
Strauch zu bilden, und sind auch diese Übergänge noch elementistisch gefaßt,
wie kleiner Baum, buschiger Baum, Bäumchen usw., so sind die Gegenstände
in der Vorstellung von vornherein kontinuierlich angeordnet. In der Vorstellung ist die Welt so kontinuierlich gedacht, daß die Bilder immer ineinander zu
verschwimmen drohen. Nicht die Elastizität, sondern die Stabilität ist das
Problem der Vorstellungswelt und hier bedarf die Vorstellung der Hilfe durch
die Sprache. Die Sprache wiederum ist begrenzt in ihren Differenzierungen,
aus denen nie ein Kontinuum wird. Die Welt der Sprache bleibt eine diskrete
Welt, eine Welt der Elemente.

Ähnliches gilt für die Einbettung des Wortes in einen Umkreis tragender
Beziehungen. Ein Wort kann zwar Element verschiedener Aussagen sein, mit
dem Wort Baum z. B. können wir die Sätze bilden:

»Der Baum ist grün.«
»Er wird im Sommer gefällt.«
»Die Vögel nisten in seinen Zweigen.«

aber es sind immer endlich viele Aussagen und jede ist von der anderen getrennt, steht unverbunden neben ihr. Auch hierin ist die Vorstellung umspannender. Um das auszusagen, was in einem bestimmten vorgestellten Baum enthalten ist, benötigten wir wahrscheinlich viele Seiten.

Die Vorstellungswelt gibt der Sprache Tiefenstruktur. V-Schemata sind ungleich reichhaltiger als Sprachschemata. Wenn wir uns mittels der Sprache trotzdem so umfassend mitteilen und verstehen können, so deshalb, weil Informationsgeber und Empfänger eine gemeinsame Vorstellungswelt haben, auf die jede Aussage als ihr Hintergrund und Beziehungspunkt bezogen bleibt. Wir können somit sagen, die Sprache des normalen Kindes ist umgeben von seiner Vorstellungswelt.

Jedes Wort wird durch Vorstellung aufgefüllt, erhält Klang und Farbe, und jede Aussage wird durch Vorstellung weitergeführt. Vorstellung ist für die Sprache des normalen Kindes der sinngebende Hintergrund, der Ecken und Kanten der Wörter rundet und in dem das zugrunde liegende Kontinuum, die Fülle des Wirklichen, gezeigt wird.

Nicht immer ist die Vorstellungswelt des Senders und Empfängers dieselbe und deshalb benötigen Schriften der Interpretation, der Hermeneutik. Sie ist nichts anderes, als der Versuch, eine gemeinsame Vorstellungswelt herzustellen. Wir werden im folgenden der Kürze halber vom »Kontext eines Wortes oder einer Aussage« sprechen und meinen damit die dem Wort oder der Aussage zugrunde liegende Vorstellungswelt, wie sie in V-Schemata präzisiert werden kann.

Beim autistischen Kind fällt die Vorstellungswelt nicht einfach weg. Wir müssen annehmen, daß sie in reduzierter Form vorhanden ist, daß sie aber nicht die Fülle und Plastizität repräsentiert, wie sie für das normale Kind charakteristisch ist.

Wir wollen nun als nächstes die empirischen Ergebnisse zur Sprachentwicklung und zum Sprachgebrauch darstellen und anschließend diese Ergebnisse interpretieren.

3.2.1. Die präverbale Phase und die Anfänge der Sprachentwicklung

Die Sprachentwicklung der autistischen Kinder ist in der Mehrzahl der Fälle von Anfang an beeinträchtigt. Ein Drittel bis die Hälte der autistischen Kinder entwickelt überhaupt nicht die Fähigkeit, Sprache zur Kommunikation zu verwenden.

Schon vor der eigentlichen Sprachentwicklung zeigen sich bei einigen autistischen Kindern Auffälligkeiten in der Lautbildung. Rückblickend hat ein Teil der Mütter autistischer Kinder den Eindruck, als ob die Qualität des Schreiens bei diesen Kindern anders gewesen wäre als bei Geschwistern.

Ein Viertel der Mütter aus der Stichprobe von DeMyer (1979) gab an, daß sie Schwierigkeiten hatten, zu verstehen, was die Kinder durch ihr Schreien ausdrücken wollten. 9% der autistischen Kinder drückten als Säugling ihre Bedürfnisse nicht durch Schreien aus und die Eltern mußten sich beim Füttern, Windeln wechseln etc. ausschließlich nach der Uhr richten.

Auch das Plappern der Kinder war in der Rückerinnerung der Mütter bei der Hälfte der Kinder anders, sie plapperten weniger und das Plappern war monotoner; es fehlten die für normale Kleinkinder typischen gesprächsartigen Intonationen. Etwa die Hälfte der autistischen Kinder imitiert im ersten Lebensjahr nicht die vorsprachlichen Laute, die Mütter im Umgang mit den Kleinkindern verwenden.

Ricks & Wing (1975; Ricks, 1975) beobachteten, daß ältere autistische Kinder (drei bis fünf Jahre), die noch keine Sprache entwickelt hatten, das eigene Plappern, wenn es ihnen vom Tonband vorgespielt wird, präzise imitierten, während sie das Plappern anderer Kinder, aber auch Imitationen ihres eigenen Plapperns durch andere Kinder ignorierten. Normale Kleinkinder hingegen beachteten das eigene Plappern kaum, wenn es ihnen vom Tonband vorgespielt wurde, hingegen imitierten sie das Plappern anderer Kinder.

Die ersten Stadien der Sprachentwicklung, der Erwerb der ersten Wörter, außer Mama und Papa, ist bei den meisten autistischen Kindern verzögert, mehr noch die Bildung der ersten Mehrwortsätze. Gelegentlich jedoch verläuft bei autistischen Kindern die Sprachentwicklung anfangs normal, bis es im zweiten und dritten Lebensjahr gemeinsam mit dem Auftreten von stärkeren Verhaltensauffälligkeiten zu einem Stillstand und gelegentlich auch zu einem Rückschritt der Sprachentwicklung kommt.

Interpretation

Die präverbale Phase ist – so können wir zusammenfassend sagen – bei der Hälfte der autistischen Kinder weniger ausgeprägt als bei den normalen Kindern oder sie fällt völlig aus und die Sprachentwicklung setzt bei den meisten autistischen Kindern verzögert ein. Dieses Ergebnis entspricht unserer ersten Zusatzthese, da die präverbale Phase primär durch V-Schemata getragen wird, die bei diesen Kindern kaum ausgebildet sind oder fehlen. Offen bleibt jedoch die Frage, welche Wörter das autistische Kind im Gegensatz zum normalen zuerst lernt. Wegen der lückenhaften Information zu diesem Entwicklungsstadium autistischer Kinder können jedoch bislang keine sicheren Angaben gemacht werden.

3.2.2. Phonologie und Artikulation

Viele autistische Kinder haben im Rahmen der Sprachentwicklungsstörung auch Schwierigkeiten bei der Artikulation bestimmter Phoneme, jedoch sind sowohl die Reihenfolge, in der die Aussprache der verschiedenen Phoneme gelernt wird, als auch die Art der Fehler dem in der normalen Sprachentwicklung anzutreffenden Muster ähnlich (Bartolucci et al., 1976). Die Art der bei den Kindern zu beobachtenden phonologischen Fehler deutet darauf hin, daß auch autistische Kinder, ähnlich wie normale Kinder, Kontraste und distinktive Merkmale lernen. Autistische Kinder, die sprechen lernen, haben zwar in der Vorschulzeit deutlich mehr Schwierigkeiten als normale Kinder bei der Produktion der Sprachlaute, ihre Schwierigkeiten in diesem Bereich sind jedoch deutlich geringer als jene von dysphatischen Kindern. Der Erwerb der Phonologie kann also nicht zu den besonderen Problembereichen autistischer Kinder gerechnet werden (Boucher, 1976).

3.2.3. Syntax

Die linguistische Analyse der Spontansprache jener autistischen Kinder, die sprechen gelernt haben, zeigt, daß die Entwicklung der Syntax bei diesen Kindern gegenüber dem nonverbalen kognitiven Entwicklungsstand deutlich retardiert ist. Dies drückt sich in der Verwendung einfacherer grammatikalischer Konstruktionen aus. Sowohl die Komplexität der Phrasenstruktur wie die Anzahl der verwendeten Transformationen sind beschränkt. Es werden nur selten mehrere Phrasen zu einer komplexeren Struktur verbunden, sei es durch einfache Zusammenfügung oder durch Einbettung (Pierce & Bartolucci, 1977). Autistische Kinder weisen hier ein Defizit sowohl gegenüber jüngeren normalen Kindern wie gegenüber geistig behinderten Kindern auf, die jeweils den gleichen nonverbalen Entwicklungsstand wie die autistischen Kinder erreicht haben.

Auch andere Autoren kommen aufgrund syntaktischer Analysen zu ähnlichen Schlußfolgerungen. So zeigt sich in der Fähigkeit zum Nachsprechen von Sätzen und zum Nacherzählen von Geschichten ebenfalls eine deutliche Retardierung der Entwicklung. Die Entwicklung syntaktischer Strukturen ist gegenüber der allgemeinen kognitiven Entwicklung deutlich verzögert, scheint aber qualitativ nicht anders als bei normalen Kindern zu verlaufen (Waterhouse & Fein, 1982).

In der Verwendung von Strategien zur Satzbildung treten freilich auch einige qualitative Unterschiede zur normalen Sprachentwicklung auf, die nicht einfach durch die Verzögerung der Sprachentwicklung zu erklären sind. So beobachteten Baltaxe & Simmons (1977), daß autistische Kinder zwar die einzelnen Satzteile an die richtige Stelle setzen, aber häufig die notwendige Anpassung nicht vornehmen, die durch kontextbedingte Restriktionen notwendig werden. Bei Erweiterung der syntaktischen Grundstruktur von Sätzen werden die ergänzenden Teile von diesen Kindern eingefügt, ohne daß die innere Struktur dieser Teile beachtet und Veränderungen vorgenommen werden, die für eine Anpassung an den neuen Satzkontext notwendig wären.

Es scheint, als könnten autistische Kinder längere Zeit kein System linguistischer Kategorien und Regeln bilden, das den weiteren Spracherwerb leitet und allmählich ergänzt sowie modifiziert wird. Vielmehr stützt sich das linguistische System autistischer Kinder lange auf auswendiggelernte Segmente. Solche auswendiggelernten Muster werden nur langsam in ihre Konstituenten aufgegliedert, um sie entsprechend den syntaktischen Regeln abwandeln zu können.

Autistische Kinder unterscheiden sich von jüngeren normalen Kindern auch dadurch, daß sie, wenn sie eine sprachliche Mitteilung nicht machen oder einen Satz nicht nachsprechen können, stärker perseverieren: Beim Nachsprechen von Sätzen tendieren sie dann dazu, statt einer annähernden Wiedergabe des ganzen Satzes nur den letzten Teil des Satzes zu wiederholen (Waterhouse & Fein, 1982).

Autistische Kinder scheinen nicht die notwendige Flexibilität zu haben, eine Schwierigkeit zu umgehen und eine intendierte Bedeutung mit anderen einfacheren Mitteln auszudrücken. Sie fallen unter diesen Umständen auf ein einfaches Nachsprechen des von ihnen behaltenen Teiles der Konstruktion, also auf eine Perseveration zurück.

Auch bei längeren spontanen Äußerungen autistischer Kinder, etwa beim Nacherzählen einer Geschichte, läßt sich eine stärkere Rigidität der autistischen Kinder beobachten. Die autistischen Kinder benutzen hier eine geringere Anzahl von grammatikalischen Strukturen. Dies scheint jedoch weniger eine Folge geringerer grammatikalischer Kompetenz zu sein, sondern dürfte damit zusammenhängen, daß sie an einer einmal gewählten Struktur festhalten und weniger flexibel sind. Sie vermögen nicht ihre syntaktischen Fähigkeiten den Umständen entsprechend konstruktiv einzusetzen.

Die Verzögerung der syntaktischen Entwicklung zeigt sich sowohl bei der Verwendung bestimmter grammatikalischer Strukturen (z. B. Präpositionen) als auch im Gebrauch von grammatikalischen Appositionsmorphemen (z. B. Flexionsbildung). Aber auch hier gibt es einige Besonderheiten, die autistische Kinder von geistig behinderten Kindern unterscheiden. So verwenden autistische Kinder lange Zeit fast ausschließlich die zusammengezogene Negationsform der Hilfszeitwörter, die im Englischen häufiger ist als die nicht-zusammengezogene Grundform. Dies deutet auf die bereits erwähnte Schwierigkeit autistischer Kinder hin, häufig verwendete Phrasen und Redewendungen in einzelne Komponenten aufzugliedern. Diese werden statt dessen vielfach als unanalysierte Ganze verwendet.

Der Erwerb der grammatikalischen Morpheme setzt jedoch nicht nur die Aneignung der Regeln für die richtige Bildung von Flexionen sowie die Aneignung anderer Wortbildungsregeln voraus, sondern vor allem auch ein Verständnis der semantischen Relationen, die durch die grammatikalischen Morpheme ausgedrückt werden sollen. Autistische Kinder tun sich bei der Verwendung jener grammatikalischen Morpheme besonders schwer, die Zeitbeziehungen ausdrücken sollen, sowie bei jenen Formen, in denen sich ein anderes Bezugssystem, nämlich der Hinweis auf die jeweils handelnde Person wiederspiegelt (Bartolucci & Albers, 1974; Bartolucci et al., 1980). Die Reihenfolge, in der die verschiedenen grammatikalischen Morpheme gelernt werden, ist somit bei Autisten eine andere als bei Kindern mit normaler Sprachentwicklung oder bei geistig behinderten Kindern.

Interpretation

Die Entwicklung der Syntax ist bei autistischen Kindern insgesamt retardiert, verläuft aber qualitativ nicht wesentlich anders als bei normalen Kindern. Diese Retardierung ist zu erwarten, nachdem wir festgestellt haben, daß die präverbale Phase als Vorbereitung zum Sprechen bei den autistischen Kinder nahezu ausfällt.

○ Schwierigkeiten haben wir mit der Interpretation des folgenden Phänomens: Sollen Autisten aus Satzteilen oder aus Teilsätzen einen komplexen Satz bilden, so verändern sie die Syntax der Teile nicht in der Weise, daß sich ein korrekter, komplexer Satz ergibt, sondern fügen die Teile ohne Umformung ineinander (Baltaxe & Simmons, 1977).

Dies ist mit der Theorie nur dann stimmig, wenn nachgewiesen werden kann, daß die ein System tragenden Regeln zunächst nur als V-Schemata gegeben sind. Für diese Annahme spricht jedoch einiges. Die Systemregeln stellen im Vergleich zur Sprache ein Metasystem dar, das immer entwicklungsmäßig später ist als das System selbst. Da die V-Schemata, die diese systemübergreifenden Regeln tragen sollen, von ihnen nicht entwickelt werden, bleibt in diesem Fall den autistischen Kindern nichts anderes übrig, als die Teile mit Hilfe von Gedächtnisleistungen aneinander zu fügen.

○ Autistische Kinder tendieren zum Perseverieren, wenn ihnen ein Ausdruck nicht verfügbar ist, und sie zeigen beim Nacherzählen von Geschichten eine starke Rigidität. Dieses Phänomen ist wiederum unmittelbar darauf zurückzuführen, daß den autistischen Kindern die einzelne Sätze umspannende Vorstellung entweder fehlt oder nicht in ausreichendem Maße zur Verfügung steht. Nur wenn ein Inhalt in der Vorstellung vorgegeben ist, ist es möglich, ein Wort durch das andere auszutauschen oder auch in der Erzählung Umformungen vorzunehmen, sich also vom Wortlaut der vorerzählten Geschichte entfernen zu können.

○ Die Reihenfolge, in der die verschiedenen grammatikalischen Morpheme gelernt werden, ist bei Autisten eine andere, als bei normalen und geistig behinderten Kindern.

Bartolucci et al. (1974, 1980) interpretieren dieses Phänomen folgendermaßen: Der Erwerb der grammatikalischen Morpheme setzt nicht nur die Aneignung der Regeln für die richtige Bildung von Flexionen, sowie die Aneignung anderer Wortbildungsregeln voraus, sondern vor allem auch ein Verständnis der semantischen Relationen, die durch die grammatikalischen Morpheme ausgedrückt werden.

Wir können fortfahren: Die Störung im syntaktischen Bereich ist somit Folge einer semantischen Störung, nämlich Folge davon, daß es den autistischen Kindern nicht möglich ist, sich den Inhalt eines Satzes adäquat vorzustellen. Deutlicher wird dies noch, wenn wir darauf achten, welche grammatikalischen Morpheme besonders schlecht gelernt werden. Es sind Morpheme, die Zeitbeziehungen ausdrücken und solche, die Hinweise auf die handelnde Person geben. Es sind dies nicht nur Morpheme, die in besonderer Weise mit Veränderungen in Beziehung stehen. Veränderungen insgesamt sind ohne Hilfe von V-Schemata schwer in eine Ordnung zu bringen, denn während ein Nebeneinander wenigstens rudimentär durch unmittelbare Wahrnehmung gegeben ist, können im zeitlichen Nacheinander die Elemente nur durch Vorstellung gegenwärtig gemacht werden.

Wir haben schon früher gesehen, daß den Autisten die Generierung zeitbezogener V-Schemata besonders schwer fällt und deshalb überrascht es nicht, daß sie auch Morpheme, die Zeitrelationen ausdrücken sollen, besonders schlecht lernen. Ihre Verwendung setzt das V-Schema der Zeit voraus. Dieses Schema wird aber von Autisten besonders spät, wenn überhaupt, entwickelt. Sie sind ferner nur aus dem Verständnis des Kontextes heraus, in dem der Satz steht, zuordenbar, d. h. verstehbar.

○ Bedeutsam erscheint uns aber auch, daß die Schwierigkeiten im syntaktischen Bereich eher gering sind. Sie zählen nicht zur zentralen Sprachstörung der Autisten. Auch dies läßt sich aus der Theorie der logischen Formen verstehen, denn die Entwicklung der Syntax ist gleichbedeutend mit der Entwicklung von Sprachschemata. Aber nicht die S-, sondern die V-Schemata fallen nach dieser Theorie den Autisten besonders schwer. Die Defizite im

Bereich der Syntax treffen wir daher dort an, wo die Syntax auf Vorstellungen fußt, z. B. bei der Verwendung von Morphemen, die semantische Beziehungen ausdrücken. Im Bereich der Semantik jedoch greifen S- und V-Schemata ineinander, wie die Regeln der Verwendung eines Begriffes (Prädikatorenregeln) und der Hintergrund, zu dem der einzelne Begriff in Beziehung gesetzt wird und erst in Abhebung von ihm seine Bedeutung gewinnt. So sind nach unserer Theorie die größten Schwierigkeiten der Autisten im sprachlichen Bereich in der Semantik zu erwarten.

3.2.4. Semantik

Die größten Schwierigkeiten in der Sprachentwicklung zeigen autistische Kinder beim Erwerb des Bedeutungssystems der Sprache. Die Entwicklung des Wortschatzes muß dabei nicht unbedingt auffällig retardiert sein. Autistische Kinder aber verstehen Wörter oft in einer sehr konkreten, pedantischen Weise.

In den frühen Stadien der Sprachentwicklung macht sich dies darin bemerkbar, daß die Autisten oft nur einen konkreten Referenten für ein Wort zulassen und nicht die bei normalen Kindern übliche Generalisation der Wortbedeutung zeigen (Ricks & Wing, 1975). Später haben die autistischen Kinder Mühe, multiple Bedeutungen, vor allem aber auch Konnotationen von Wörtern zu verstehen. Witze und humorvolle Bemerkungen, die ja vielfach auf einen Doppelsinn aufbauen, werden daher auch von intelligenten, im sprachlichen Ausdruck nahezu unauffälligen autistischen Kindern kaum verstanden. Autistische Kinder haben auch größere Schwierigkeiten als jüngere normale Kinder, die etwa auf dem gleichen Sprachentwicklungsstand sind, Gegenstände, die sie benennen sollen, deren Name ihnen aber nicht geläufig ist, so zu beschreiben, daß die Hauptmerkmale der Gegenstände erfaßt und mitgeteilt werden. Während jüngere normale Kinder meist die Funktion des Gegenstandes angeben, fangen autistische Kinder in dieser Situation oft an zu perseverieren und die Namen der zuvor genannten Gegenstände zu nennen (Waterhouse & Fein, 1982).

Die größten Verständnisschwierigkeiten bereiten autistischen Kindern Wörter, die keinen konkreten Referenten bezeichnen, sondern Relationen, sowie Wörter, deren Bedeutung vom Kontext, in dem sie vorkommen, abhängt, wie dies etwa für Fürwörter (Pronomina), aber auch für Präpositionen (Verhältniswort z. B. auf, in) zutrifft (Ricks & Wing, 1975). Hierzu zählen auch ihre Schwierigkeiten, deiktische (hinweisende) Ausdrücke zu verstehen, wie etwa »dort«, »da«, »hier«. Je kontextabhängiger ein Ausdruck ist, desto mehr Verständnisschwierigkeiten bereitet er dem autistischen Kind. In der Spontansprache kommt es häufig zu Verletzungen des Kontextes bei der Wortwahl, da semantische Beschränkungen nicht beachtet werden. Dabei ist aber auffällig, wie variabel die Leistungen autistischer Kinder sind, denn manchmal werden solche Beschränkungen beachtet, manchmal nicht. Die Wortwahl ist oft gestelzt und verschroben. Die gewählten Wörter fügen sich nur ungenügend in den Sinn des Kontextes ein.

In der Wortwahl autistischer Kinder ist weiters auffällig, daß öfters Wörter gewählt werden, die zwar syntaktisch der gleichen Kategorie wie das passende Wort angehören, aber keine oder nur wenige semantische Merkmale mit ihm gemeinsam haben (Simmons & Baltaxe, 1975). Der gewählte Ausdruck scheint manchmal völlig unverständlich und eine selbstbezogene Bedeutung zu haben. Kanner (1946), der dieses Phänomen zuerst beschrieb, sprach von einem metaphorischen Sprachgebrauch autistischer Kinder. Gelegentlich ist auch die von den Kindern intendierte Bedeutung wegen der Unbestimmtheit und Vagheit der gewählten Ausdrücke nicht zu erkennen. Die Ausdrucksweise autistischer Kinder zu verstehen wird auch durch ihre Tendenz erschwert, verschiedene Gedanken in eine einzige kurze Äußerung zusammenzufassen, ohne semantische Beschränkungen zu beachten (»telescoping of ideas«).

Erzählungen autistischer Kinder sind von Beurteilern, wie eine systematische Untersuchung von Waterhouse & Fein (1982) ergab, nicht sicher von jenen jüngerer Kinder des gleichen Sprachentwicklungsstandes zu unterscheiden. Bei einem Teil der autistischen Kinder erscheinen diese Erzählungen – Nacherzählungen einfacher Geschichten – jedoch eindeutig abnorm. Dafür scheinen folgende Merkmale verantwortlich zu sein:

– In den Nacherzählungen kommen häufiger für die Geschichten irrelevante Kommentare vor, die zum Teil an Assoziationen anknüpfen, zum Teil völlig ohne Bezug zu den Geschichten zu sein scheinen.
– Häufiger werden auch unbedeutende Details stärker betont als die Hauptereignisse der Geschichten und
– schließlich perseverieren die autistischen Kinder häufiger bei gewissen Teilen der Nacherzählung.
Solche Merkmale kommen in den Erzählungen autistischer Kinder mit sehr unterschiedlichem Sprachentwicklungsstand vor.

Autistische Kinder haben nicht nur beim Ausdruck von Ideen Schwierigkeiten, vielmehr bereitet ihnen auch das Verständnis sprachlicher Äußerungen oft große Schwierigkeiten. Selbst bei höherem Sprachentwicklungsstand wird von den Eltern beobachtet, daß sie mehr Zeit brauchen, um Äußerungen anderer Personen zu verstehen, als gewöhnlich. Im allgemeinen ist auf einem höheren Sprachentwicklungsstand zwar das Verständnis alltäglicher und konkreter Themen bei Autisten ungestört, sie haben aber auch dann noch Schwierigkeiten beim Verständnis abstrakter und komplexerer Themen.

Besonderheiten der Autisten in der Anwendung von Strategien für das Verständnis von Sätzen wurden auch experimentell herausgearbeitet. So dürften autistische Kinder, um Sätze zu verstehen, wohl auf das Wissen zurückgreifen, daß die Anordnung der Wörter im Satz für gewöhnlich anzeigt, wer der Handelnde und was das Objekt der Handlung ist. Sie können auch bis zu einem gewissen Grad unterscheiden, ob ein in einem Satz geschriebenes Ereignis wahrscheinlich oder unwahrscheinlich ist, eine nähere Differenzierung und Abstufung der Wahrscheinlichkeit von Ereignissen entgeht ihnen aber. Sie haben also Schwierigkeiten, ihr Wissen über alltägliche Ereignisse für das Verständnis mitheranzuziehen (Tager-Flusberg, 1981).

Wie schon bei den Gedächtnisexperimenten dargelegt, scheinen autistische Kinder semantische Relationen von Wörtern nicht spontan zu erfassen. Es sei an das Experiment von Hermelin & O'Connor (1970) erinnert, wonach die normalen und die geistig behinderten Kinder die Wortreihen mit enger semantischer Relation leichter reproduzieren konnten, während die autistischen Kinder von diesen semantischen Hinweisen keine Hilfe erfuhren. Autistische Kinder gruppieren bei der Wiedergabe die Wörter auch nicht in zusammengehörige Kategorien, sondern orientieren sich an der Reihenfolge, in der die Wörter vorgesprochen wurden (Hermelin & O'Connor, 1970).

Interpretation

Die Schwierigkeiten, die Autisten im semantischen Bereich insgesamt haben, muten uns an wie eine Sammlung von treffenden Beispielen zur theoretischen Annahme, daß das Lernen der Sprache bei Autisten nicht getragen wird durch eine übergreifende Vorstellungswelt, sondern daß Sprache weitgehend ohne Vorstellung entwickelt werden muß; so verstehen sie Wörter oft in einer sehr konkreten, pedantischen Weise. Sie haben auch Schwierigkeiten in der Ausbildung von Universalbegriffen und sie haben vor allem Schwierigkeiten, multiple Bedeutungen und Konnotationen von Wörtern zu verstehen, denn das Wortverständnis wird bei ihnen nicht unterstützt durch das Kontextverständnis. Witze und humorvolle Bemerkungen werden auch von intelligenten Autisten kaum verstanden.

Im normalen Sprachgebrauch ist der einzelne Begriff nicht nur durch die Prädikatorenregeln festgelegt, also durch die Sprachregeln selbst, sondern wird ergänzt durch den lebenden Kontext, in dem ein Begriff verwendet wird. Wie wir bereits dargelegt haben, ist dieser Kontext identisch mit der Vorstellungswelt, ist also durch averbale Schemata gegeben. Wird somit ein Wort vor dem Hintergrund der Vorstellungswelt aufgenommen, so ist es dem Hörer möglich, auch dann noch einen Begriff zu verstehen, wenn ihn der Sprechende aus einer bestimmten Situation heraus in einer etwas abgewandelten Form verwendet. Andererseits ist es dem Sprechenden möglich, sich auch dann noch verständlich zu machen, wenn er in einer bestimmten Situation einen nicht ganz zutreffenden Begriff für einen Sachverhalt verwendet, weil der Kontext den Begriff weiterhin präzisiert.

Da bei den Autisten die averbalen Schemata nicht, oder nur unzureichend ausgebildet werden, fällt bei ihnen die Unterstützung des Wortverständnisses durch diesen Kontext weitgehend weg. Da aber ein Begriff gerade durch die Rückbeziehungen auf den Kontext an Elastizität gewinnt, d. h. daß Ambiguität toleriert werden kann, kommt es bei Wegfall dieser Hilfe zu einem Wörtlich-nehmen der Begriffe und zu einem eingeschränkten Bedeutungsinhalt auf einen Repräsentanten oder ein Merkmal, das für das Wortverständnis der Autisten typisch ist. Dies fällt eben gerade dort auf, wo ein Wort durch den Bedeutungshintergrund verständlich werden sollte, wie z. B. in der humorvollen Bemerkung, oder wo ein Begriff nur aus der situativen Verwendung heraus verstanden werden kann, wie z. B. alle deiktischen (hinweisenden) Pronomina. Daß vor allem Wörter Schwierigkeiten bereiten, die keinen konkreten Referenten bezeichnen, sondern Relationen, ist unmittelbar verständlich, denn je komplexer die Beziehungen eines Wortes sind, desto stärker ist es auch abhängig von der Vorstellung.

Nicht einordenbar ist die Tendenz der intelligenteren autistischen Kinder zur Bildung von Wortneuschöpfungen. Wir werden darin schwerlich eine Kompensation ihres Defizites an Vorstellungen und damit am Kontext der Sprache sehen können. Wahrscheinlicher drückt sich darin eine gewisse Freude an der Sprache aus. Die Bildung von Neologismen wird sicherlich auch dadurch begünstigt, daß die Autisten zu einem egozentrischen Sprachgebrauch neigen.

Die Auffälligkeiten in den Erzählungen autistischer Kinder bestehen darin, daß häufiger irrelevante Kommentare vorkommen, die an Wortassoziationen anknüpfen, daß unbedeutende Details stärker betont werden als Hauptereignisse der Geschichte und daß sie perseverieren. Schwierigkeiten bei der Wiedergabe von Erzählungen müssen entstehen, wenn die Gesamtidee der Geschichte nicht unmittelbar aus der Vorstellung zugänglich ist, sondern sprachlich, d. h. wörtlich erinnert werden muß. Die Perseverationen werden wir wohl als Folge deuten können, daß das autistische Kind die Erzählung nicht in Vorstellungen übersetzen und aus der Vorstellung heraus reproduzieren kann, sondern daß die Erzählung in der Sprache aufgenommen und erinnert werden muß. Auch das Problem, den wesentlichen Kern von unbedeutenden Details zu unterscheiden, ist darauf zurückzuführen, daß eine Vorstellung des Gesamten fehlt. Wesentliches und Unwesentliches kann es nur in Bezug zu einer Gesamtidee geben. Wo eine Geschichte nicht als Vorstellung gegeben ist, fehlt die Gesamtidee. Fehlt aber die Gesamtvorstellung, so kann nur Sprache behalten werden und Sprache selbst ist nicht gegliedert in Wesentliches und

Unwesentliches. Auch die irrelevanten Kommentare und das Ausschmücken, das sich von Wortassoziationen leiten läßt, ist Folge davon, daß die Gesamtidee, daß die Vorstellung vom Ganzen nicht vorhanden ist.

Der Bericht von Eltern, daß Autisten Schwierigkeiten haben, sprachliche Äußerungen anderer zu verstehen, selbst wenn ihnen die Sprache geläufig ist, ist ein weiterer Beleg für das Fehlen eines Kontextverständnisses. Der Autist muß jeden Satz für sich verstehen, während dem gesunden Kind sein Kontextverständnis hilft, den einzelnen Satz und das einzelne Wort zu interpretieren und zu verstehen. So ist verständlich, daß das Fehlen des Kontextverständnisses auch das Verstehen der einzelnen Sätze erschwert.

Tager-Flusberg (1981) führt dies darauf zurück, daß sie Schwierigkeiten haben, ihr Wissen über alltägliche Ereignisse für das Verständnis von Sätzen mitheranzuziehen. Richtig ist, daß sie dieses Wissen gar nicht haben, da ihnen die Vorstellung fehlt, in der sie es speichern könnten. Die Mutter von Felix (vgl. Kap. 1) war völlig überrascht, als sie sah, wie er mit der Papierschere vergebens sich mühte, ein Stück Brot abzuschneiden, und sie konnte sich diese Unorientiertheit nicht erklären. Autisten sind im Allgemeinverständnis schlecht, weil sie die praktischen Vorgänge und Zusammenhänge in der Vorstellung speichern müßten, wozu ihnen aber die V-Schemata fehlen. Die Vorstellung des Gesamtablaufes fehlt ihnen bei der einzelnen praktischen Tätigkeit. Hier geht es ihnen ähnlich wie uns, wenn wir einen aus dem Zusammenhang gerissenen Satz verstehen müssen. Das Verständnis des Kontextes einer Rede erleichtert wesentlich das Verständnis des einzelnen Wortes, wie auch das Verständnis des einzelnen Satzes.

Daß in Gedächtnisexperimenten die Wiedergabe einer Wortliste bei autistischen Kindern nicht verbessert wird, wenn die Liste aus Wörtern mit enger semantischer Relation (z. B. Einrichtung eines Zimmers oder Farben) und nicht aus zufälligen Wortreihen besteht, ist ein weiterer Beleg für das Fehlen einer Gesamtvorstellung, nämlich die »Einrichtung des Zimmers« oder das »Farbspektrum«, das bei der Gruppierung der Wörter als Hilfe eingesetzt werden könnte. Und da die Gesamtvorstellung ausfällt, kann als Ordnungsgesichtspunkt nur die Reihenfolge der vorgesprochenen Wörter genommen werden.

3.2.5. Intonation

Die Intonation autistischer Kinder wird oft als auffällig beschrieben. Ihre Sprechweise wird als hölzern, als singend oder auch als papageienhaft bezeichnet. Vielfach wird sie auch als monoton charakterisiert (Ricks & Wing, 1975). Auch für den naiven Zuhörer, der autistischen Kindern noch nie begegnet ist, ist ihre Intonation irritierend (v. Benda, 1983). Diese Irritation kommt zum

Teil durch eine exzessive Variation der Stimmlage und der Sprechgeschwindigkeit zustande. Das Stimmvolumen wird häufig nicht mit dem Stimmakzent
abgestimmt, sodaß das Stimmvolumen entweder zu stark oder zu schwach ist.
Hinzu kommen noch häufig Störungen des Sprechrhythmus (Goldfarb et al.,
1972; Simmons & Baltaxe, 1975). Die Irritation kommt also insgesamt durch
eine ungewohnte und sich widersprechende Kombination aller an der Intonation beteiligten Faktoren zustande (v. Benda, 1983). Sowohl auf Silben- wie auf
Satzebene kommt es zu einem ungewöhnlichen Verlauf der Sprechmelodie
(der Grundfrequenz der Stimme) sowie der Stimmintensität. Es treten extreme
Tempowechsel auf, und die Zeitstruktur der Äußerungen ist abnorm. Häufig
steht der Intensitätsverlauf im Gegensatz zur Sprechmelodie oder stützt
letztere zumindest nicht. Solche Auffälligkeiten in der Intonation sind auch bei
Autisten mit sonst guter Sprachentwicklung zu beobachten. Sie treten jedoch
im allgemeinen bei jüngeren autistischen Kindern auf, ältere autistische Kinder
lernen durch Imitation mit der Zeit, normale Intonationsmuster zu verwenden.

Interpretation

Die Auffälligkeiten im Bereich der Intonation autistischer Kinder können wir
zusammenfassen: Ihre Sprechweise wird als hölzern, als singend oder auch als
papageienhaft bezeichnet (v. Benda, 1983). Wir können diese Abnormität in
folgender Weise beschreiben: Stimmlage und Sprechgeschwindigkeit, Stimmvolumen und Stimmakzent, Zeitstruktur und Intensitätsverlauf sind nicht
aufeinander bezogen, sondern variieren voneinander unabhängig in zufälliger
Weise.

In der ungestörten Kommunikation gehen Sprecher und Zuhörer von einer
gemeinsamen Vorstellung aus, die sie selbst nicht verbalisieren, aber auf die
sich die gesprochenen Sätze in der Weise beziehen, daß sie in der Vorstellung
erst Zusammenhang und Sinn gewinnen. Diese Vorstellung stellt den Kontext
jedes einzelnen Satzes dar. Diese kontextuelle Hilfe ermöglicht es dem
Sprecher, manche Sachverhalte in der Rede verkürzt darzustellen, entbindet
ihn also von einer gewissen Ausführlichkeit, gibt ihm aber auch ganz neue
Möglichkeiten des Ausdrucks. Das heißt aber, daß der Sprechende wie der
Zuhörer eine Vorstellung vom Kontext haben müssen, um miteinander
kommunizieren zu können, daß somit auch vom Sprechenden die kommunikative Verwendung des Kontextes mitgefordert ist. Wenn wir aber fragen, mit
welchem Ausdrucksmittel der Kontext in die Rede einbezogen wird, d. h. wie
der Sprecher sich auf den Kontext explizit beziehen kann, so stoßen wir auf die
Intonation, z. B. wenn eine Anspielung gemacht wird.

Die Intonation enthält Hinweise auf den Kontext eines Ausdrucks (»ich bin
ängstlich«, »ich bin unsicher« etc.) und weil das Kontextverständnis bei den

Autisten fehlt, ist die Intonation ihres sinngebenden Hintergrundes beraubt und wird willkürlich.

Da wir bei den autistischen Kindern das Fehlen des Kontextes der Rede und der Kommunikation postulieren, müssen sich folglich in der Intonation Änderungen zeigen und zwar in dem Sinne, daß bei ihnen die Funktion der Intonation, eine Beziehung zwischen Wort und Kontext herzustellen, wegfällt. Intonation wird bei ihnen nicht mehr gezielt kommunikativ eingesetzt, sondern variiert nach zufälligen Gesichtspunkten. Für den normalen Zuhörer jedoch bekommt diese zufällige Variation etwas Irreführendes, weil er immer versucht sein wird, Intonation und Inhalt bzw. Kontext aufeinander zu beziehen.

3.2.6. Pragmatik

Besonders auffällig an autistischen Kindern ist, daß sie die Sprache, selbst wenn ein gewisser Grad an Sprachbeherrschung erreicht ist, nur begrenzt zur Kommunikation und zum Weitergeben von Informationen einsetzen.

Cunningham (Cunningham & Dixon, 1961; Cunningham, 1966, 1968) versuchte den Sprachgebrauch autistischer Kinder in Anlehnung an Piaget durch die Unterscheidung zwischen egozentrischer und sozialisierter Sprache näher zu erfassen. Nach dieser Betrachtungsweise ist der Sprachgebrauch autistischer Kinder deutlich egozentrischer als bei normalen Kindern verschiedenen Sprachentwicklungsniveaus. Ein relativ großer Anteil der Äußerungen autistischer Kinder ließ keine kommunikativen Absichten erkennen. Unter den verschiedenen Arten egozentrischen Sprachgebrauchs fiel vor allem das Wiederholen von Äußerungen Erwachsener sowie noch mehr das Wiederholen eigener Äußerungen auf. Der von den Kindern verwendete Wortschatz war auch deshalb beschränkt, da ihre Äußerungen immer um das gleiche Thema kreisten.

Autistische Kinder dachten auch häufiger laut und begleiteten eigene Handlungen mit Äußerungen. Ein Teil ihrer Äußerungen hatte überhaupt keinen Bezug zur aktuellen Situation, zum Teil handelte es sich dabei um verzögerte Echolalien, also um die Wiedergabe gespeicherter Phrasen. An den sozialisierten Äußerungen jüngerer autistischer Kinder fiel vor allem der Mangel an Fragen und Antworten auf, also Äußerungen, die der Weitergabe von Informationen dienen.

In einer späteren Untersuchung einer größeren Zahl autistischer und geistig behinderter Kinder konnte Cunnigham (1966) diese ersten Beobachtungen insoweit ergänzen, als sich zeigte, daß das Stellen von Fragen sowohl bei Autisten wie bei anderen sprachentwicklungsgestörten Kindern sehr variabel ist. Während einige Kinder kaum je Fragen stellen, tun dies andere extensiv. Bei Autisten ist dies oft von dem zwanghaften Interesse an einigen Gegenständen motiviert. Cunningham (1968) konnte innerhalb der Gruppe sprechender autistischer Kinder zwei Untergruppen unterscheiden. Eine Gruppe wies einen relativ geringen Sprachentwicklungsstand auf, die Kinder echolalierten häufig und zeigten selten kommunikative Äußerungen, sie stellten wenige Fragen. Eine andere Gruppe mit relativ gutem Sprachentwicklungsstand wies zwar ebenfalls einen großen Prozentsatz egozentrischen Sprachgebrauchs auf, dieser nahm jedoch häufiger die Form lauten Denkens oder des perseverativen Verfolgens eigener Interessen mit vielen Fragen an. Die Beobachtung der autistischen Kinder zeigte weiters, daß diese, auch im Vergleich zu geistig behinderten Kindern, viel weniger spontan über eigene Erlebnisse berichten.

Die Weiterentwicklung der Pragmatik und das bessere Verständnis für diesen Bereich sprachlicher Kompetenz, das in den letzten Jahren gewonnen wurde, ermöglichte Baltaxe (1977) eine weitere Differenzierung in der Beschreibung des Sprachgebrauches autistischer Kinder: Baltaxe ist der Ansicht, daß Autisten in der kommunikativen Verwendung der Sprache vor allem durch drei Schwierigkeiten behindert sind.

1. Autistische Kinder haben Schwierigkeiten, ihre Mitteilungen der einer Situation angemessenen Sprecherrolle anzupassen.

Dies ist vor allem bei sprachlich relativ weit entwickelten autistischen Jugendlichen auffällig. Diese Jugendlichen können nicht von einer formellen Ausdrucksart in eine informelle, persönliche Art des Gespräches überwechseln, sondern behalten immer einen formellen Stil bei. Sie neigen ferner dazu, den Sprechstil beizubehalten, den sie beim Aufnehmen einer Information erfahren haben (z. B. den Sprechstil eines Sportreporters, wenn sie über Sport reden). Sie verwenden zudem oft die Form des direkten Zitierens anderer Äußerungen, obwohl es angemessener wäre, indirekt zu zitieren.

Solche Schwierigkeiten sind besonders auffällig, wenn die autistischen Kinder und Jugendlichen eine persönliche Stellungnahme abgeben sollen. Sie zeigen die Tendenz, solche Antworten nur vage zu geben und zu depersonalisieren.

2. Autisten verletzen in ihren Äußerungen häufiger die Prinzipien der sozialen Akzeptabilität und Höflichkeit, ohne grob sein zu wollen, und haben Schwierigkeiten, die persönliche und höfliche Form der Anrede zu differenzieren.
3. Autisten setzen syntaktische Mittel, durch die Informationen als bereits bekannt bzw. als neu gekennzeichnet werden können, nur ungenügend ein.

In der Beschreibung autistischer Kinder wurde oft das exzessive und repetitive Stellen von Fragen hervorgehoben, obwohl die Kinder durch diese Fragen keine oder nur wenig neue Informationen in Erfahrung bringen können.

Exzessives Stellen von Fragen ist freilich auch in der normalen Sprachentwicklung zu beobachten. Zudem verwenden Mütter ebenfalls oft Fragen im Gespräch mit den Kindern und sie tun dies nicht nur, um Informationen zu erhalten, sondern auch um ein Gespräch, einen Austausch aufrechtzuerhalten. Trotzdem erscheint der Gebrauch von Fragen bei autistischen Kindern auffällig. Dies liegt vor allem darin, daß solche Fragen von autistischen Kindern oft in einer der Situation nicht angemessenen Art und Weise gestellt werden. Wie bereits von Cunningham (1968) hervorgehoben, trifft dies in erster Linie für autistische Kinder zu, die in ihrer Sprachentwicklung einige Fortschritte gemacht haben.

Hurtig et al. (1982) untersuchten die Funktion, die das Fragenstellen für autistische Kinder im Rahmen einer längeren Interaktion mit einem Erwachsenen hat. Dabei war zunächst auffallend, daß die autistischen Kinder bei 28% der von ihnen gestellten Fragen sicher und bei weiteren 35% wahrscheinlich schon die Antwort wußten. Sie nutzten die Fragen, um ein Gespräch zu initiieren oder noch häufiger um das Gespräch aufrechtzuerhalten.

Vom Erwachsenen wurde in diesen Gesprächen bewußt die Art der Antworten auf die Fragen der Kinder variiert. Gab der Erwachsene nur jene Antwort, nach der die Kinder fragten, so taten sich die autistischen Kinder schwer, das Gespräch angemessen fortzusetzen. Hingegen fiel dies den autistischen Kindern leichter, wenn der Erwachsene mehr Information brachte, als ausdrücklich verlangt wurde, oder wenn er die von den Kindern gestellte Frage an diese selbst zurückgab bzw. seinerseits eine Frage stellte.

Die Schwierigkeiten, die autistische Kinder bei einer der Frage entsprechenden, aber begrenzten Antwort des Erwachsenen hatten, scheinen damit zusammenzuhängen, daß es den autistischen Kindern schwerfällt, für eine Unterhaltung passende Gesprächsthemen auszuwählen, von einem Thema auf ein anderes überzuwechseln und dabei einen gewissen Zusammenhang im Gespräch zu wahren.

Interpretation

Neben der Semantik ist die Pragmatik am stärksten von der autistischen Störung betroffen. Die Fülle von Einzelbefunden läßt sich in zwei Gruppen gliedern:

- In die Tendenz der autistischen Kinder zu einem egozentrischen Sprachgebrauch (Wiederholung von Lautäußerungen ohne kommunikative Absicht, lautes Denken, Kommentieren eigener Handlungen, Kreisen der Fragen um wenige Themen) und
- in Probleme bei der Abstimmung der Sprache auf eine bestimmte Sprechsituation (Verletzung der sozialen Akzeptanz bei ihren Ausdrücken; Pro-

bleme, die eigenen Äußerungen der Sprecherrolle anzupassen, so das
wörtliche Wiedergeben von Berichten, die Aufrechterhaltung des Dialoges
mittels Fragen).

Gehen wir zunächst auf den egozentrischen Sprachgebrauch ein.

○ Um den *egozentrischen Sprachgebrauch* der autistischen Kinder verständlich zu machen, müssen wir etwas weiter ausholen. Wir haben bisher gesehen,
wie das Kind in vielfältiger Weise sein Weltbild durch Vorstellung aufbaut, in
das später die Sprache als stabilisierendes und präzisierendes Moment hinzu-
tritt. Aber nicht nur die übergreifenden Zusammenhänge sind dem normalen
Kind durch Vorstellung gegeben, auch die Zusammenhänge von Teilhandlungen: eine Scheibe Brot abschneiden, ein Spiel organisieren, einen Turm bauen.
Da beim autistischen Kind diese Ordnungsstrukturen durch V-Schemata zum
Teil ausfallen, muß es sie, sobald es dazu in der Lage ist, durch Sprachschemata
kompensieren.

Die Sprache gewinnt für das autistische Kind somit nicht nur kommunikativen Wert, sondern zunächst und vor allem auch Ordnungswert für das eigene
Verhalten. Was wir als egozentrischen Sprachgebrauch registrieren, ist sicher
zum größeren Teil die kompensatorische Funktion der Sprache im Leben des
autistischen Kindes, wozu sie das laute Denken, das Kommentieren eigener
Tätigkeiten und das Verwenden von Sprache ohne kommunikative Absicht
benötigen.

Autisten sprechen weniger über eigene Erlebnisse. Denn auch eigene
Erlebnisse werden zunächst durch Vorstellung geordnet und gespeichert und
erst dann zum Zwecke der Kommunikation versprachlicht. Dieses Defizit
führen wir nicht in erster Linie auf ein Sprachdefizit, sondern auf die Störung
im Bereich der averbalen Schemata zurück. Es zeigt sich hier wohl eine
wechselseitige Abhängigkeit von Vorstellung und Sprache. Die Vorstellung ist
wichtig für die Sprachbildung und Sprachäußerung, aber die Sprachäußerung
ist wiederum wichtig für die längerfristige Speicherung von Erlebnissen.

○ *Die Schwierigkeit, das Sprechen auf die Sprechsituation abzustimmen*

Die Schwierigkeiten autistischer Kinder im Bereich der Pragmatik lassen sich
nach Baltaxe (1977) auf drei Punkte reduzieren:

- Autisten haben Schwierigkeiten, den Inhalt der Rede und die Rolle des
  Sprechenden aufeinander abzustimmen.
- Sie haben Probleme, den Inhalt von Äußerungen und die soziale Akzeptabi-
  lität aufeinander zu beziehen.
- Sie können schließlich schlecht die Erwartungen des Zuhörers mit der
  Erzählung kombinieren.

Alle Schwierigkeiten deuten wiederum darauf hin, daß ihnen die Vorstellung eines übergeordneten Zusammenhanges von Sprechsituation und Information fehlt. Dieses übergreifende Bild könnte nur als Vorstellung gegeben sein, nämlich als Vorstellung von der Rolle eines Erzählers, von der Rolle des Zuhörers und von der Situation, auf die sich die Information bezieht. Aus dieser Vorstellung heraus ist es dem normalen Kind möglich, den Inhalt der Rede und die gewählte Ausdrucksform aufeinander zu beziehen, sie aufeinander abzustimmen und auch die Situation des Zuhörers miteinzubeziehen.

Wir sind von unserer Theorie ausgehend zu folgender These gelangt:

»Autisten verwenden eine kontextfreie Sprache und sie ziehen beim Entschlüsseln der Rede den Kontext nicht mit heran.«

Dies bedeutet nichts anderes, als daß das autistische Kind bei der Verwendung von Sprache nicht auf V-Schemata zurückgreifen kann. Daß diese Störung nicht erst beim Zuhören und Verstehen von Sprache wirksam wird, sondern schon beim Sprechen, indem bei der Wahl, was berichtet werden soll und was nicht bzw. in welcher Reihenfolge, nicht davon ausgegangen wird, daß der Hörer den Kontext der Rede bereits kennt, braucht nicht eigens begründet zu werden. Autisten sind daher beim Verständnis direkt auf das Wort angewiesen. Sie müssen alles wörtlich nehmen. Was nicht ausgesprochen wird, was nur zwischen den Zeilen oder in der Intonation angedeutet wird, können sie nicht aufnehmen und nicht verstehen. Andererseits werden sie bemüht sein, alles, was sie mitteilen wollen, sprachlich auszudrücken. Sie gehen nicht davon aus, daß der Zuhörer ein mit dem Sprechenden gemeinsames Kontextverständnis hat und versuchen daher, alle Informationen, die in der üblichen Rede durch den Kontext vermittelt werden, explizit mitzuteilen. Dem Normalen, der das Kontextverständnis hat, geben sie dann aber Informationen, die für ihn überflüssig sind.

Der Eindruck der »Ausführlichkeit« kommt somit nicht dadurch zustande, daß belanglose Details dargestellt werden, sondern daß es sich um Einzelheiten handelt, die der Hörer aus seinem Kontextverständnis heraus hat und deren Mitteilung daher überflüssig ist.

3.2.7. Vertauschen persönlicher Fürwörter

Autistische Kinder verwenden häufig über eine längere Phase ihrer Sprachentwicklung die zweite Person, wenn sie von sich reden. Das Vertauschen persönlicher Fürwörter wurde bereits von Kanner (1943) als besonderes Merkmal der Sprache autistischer Kinder beschrieben. Ein ähnliches Phänomen ist der Gebrauch des eigenen Namens statt der ersten Person. Kanner hielt dieses Phänomen für typisch, ja geradezu für pathognomisch für den frühkindlichen Autismus. Rutter (1966) schränkte diese Aussage bereits ein, weil es als markantes Phänomen nur bei einem Viertel der autistischen Kinder, die Sprache verwenden, zu finden ist.

Detaillierte Beobachtungen über den Gebrauch der persönlichen Fürwörter bei autistischen Kindern gibt es nur wenige. In einer dieser Untersuchungen (Silberg, 1978) konnte bei allen autistischen Kindern, deren Alter zwischen dem fünften und dem sechzehnten Lebensjahr streute und die auch einen sehr unterschiedlichen Sprachentwicklungsstand aufwiesen, festgestellt werden, daß sie das persönliche Fürwort »Ich« am häufigsten von allen persönlichen Fürwörtern gebrauchten. Das Fürwort der ersten Person zeigte bei Zunahme des Sprachentwicklungsniveaus auch als erstes einen Anstieg in der Verwendungshäufigkeit, danach nahm die Verwendung des Fürwortes der zweiten Person zu und erst als letztes das der dritten Person. In dieser Studie war nur bei autistischen Kindern mit dem niedrigsten Sprachentwicklungsstand die Vertauschung der Fürwörter der ersten und der zweiten Person zu finden. Die Sprache dieser Kinder bestand aber aus vielen Echolalien und war sehr perseverativ. Nur bei diesen Kindern war auch zu beobachten, daß sie den eigenen Namen verwendeten, wenn sie von sich selbst sprachen. Zusätzlich fand Silberg (1978), daß die Bedeutung, mit der die persönlichen Fürwörter verwendet wurden, eine deutliche Abhängigkeit vom Sprachentwicklungsstand aufwies. Persönliche Fürwörter wurden zuerst zum Anzeigen eines Besitzes verwendet, später um andere und sich selbst als Handelnde zu bezeichnen, und zuletzt als Hinweis auf eine Person aus dem Kontext einer Handlung.

Fassen wir die Fakten zusammen:

Das Vertauschen der persönlichen Fürwörter bei Autisten ist noch nicht hinreichend untersucht. Unser Wissen darüber läßt sich wie folgt skizzieren:

1. Bei autistischen Kindern mit einem niedrigen Sprachentwicklungsstand kommt es zum Vertauschen der Fürwörter der ersten und zweiten Person.
2. Bei diesen Kindern ist auch zu beobachten, daß sie den eigenen Namen verwenden, wenn sie von sich selber sprechen.
3. Persönliche Fürwörter werden zuerst zum Anzeigen eines Besitzes verwendet, später um andere und sich selbst als Handelnde zu bezeichnen, und zuletzt als Hinweis auf eine bestimmte Person allein aus dem Verständnis des Kontextes einer Handlung.

Interpretation

Die Schwierigkeiten der autistischen Kinder in der Verwendung der Personal-pronomina waren mehrmals Gegenstand verschiedenster Interpretationen. Sie zeigen, wie ein Phänomen unter verschiedenen theoretischen Standpunkten wahrgenommen wird. Einige dieser Interpretationen wollen wir kurz darstellen.

○ Psychoanalytiker sahen in der Vertauschung der Fürwörter der ersten Person eine mangelnde Entwicklung des Selbstbewußtseins, das sich im Austausch mit anderen Personen allmählich herausbildet. Es wurde angenommen, daß autistische Kinder – vielleicht in Folge einer pathogenen frühkindlichen Erziehung – die eigene Person nicht gegenüber den anderen Personen abgrenzen. Psychoanalytiker sehen daher im frühkindlichen Autismus einen Stillstand der emotionalen Entwicklung und die Vertauschung der Fürwörter ist ein Argument dafür. In der Therapie wird der Versuch gemacht, die Situation der frühkindlichen Entwicklung wiederherzustellen, um unter ver-ständnisvoller Hilfe eine Ausbildung dieser Differenzierung zu erreichen (Bettelheim, 1967).

○ Diese Schwierigkeiten sind als Ausdruck einer unzureichenden Entwick-lung des »sich gemeinsam mit dem Gesprächspartner auf etwas beziehen« betrachtet worden. Dabei muß der Referent vom eigenen Standpunkt unter-schieden werden. Dieses Sich-beziehen wird in der Sprache abstrakt mit den hinweisenden und den persönlichen Fürwörtern ausgedrückt und als Deixis bezeichnet. Bevor die abstrakte deiktische Funktion der persönlichen Fürwör-ter verstanden wird, werden persönliche Fürwörter als eine Art Namen aufgefaßt. Entwicklungsmäßig geht dem verbalen Ausdruck der Ausdruck in Gesten voraus, der bei Autisten ebenfalls verringert ist. Autisten scheinen zudem nicht nur beim Gebrauch persönlicher Fürwörter, sondern auch bei anderen Formen der Deixis Schwierigkeiten zu haben, z. B. die Funktion der Zeitbildung von Verben als Referenzsystem für die Gliederung von Ereignis-folgen zu verwenden (Bartolucci & Albers, 1974).

○ Auch als Defizit im Rollenverständnis wurden die Schwierigkeiten gesehen. Die Schwierigkeiten sind demnach als Ausdruck eines pragmatischen Defizites in der wechselnden Übernahme der Sprecher- und Zuhörerrolle zu verstehen.

○ Schließlich wurden die Schwierigkeiten als Kompensation einer ungenügen-den Sprachverarbeitung interpretiert, und angenommen, daß sie Folge einer unzureichenden Sprachverarbeitung seien. Autistische Kinder stützen sich stärker auf das Echogedächtnis, um diese Verarbeitungsschwierigkeiten zu kompensieren. Das Vertauschen persönlicher Fürwörter ist somit Folge der häufigen Echolalien autistischer Kinder.

Versuchen wir, die Auffälligkeiten bei der Verwendung der Pronomina von der Theorie der logischen Formen ausgehend zu interpretieren:

Die Pronomina gehören zu den deiktischen Ausdrücken, die nur im Kontext einer bestimmten Rede eine zuordenbare Bedeutung gewinnen. Mit Deixis wird ihre Funktion, auf Personen hinzuweisen, bezeichnet. Unter dieser Blickrichtung sind die persönlichen Fürwörter den Gesten gleichzusetzen, die ebenfalls nur im Kontext der gesprochenen Rede eine interpretierbare Bedeutung haben. Es handelt sich hierbei also um sprachliche Ausdrücke, die im Gebrauch wie im Verständnis auf den Kontext angewiesen sind. Anders als die Gegenstandsbegriffe wie Stuhl, Rad, Apfel, können die Pronomina nur verstanden werden, wenn der Kontext, in dem sie gesprochen werden, bei der Zuordnung ihrer Bedeutung mit herangezogen wird. Die richtige Verwendung und das richtige Verständnis der Pronomina setzt somit die Fähigkeit voraus, bei der Bestimmung der Bedeutung eines Begriffes den Kontext, in dem er verwendet wird, mitzuverrechnen.

Haben also die Autisten schon Schwierigkeiten, die gewöhnlichen Begriffe wegen ihrer allgemeinen Kontextabhängigkeit zu verstehen, so sind ihre Probleme mit den deiktischen Ausdrücken natürlich noch viel größer, da unabhängig vom Kontext auch kein reduziertes Verständnis und reduzierter Gebrauch wie bei den anderen Begriffen möglich ist. Soweit sie Pronomina lernen, werden sie diese nicht als kontextabhängige Begriffe lernen, sondern ähnlich wie Begriffe oder Namen, d. h. in einem kontextunabhängigen Bedeutungssinne. So fand Silberg (1978), daß sie die Pronomina zunächst lernen, um den Besitz anzuzeigen. »Mein Ball« bedeutet in diesem Kontext der Ball von Felix und nichts anderes. Wir vermuten daher, daß es sich beim Phänomen der Vertauschung der Pronomina nicht um ein Verwechslungsphänomen handelt, als vielmehr um die Verwendung des Pronomens als Ersatz für den Namen. Zum Teil verstehen sie die Pronomina auch als nicht auswechselbaren Teil einer Aussage. So verwendete Donald die Phrase »Willst Du in den Garten gehen« um anzudeuten, daß er in den Garten gehen möchte. Die Phrase ist korrekt, wenn der Partner sie ausspricht. Hier besteht der Fehler darin, daß Donald den Rollentausch im Gespräch nicht mitvollzogen hat. Auch hier handelt es sich also nicht um eine eigentliche Verwechslung von »du« und »ich«, sondern um den nicht vollzogenen Rollenwechsel, bzw. um die Verwendung einer Phrase (und eines Pronomens) mit einer kontextunabhängigen Bedeutung.

Diese Deutung wird auch dadurch unterstrichen, daß autistische Kinder häufig ihren Namen verwenden, wenn sie von sich selber reden. Dies muß als Kompensation aufgefaßt werden dafür, daß das echte Pronomen »Ich« als deiktische Hinweisgebärde dem autistischen Kind nicht zur Verfügung steht. Wenn das Pronomen nicht zur Verfügung steht, dann können wir auf uns nur dadurch hinweisen, daß wir unseren Namen nennen. Wenn die Deutung stimmt, daß die Pronomina als Personenbegriffe verwendet werden, dann stehen sie in einer Linie mit den Namen.

Auch die Entwicklung in der Verwendung der persönlichen Fürwörter weist in dieselbe Richtung. Die Verwendung eines Fürwortes zum Anzeigen eines Besitzes ist in viel geringerem Maße kontextabhängig wie die Verwendung der Pronomina, um sich selbst als Handelnden zu bezeichnen, oder zur allgemeinen Beschreibung unabhängig vom Kontext einer Handlung. Der starke Zusammenhang der Probleme im Gebrauch der persönlichen Fürwörter mit dem Sprachentwicklungsstand weist darauf hin, daß es auch autistischen Kindern möglich ist, die adäquate Verwendung der Pronomina zu lernen, daß ihnen somit der averbal repräsentierte Kontext grundsätzlich zugänglich ist. Nur haben sie eben in der Ausbildung der V-Schemata größere Schwierigkeiten als normale Kinder.

3.2.8. Echolalien

Echolalien wurden bereits von Kanner (1946) als ein besonderes Kennzeichen des Sprachverhaltens autistischer Kinder beschrieben und dieser Eindruck ist seither von vielen Klinikern bestätigt worden. In Untersuchungen an einer größeren Zahl autistischer Kinder werden für 75% der Kinder, die Sprache verwenden, Echolalien als auffälliges Merkmal angegeben (Rutter et al., 1967).

Kanner (1946) beobachtete, daß Autisten dann, wenn sie Sprache überhaupt verwenden, häufig Wörter nachsprechen, die sie nicht verstehen, daß sie bestimmte Redewendungen, die sie gehört haben, als ganze wiederholen, ohne daran Veränderungen vorzunehmen, aber kaum neue Sätze bilden.

Während Kanner ursprünglich den Eindruck hatte, daß Echolalien bei vielen autistischen Kindern deutlich überwiegen, und viele Kliniker ihm darin gefolgt sind (Wing, 1969), haben Beobachtungen in natürlichen Sprechsituationen gezeigt, daß auch bei Autisten Echolalien nur einen Teil der sprachlichen Äußerungen ausmachen und daß selbst bei jenen autistischen Kindern, deren Sprache am wenigsten ausgebildet ist, spontane Äußerungen mehr als die Hälfte aller sprachlichen Äußerungen darstellen (Howlin, 1982; Cantwell & Baker, 1978 a).

Echolalien sind bei Autisten als besonders auffälliges Merkmal betont worden, da sie recht lange zu beobachten sind und auch relativ häufig auftreten. Echolalien sind jedoch auch in der normalen Sprachentwicklung zu beobachten, bei manchen Kindern gibt es vor allem zwischen dem zweiten und dritten Lebensjahr eine Tendenz, den letzten Teil von Äußerungen zu wiederholen. Echolalien sind zudem bei Kindern mit Sprachentwicklungsverzögerungen ähnlich wie bei Autisten relativ lange und im verstärkten Ausmaß zu beobachten und zwar sowohl bei Kindern mit allgemeiner Entwicklungsretardierung (geistig Behinderte) als auch bei Kindern mit spezifischen Sprachentwicklungsstörungen. Die Häufigkeit von Echolalien scheint bei diesen Gruppen jener bei Autisten zu entsprechen, wenn die Gruppen einen ähnlichen Entwicklungsstand der expressiven Sprache aufweisen.

Nur durch eine nähere, qualitative Analyse können das Phänomen der Echolalien und ihre Funktion verstanden und der klinische Eindruck überprüft werden, daß die Echolalien ein besonderes Kennzeichen autistischer Kinder darstellen. Dazu sind Differenzierungen nötig.

Eine erste grobe Einteilung der Echolalien gliedert diese in unmittelbare und verzögerte, wobei letztere dadurch gekennzeichnet sind, daß sie erst beträchtliche Zeit nach der imitierten Äußerung (als Kriterium nahmen etwa Prizant & Rydell, 1981, 10 sec an) oder nach mehreren Gesprächswendungen erfolgen.

Echolalien müssen nicht vollständig mit der imitierten Äußerung übereinstimmen. Der Grad der Übereinstimmung und die Art der eventuell vorgenommenen Änderungen sind wichtige Merkmale der Echolalien. Die Übereinstimmung kann sowohl nach der Intonation wie nach der Wortwahl bzw. der syntaktischen Struktur beurteilt werden.

Wenn von der Intonation zunächst abgesehen wird, so kann die Echolalie die imitierte Äußerung der Struktur nach reduzieren und in einer verkürzten Form (Telegramm-ähnliche Form unter Weglassung von Flexionen, grammatikalischen Partikeln und die Aussage modifizierenden Beiwörtern) wiedergeben. Die imitierte Äußerung kann auch mit grammatikalischen Fehlern versehen oder in einen unverständlichen Jargon verwandelt reproduziert werden.

Von diesen reduzierten Formen der Wiedergabe ist eine Echolalieform zu unterscheiden, in der die imitierte Äußerung so transformiert wird, daß die Äußerung eine andere syntaktische Struktur oder eine andere Bedeutung bekommt. Man spricht in diesem Fall von einer mitigierten Echolalie.

Es wurde verschiedentlich versucht, Echolalien in kommunikative und nichtkommunikative einzuteilen. Eine solche grobe Klassifikation der Funktion der Echolalien hat sich jedoch als nicht sehr sinnvoll erwiesen (Cantwell & Baker, 1978 a). Deshalb haben neuere Untersuchungen versucht, das Kommunikationsverhalten von Kindern näher zu beschreiben, die Echolalien äußern (Philips & Dyer, 1977; Dyer et al., 1981; Prizant & Duchan, 1981). Über diese Merkmale dürfte es möglich sein, die Funktionen zu bestimmen, denen Echolalien bei Kindern mit einem beschränkten sprachlichen Repertoire dienen. Solche relevanten Merkmale, die Aufschluß über die kommunikative Intention geben, sind z. B. die Aufnahme von Blickkontakt oder eine Hinwendung zum Gesprächspartner während des Echolalierens.

Wichtig ist weiter festzustellen, ob die Kinder irgendwie zeigen, daß sie eine

Reaktion des Gesprächspartners auf ihre echolalische Äußerung erwarten. Auch die Lautstärke und das Tempo, in dem die Echolalie geäußert wird, sind Hinweise auf die kommunikative Absicht seitens des Kindes. Um den kommunikativen Kontext einer Echolalie angemessen zu beschreiben, muß auch festgehalten werden, ob die Kinder direkt angesprochen wurden, und ob sie die in den von ihnen echolalierten Äußerungen angesprochenen Handlungen ausführen oder auf andere Weise ein Verständnis der Äußerungen zeigen, ob überhaupt eine Änderung in ihrem Verhalten eintritt und welcher Art diese Änderung ist (Gesten wie Zeigen, Hindeuten oder aber Handlungen wie Aufgreifen, Nehmen). Welche Funktion die Echolalie für das Kind hat, kann auch aus der Latenz zwischen der ursprünglichen Äußerung und der Echolalie geschlossen werden und ebenso aus der formalen Übereinstimmung zwischen der Echolalie und der imitierten Äußerung.

Prizant & Duchan (1981) versuchten auf Grund dieser Merkmale eine funktionelle Einteilung der unmittelbaren Echolalien. Danach dürfte der größte Teil der Echolalien die Funktion erfüllen, Kommunikation aufrechtzuerhalten. Ein Teil der Echolalien scheint für die Kinder aber auch als zustimmende Antwort bzw. Ausdruck einer Aufforderung zu fungieren. Andere Echolalien sind eine Form des Benennens, das ja in der Kommunikation mit sprachgestörten Kindern vom Gesprächspartner nicht selten verlangt wird. Viele Echolalien scheinen aber in erster Linie eine Funktion für das Kind selbst zu haben: Zum Teil dürfte die Wiederholung dazu dienen, daß die Kinder die Äußerung behalten, während sie versuchen, sie zu verstehen. Andererseits greifen die Kinder Äußerungen eines Anderen auch auf, um ihr eigenes Verhalten zu steuern. Neben all diesen Formen bleiben freilich Echolalien übrig, die keine dieser genannten Funktionen erfüllen.

Verzögerte Echolalien sind nicht nur ihrer Funktion nach schwerer zu verstehen als unmittelbare, sie sind auch ohne genaue Kenntnis dessen, was die Kinder gehört haben, schlecht zu beurteilen. Personen, die den Tag mit den Kindern verbringen, können jedoch oft Äußerungen der Kinder als verzögerte Echolalien erkennen. Außerdem haben autistische Kinder bestimmte Phrasen, die sie in verschiedenen Situationen wiederholen. Als ein weiteres Kriterium zur Identifikation von verzögerten Echolalien kann, zumindest bei Kindern mit einem niedrigen Sprachentwicklungsstand, die Beobachtung dienen, daß manche Äußerungen nach ihrer Länge und Komplexität deutlich aus den sonstigen Äußerungen dieser Kinder hervorragen.

Es dürfte klar sein, daß eine adäquate Beschreibung verzögerter Echolalien noch komplexer ist als jene unmittelbarer Echolalien. Hier spielt etwa zusätzlich eine Rolle, woher die Kinder die echolalierten Äußerungen übernommen haben, wie oft sie diese echolalierten Äußerungen bereits verwendet haben, ob die Kinder mit einer solchen Echolalie eine Kommunikation zu imitieren scheinen oder ob sie auf eine Äußerung des Gesprächspartners hin erfolgt und weiters ob ein Zusammenhang zwischen der Äußerung und dem situativen Kontext erkennbar ist.

Prizant & Rydell (1981) haben mit diesen zusätzlichen Merkmalen eine Klassifikation der von ihnen beobachteten verzögerten Echolalien von drei autistischen Kindern versucht und sind zu 14 funktionellen Kategorien gelangt, wobei nicht alle Funktionen bei jedem Kind festzustellen waren und die Liste ausdrücklich als offen bezeichnet wurde, d. h. daß die Liste auf Grund von weiteren Beobachtungen ergänzt werden könnte. Zusätzlich zu den Funktionen, die auch bei unmittelbaren Echolalien zu beobachten waren, schienen verzögerte Echolalien die Funktion zu haben, Informationen zu geben, Aufmerksamkeit auf die Kinder zu lenken oder gegen etwas zu protestieren. Gelegentlich schien durch die Äußerung der Erwachsenen auch eine verbale Routine angestoßen zu werden, die die Kinder mit einer echolalierten Äußerung ergänzten. Manche dieser Echolalien schienen durch Assoziationen auf Grund der momentanen Situation hervorgerufen zu werden.

Einige Beobachtungen machen sehr wahrscheinlich, daß unmittelbare Echolalien autistischer Kinder zu einem guten Teil durch Schwierigkeiten bei der Verarbeitung der vorausgehenden Äußerung bedingt sind. So konnten Shapiro & Lucy (1978) nachweisen, daß die Echolalien von autistischen Kindern auf Fragen über Bilder bzw. Spielzeug mit einer deutlich kürzeren Latenz erfolgen als nicht-echolalierte Antworten. Echolalien scheinen also die Notwendigkeit einer echten Verarbeitung der an die Kinder gerichteten Fragen zu umgehen. Echolalien treten zudem häufiger auf, wenn die Kinder Schwierigkeiten haben dürften, die vorausgehenden Äußerungen zu verstehen, wenn diese Äußerungen also komplexer sind oder wenn die Kinder eine Antwort nicht verfügbar haben (Carr et al., 1975; Shapiro & Lucy, 1978).

Paccia & Curcio (1982) prüften direkt die Hypothese, daß autistische Kinder Sätze, deren Verständnis sie durch Ausführung einer Handlung gezeigt haben, weniger oft echolalieren als nicht-verstandene Satzformen, und fanden die Hypothese bestätigt. Vor allem bei Fragen war das zuvor demonstrierte Verständnis entscheidend dafür, ob sie beantwortet werden konnten oder nur echolaliert wurden.

Howlin (1982) schließlich konnte einen klaren Zusammenhang zwischen dem Anteil der Echolalien an den Äußerungen autistischer Kinder in einer entspannten Gesprächssituation z. B. mit der Mutter und dem Sprachentwicklungsniveau der Kinder nachweisen. Während bei autistischen Kindern mit einer durchschnittlichen Äußerungslänge von weniger als 3,5 Morphemen der Prozentsatz an Echolalien 18% betrug, war dieser bei Kindern mit einer durchschnittlichen Äußerungslage von über 5,0 Morphemen nur mehr 8%.

Das Auftreten von Echolalien bei autistischen Kindern dürfte auch durch eine bei diesen Kindern auffällige perseverative Tendenz bedingt sein. Zudem kann beobachtet werden, daß Echolalien oft gehäuft auftreten. Die Tendenz, auf eine Äußerung mit einer Echolalie zu antworten, scheint größer zu werden, nachdem die Kinder einmal begonnen haben, zu echolalieren. Echolalieren wird für einige Zeit die bevorzugte Strategie, oder, wie Shapiro & Lucy (1978) dies genannt haben: Echolalieren ist klebrig.

Nach wie vor ist umstritten, wieweit sich die Echolalien autistischer Kinder qualitativ von jenen jüngerer normaler Kinder unterscheiden. Shapiro (Shapiro et al., 1970; Shapiro & Lucy 1978) beobachtete in verschiedenen Untersuchungen, daß autistische Kinder häufiger als normale Kinder Äußerungen anderer Personen rigide imitieren, ohne Änderungen vorzunehmen, während dies bei den jüngeren normalen Kindern eher eine Ausnahme darstellt. Zudem waren bei normalen Kindern die Echolalien etwa von gleicher Länge und Komplexität wie ihre spontanen Äußerungen, während bei autistischen Kindern die Echolalien von deutlich größerer Länge und Komplexität als die spontanen Äußerungen waren. Nach Howlin (1982) gilt letzteres jedoch nur für autistische Kinder auf sehr niedrigem Sprachentwicklungsniveau. Mit zunehmendem Sprachentwicklungsniveau nehmen die Länge und syntaktische Komplexität von Echolalien nicht zu, wohl aber jene der spontanen Äußerungen, sodaß sich bei einem höheren Sprachentwicklungsstand das Verhältnis zwischen der Länge und Komplexität der Echolalien und der spontanen Äußerungen umkehrt.

Shapiro et al. (1974), Fay & Schuler (1980) und andere Sprachpathologen nehmen an, daß der Sprachentwicklungsprozeß bei autistischen Kindern anders verläuft als bei normalen Kindern und daß der Echolalie bzw. der Imitation bei der Sprachentwicklung autistischer Kinder größere Bedeutung zukommt. Shapiro & Kapit (1978) versuchten, dies an dem Beispiel der Entwicklung der Negation aufzuzeigen. Sie vergleichen autistische Kinder, deren Sprachentwicklung bereits so weit fortgeschritten war, daß sie imstande waren, Sätze mit fünf und mehr Wörtern zu bilden, und die im Durchschnitt etwa neun Jahre alt waren, mit drei- und fünfjährigen normalen Kindern bei Aufgaben, in denen das Verständnis, die Nachahmung und die selbständige Bildung von Negationsformen verlangt waren. Die dreijährigen normalen Kinder konnten Negationen besser spontan bilden als nachahmen, da sie dazu neigten, die vorgesagten Sätze umzuformen. Die Autisten und die fünfjährigen normalen Kinder erzielten hingegen die besten Leistungen beim Nachsprechen der verneinten Sätze. Die Autisten bildeten aber von allen Kindern selbständig am seltensten komplexere Negationsformen. Dabei war auffällig, daß sie zwar hie und da solche Formen verwendeten, im allgemeinen aber nur die gebräuchlichsten, einfachen Formen bildeten, ohne zu beachten, daß andere Formen angemessener sein könnten. Autistische Kinder zeichneten sich vor jüngeren

Kindern durch deutlich bessere Leistungen bei der Imitation aus und unterschieden sich von normalen Kindern, jüngeren wie älteren, durch ihre geringe Flexibilität und die geringere Initiative beim Bilden komplexer, neuer Ausdrucksformen.

Interpretation

Obwohl die Echolalie zu den häufigsten genannten Symptomen des frühkindlichen Autismus zählt, bleiben das Phänomen selbst sowie seine Bedeutung noch unklar. Erschwert wird das Verständnis dadurch, daß auch bei normalen Kindern zwischen dem zweiten und dritten Lebensjahr eine Phase des Echolalierens auftritt. Im Vergleich zu den Echolalien normaler Kinder sind die echolalierten Äußerungen der autistischen Kinder in der Tendenz länger. Ebenso dauert die Phase des Echolalierens bei ihnen viel länger als bei den normalen Kindern. Man nimmt an, daß die Echolalie im Sprachentwicklungsprozeß, aber auch in der sozialen Interaktion eine funktionale Bedeutung hat, konnte aber bislang nicht genügend klären, worin diese Bedeutung besteht. Verschiedene Hypothesen wurden aufgestellt.

– Autistische Kinder würden mit Hilfe der Echolalie versuchen, die Kommunikation aufrechtzuerhalten, da ihnen dies mit anderen verbalen Mitteln nicht möglich sei.
– Weiters habe die Echolalie die Funktion einer zustimmenden Antwort bzw.
– sei sie Ausdruck einer Aufforderung.
– Echolalien seien Formen des Benennens.
– Die Echolalie hätte die Funktion, eine Äußerung zu behalten, während man versucht sie zu verstehen.
– Die Echolalie habe auch die Funktion, Informationen zu geben,
– weiters die Aufmerksamkeit auf sich zu lenken.
– Sie seien eine Form des Protestes.
– Echolalien würden hervorgerufen durch Assoziationen.
– Echolalie sei eine Form der Stereotypie, mit der Funktion der Selbststimulation.

Bevor die Funktion der Echolalien nicht besser geklärt ist, ist eine umfassende Interpretation nicht möglich. Vorerst muß es offen bleiben, ob die Echolalie ähnlich wie die Stereotypie einfach eine Begleiterscheinung zur allgemeinen Störung ist oder, was wahrscheinlicher ist, ob mit ihr eine bestimmte Kompensation erzielt werden soll.

Zusammenfassung

Wenn wir noch einmal zusammenfassend und rückblickend auf die Sprachanomalien autistischer Kinder eingehen, so können wir sagen: Die Sprache des Autisten ist eine kontextarme Sprache. Sie ist vor allem dort gestört, wo Kontextverständnis zu ihrer Verwendung und zu ihrem Verständnis mitherangezogen werden muß und dies betrifft auf der einen Seite die Semantik, die Einbettung des einzelnen Begriffes in eine allgemeine Vorstellung, und auf der anderen Seite die Verwendung des Begriffes, die Pragmatik, in der sich der Sprechende an einer bestimmten vorgegebenen Sprechsituation orientieren muß. Es sind somit allgemein betrachtet dieselben Schwierigkeiten, auf die wir schon bei der Analyse ihrer intellektuellen Fähigkeiten gestoßen sind.

3.3. Ein Sozialverhalten ohne Vorstellung: Sozialverhalten ohne Bild vom Anderen

Da die Diagnose eines frühkindlichen Autismus selten im ersten und zweiten Lebensjahr gestellt wird, stammen die meisten Angaben über die frühe soziale Entwicklung autistischer Kinder aus Erinnerungen der Eltern, denen das Kontaktverhalten ihres autistischen Kindes häufig bereits frühzeitig auffällig gewesen zu sein scheint (DeMyer, 1979). Als solche frühe Anzeichen einer Störung des Sozialverhaltens werden von den Eltern folgende Verhaltensweisen angegeben:

– Sie strecken als Kleinkinder seltener die Arme hoch, um aufgenommen zu werden.
– Sie passen sich in ihrer Haltung weniger an, wenn sie von den Eltern getragen werden, und erscheinen steif und weniger anschmiegsam.
– Sie zeigen weniger oft auf Gegenstände, um das Interesse der Eltern auf diese zu lenken.
– Wenn sie gehen gelernt haben, bringen die autistischen Kinder Gegenstände, die sie zu interessieren scheinen, nicht zu den Eltern, um sie teilhaben zu lassen.

Meist sind es jedoch subtile Anzeichen, an denen sich frühzeitig eine Auffälligkeit der autistischen Kinder feststellen läßt. Die autistischen Kinder scheinen in der Mehrzahl bereits frühzeitig zufriedener als andere Kleinkinder gewesen zu sein, wenn sie allein gelassen wurden. Der Kontaktmangel und die Isolation der autistischen Kinder werden besonders in dem Eindruck der Eltern deutlich, daß sich diese Kinder zu gewissen Zeiten innerlich zurückgezogen haben und wenig Anteil an der Umgebung nahmen.

Bei den meisten autistischen Kindern sind am Sozialverhalten anfangs vor allem eine starke Passivität und der Mangel an sozialen Reaktionen auffällig. Im Vorschulalter und in der frühen Kindheit fällt den Eltern auf, daß die autistischen Kinder schwierig zu trösten und zu beruhigen sind, wenn sie unglücklich sind.

Die autistischen Kinder sind auch weniger zärtlich. Zärtlichkeiten scheinen gelernt werden zu müssen, und die autistischen Kinder sind nur dann zärtlich, wenn sie dazu aufgefordert werden. Eine aktive Zurückweisung von Zärtlichkeiten kommt allerdings nur bei einem kleinen Teil der autistischen Kinder vor.

Die meisten Eltern autistischer Kinder haben trotz der beträchtlichen Auffälligkeiten im Kontakt und in der Art der Zuwendung, die autistische Kinder zeigen, das Gefühl der Nähe zu diesen Kindern. Oft zeigt sich jedoch auch eine gewisse Unsicherheit der Eltern darüber, wie eng die Bindung ihrer autistischen Kinder an sie ist. Auf die Frage des Psychologen: »Hängt Felix an Ihnen?« antwortete die Mutter: »Das weiß ich nicht so genau«.

Die größten Auffälligkeiten im Sozialverhalten bestehen von früh an im Kontakt zu anderen Kindern. Selbst wenn ältere autistische Kinder im Verhalten gegenüber Erwachsenen relativ unauffällig erscheinen, haben sie nur selten eine normale Beziehung zu Gleichaltrigen.

Mit dem Älterwerden verliert sich bei den meisten die starke Tendenz, sich zurückzuziehen. Diese Änderung im Kontaktverhalten bedeutet oft keine Besserung der sozialen Anpassung. Bei diesen älteren autistischen Kindern erscheint der Mangel an sozialen Fertigkeiten besonders auffällig, sowie das fehlende bzw. nur abstrakte Wissen um die Gefühle anderer. Sie werden von der Umgebung als flach und ohne Empathie empfunden.

Mehr als andere ecken sie deshalb wegen taktloser Bemerkungen an oder sind, ohne es zu wollen, beschämend und verletzend. Während autistische Kinder im Vorschulalter und noch in den ersten Jahren der Schulzeit oft als besonders hübsche Kinder einen positiven Eindruck machen, wirken jugendliche Autisten wegen ihrer Ungeschicklichkeit weniger anziehend.

Die Entwicklung des Sozialverhaltens kann als Teil der gesamten kognitiven Entwicklung der Kinder aufgefaßt werden. Der Fortschritt in der kognitiven Entwicklung führt zu einem zunehmendem Abbau des Egozentrismus und zu einem besseren Verständnis für die Perspektive anderer. Dies bedingt, daß die Kommunikation mit anderen nun bewußt angestrebt wird. Die Entwicklung der Kommunikationsfähigkeit schließt auch ein, daß sich die Kommunikation zunehmend vom hier und jetzt ablöst und sich symbolischer Formen bei der Verständigung bedient.

Bei der Beurteilung der Kommunikationsfähigkeit müssen neben der Verwendung von Kommunikationsmitteln auch verschiedene Stufen des kommunikativen Einsatzes dieser Mittel unterschieden werden. Eine solche Abstufung kann etwa in dem Übergang aus einem total vereinzelten Zustand über die

Reaktion auf die Initiative anderer, dem Setzen eigener Initiative zu echter Interaktion gesehen werden (McHale et al., 1980).

Für diese Kategorien konnten McHale et al. (1980) nachweisen, daß autistische Kinder leichter aus einem total vereinzelten Zustand herauskommen und Gesten zur Verständigung benutzen, wenn Erwachsene die Initiative zur Kommunikation ergreifen. Die Kommunikation richtet sich überwiegend an den Erwachsenen, kaum an andere Kinder. Aber auch in Gegenwart von Erwachsenen zeigt das Verhalten autistischer Kinder, wenigstens wenn es sich um jüngere autistische Kinder mit niedrigerem kognitiven Entwicklungsstand handelt, kaum einen sozialen Bezug.

Die Schwierigkeiten autistischer Kinder, mit normalen gleichaltrigen Kindern in Interaktion zu treten, liegen zum Teil an der Scheu der normalen Kinder, eine solche Interaktion aufzunehmen und die Ablehnung der autistischen Kinder zu durchbrechen. Wenn jüngere normale Kinder angewiesen werden zu versuchen, mit autistischen Kindern Kontakt aufzunehmen und sie ins Spiel einzubeziehen, so gelingt ihnen das recht gut. Allerdings tun sie dies nur nach expliziter Aufforderung, selbst haben sie zu große Scheu (McHale, 1983). Die Schwierigkeiten, die autistische Kinder in der Interaktion mit gleichaltrigen Kindern haben, liegen zum Teil auch daran, daß das Verhalten von Kindern generell weniger vorhersagbar und strukturiert zu sein scheint, als das Verhalten von Erwachsenen.

Interpretation

Die Störung im Bereich des Sozialverhaltens stand für Kanner (1943) so stark im Vordergrund, daß er dem Störungsbild den Namen frühkindlicher Autismus gab. So ist es nicht verwunderlich, daß eben der Bereich des Sozialverhaltens bei der Theoriebildung lange Zeit im Vordergrund stand. Mahler, Bettelheim, Tinbergen sind einige Namen, die damit verbunden werden. Sie versuchten, die Gesamtstörung oder Teile davon auf Variablen der sozialen Umgebung zurückzuführen, in der die frühkindliche Interaktion mit den Eltern im Vordergrund steht.

Diejenigen, die die zentrale autistische Störung im kognitiven Bereich ansetzen, haben sich bevorzugt mit der Sprache der Autisten oder mit instrumentellen Handlungen auseinandergesetzt. Von ihrer Seite ist bislang kein Versuch unternommen worden, die Gesamtstörung darauf zurückzuführen, also die soziale Störung als Folge der Störung im kognitiven Bereich zu interpretieren. Wir möchten dies tun und glauben, in diesem Licht ein neues Verständnis für die bekannten Fakten zu finden.

Das Sozialverhalten im frühen Kindesalter ist wenig mehr als ein Wechselspiel, in dem eine Reaktion gleichzeitig Antwort auf einen vorausgehenden

Reiz und selber Reiz für eine folgende Reaktion des Partners darstellt. Es sind dies die einfachsten Muster einer sozialen Interaktion, die jedoch weit davon entfernt sind, mit einem einfachen Reiz-Reaktions-Modell beschrieben werden zu können, sondern recht komplizierte Systeme darstellen, wie sich gleich an einem Beispiel herausstellen wird:

Wenn sich die Mutter anschickt, das Kind auf den Arm zu nehmen, so streckt ihr in der Regel das Kleinkind die Arme entgegen. Dies ist ein Beispiel einer einfachen Mutter-Kind-Interaktion.

Phänomenologisch ist das Muster schnell beschrieben: Die Mutter geht zum Kind hin, schaut es an, streckt ihm die Hände entgegen und sagt: »Komm zu mir«. Das Kind erwidert den Blickkontakt, geht vielleicht einige Schritte vor und streckt der Mutter die Hände entgegen. Die Mutter nimmt daraufhin das Kind in den Arm, redet mit ihm, und das Kind schlingt den Arm um den Hals der Mutter.

Es scheint dies ein Beispiel zu sein, das man mit einem einfachen Reiz-Reaktions-Modell beschreiben könnte, dem ist aber nicht so. Um in dieser Weise kooperieren zu können, sind eine Reihe von kognitiven Leistungen vorausgesetzt.

- Das Kind muß eine Vorstellung von der Mutter als einer handelnden Person haben.
- Mit dem visuellen Bild der Mutter muß das Kind zumindest in rudimentärer Weise das verbinden, was wir eine Person nennen.
- Es muß eine Vorstellung davon haben, wie die Mutter reagieren wird, daß sie eine Absicht anzeigt, wenn sie die Arme nach dem Kind ausstreckt, daß sie es auf den Arm nehmen und herzen wird.
- Es muß eine Vorstellung von der gesamten Handlung haben, die nun ablaufen wird, deren erstes Glied das Ausstrecken der Arme ist.

Über den Tag hinweg zeigt die Mutter ein breites Spektrum ähnlicher Gesten mit verschiedenen Intentionen und dies im raschen Wechsel. Das Kind muß diese verschiedenen Gesten unterscheiden, muß jede von ihnen einordnen und in Beziehung zu eigenen Bedürfnissen und eigenen Gesten setzen.

Diese Beschreibung macht deutlich, welche Anpassungsleistungen selbst einfache soziale Interaktionen vom Kind fordern. Das Interaktionsspiel mit den Komponenten

- Unterscheidung der Aufforderungsgeste von anderen Gesten,
- Zuordnung der Geste zu der Intention des Initiators,
- Fortführung dieser Reaktion mit einer eigenen Reaktion als Antwort darauf, mit der wiederum eine Intention verbunden ist, die wegweisend ist für die Antwort des Partners, der durch eben diese Reaktion gesteuert wird, und so fort,

ist im Kind, so können wir annehmen, nur als Vorstellung vorhanden, wie es in uns selber nur als Vorstellung gegeben ist. Nur die Vorstellung ist geeignet, so komplexe Muster mit ebenso komplexen Beziehungen in einem Bild festzuhalten.

Wie sehen nun die Ausgangsbedingungen für das soziale Verhalten bei einem Kind aus, das kaum V-Schemata zur Verfügung hat, um solche komplexen Spiele zu speichern, um sich ein Personenschema aufzubauen, auf dessen Grundlage die soziale Interaktion mit Personen erfolgt?

Wir werden uns das, was das autistische Kind in der Interaktion mit Personen erlebt, ähnlich vorstellen müssen, wie das Beobachten eines tachistoskopisch abgespielten Filmes. Auch beim tachistoskopisch abgespielten Film gelingt es uns nicht oder nur kaum, das Verhalten der Personen nach stabilen Schemata zu ordnen, ihr Verhalten damit vorherzusehen und auf unser Verhalten zu beziehen bzw. unser eigenes Verhalten mit dem zukünftigen Verhalten jener Personen abzustimmen.

Wo es uns nicht gelingt, einen Verhaltensstrom zu ordnen, in den wir unser eigenes Verhalten mit seinen Intentionen, Initiativen usw. einbeziehen können, ist es ein Blick in einen Ameisenhaufen, in dem man nach längerer Zeit nichts anderes wahrnimmt, als ein planloses und zielloses Ineinanderströmen von Aktivitäten. Etwas genauer ausgeführt bedeutet dies, daß es dem autistischen Kind nicht oder nur schwer gelingt, die verschiedenen Gesten der Mutter voneinander zu unterscheiden, weil ihm der Gesamtplan (Vorstellung) der Handlung fehlt, der eine Unterscheidung erst sinnvoll macht. Dem autistischen Kind gelingt es deshalb auch kaum, größere oder längere sequentielle Folgen von Verhaltensmustern aufzunehmen und damit in der ersten Geste zugleich die gesamte Handlung vorwegzunehmen. Es ist ihm unmöglich, von der Geste der Mutter auf ihre Absicht zu schließen, denn für all diese Leistungen benötigt das Kind eine Vorstellung von der gesamten Handlung als Orientierung und Sinnbezug. So kann sich das Kind mit seinem Verhalten nicht mehr einbringen in die Kontaktanbahnung der Mutter, seine Aktivität ist nicht mehr abgestimmt mit jener der Mutter, ist nicht mehr einfach eine Fortführung der Initiative der Mutter. Es wird damit passiv bleiben, oder sich so verhalten, daß die Mutter überrascht wird und das Verhalten des Kindes ihrerseits nicht einordnen kann. Ist dieser mißlungene Prozeß einer Interaktion einmal in Gang gesetzt, wird nun auch die Mutter ihrerseits davon bestimmt, da sie aus dieser Verunsicherung heraus wahrscheinlich mit inkonsistentem Verhalten reagiert, was dem Kind die Anpassungsleistung zusätzlich erschwert. Ein hemmender Kreislauf für die Ausbildung von Sozialverhalten tritt ein. Wenn wir somit beobachten, daß ein autistisches Kind der Mutter nicht die Arme entgegenstreckt, wenn diese ihre Hände als Geste, es aufzunehmen, ausstreckt, so haben wir darin nichts anderes zu sehen als ein Kind, das diese Geste nicht von anderen Gesten zu unterscheiden vermag, das aus dieser Geste die Intention der Mutter nicht zu erraten vermag, und damit nicht weiß, wie es auf diese Initiative der Mutter synchron reagieren soll. Daß diese Kinder steif und weniger anschmiegsam erscheinen, wenn sie von den Eltern getragen werden, ist als Reaktion auf die Fremdheit im Umgang mit Personen zu verstehen, die diese Kinder empfinden müssen, nachdem sie in der Beziehung zu den Erwachsenen nicht auf ein Personenschema zurückgreifen können.

Eltern autistischer Kinder berichten, daß ihre Kinder sie, sobald sie es können, zu einem Gegenstand führen oder eventuell den Eltern die Hand bewegen, damit sie das tun, was die Kinder wünschen, ohne sie dabei anzusehen oder sonstwie ihre Wünsche anzudeuten. Auch dies ist ein Hinweis darauf, daß es dem autistischen Kind nicht gelingt, ein integrales Personenschema auszubilden, sodaß die Person für das autistische Kind als Einheit nicht existiert. Sie wenden sich daher nicht an eine Person, wenn sie von ihr etwas wollen, sondern an die Hand oder den Fuß oder den Teil, mit dem sie eben zu tun haben. Die Person löst sich für sie in eine Reihe von Teilen auf, die einen funktionalen Wert haben, und damit scheinen sie umzugehen.

Die Unfähigkeit, ein Personenschema auszubilden, hat weitreichende Folgen für die weitere Entwicklung des Sozialverhaltens und vor allem für die Ausbildung einer Kommunikation. Wenn die Interaktion schon in einer relativ einfachen Situation nicht gelingt, wie viel schwerer ist es dann, die komplexeren Schemata auszubilden, die für die Bewältigung der kommunikativen Aufgaben vorausgesetzt sind. Die logische Folge ist, daß Sozialverhalten und kommunikatives Verhalten weitgehend unterbleiben. Das Kind bleibt mit seinen Wahrnehmungen, mit seinen Gefühlen und Bedürfnissen alleine.

Ethologen sehen in der »Zeigehandlung« ein sprachanbahnendes Verhalten und zählen sie zu den einfachsten kommunikativen Handlungen (Hildebrand-Nielson, 1980). Daß diese Handlung bei autistischen Kindern selten auftritt, obwohl sie zum Einfachsten gehört, ist aus dem, was wir eben gesagt haben, verständlich. Es fehlt für das Verständnis der Zeigehandlung das Kontextverständnis, aber auch das motivierende Personenschema: Denn ohne Vorstellung eines Partners, einer Person, ergibt die Zeigehandlung keinen Sinn. Wo schon einfache »Give-and-take-Spiele« nicht gelingen, kommt es eben auch nicht zur Ausbildung einer Kommunikation. Ja, es fehlt hier auch an den motivationalen, belohnenden Erfahrungen, aus denen Interaktionen hervorgehen. Wo soziale Interaktionen als Überforderung erlebt werden und es in Folge dessen zur Vermeidung sozialer Situationen kommt, fehlt es an Interesse und an Neugierde, mit Menschen in Kontakt zu treten, eine motivationale Voraussetzung des Spracherwerbs. Das Ausbleiben der deiktischen Handlungen hat natürlich für die weitere Sprachentwicklung schwerwiegende Folgen und das Fehlen von Sprache wiederum hat ebenso schwerwiegende Folgen für die Kompensation der Störung dieser Kinder. Es kommt zu einem kumulierenden Effekt. Durch das Ausbleiben der Sprachentwicklung werden die logischen Fähigkeiten noch weiter verkümmern.

Das Ausbleiben der deiktischen Handlung muß nicht nur als Folgeerscheinung früherer Lernerfahrungen angesehen werden. Die deiktische Handlung selbst setzt logische Fertigkeiten voraus, einen bestimmten Bezug zu den Dingen und Personen der Umwelt, den einzunehmen autistischen Kindern schwerfällt. Das mangelnde Zeigeverhalten autistischer Kinder resultiert also zusätzlich auch aus Schwierigkeiten in der Ausbildung logischer Formen für die Verarbeitung der Welterfahrung.

Autistische Kinder werden als zufriedene Kinder beschrieben, speziell wenn sie alleine gelassen werden, und analog dazu wird gesagt, daß sie den Kontakt vermeiden, sich zurückziehen, nicht registrieren, wenn andere Personen das Spielzimmer betreten oder verlassen usw. Sie vermeiden den sozialen Kontakt, weil sie durch die soziale Situation überfordert werden. Duch das Vermeiden von sozialen Kontakten fallen aber viele Konfliktsituationen weg, mit denen sich das normale Kind auseinandersetzen muß. Ihre »scheinbare Zufriedenheit«, wenn sie alleine gelassen werden, ist – so gesehen – die zufällige Vermeidung sozialer Konflikte, die zum Großteil für die Mißstimmung von Kindern verantwortlich ist.

Ein weiteres Moment kommt hinzu. Da sie weniger Interesse für soziale Situationen haben, sinkt ihr Interesse für soziale Interaktionen insgesamt und sie bilden damit auch weniger konfliktträchtige Motivationen aus, wie Kompetition usw. So wie für soziales Verhalten insgesamt, so fehlt ihnen auch für viele Sozialkonflikte der sinngebende, übergeordnete Zusammenhang. (Übrigens, auch Erwachsene meiden den Umgang mit Menschen, deren Verhalten sie nicht verstehen und einordnen können.)

In dieses Bild passen auch die Beobachtungen, daß die Tendenz zum Rückzug sich mit der Zeit verliert. Ferner, daß die Tendenz zum sozialen Rückzug negativ mit der Intelligenzentwicklung korreliert. Denn mit dem Zuwachs an kognitiver Kompetenz wird den autistischen Kindern ein gewisses Verständnis sozialer Situationen möglich, wodurch wiederum Überforderung abgebaut wird, die der Grund für ihr Vermeidungsverhalten ist. Bei den meisten autistischen Kindern sind im Sozialverhalten ja vor allem die starke Passivität und der Mangel an sozialen Reaktionen auffällig, also gerade das Nichtreagieren.

Autistische Kinder lassen sich von den Eltern schwerer beruhigen und trösten, wenn sie unglücklich sind. Wir nehmen an, daß dies Folgen der Kommunikationsprobleme sind. Die Eltern haben beim Kleinkind noch nicht gelernt, auf die Besonderheiten dieser Kinder einzugehen und die Kinder können ihnen ihre Bedürfnisse auch nicht verständlich machen. Man könnte zwar einwenden: Es ist anzunehmen, daß die Eltern die autistischen Kinder in ähnlicher Weise trösten, wie sie es auch bei den Normalen erfolgreich tun: in den Arm nehmen, streicheln usw. und daß sie bei den autistischen Kindern gerade damit nicht ankommen. Zuweilen wird ja auch von ideosynkratischen Mustern berichtet, z. B. Kratzen am Rücken als Tröstungsgeste.

Dieser Einwand übersieht, daß die Traurigkeit eines Kindes einen Grund hat, der eben mit Streicheln nicht immer behoben ist. Das Trösten der Eltern muß auf diesen Grund abgestimmt sein. Wir können annehmen, daß die Eltern autistischer Kinder weniger angemessen trösten, weil sie den Grund der Traurigkeit nicht kennen. Aber weiters ist auch anzunehmen, daß sie das Verhalten des Kindes als auffällig wahrnehmen, weil sie die Gründe der Traurigkeit nicht kennen. Ist ein Kind z. B. traurig, weil sein Tier gestorben ist, so ist es für die Eltern nicht unangemessen, wenn sich das Kind nicht einfach trösten läßt, sondern mehrere Tage trauert. Wüßten sie den Grund der Trauer nicht, so müßten sie die tagelange Trauer als völlig unangemessenes Verhalten interpretieren. Da das autistische Kind mit seiner sozialen Umwelt keine gemeinsame Vorstellungswelt besitzt, ist sein Verhalten für die Umwelt uneinfühlbar und ebenso unverständlich muß diese für das autistische Kind bleiben.

Autistische Kinder sind weniger zärtlich als Normale. Viele Eltern haben den Eindruck, daß ihr autistisches Kind zu Gegenständen eine intensivere emotionale Beziehung hat, als zu ihnen als Person. Wir sehen auch für diese soziale Abartigkeit den Grund im kognitiven Defizit bei der Ausbildung von Personenschemata.

Ein Kind kann nur zu einer Person eine emotionale Beziehung haben, von der es auch ein Verständnis hat. Gegenstände sind zwar weniger interessant als Personen und haben weniger belohnende Eigenschaften als diese, aber für das autistische Kind bieten die Gegenstände mit ihrer Starrheit und Unbeweglich-keit jene Voraussetzungen, die es ihm ermöglichen, ein Schema von ihnen auszubilden, auf dessen Basis eine Interaktion möglich ist. Was ihm mit Personen kaum gelingt, ist mit Gegenständen möglich und es ist daher nicht verwunderlich, daß es diesen jene Gefühle entgegenbringt, die es scheinbar Erwachsenen gegenüber nicht äußern kann.

Daß sie um die Gefühle anderer nicht wissen oder nur ein abstraktes Wissen davon haben, daß sie – ohne es zu wollen – taktlose Bemerkungen machen, die beschämen und verletzen, dies alles zeigt uns, wie schmal auch bei intellektuell relativ gut entwickelten Autisten die Basis einer wechselseitigen Verständigung ist.

Wir sagten von ihrer Sprache, daß es eine kontextlose Sprache ist. Eine Sprache, die wenig mehr beinhaltet, als Wörter mit ihren Beziehungen ausdrücken. So finden wir diesen Mangel nun in ihrem Sozialverhalten wieder.

Die soziale Welt des autistischen Kindes ist eine Welt, in der es nicht mehr gibt, als das, was ausgesprochen werden kann. Es ist eine Welt, in der die gemeinsame Erfahrung als Hintergrund für das Gespräch fehlt. Sie ist so eckig und stereotyp, so eingeschränkt und vordergründig wie ihre Sprache. Stärker als im Bereich der Sprache wird uns hier bewußt, welche Bedeutung das vorstellungsmäßige Erfassen der Umwelt und ihrer Bezüge für das Leben des Menschen haben.

Da sich das autistische Kind schwerer in den Partner hineinversetzen kann, ist es in der Interaktion darauf angewiesen, daß sich der Partner ihm anpaßt. Daß dies mit Erwachsenen leichter gelingt als mit Kindern, liegt auf der Hand. Zudem sind Erwachsene selbst in ihrem Verhalten regelhafter und einge-schränkter, sodaß sich ihr Verhalten leichter vorhersehen läßt und sich Regeln abstrahieren lassen. Auch dies erleichtert dem autistischen Kind die Interak-tion mit dem Erwachsenen. Sie setzt insgesamt weniger Anforderungen an die rasche Umstellbarkeit und Flexibilität. Der Fortschritt in der kognitiven Entwicklung geht einher mit einer besseren sozialen Integration. Es gelingt ihnen eher, Verständnis für die Perspektiven anderer aufzubringen. Da wir die Basis, den Grund für das auffällige Sozialverhalten in einem kognitiven Defizit gesehen haben, ist es auch ohne weiteres verständlich, daß Fortschritte auf diesem Gebiet unmittelbar zu Fortschritten im sozialen Bereich führen müs-sen.

Wir haben schon im theoretischen Teil darauf aufmerksam gemacht, daß es neben dem Weltbild, das durch Sprache repräsentiert ist, noch jenes der Vorstellung gibt. Daß wir redend uns fast ausschließlich auf das sprachliche Weltbild beziehen, sodaß die Welt der Vorstellung wie ein Phantasieobjekt erscheint, darf uns nicht wundern. Dabei erfahren wir in der Kommunikation recht häufig die Grenzen der Sprache, sobald wir mit dem Gesprächspartner nicht mehr auf eine gemeinsame Vorstellungswelt zurückgreifen oder sie voraussetzen können. Ein Sprachunvermögen kann es nur geben, wenn neben sprachlichen Inhalten noch andere bestehen.

Zusammenfassend können wir noch einmal hervorheben, daß die sozialen Auffälligkeiten autistischer Kinder im wesentlichen auf Defiziten beruhen. Diese bestehen nicht nur im Ausfall einzelner Verhaltensschemata, es sind im wesentlichen Defizite der sozialen Wahrnehmung. Autisten fehlt der Zugang zu einer Welt, in der die einzelne Interaktion, das einzelne Gespräch sich aus einer situativ übergreifenden gemeinsamen Wahrnehmung, gemeinsamen Erfahrung abhebt und auf sie bezieht und aus der ein Verständnis erwächst, das der Sprache nicht bedarf. Statt dessen leben sie in einer Welt, in der die einzelnen Interaktionen unverbunden nebeneinanderstehen.

3.3.1. Blickkontakt

Auffälligkeiten im Blickkontakt bei Autisten tragen zu einem beträchtlichen Teil dazu bei, daß bei jüngeren autistischen Kindern der Eindruck entsteht, man könne nur schwer eine persönliche Beziehung zu den Kindern herstellen.

Wolff & Chess (1964) meinen, bei autistischen Kindern unter sechs Jahren in allen Fällen einen mangelnden Blickkontakt oder ein Hindurchschauen durch den anderen beobachtet zu haben. Die schwerer gestörten Kinder erschienen sogar aktiv den Blickkontakt zu vermeiden.

Weber (1970) beschrieb bei autistischen Kindern auch das Phänomen, daß die Kinder ihre Augen hinter den Oberlidern verbargen, so, als ob sie dem Blickkontakt ausweichen wollten. Bei älteren Autisten fiel Weber hingegen ein haftender Blickkontakt bei weit geöffneten, bewegungslosen Augen auf, der einen unbeteiligten, ratlosen Eindruck hinterließ. Systematische Beobachtungen autistischer Kinder konnten diese klinischen Eindrücke mehrfach bestätigen. Autistische Kinder stellen in der Tendenz tatsächlich seltener Blickkontakt zu anderen Personen her, vor allem ist dieser kürzer (Castell 1970; Hermelin & O'Connor, 1967; Richer & Coss, 1976).

Nach den vorliegenden Befunden läßt sich jedoch die Frage nicht eindeutig beantworten, ob der geringe Blickkontakt spezifisch ist, d. h. eine Folge der sozialen Dimension dieses Verhaltens oder nur ein Beispiel für das ganz allgemeine, oberflächliche Mustern von visuellen Reizen ist (Hermelin & O'Connor, 1967).

Beobachtungen von Castell (1970) und von Hermelin und O'Connor (1967) sprechen eher gegen eine solche Spezifität, da Autisten eine ähnliche Änderung in ihrem Verhalten wie geistig behinderte und normale Kinder zeigten, wenn sie von einem im Raum anwesenden Erwachsenen beobachtet oder nicht beachtet wurden.

Richer & Coss (1976) kamen jedoch zu gegenteiligen Ergebnissen. Wenn der anwesende Erwachsene sein Gesicht verdeckte, nahm die Anzahl und die Dauer des Blickkontaktes autistischer Kinder zu. Das Verdecken nur eines Auges beim Erwachsenen führte zu einem Verhalten, das etwa zwischen dem totalen Verdecken der Augen und dem offenen Ansehen der Kinder liegt. Bei normalen Kindern zeigte sich kein derartiger Unterschied. Diese Situation war jedoch viel künstlicher als jene von Castell (1970), bei der der Erwachsene, wenn er die Kinder nicht beachtete, in einem Buch las.

Richer & Coss (1976) führen als zusätzlichen Beweis an, daß gleichzeitig mit dem Vermeiden des Blickkontaktes bei den autistischen Kindern auch eine Zunahme anderen Flucht- bzw. Vermeidungsverhaltens sowie von Stereotypien zu beobachten ist. Das Blickverhalten autistischer Kinder würde sich auch qualitativ von jenem normaler Kinder unterscheiden. Während normale

Kinder den Erwachsenen eindeutig anschauen, geschieht das Anschauen des Erwachsenen bei den Autisten häufig seitlich sowie durch die Finger. (Seitliches Mustern von Gegenständen mit dem peripheren Gesichtsfeld wird allerdings auch sonst bei den Autisten häufig beschrieben und dürfte nicht spezifisch für das Ansehen von Personen sein.) Einige Beobachtungen von McConnell (1967) sprechen ebenfalls dafür, daß dem Blickkontakt für die soziale Interaktion autistischer Kinder besondere Bedeutung zukommt. Wenn die Aufnahme des Blickkontaktes bei autistischen Kindern durch Belohnung verstärkt wird, dann wird eine Tendenz zur Annäherung an den Erwachsenen ausgelöst, die, wenn sie zu einem Körperkontakt mit dem Erwachsenen führt, häufig in Aggression umschlägt. Diese Aggressivität legt sich erst nach einiger Zeit, sie geht dann in einen eher ungerichteten Zustand der Erregung über, um schließlich zu positiv affektgeladenen Reaktionen gegenüber Erwachsenen zu führen.

McConnell (1967) beobachtete zudem, daß autistische Kinder das Angeschautwerden durch den Erwachsenen während der Verstärkung des Blickkontaktes zunächst aktiv zu beendigen versuchten, indem sie etwa den Kopf des Erwachsenen wegdrehten. Nachdem durch Verstärkung ein häufigerer und anhaltenderer Blickkontakt aufgebaut wurde, besserte sich in diesem Fall der Kontakt zu dem Erwachsenen auch in anderen Bereichen.

Interpretation

Autistische Kinder nehmen seltener Blickkontakt zu anderen Personen auf und dieser Blickkontakt ist kürzer als bei normalen Kindern. Manche Forscher sehen darin ein Vermeidungsverhalten der sozialen Situation, die aversiv für die autistischen Kinder ist, so z. B. Richer & Coss (1976). Andere wiederum sehen darin ein Beispiel für die auffällige Tendenz autistischer Kinder, visuelle Reize nur oberflächlich zu mustern. Die Unsicherheit der Interpretation wird dadurch noch erhöht, daß bei erwachsenen Autisten öfter ein haftender Blickkontakt bei weitgeöffneten, bewegungslosen Augen auffällt. Es handelt sich hier nur scheinbar um widersprüchliche Ergebnisse. Wir vermuten, daß umfassende Beobachtungen zeigen werden, daß beides der Fall ist: Nämlich

– daß Autisten Personen kürzere Zeit mustern wie andere komplexe Reize, und
– daß das Erzwingen des Blickkontaktes durch den Erwachsenen mit Abwehrreaktionen und Aggressionen beantwortet wird.

Erinnern wir uns, wie wir die oberflächliche Musterung komplexer visueller Reize interpretierten. Wir sagten, daß autistische Kinder ein geringeres Repertoire zur Verfügung haben, um komplexe Reize einzuordnen, sodaß sie mit komplexen Reizen weniger anzufangen wissen als normale Kinder, und andererseits, daß sie durch komplexe Reize leicht überfordert werden und diese nicht mehr einordnen können. Überforderung aber führt zur Vermeidung und wird dort, wo sie nicht vermieden werden kann, mit Aggression beantwortet. Diese Bedingungen der Überforderung sind bei der Musterung von Personen ebenso gegeben. Denn wie wir schon früher sagten, steht dem autistischen Kind zur Begegnung mit dem Erwachsenen nicht ein ausgebildetes Personenschema zur Verfügung, auf dessen Grundlage es mit dem Erwachsenen interagieren könnte. Auch der Erwachsene meidet in der Regel einen längeren Blickkontakt mit fremden Personen; dies ist ihm nur mit vertrauten Personen möglich und von einem Fremden längere Zeit gemustert zu werden, verunsichert. Auch dies ist als Ausdruck einer Überforderung zu interpretieren: Wir kennen seine Absichten nicht, wir kennen auch seine Gedanken nicht, wir wissen nicht, wie wir uns verhalten sollen.

Diese Überforderung empfindet wohl das autistische Kind im Blickkontakt mit anderen Personen noch stärker und die kurze oder die periphere Musterung von Personen, die Aggression und das Fluchtverhalten sind mögliche Reaktionen darauf.

Schwerer ins Bild fügt sich der haftende Blickkontakt des erwachsenen Autisten. Ob dies ein Effekt des bewußten sozialen Lernens ist? Oder ist er als Ausdruck des intensiven Bemühens zu verstehen? Wir müssen es offen lassen.

Wir haben im theoretischen Teil bei der Erläuterung der V-Schemata das Beispiel vom Gesichtererkennen gebracht, als ein Beispiel dafür, daß mit Hilfe der V-Schemata Mikroinformationen, wie solche des Gesichtsausdruckes, geordnet werden können. Wir müssen daher vermuten, daß autistische Kinder Personen anders wahrnehmen als wir, und daß sie sich bei der Personenwahrnehmung stärker an sprachlich faßbaren Merkmalen orientieren als an dem individuellen Gesichtsausdruck. Der haftende Blick könnte aber somit Zeichen für die Schwierigkeiten autistischer Kinder sein, den mimischen Ausdruck anderer Menschen zu verstehen (siehe Kapitel 3.3.4.).

3.3.2. Distanzverhalten

Bei einem Teil der autistischen Kinder zeigen sich die Kontaktstörungen auch in der Bevorzugung einer größeren räumlichen Distanz zu anderen Personen. Nach Rutter & Lockyer (1967) zieht sich etwa ein Drittel der autistischen Kinder zeitweise aktiv von anderen zurück und wählt eine größere körperliche Distanz.

Die Auffälligkeiten im Distanzverhalten sind bei autistischen Kindern kaum bemerkenswert, wenn andere Personen nicht aktiv mit ihnen zu interagieren trachten. So beobachtete Castell (1970) keinen Unterschied in dem Abstand, den die autistischen Kinder zu einem Erwachsenen einhielten, der in einer Ecke saß und entweder ein Buch las, oder sie beobachtete.

Handelte es sich jedoch um eine in Interaktion stehende Gruppe, so halten sich bereits bei kleinerer Gruppengröße autistische Kinder eher am Rande der Gruppe auf und ziehen sich aus der Interaktion mit anderen Kindern zurück. So zeigen die autistischen Kinder weniger Interaktionen mit anderen Kindern als normale oder hirngeschädigte Kinder (Hutt & Vaizey, 1966).

Wenn die Gruppengröße zunimmt, so verstärkt sich die Tendenz der autistischen Kinder, sich zurückzuziehen überproportional. Die Tendenz, Interaktionen zu vermeiden, bzw. der geringe Antrieb, solche Interaktionen einzugehen, ist bei Autisten vor allem gegenüber anderen Kindern auffällig, während sie zu Erwachsenen noch Kontakt suchen (Hutt & Ountsted, 1970).

Richer (1976) vermutet in Anlehnung an Tinbergen & Tinbergen (1972, 1976), daß bei den autistischen Kindern das Gleichgewicht zwischen Annäherungs- und Vermeidungsverhalten gestört ist. Richer (1976) konnte diese Hypothese in einer Reihe von experimentellen Beobachtungen stützen. So stellte er bei einer Beobachtung des Verhaltens autistischer Kinder auf einem Spielplatz im Freien fest,

– daß sich die autistischen Kinder öfters als die anderen Kinder an der Peripherie der Gruppe aufhielten,
– daß sie die anderen Kinder weniger beachteten und
– öfters den Kopf hängen ließen, bzw. wegschauten.
– Bei Annäherung eines anderen Kindes zogen sich die autistischen Kinder häufiger zurück, selbst wenn die anderen Kinder sich nicht bedrohlich oder aggressiv verhielten.

Dies war besonders deshalb auffällig, da die Kontaktaufnahme anderer Kinder zu den autistischen Kindern insgesamt bereits sehr gering war.

Auch bei der Beobachtung des Verhaltens autistischer, geistig behinderter und normaler Kinder während des Unterrichtes (Richer, 1978) zeigte sich, daß Autisten öfter als andere Kinder auf eine Kontaktaufnahme und Annäherung des Lehrers mit Vermeidung reagierten. Trotzdem setzten die Lehrer ihr Bemühen um Kontakt gegen deren Widerstand fort, worauf die autistischen Kinder jedoch mit noch deutlicherem Vermcidungsverhalten reagieren. Verhält sich der Lehrer anderen Kindern gegenüber ähnlich, so wenden sich diese Kinder nach einiger Zeit dem Lehrer zu. Hierin besteht also ein deutlicher Unterschied zwischen der Reaktion autistischer und geistig behinderter Kinder.

Wie Richer (1978) feststellt, wechseln auch bei normalen Kleinkindern Phasen, in denen sie aufmerksam auf ihre Umgebung achten und aufnahmefähig sind, mit Phasen ab, in denen sie nähere Kontaktaufnahme ablehnen und für sich sein möchten. Die Eltern nehmen für gewöhnlich darauf Rücksicht. Bemerken sie die Tendenz, sich zurückzuziehen jedoch nicht, so verstärkt ihre Annäherung den Ausdruck der Ablehnung und die Zurückgezogenheit der Kinder.

Bei autistischen Kindern scheinen nach vorläufigen Beobachtungen von Richer (1978) die Phasen der Zurückgezogenheit bereits frühzeitig besonders lange und intensiv zu sein. Die besonderen Schwierigkeiten, die autistische Kinder beim wechselseitigen Geben und Nehmen einer normalen Interaktion haben, erklärt Richer damit, daß für autistische Kinder durch das Ungleichgewicht zwischen Annäherungs- und Vermeidungstendenz und dem daraus entstehenden Konflikt das Wechselspiel in Interaktionen besonders aversiv ist.

Sie tun sich nach der Ansicht von Richer (1978) besonders schwer bei Interaktionsübergängen, und zwar sowohl wenn sie die aktive Rolle übernehmen, als auch wenn sie diese Rolle abgeben sollen, da dazu bestimmte Gesten des Einverständnisses (Blickkontakt etc.) erforderlich sind. Wenn jemand einen Beitrag zu einer Interaktion geleistet hat, so sollte er den Partner anschauen, auf Rückmeldung warten und signalisieren: »Nun kommst Du dran!« Dies tun autistische Kinder nicht, sie wenden sich statt dessen oft noch stärker ab. Gerade wenn eine Reaktion des autistischen Kindes auf den kommunikativen Beitrag des Partners erwartet wird, so überwiegt nach Ansicht von Richer (1978) bei diesen Kindern die Vermeidungstendenz. Die Situation ist konflikthaft und sie wird von den autistischen Kindern auch so erlebt. Sie sind sowohl unsicher, wie der Partner auf den Beitrag antworten wird, welche Rückmeldung er geben wird, als auch darüber, wie sie auf den Beitrag des anderen reagieren sollen. Zusätzlich sind in dieser Situation die Signale, die durch das Blickverhalten übermittelt werden, besonders intensiv und bedeutsam, wodurch sich die Tendenz, das Angeschaut-Werden zu vermeiden, bei den autistischen Kindern durchsetzt. Nach Ansicht von Richer (1978) ist der Erwerb der Sprache bereits dadurch beeinträchtigt, daß die autistischen Kinder ganz allgemein, auch präverbal, Schwierigkeiten bei der Ausführung eines reziproken, kommunikativen Austausches haben.

Der Hypothese, daß die Schwierigkeiten autistischer Kinder auf einer zu starken Ausbildung des Vermeidungsverhaltens basieren, wie sie zuerst von Tinbergen & Tinbergen (1972) formuliert wurde, ist zum Teil heftig widersprochen worden (Wing & Ricks, 1976). Den Befunden von Richer (1978) stehen andere gegenüber, die eine positivere Reaktion autistischer Kinder auf das aktive Bemühen von Erwachsenen um Herstellen einer Interaktion belegen: So beobachteten etwa Clark & Rutter (1981), daß autistische Kinder, wenn ein Erwachsener bei einer spielerischen Aufgabe (Bauen eines Turmes) auf Eingehen der Kinder besteht und eine Kooperation verlangt, ein stärker auf den Erwachsenen orientiertes Verhalten zeigen und den Erwachsenen mehr in

das Spiel einbeziehen, als wenn der Erwachsene die Kinder das Spiel bestimmen läßt und sich passiv abwartend verhält. Bei Passivität des Erwachsenen
ziehen sich die autistischen Kinder eher in ihre Welt zurück, sind weniger
Aufgaben-bezogen und verbringen einen größeren Teil der Zeit mit Stereotypien.

Die Unterschiede zwischen den gegenteiligen Befunden mögen zum Teil aus
der Natur der Beobachtungssituation resultieren; die Beobachtungen von
Clark & Rutter (1981) wurden in einer Situation gemacht, in der eine
bestimmte Aufgabe im Vordergrund stand, und die Interaktionen mit den
Kindern konnten an Hand dieser Aufgabe strukturiert werden, während die
Beobachtungen von Richer (1978) eher in einer unstrukturierten Situation, in
der keine bestimmte Aufgabe im Vordergrund stand, gemacht zu sein scheinen. Möglicherweise ist jedoch auch die Gruppengröße für die unterschiedlichen Befunde maßgebend, mehrere der Beobachtungen von Richer (1978)
wurden in größeren Gruppen gemacht, während die Beobachtungen von Clark
& Rutter (1981) in einer 1:1 Situation durchgeführt wurden.

Interpretation

In der Literatur stehen zwei Interpretationen dieser Phänomene unversöhnlich
nebeneinander.

Einmal die von Richer (1978) vorgetragene ethologische Hypothese, wonach
die soziale Situation für das autistische Kind aversiv ist und damit ein erhöhtes
Vermeidungsverhalten provoziert, und auf der anderen Seite die Interpretation von Wing & Ricks (1976), wonach die soziale Zurückgezogenheit der
Kinder von anderen Variablen bestimmt ist und das aktive Zugehen des
Therapeuten oder Erziehers auf sie notwendig ist, um sie aus der Zurückgezogenheit herausführen zu können.

Nach unserer Betrachtung sind auch diese Befunde, die beide Seiten
vorlegen, um ihre Interpretation zu stützen, nicht widersprüchlich, sondern
ergänzend. Das autistische Kind ist, in der sozialen Situation allein gelassen,
hoffnungslos überfordert und zieht sich in sich zurück. Es bedarf, wie Clark &
Rutter (1977; 1981) feststellen, des aktiven Zuganges durch den Erwachsenen,
um es aus dieser Passivität herausführen zu können. Geschieht dies wie bei
Clark & Rutter (1981) in einer 1:1 Situation auf einfache und behutsame Weise
durch den Therapeuten, so ist es den Kindern durchaus möglich, aus ihrer
Passivität herauszutreten und eine Interaktion mit den Erwachsenen zu
versuchen. Dies wird leichter möglich sein, wenn sich die Interaktionen nicht
direkt an den Partner wenden, sondern wenn es um eine gemeinsame Tätigkeit
geht, eben wie bei Clark & Rutter (1981) um das Bauen eines Turmes. Die
strukturierte Kleingruppe überfordert das autistische Kind viel weniger als die

unstrukturierte Großgruppe, in der Richer (1978) seine Beobachtungen machte, weil in der Kleingruppe die möglichen Aktivitäten eingeschränkt sind und das Kind sich nur auf einen Partner einstellen muß. Die Tätigkeiten sind durch das Bauen eines Turmes vorgegeben, die Verhaltensmuster sind relativ klar überschaubar. In einer größeren unstrukturierten Gruppe, die vor allem aus Kindern besteht, ist das autistische Kind überfordert und damit gewinnt die Gruppe aversiven Charakter. Völlig im Einklang mit dieser Interpretation steht die Beobachtung von Richer (1978), daß sich autistische Kinder bei den Interaktions-Übergängen besonders schwer tun und zwar sowohl wenn sie die aktive Rolle übernehmen als auch wenn sie diese Rolle abgeben sollen.

Ausgehend von der These der kognitiven Überforderung können wir somit sagen:

Um aus seiner Isolation herauszukommen, benötigt das autistische Kind die Hilfe des Erwachsenen, der aktiv auf das Kind zugeht und es in Aktivitäten einbezieht. In diesem Sinne ist eine Therapie, in der der Erzieher und Therapeut sich aktiv um den Kontakt zum Kind bemühen, sinnvoll und notwendig.

Andererseits kann aber eine zu komplexe soziale Situation zu einer starken Überforderung des Kindes führen, sodaß es die Situation insgesamt als aversiv erlebt. Daraus ist zu folgern, daß die Arbeit mit Autisten in Gruppen nur dann möglich ist, wenn

- die Gruppe klein ist,
- die sozialen Interaktionen klar strukturiert sind und
- der Therapeut dem Kind die Hilfen gibt, die es ihm erleichtern, sich in die Gruppe einzubringen, daß aber unstrukturierte Spielgruppen eher zu meiden sind.

3.3.3. Non-verbale Kommunikation

Ein deutlicher Unterschied zwischen Autisten und sprachgestörten Kindern besteht darin, daß letztere für gewöhnlich reichlich Gesten für den Ausdruck ihrer Wünsche und für die Kommunikation einsetzen, während dies bei Autisten kaum der Fall ist (Bartak et al., 1975). Eltern autistischer Kinder berichten, daß ihre Kinder sie zu einem Gegenstand führen oder eventuell den Eltern die Hand bewegen, damit sie das tun, was die Kinder wünschen, ohne sie dabei anzusehen oder sonst irgendwie ihre Wünsche anzudeuten. Autisten lernen erst spät, sich durch Hinzeigen verständlich zu machen oder etwa durch Kopfschütteln oder Kopfnicken (Ricks & Wing, 1975).

Nicht nur die Verwendung, auch das Verständnis von Gesten scheint bei vielen autistischen Kindern beeinträchtigt zu sein. Noch als Jugendliche haben selbst intelligente Autisten Schwierigkeiten, nicht-verbale Hinweise auf die Wünsche und Erwartungen anderer Personen zu verstehen, und sie scheinen diese Hinweise im Detail lernen zu müssen.

Von Eltern autistischer Kinder wird nicht selten angegeben, daß sie bereits frühzeitig Schwierigkeiten hatten, zu verstehen, was diese Kinder durch ihre oft spärlichen Gesten ausdrücken wollten. Die Mütter berichteten weiter, daß sie allmählich lernten zu erkennen, was die Vokalisationen der Kinder bedeuten, und daß sie dafür relativ lange Zeit brauchten, während sie bei den nicht-autistischen Geschwistern damit keine Mühe hatten.

In einer bekannten Untersuchung ließ Ricks (1975) die Mütter Tonbandaufnahmen ihrer autistischen Kinder (die noch keine Sprache verwendeten) machen, wenn sie durch Vokalisation verschiedene Gefühle auszudrücken schienen. Den Eltern wurden dann die Vokalisationen ihres eigenen autistischen Kindes sowie von anderen autistischen Kindern und von einem retardierten Kind vorgespielt und sie sollten die jeweils ausgedrückten Emotionen erkennen. Die Mütter konnten dies bei ihrem eigenen autistischen Kind und bei dem retardierten, nicht aber bei anderen autistischen Kindern. Autistische Kinder scheinen demnach in der Tat Emotionen und Wünsche stimmlich auf eine für Mütter nur schwer verstehbare Art auszudrücken.

Nach dem Eindruck der Mütter und nach klinischen Beobachtungen ist auch der mimische Ausdruck bei autistischen Kindern reduziert (Ricks & Wing, 1975). Autisten zeigen zwar Emotionen mitunter deutlich an, aber sie wirken darin auf den Beobachter hölzern und ausdruckslos. Der Ausdruck in Mimik und Gestik erscheint oft der Situation nicht angemessen und nicht von der gleichen Art, wie dies sonst bei Kindern bzw. Jugendlichen und Erwachsenen geschieht.

Interpretation

Autistische Kinder haben Schwierigkeiten im Verständnis von Gesten, sie scheinen diese im Detail lernen zu müssen. Entsprechend sparsam sind sie auch in ihrer Gestik. Versuchen wir, uns etwas genauer mit der Funktionsweise und mit der Verwendung von Gesten im Rahmen der Kommunikation auseinanderzusetzen.

Gesten gehören zu den kommunikativen Gebärden. Die Ausdrucksgeste als deiktischer Begriff ist nur definiert in Bezug auf die formale Verwendung, nicht jedoch lexikalisch, in Bezug auf den Inhalt. Dieser kann erst durch die Interpretation des Kontextes ausgemacht werden, in dem er verwendet wird.

So hat die »Zeigegeste« nur die Bedeutung auf Gegenstände zu zeigen. Ob dies im Einzelfall der Sonnenaufgang ist, die schöne Musterung eines Vorhanges oder das Glas, das das Kind eben zerbrochen hat, kann nur aus dem

Kontext, in den die Geste eingebettet ist, erfaßt werden. Auch ihre kommunikative Verwendung ist nicht immer festgelegt. So kann die »Zeigegeste« bedeuten: »Schau, wie schön das ist« oder »Paß auf, da ist eine Gefahr« oder »Bitte, bring mir das« usw. Erst aus der Kenntnis, was vorausgegangen ist, was der Gegenstand, auf den hingezeigt wird, ist und was sonst noch alles gleichzeitig vor sich geht, läßt sich die Geste sicher interpretieren.

Häufig setzt sich die Geste aus mehreren Komponenten zusammen, die miteinander gesehen und verrechnet werden müssen, um sie interpretieren zu können. Eine Handgeste z. B. mit einem bestimmten Gesichtsausdruck kann Abwehr bedeuten oder einfach schlicht Vorsicht.

Aus alledem wird deutlich: Gesten gewinnen eine bestimmte Bedeutung erst zusammen mit einem bestimmten Kontext, in dem sie geäußert werden. Der Kontext gehört zur Geste wie zum Wort seine syntaktische Verwendung gehört.

Auf die Funktion des Kontextes zur Verwendung und zum Verständnis der Sprache haben wir schon öfters hingewiesen. Je formaler eine Sprache ist, d. h. je expliziter die Prädikatorenregeln festgelegt werden, desto unabhängiger ist sie vom Kontext. Wissenschaftliche Termini unterscheiden sich von Begriffen der Umgangssprache eben gerade darin, daß sie nur in ganz geringem Ausmaß kontextabhängig sind. Die Gesten liegen am anderen Extrem: Sie können sich je nach Situation auf etwas anderes beziehen und eine andere Bedeutung annehmen.

Wir können die Probleme, die die autistischen Kinder mit den Gesten haben, ähnlich interpretieren wie vorher die Probleme mit den Relativpronomina, mit dem Verstehen von Witzen, mit dem Verstehen deiktischer Gesten wie allgemein mit dem Verstehen von kontextabhängigen Begriffen und Wörtern.

Wir haben schon mehrfach dargelegt, daß der Kontext durch V-Schemata gegeben ist. Daher wird nun auch verständlich, warum die Autisten in der Verwendung und im Verständnis von Gesten solche Schwierigkeiten haben, obwohl wir auch hier wiederum annehmen müssen, daß die Gesten zum Einfachen der Sprache gehören. Mit den V-Schemata fehlt den Autisten der Kontext und damit fehlt ihnen bei der Verwendung und beim Verständnis von Gesten das wichtigste Bestimmungsstück zu ihrer Interpretation.

Die Aussage, sie scheinen Gesten im Detail lernen zu müssen, bedeutet somit soviel wie: Sie können eine Geste nur dann verstehen, wenn sie sie auffassen wie einen kontextunabhängigen Begriff.

Nun lassen sich bestimmte Gesten tatsächlich auch unabhängig von einem bestimmten Kontext interpretieren. Es gibt Gesten, die eine feste Bedeutung haben, z. B. eine Drohgebärde oder eine Bittgeste, die Hand zum Gruß reichen usw. Von diesen Gesten können wir sagen, daß sie eine von der Situation unabhängige Bedeutung haben, auch wenn sie nur in ganz bestimmten Situationen geäußert werden. Solche Gesten können die Autisten sicher lernen und sie lernen sie, wie sie die Namen lernen.

Nicht nur für das Verständnis von Gesten ist der Kontext notwendig. Auch für das Äußern von Gesten im Rahmen der Kommunikation ist das Kontextverständnis vorausgesetzt. Wenn berichtet wird, daß die Mütter autistischer Kinder wohl den Ausdruck ihres eigenen Kindes interpretieren können, nicht aber jenen von anderen autistischen Kindern, so zeigt sich hierin, daß Autisten ihren Gesten eine bestimmte Bedeutung geben, die von den Eltern gelernt werden kann und muß, wobei sie sich aber hierin nicht an sozial normierte Schemata halten. Etwas Ähnliches fällt ja auch bei der Sprache auf: Autisten verwenden häufig Neologismen, also Wörter, die nicht sozial normiert sind. Sie sind somit bei der Verwendung von Gesten darauf angewiesen, daß der Erwachsene ihre Verwendungsgewohnheit erkennt. Sie haben aber nicht selber die Möglichkeit, die Gewohnheiten ihrer Umgebung zu erkennen und ihre Gesten danach auszurichten.

3.3.4. Gesichter Erkennen, affektiver Ausdruck und soziales Verständnis: Der neue Ansatz von Hermelin, O'Connor und Frith

Die Gruppe um Hermelin und O'Connor versuchte in den letzten Jahren in einer neuen Serie von Experimenten die Ursachen für die im Vordergrund des Störungsbildes stehenden sozialen Schwierigkeiten autistischer Kinder zu ermitteln. Ausgangspunkt dieser neuen Arbeiten waren Probleme, zwischen den früher von Hermelin und O'Connor betonten kognitiven Verarbeitungsschwierigkeiten und den im Vordergrund dieses Störungsbildes stehenden Schwierigkeiten in der Interaktion mit anderen Menschen eine Verbindung herzustellen. Hermelin und O'Connor wollten daher die Ursachen der sozialen Schwierigkeiten von autistischen Kindern direkter erfassen.

In einer ersten Serie von Arbeiten versuchten sie, die Art der Schwierigkeiten zu klären, die autistische Kinder beim Erkennen von Gesichtern haben (Hermelin & O'Connor, 1985). Die erste Arbeit dieser Gruppe (Langdell, 1978; 1981) konnte zeigen, daß autistische Kinder ihnen vertraute Personen (Klassenkameraden) an Hand von Fotografien ebenso sicher wiedererkennen können wie geistig behinderte Kinder und jüngere normale Kinder, daß die autistischen Kinder aber im Erkennen von Gesichtern andere Merkmale benutzen. Sie beachten, wie sich an ihren Blickbewegungen nachweisen läßt, überwiegend Merkmale der unteren Gesichtshälfte und kaum die Augenpartie, die für normale, aber auch für geistig behinderte Kinder, ein besonders markantes und daher bevorzugt beachtetes Merkmal ist. Die Bevorzugung der Mundpartie zeigt sich auch, wenn Teile des Gesichts verdeckt werden. Für jüngere autistische Kinder ist dann das Wiedererkennen von Gesichtern sehr erschwert, während geistig behinderte und normale Kinder eher durch das Verdecken der oberen Gesichtspartie behindert werden.

Kontrolluntersuchungen zeigten, daß diese bevorzugte Beachtung von visuellen Merkmalen aus der unteren Gesichtsfeldhälfte für das Gesichtererkennen autistischer Kinder spezifisch ist und nicht beim Mustern von Gegenständen auftritt. Das gleiche Muster ist übrigens auch bei tauben Kindern zu beobachten, wie Langdell (1981) zeigte, die wegen ihrer kommunikativen Probleme gelernt haben, die Mundpartie anderer Personen besonders zu beobachten.

Näher an die sozialen Probleme der autistischen Kinder führten Untersuchungen von Hobson (1983, 1987) heran. In einer ersten Serie von Experimenten konnte Hobson zeigen, daß autistische Kinder große Schwierigkeiten beim Unterscheiden von jungen und alten Personen nach Fotografien hatten, daß aber Unterscheidungen von Gegenständen, die visuell ähnlich komplexe Anforderungen stellten, den autistischen Kindern keine besonderen Probleme bereiteten. In einer zweiten Serie von Experimenten wurden autistischen, geistig behinderten und jüngeren normalen Kindern, die einen ähnlichen geistigen Entwicklungsstand hatten, typische Situationen und Handlungen von jungen und alten Personen beiderlei Geschlechts gezeigt. Auch hier hatten die autistischen Kinder große Probleme anzugeben, welche Situationen und Handlungen für Personen verschiedenen Alters und Geschlechts typisch waren.

Ein zweiter Bereich der Sozialinteraktion, der von der Gruppe um Hermelin und O'Connor untersucht wurde, betrifft das emotionale Ausdrucksverhalten. Es wurde sowohl untersucht, wie weit die autistischen Kinder das Ausdrucksverhalten anderer Personen erkennen können, wie auch, wie weit sie sich in Interaktionen nonverbaler Ausdrucksmittel bedienen und ob die von ihnen gesendeten Signale eindeutig und von anderen in ihrer Intention verstehbar sind.

Das Erkennen des Ausdrucksverhaltens fand vorrangige Beachtung und dabei vor allem die Fähigkeit, Emotionen im Gesichtsausdruck anderer Menschen zu verstehen. Ein erstes Experiment dazu wurde von Langdell (1981) durchgeführt. Er ließ autistische, geistig behinderte und jüngere normale Kinder angeben, ob der Gesichtsausdruck von Photographien glücklich oder traurig ist. Während geistig behinderte und jüngere normale, aber auch ältere autistische Kinder keine Schwierigkeiten hatten, diese einfache Unterscheidung vorzunehmen, fiel die Unterscheidung jüngeren autistischen Kindern recht schwer. Zudem zeigte sich auch hier wieder, daß sich die autistischen Kinder vor allem auf Informationen über den Gesichtsausdruck im Mundbereich stützen. War der Mundbereich verdeckt, so war die Unterscheidung den autistischen Kindern nur mehr schwer möglich, während sie den anderen Gruppen nicht schwerer fiel.

Eine weiterführende Untersuchung wurde von Hobson & Weeks (1986) durchgeführt. Hier wurde nicht nur die Fähigkeit zur Unterscheidung von traurigem und glücklichem Gesichtsausdruck überprüft, sondern auch die spontane Tendenz, sich bei der Beurteilung der Ähnlichkeit von Gesichtern auf diese Dimension zu stützen. Für autistische Kinder erwies sich der Gesichtsausdruck als weniger eindrucksvoll als eine Ähnlichkeit in Äußerlichkeiten der Kleidung, während bei einer Kontrollgruppe von geistig Behinderten genau das Gegenteil der Fall war.

Hobson (1986) wählte einen anspruchsvollen experimentellen Ansatz, um das Konzept, das Kinder über den nonverbalen Ausdruck von Emotionen haben, untersuchen zu können. Die Kinder sollten schematischen Zeichnungen von Gesichtern, die fünf verschiedene Emotionen (traurig, glücklich, zornig, ängstlich, neutral) ausdrückten, kurze Filmsequenzen zuordnen. In diesen Filmsequenzen wurden durch den Versuchsleiter in Haltung und Gestik die verschiedenen Emotionen dargestellt. In weiteren Sequenzen wurde der Versuchsleiter als in Ereignissen involviert gezeigt, die für gewöhnlich zu einer dieser emotionalen Reaktionen führen. Schließlich hörten die Kinder in einer weiteren Versuchsbedingung noch Tonbandsequenzen, in denen der Versuchsleiter, ohne Sprache zu verwenden, stimmlich die Emotionen ausdrückte. Geistig behinderten und jüngeren normalen Kindern fiel es viel leichter als autistischen Kindern, die verschiedenen Elemente einer emotionalen Reaktion, Gesichtsausdruck, Gestik und Körperhaltung, Tonfall sowie den Handlungskontext, in dem die emotionalen Reaktionen auftreten, als zusammengehörig zu erkennen und einander zuzuordnen. Um das Spezifische dieser Schwierigkeiten zu demonstrieren, wählte Hobson als Vergleichsaufgaben die Zuordnung von bekannten Gegenständen bzw. Tieren (Auto, Zug, Vogel, Hund) zu den für sie typischen Bewegungsmustern und -lauten und dem mit ihnen eng verbundenen Kontext. Autistische Kinder hatten bei diesen Aufgaben deutlich weniger Schwierigkeiten als bei den Aufgaben, zu deren Lösung ein Verständnis des emotionalen Ausdrucks erforderlich war. Allerdings schränkte Hobson selbst ein, daß der insgesamt geringere Schwierigkeitsgrad der Vergleichsaufgaben (auch für die Kontrollgruppen) den Nachweis eines spezifischen Defizits im Erkennen von emotionalen Ausdruckszeichen einschränkt.

Neben dem Erkennen von emotionalem Ausdruck wurde auch die Fähigkeit autistischer Kinder untersucht, auf Aufforderung hin ein trauriges oder glückliches Gesicht zu machen oder den Gesichtsausdruck des Untersuchungsleiters nachzuahmen (Langdell, 1981). Autistischen Kindern gelang dies nicht sehr gut, der emotionale Gehalt ihres Gesichtsausdrucks war für Beobachter, die die Kinder nicht kannten, schlechter zu erkennen als jener von geistig behinderten Kindern. Bei autistischen Kindern kam es auch vor, daß der von ihnen auf Aufforderung hin angenommene Gesichtsausdruck von den Beobachtern als traurig statt als lustig bewertet wurde oder daß er überhaupt nicht als ein Ausdruck einer Emotion erschien, sondern als Grimasse.

Das spontane gestische Ausdrucksverhalten in sozialen Interaktionen bei autistischen Kindern und bei Kindern mit Down-Syndrom sowie von jüngeren normalen Kindern wurde von Attwood (1984) untersucht. Autistische Kinder waren während den Beobachtungszeiten, wie zu erwarten, deutlich weniger in soziale Interaktionen involviert, verwendeten aber bei diesen Interaktionen ebensoviele Gesten wie die Kinder der beiden anderer Gruppen. Nur war die Art der Gesten eine sehr unterschiedliche. Während jüngere normale Kinder und Kinder mit Down-Syndrom sehr häufig durch Gesten ihre Empfindungen mitteilten (bei Kindern mit Down-Syndrom machten diese spontanen expressiven Gesten etwa die Hälfte aller Gesten aus), fehlten solche Gesten bei autistischen Kindern völlig. Bei den autistischen Kindern überwogen hingegen Gesten, mit denen sie ihre Partner zu etwas aufforderten (instrumentelle Gesten).

Kaum analysiert sind bisher die Schwierigkeiten, die autistische Kinder dabei haben, die Intentionen anderer Menschen zu verstehen. Ein Experiment von Baron-Cohen et al. (1985) demonstriert sehr gut diese Verständnisschwierigkeiten. Gruppen von autistischen, geistig behinderten und jüngeren normalen Kindern mit ähnlichem geistigen Entwicklungsstand wurde mit Puppen folgende Szene vorgespielt. Eine Puppe (Sally) hat einen Korb mit einer Murmel vor sich, eine andere Puppe (Anne) eine leere, verschlossene Schachtel. Während Sally aus dem Zimmer geht, versteckt Anne die Murmel in ihrer Schachtel. Dann kommt Sally zurück und den Kindern wird die Frage gestellt, wo Sally ihre Murmel suchen wird. Fast alle autistischen Kinder antworten darauf: in der Schachtel, die geistig behinderten und die jüngeren normalen Kinder antworten hingegen: in ihrem Korb, obwohl alle Kinder richtig angeben können, wo die Murmel ursprünglich war und wo Anne sie dann hingegeben hat.

Die autistischen Kinder können also, in auffälligem Kontrast zu ihrem geistigen Entwicklungsstand, nicht zwischen ihrem Wissen und dem Wissen einer anderen Person unterscheiden und so die Motive bzw. den Ausgangspunkt des Handelns einer anderen Person nicht nachvollziehen. Baron-Cohen et al. (1985) kontrastieren diese Schwierigkeiten mit den Ergebnissen einer früheren Untersuchung von Hobson (1984), wonach autistische Kinder Aufgaben recht gut (ihrem kognitiven Entwicklungsstand entsprechend) lösen können, in denen ebenfalls die Perspektive anderer zu berücksichtigen war, aber nur auf einer visuell-perzeptuellen Ebene. Bei diesen Aufgaben sollten die Kinder einmal in einer Art Puppenlandschaft angeben, wo sich eine Puppe so vor einer anderen verstecken kann, daß sie nicht gesehen wird. Bei einer anderen Aufgabe wurde eine Puppe an verschiedenen Plätzen vor einen Würfel gesetzt, dessen Flächen jeweils eine andere Farbe hatten, und die Kinder sollten angeben, welche Farben aus der Perspektive der Puppe zu sehen waren. Autistische Kinder konnten diese Aufgaben ebensogut lösen wie geistig behinderte und jüngere normale Kinder mit gleichem geistigen Entwicklungsstand. Aus der Gegenüberstellung der Ergebnisse beider Untersuchungen folgern Baron-Cohen et al. (1985), daß die Probleme der autistischen Kinder nur auftreten, wenn es für das Verständnis eines Interaktionspartners notwendig ist, daß bei ihm ein innerer Bewußtseinszustand angenommen wird, der sich von dem eigenen unterscheidet. Diese Annahme wird nach Premack und Woodruff (1978) als Imbesitzsein einer »theory of mind« verstanden.

Interpretation

Hermelin und O'Connor (1985) interpretieren die Ergebnisse dieser Experimente als Hinweis darauf, daß bei autistischen Kindern eine Störung in einem weitgehend angeborenen affektiven System vorliegt. Diese Störung sei dafür verantwortlich, daß affektive Signale nicht unmittelbar die ihnen entsprechende Reaktion auslösen und daß auch das affektive Ausdrucksverhalten reduziert und für den Interaktionspartner schwerer verständlich ist. Sie meinen, daß dieses affektive System von der Kognition zu trennen sei, und zwar insbesondere von der sprachlich vermittelten Kognition, jedoch auch von der nonverbalen Reizverarbeitung und nonverbalen Kognition.

Nun zeigen die Untersuchungen sicherlich, daß autistische Kinder Schwierigkeiten haben, Affekte anderer Menschen zu erkennen und daß ihnen auch das Verständnis für die Auslösesituationen von Affekten – wenigstens teilweise – fehlt. Die Untersuchungen demonstrieren jedoch auch, daß es schwer ist, diese Störungen auf den affektiven Bereich, wenigstens in einem engeren Sinne, zu begrenzen. So haben autistische Kinder auch Probleme in der Ausbildung von Personenschemata. Das Alter und das Geschlecht von Personen sowie damit verbundene Merkmale sind ihnen weniger geläufig, als von ihrem sonstigen intellektuellen Entwicklungsstand her zu erwarten wäre.

Bei der Interpretation dieser Befunde wird ein grundlegendes Problem angesprochen, nämlich die Unterscheidung von Kognition und Affekten und deren Beziehung zueinander. Die Beziehung zwischen Affekt und Kognition kann wenigstens auf dreierlei verschiedene Arten konzipiert werden, womit sich auch für die Erklärung der besonderen Schwierigkeiten autistischer Kinder unseres Erachtens drei Erklärungsansätze ergeben:

1. Man nimmt an, daß die emotionale Störung der autistischen Kinder eine primäre Störung sei, unabhängig von ihren kognitiven Defiziten, wobei die

Emotionen selbst als eine Kategorie sui generis angesehen werden, die keine kognitiven Eigenschaften aufweist. Dies ist in etwa die Ansicht, die von Richer, von Tinbergen usw. vertreten wird. Dieser Auffassung, erscheint uns, nähern sich in ihrer letzten Arbeit auch Hermelin und O'Connor (1985). Sie wollen die Defizite im sozialen Bereich nicht als Folge der kognitiven Defizite verstanden wissen und versuchen sie daher mit einer eigenen Methodologie zu erfassen und zu analysieren. Diesem Ansatz folgend gelingt es ihnen, die spezifischen Defizite im emotionalen Bereich angemessen zu beschreiben, zu analysieren und zu erklären. Die enge Verbindung von kognitiven und emotionalen Schwierigkeiten, wie sie bei Autisten zu beobachten ist, muß nach diesem Ansatz als Folge zweier unabhängig voneinander auftretender Defizite erklärt werden. Oder es wird angenommen, daß die (primäre) emotionale Störung sekundär die kognitiven Defizite nach sich zieht. Die Position von Hermelin und O'Connor (1985) ist hier nicht eindeutig, sie scheinen jedoch die letztere Auffassung zu bevorzugen. Die stetige Interaktion von Kognition und Affekt wird durch die Annahme eines logisch-affektiven Systems unterstrichen, wobei jedoch dieser Begriff unklar und verschwommen bleibt.

2. Der zweite Erklärungsansatz geht davon aus, daß Kognition und Emotion kategoriell voneinander zu trennen sind, daß für das Erkennen von Emotionen jedoch nicht die gleichen Mechanismen verantwortlich sind wie für das Erkennen anderer Bereiche. Es ist dies unser Ansatz, in dem wir postulieren, daß die Sprach-Schemata ungeeignet seien, Inhalte zu erfassen und darzustellen, die einerseits die Einheit einer Komplexität betreffen, andererseits Elemente, die wegen ihrer Differenziertheit und mangelnden Isolierbarkeit sprachlich nicht benannt werden können. Zur Erfassung dieser Inhalte postulierten wir die V-Schemata. In dieser Interpretation werden die kognitiven und emotionalen Defizite, die bei autistischen Kindern auftreten, auf eine gemeinsame Ursache zurückgeführt, nämlich auf Defizite in der Ausbildung von V-Schemata. Die V-Schemata selbst jedoch werden als eine Form der Informationsverarbeitung neben den S-Schemata angesehen. Die Defizite autistischer Kinder im emotionalen Bereich würden dann auch nur das Erkennen von Emotionen betreffen, bzw. die Kommunikation von Emotionen, nicht aber die emotionalen Reaktionen an sich.

Die Ergebnisse der aufgeführten Experimente zum Verständnis emotionalen Ausdrucks bei autistischen Kindern lassen sich mit der Theorie der V-Schemata recht gut interpretieren. Einmal können wir darauf hinweisen, daß in diesen Experimenten nicht die emotionalen Reaktionen an sich untersucht werden, sondern nur das Erkennen oder das Kommunizieren von Emotionen. Die nachgewiesenen Defizite betreffen somit das Erkennen oder das Kommunizieren von Emotionen.

Die Ergebnisse des Experimentes von Baron-Cohen et al. (1985) fügen sich ebenfalls gut in das ein, was man aus der Theorie der V-Schemata vorhersagen würde. Nach Frith ist die mangelnde Ausbildung einer »theory of mind« bei autistischen Kindern auf die Unfähigkeit, den geistigen Zustand anderer innerlich zu repräsentieren, zurückzuführen (dies übersetzt sich im Deutschen übrigens sehr gut in: eine Vorstellung von den Gefühlen bzw. dem Bewußtsein anderer Menschen zu haben) und damit auf Schwierigkeiten im »metarepresentional development«. Auch wir sehen in der mangelnden Ausbildung einer »theory of mind« bei autistischen Kinder einen Ausdruck ihrer Schwierigkeiten, übergreifende Ordnungen zu bilden, worauf wir schon früher eingegangen sind.

3. Man nimmt an, daß emotionale Reaktionen auch kognitive Eigenschaften mitbeinhalten und somit von den kognitiven Reaktionen nicht kategoriell zu trennen seien. Nach dieser Auffassung stellen Affekte eine (stets aktive) Form der Reaktion auf die Umgebung dar. Affekte schließen ein Ablehnen und Mögen mit ein und damit ein Urteil über die Umgebung. Affekte verarbeiten also Informationen, wenn auch auf eine besondere Art und Weise, wie etwa Zajonc (1980) betont. Das Erkennen von Emotionen (auch der eigenen Emotionen – der autonomen Reaktionen, der Rückmeldung von Mimik und Gestik) ist bereits früher als Anwendung von Schemata interpretiert worden (Leventhal 1980). Vielleicht kann man diese »affektiven Schemata« überhaupt als Prototyp dessen begreifen, was mit dem Begriff Vorstellungsschema mitangesprochen ist, nämlich ein unmittelbares, lebendiges Teilhaben an der Umgebung. Wenn dem so ist, so wäre zu vermuten, daß autistische Kinder auch Probleme beim Erkennen der eigenen Emotionen haben. Damit würde die Störung tief in das affektive System hineinreichen, denn wenn die eigenen Emotionen nicht erkannt sind, wenn keine affektiven Schemata ausgebildet sind, dann sind die affektiven Reaktionen selbst gestört. Dies wäre eine weitreichendere Interpretation, für die uns allerdings derzeit keine Belege bekannt sind. Auch nach dieser Auffassung würden den kognitiven und emotionalen Reaktionen und Defiziten der autistischen Kinder gemeinsame Ursachen zugrunde liegen können.

Zusammenfassung

Wir führen das auffällige Sozialverhalten auf eine Störung in der Informationsverarbeitung zurück und interpretieren es insgesamt als Reaktion auf eine überfordernde Situation. Daraus ergibt sich für die therapeutische Beratung der Eltern autistischer Kinder die wichtige Folgerung, daß nicht ein auffälliges Erzieherverhalten für die Ausbildung der Störung verantwortlich ist.

Kognitionen und Emotionen müssen viel stärker als Einheit betrachtet werden, als dies unseres Erachtens von den Verfechtern der Sozialhypothese getan wird. Dabei ist zu beachten, daß unsere Interpretation der V-Schemata eine starke Nähe zum emotionalen Bereich aufweist. Mit ihrer Hilfe werden jene Informationen verarbeitet, die Emotionen anzeigen.

3.4.   Ein Verhalten ohne Vorstellung: aus dem Zusammenhang gerissenes Verhalten

3.4.1.   Der Drang zum Aufrechterhalten von Gleichheit und Unverändertheit in der Umgebung. Ritualistische und zwanghafte Verhaltenselemente

Autistische Kinder haben ein starkes Bedürfnis nach Aufrechterhaltung einer unveränderten Umgebung. Diese Tendenz kann man als zwanghaft bezeichnen, da Veränderungen nicht nur starken Protest, sondern auch Angst hervorrufen.

Wollen wir ein behindertes Kind verstehen, so müssen wir von allem absehen, was uns aus der Erfahrung mit nichtbehinderten Kindern vertraut ist. Wir müssen versuchen, das Verhalten des behinderten Kindes als ein normales Verhalten anzusehen, vor dem Hintergrund einer anormalen Ausgangssituation. Aus diesem Grunde halten wir den Begriff »Verhaltensstörung« für eine Irreführung und möchten ihn nicht verwenden. Den Kern dieses Kapitels bildet das Verhalten des autistischen Kindes, sich eine gleichförmige Umgebung zu schaffen.

Kanner (1943) hob bei seiner ersten Beschreibung autistischer Kinder den auffälligen Drang nach Aufrechterhaltung von Unverändertheit der Umgebung hervor.

»John's Eltern waren im Begriff, in eine neue Wohnung umzuziehen. Sie packten ihre Sachen für den Transport zusammen. John sah dies und war in einer panischen Angst, als er die Möbelpacker kommen sah und das Verladen der Möbel mitansehen mußte. Er war außer sich bis zu dem Zeitpunkt als er in der neuen Wohnung in seinem Zimmer war, wo die alten Möbel in der gleichen Weise im Zimmer eingeordnet waren. Er ging herum und streichelte jedes einzelne Stück.«

Kanner & Eisenberg (1956) betrachteten diese Tendenz neben der Selbstisolation und den Kontaktschwierigkeiten der autistischen Kinder als zentrales Element des vielfältigen Symptombildes. Spätere klinische Beschreibungen autistischer Kinder haben dies zwar bestätigt, dabei jedoch hervorgehoben, daß das ängstlich-zwanghafte Festhalten an Gewohntem nur partiell auftritt.

Autistische Kinder bestehen in bestimmten Bereichen, die für sie eine besondere Bedeutung haben, auf unveränderten Routinen (Wolff & Chess, 1964). Dieses Insistieren auf Unverändertheit bestimmter Vorgänge scheint im

Charakter zwanghaft zu sein, da die Kinder äußerst ängstlich reagieren, laut protestieren und in große Aufregung und Panik geraten, wenn eine Änderung des Gewohnten eintritt.

Der Drang, Gleichheit und Unverändertheit in der Umgebung aufrechtzuerhalten, bedeutet nicht, daß autistische Kinder neue Reize weniger beachten als andere Kinder oder gar ablehnen (Hermelin & O'Connor, 1970). Autistische Kinder neigen aber bei der Gestaltung von Mustern dazu, diese einfacher, d. h. aus weniger Elementen zusammengesetzt und repetitiver auszuführen (Frith, 1971). Experimentelle Untersuchungen konnten zwar zur Klärung des Phänomens der autistischen Zwanghaftigkeit und seiner Ursachen bisher relativ wenig beitragen, sie rücken aber einige unzulässige Verallgemeinerungen zurecht.

Nach Rutter & Lockyer (1967) läßt sich eine größere Gruppe von Verhaltensweisen zusammenfassen, denen ein zwanghaftes Festhalten an Gleichheit und Unverändertheit zugrunde zu liegen scheint. Dazu gehören neben der geringen Anpassungsfähigkeit und dem Widerstand gegenüber Veränderungen abnormale Bindungen an einzelne Gegenstände sowie besondere, außergewöhnlich intensive Vorlieben für gewisse Themen, aber auch andere zwanghafte Phänomene (das Einhalten gewisser Rituale beim Waschen, eine bestimmte Art zu gehen etc.).

Fordert die Mutter Donald auf, aufzustehen, so sagt er: »Boo sagt: ›Don, willst Du aufstehen‹«. Die Mutter muß dann zustimmend ja sagen, dann fährt Donald fort: »Jetzt sag ›all right‹«, und erst wenn die Mutter all right gesagt hat, steht er auf.

Prior & McMillan (1973) faßten die am häufigsten bei autistischen Kindern beobachteten derartigen Auffälligkeiten in einer Liste von 28 Items zusammen. Bei autistischen Kindern niedrigerer Intelligenz scheinen Stereotypien und einzelne repetitive Handlungen so zu überwiegen, daß es zu einem fast vollständigen Fehlen spontanen Verhaltens kommt. Bei höherer Intelligenz stehen dagegen Verhaltensweisen stärker im Vordergrund, die Muster oder eine Ordnung in der Umgebung schaffen oder aufrechterhalten können: Die Möbel müssen auf dem gleichen Platz stehen, die Kinder wehren sich gegen eine Unterbrechung bei bestimmten bevorzugten Aktivitäten, Rituale beim Essen und Anziehen etc., eine starke Bindung an einzelne Objekte, das Anordnen von Objekten in Reihen, das Bestehen auf gleichen Kleidern etc.

Verbale Rituale kommen bei autistischen Kindern, die einen höheren Sprachentwicklungsstand aufweisen, gleichfalls vor, sind jedoch relativ selten. Solche verbalen Rituale bestehen etwa darin, daß die autistischen Kinder darauf insistieren, ihre Gesprächspartner müssen mit bestimmten Äußerungen antworten (Wolff & Chess, 1964).

Interpretation

Für dieses Bestehen auf Aufrechterhaltung von Unverändertheit in der Umgebung sind verschiedene Erklärungen gesucht worden. Am häufigsten wird dieses Verhalten damit erklärt, daß es eine Form des Zurechtkommens mit einer der den autistischen Kindern an sich unverständlichen Umgebung darstellt (Rimland, 1964).

Andere fassen es auch als Folge der Unfähigkeit auf, Gestalten zu erkennen (DeMyer et al., 1972).

Andere wiederum betrachten diese Tendenz als Folge der mangelnden Entwicklung der Objektkonstanz (Bettelheim, 1967), bzw. als Folge der aus einem erhöhten zentralen Erregungszustand autistischer Kinder resultierenden Tendenz, die Anzahl der aus der Umgebung einströmenden neuen Reize gering zu halten (Hutt et al., 1965).

Sich auszukennen ist lebenswichtig. Das Kind kann die häusliche Wohnung nur verlassen, wenn es den Weg zurück wieder findet. Es muß wissen, wo Gefahren sind und wie sie vermieden werden können. Es muß wissen, wo es Nahrung und Pflege bekommt. Die Umwelt zu ordnen und sich damit in ihr zurechtfinden zu können ist eine Voraussetzung jeglichen Lebens. Wer sich ohne Vorbereitung und mit wenig Hilfe plötzlich in einer fremden Umgebung zurechtfinden muß, erfährt unmittelbar das Bedrohliche des Sich-nicht-Aus-kennens. Der Mensch baut sich umfassende Ordnungssysteme auf. Straßen werden erinnert, ebenso wie Häuser und Gegenstände, aber auch das Muster von Abläufen, eine Begrüßung, Einkaufen, eine Fahrkarte lösen usw.

Wie aber kommt Ordnung zustande? Wir haben darauf schon im theoretischen Teil dieses Buches eine Antwort zu geben versucht. Ordnung kommt im wesentlichen zustande, indem ähnliche unterscheidbare Gestalten zu Klassen zusammengefaßt, Klassen in Beziehung zueinander gesetzt werden usf. Dies setzt voraus, daß Gemeinsames von Zufälligem abstrahiert wird. Wir pflegen in solchen Fällen auch zu sagen: Das Wesentliche muß vom Zufälligen, vom Nebensächlichen abgehoben werden und das Wesentliche wird in einem Schema festgehalten, sodaß verschiedene ähnliche Objekte als Elemente einer Klasse begriffen werden können. Auf diese Weise wird das Individuum unabhängig von der unmittelbaren Anschauung, und es kann sich in einer Welt, die sich in Teilen ständig ändert, zurechtfinden. So kann die Mutter als die gleiche Mutter wie gestern heute wiedererkannt werden, auch wenn sie ein anderes Kleid trägt oder eine andere Frisur. Das Kinderzimmer bleibt das gleiche, auch wenn einzelne Möbelstücke darin ausgetauscht worden sind, und der gelbe Pullover ist genauso zum Anziehen und hält genauso warm wie der rote, beides sind Pullover.

Die Ausbildung eines V-Schemas von einem Objckt ermöglicht die Klassenbildung und diese wiederum ermöglicht das Wiedererkennen verschiedener Objekte, auch wenn sie sich in bestimmten Details geändert haben.

Wir können uns nun fragen, woran sich ein Kind orientieren kann, das die Welt nicht wie das normale Kind mit Hilfe der Vorstellung ordnet, um sich darin zurechtzufinden und die Sicherheit zu gewinnen, »ich kenne mich aus«. Es wird ihm in der Tendenz ähnlich ergehen wie jenem Kind, das sich plötzlich in eine fremde Umgebung versetzt fühlt, in der es sich noch nicht auskennt. Es wird versuchen, die Fülle der neuen Reize, die es überfordern, auszublenden und abzuwehren, wobei diese Abwehr sich vor allem gegen jene Reize richten wird, die einerseits besonders fremd und komplex, andererseits Reize sind, die zu Lebenswichtigem in Beziehung stehen. Es wird daher versuchen, an einer einmal gebildeten Ordnung starr festzuhalten und alles Neue auszublenden. Nicht anders verfährt das autistische Kind. Darin jedoch, was einfacher ist, weicht es vom normalen Kind ab, da das normale Kind auch in der fremden Umgebung auf seine Fähigkeit zur Vorstellung zurückgreifen kann, die dem autistischen Kind in diesem Ausmaß nicht verfügbar ist. Je weniger Vorstellung für das Schaffen einer Ordnung notwendig ist, desto einfacher ist eine Gegebenheit, desto leichter ist sie für das autistische Kind zu ordnen. Wenn wir unter diesem Gesichtspunkt seine Absonderlichkeiten in diesem Bereich betrachten, die zu den primären Störbereichen zählen, dann gewinnen wir ein inneres Verständnis davon. Man kann das globale Symptom Aufrechterhalten von Gleichförmigkeit in vier Teile gliedern:

1. das Bedürfnis nach einer gleichen Umgebung,
2. die Ausprägung besonderer Interessen,
3. die Neigung zu Ritualen,
4. die Neigung zu zwanghaften Reaktionen.

3.4.1.1. Das Bedürfnis nach Gleichförmigkeit

Erinnern wir uns, was Gleichförmigkeit bedeutet. Sie bedeutet, daß die Umwelt in den für das Kind lebenswichtigen Bereichen auch in Details nicht verändert werden darf. In diesem Sinne hat auch das normale Kind das Bedürfnis nach einer gleichförmigen Umgebung. Nur bedeutet für das normale Kind Gleichförmigkeit, daß die Umgebung in den wesentlichen Komponenten die gleiche bleibt. Anders das autistische Kind: Da es Schwierigkeiten hat, sich eine Vorstellung von den Dingen zu bilden, d. h. die Gestalt einer Reizkonfiguration in ein Schema der Vorstellung zu bringen, kann es die Objekte nicht in V-Schemata speichern, sondern muß jedes einzelne Objekt so, wie es in der unmittelbaren Anschauung gegeben ist, erinnern. Es hat nicht die Möglichkeit, zwischen einer geringfügigen und einer wesentlichen Veränderung zu unterscheiden, da dazu die Bildung von V-Schemata vorausgesetzt ist. Die »vertraute Umgebung« zu erhalten, bedeutet für das autistische Kind daher, daß an dieser Umgebung nichts verändert wird. Dieses Defizit beeinflußt aber den Umgang mit neuen Situationen auch noch in anderer Weise.

Während das normale Kind eine neue Situation explorieren kann, während es versucht, sich von der neuen Situation eine Vorstellung zu bilden, ist dem autistischen Kind dieser kreative, explorative Umgang mit der neuen Situation verwehrt. Dadurch entfällt aber auch eine wichtige Motivation, neue Situationen aufzusuchen, um sie kennenzulernen. Es versucht, dieses Problem dadurch zu kompensieren, daß es die Situation konstant hält, bzw. daß es nur bestimmte Handlungen zuläßt.

Zusammenfassend können wir sagen: Die vertrauten Gegenstände unserer Umgebung wie diese selbst verändern sich ständig.

Indem wir jedoch ihr Wesen erfassen und vom Zufälligen unterscheiden, bleiben sie für uns trotz ihrer Veränderungen dieselben. Die Unterscheidung von Wesen und Zufälligem geschieht primär mit Hilfe von V-Schemata und ist darum dem autistischen Kind nur bedingt möglich.

3.4.1.2. Die Ausprägung besonderer Interessen

Autisten haben zuweilen besondere Interessen und eine abnorme Bindung an Gegenstände. Auffällig daran ist weniger die starke emotionale Bindung, sondern die Wahl der Gegenstände. Es sind nicht Menschen oder kuschelige Tiere, sondern eher sperrige Sachen wie Hebel, Schlüssel, Deckel usw. Wir gehen davon aus, daß die emotionale Bindung ein Objektschema desjenigen Objektes voraussetzt, zu dem eine emotionale Bindung aufgebaut werden soll. Das Schema eines Hebels, eines Schlüssels oder von Klötzchen ist in diesem Sinne wesentlich einfacher als das Schema einer Person oder eines Kuscheltieres. Die Bevorzugung der Autisten von starren Gegenständen vor dynamischen und belebten, wie dem Teddy oder einer Puppe usw., führen wir darauf zurück, daß es den Autisten bei diesen eher gelingt, ein Schema auszubilden, um sie in ihre Welt einbeziehen zu können. Wir erwähnten im Abschnitt über das symbolische Spiel, daß es den Autisten auch schwer gelingt, symbolische Spiele durchzuführen, d. h. Objekte Handlungen durchführen zu lassen. Wir sehen somit in den besonderen Interessen nur eine andere Seite der Schwierigkeiten, die sie mit der Bildung komplexer Schemata haben. Wenn wir aber davon ausgehen, daß es den Autisten schwer gelingt, ein Objekt in einen komplexen Kontext einzubeziehen, dann verlieren viele Lieblingsobjekte normaler Kinder ihren Sinn, wie der Teddy, der Hase, der Affe usw.

Zur Ausbildung besonderer Interessen kommt es nach unserer Meinung auch noch dadurch, daß es für autistische Kinder schwierig ist, von einem

Objekt zum anderen überzugehen. Damit wird die Möglichkeit eingeschränkt, verschiedenartige Interessen zu entwickeln.

Die Unterscheidung von Wesentlichem und Unwesentlichem kann es immer nur im Hinblick auf eine Idee geben. Ohne die Idee einer Ganzheit steht jedes Element gleichberechtigt neben dem anderen. Erst die Idee gibt dem Element eine Wertigkeit, die es immer nur haben kann in Bezug auf eine übergeordnete Einheit. Diese übergeordnete Einheit ist als Vorstellung gegeben.

3.4.1.3. Die Neigung zu Ritualen

Die Schwierigkeit, V-Schemata der Objekte zu abstrahieren, die generalisierbar wären und die Unterscheidung von Wesentlichem und Unwesentlichem möglich machen, wirkt sich auch auf die Handlung selbst aus, bei der nicht mehr unterschieden wird zwischen Wesentlichem und Unwesentlichem. Eine Handlung muß daher in der Art und Weise ausgeführt werden, wie sie erinnert wird. Eltern können oft gar nicht verstehen, weshalb ein autistisches Kind eine Handlung, die es einmal gelernt hat, in eben genau dieser Form immer wieder durchführen muß, da es ihm nicht gelingt, diese Form abzuwandeln. Dieses Defizit wird eben erst verständlich, wenn wir sehen, daß das autistische Kind keine Vorstellung von der Handlung als Ganzes hat. Es kommt dann nicht zu einer Zentrierung, zur Ausbildung von wesentlichen und unwesentlichen Eigenschaften, sondern mehr zu einer assoziativen Aneinanderreihung einzelner Merkmale. Die zwanghafte Gleichförmigkeit ist die ihnen verbleibende Möglichkeit der Orientierung aus der Erinnerung, nachdem die Hilfe durch die Abstraktion von Schemata ausfällt. Dabei sind sie darauf angewiesen, von der Umgebung ein getreues Gedächtnisbild anzufertigen. Die Aneignung der Umgebung im Gedächtnis setzt jedoch voraus, daß die Teile gleich bleiben, da schon bei geringer Änderung der Teile eine Orientierung am Gesamten nicht mehr möglich ist. Ihr Verhalten ist vergleichbar dem Verhalten eines Menschen, der in der Stadt seinen Weg nach Hause nicht aufgrund eines Planes sucht, sondern der sich den Weg genau ins Gedächtnis eingeprägt hat. Wird er durch eine Umleitung zur Wahl eines neuen Wegstückes gezwungen, wird er sich nicht mehr zurechtfinden, denn sein Versuch, sich nur mit Hilfe des Gedächtnisses zurechtzufinden, scheitert dann, wenn Umstrukturierungen notwendig werden. Wir können in dem ängstlichen und krampfhaften Bemühen des autistischen Kindes, seine Umgebung gleichförmig zu halten, den Versuch sehen, alle Veränderungen zu verhindern, die sein Gedächtnisprotokoll von der Umgebung durcheinanderbringen könnten und damit seine Orientierung gefährden. So verarmen die Handlungen der Autisten und erstarren zu Ritualen.

3.4.1.4. Die Neigung zu zwanghaften Reaktionen

Auch die Neigung zu zwanghaften Reaktionen und Stereotypien ist bei Autisten stark ausgeprägt. Wir werden später noch darauf zurückkommen. Hier sei nur vorweg angemerkt, daß auch diese Neigung zu zwanghaften Reaktionen wahrscheinlich demselben kompensatorischen Bedürfnis entspringt, nämlich, die Umgebung und das eigene Verhalten so repetitiv zu gestalten, daß eine Orientierung ohne V-Schemata möglich wird.

3.4.2. Stereotypien

Unter »Stereotypien« versteht man im allgemeinen hochkonsistente, sich wiederholende Bewegungen und Haltungen, die in ihrer Häufigkeit, Amplitude und Frequenz exzessiv sind und denen kein adaptiver Wert zukommt. Beispiele für solche Stereotypien sind:

– stundenlanges Drehen eines Fadens in den Fingern,
– exzessives Schaukeln,
– stundenlanges Kreiseln und Drehen von Gegenständen,
– Klopfen mit einem Stock auf einer Unterlage,
– Bewegen der Finger, daß sie knacken, usw.

Michael ging auf der Station umher, drehte mit den Fingern der linken Hand einen Faden und stellte Fragen »Ist ein Flugzeug größer als ein Jet?«, »Ist ein Flugzeug größer als ein Auto?«, »Ist ein Flugzeug größer als ein halbes Auto?« in nicht endender Variation.

Stereotypien werden bei autistischen Kindern sehr häufig beobachtet. Nach Rutter & Lockyer (1967) sind Stereotypien bei doppelt so vielen autistischen Kindern zu beobachten als bei anderen in psychiatrischer Behandlung stehenden Kindern, die etwa das gleiche Alter und die gleiche Intelligenz wie die autistischen Kinder aufweisen. Auch andere Forscher haben auf die große Häufigkeit von Stereotypien bei autistischen Kindern hingewiesen. So beobachtete Weber (1970) bei 97% einer größeren Gruppe autistischer Kinder Stereotypien.

Neben dem häufigen Auftreten von Stereotypien ist bei autistischen Kindern jedoch auch die Art der von ihnen gezeigten Stereotypien bemerkenswert. Besonders häufig wird ein rasches Auf- und Abbewegen der angewinkelten Arme (auch »Flügeln« genannt) sowie ein rasches Hin- und Herbewegen der Hände bei angewinkelter Stellung der Arme beobachtet. Dabei werden die Arme meist in Kopf- oder Ellbogenhöhe gehalten (Walker & Coleman, 1976; Weber, 1970; Sorosky et al., 1968). Ebenfalls sehr häufig werden die Finger seitlich in Kopfhöhe oder direkt vor den Augen rasch hin und her bewegt. Weber (1970), die diese Form der Stereotypien ausführlich beschrieben hat, wies nicht nur darauf hin, daß dabei oft Gegenstände in den Händen gehalten werden, sie sah vielmehr auch ein gemeinsames Merkmal dieser Gruppe von Stereotypien darin, daß ein rascher Licht- und Schattenwechsel vor den Augen erzeugt wird.

Typisch für Autisten ist auch die intensive Beschäftigung, Gegenstände zum Kreiseln zu bringen, wobei diese Beschäftigung stundenlang aufrechterhalten werden kann. Manche der Stereotypien ähneln jenen, die bei blinden Kindern beobachtet werden, wie Weber (1970) betont hat. Dazu gehören

- neben den Finger- und Handbewegungen in Augenhöhe
- das intensive Augenbohren,
- die Beschäftigung damit, auf Gegenstände zu klopfen,
- an ihnen zu zupfen oder zu kratzen,
- häufiges Grimassieren bei zwischenzeitlicher mimischer Starre,
- die rhythmischen Bewegungen des ganzen Körpers sowie
- eine motorische Unruhe, die gleichwohl nicht in raumausgreifende Bewegungen einmündet, sondern sich nur in unruhigem Auf- und Abtrippeln auf der Stelle entlädt.

Auch andere grobmotorische Bewegungsarten werden bei autistischen Kindern relativ häufig beobachtet, z. B. ein wiederholtes »Sich um die eigene Achse drehen«, der »Zehenspitzengang« sowie gelegentlich auch ein stundenlanges »Auf dem Kopf-Stehen« (Weber, 1970).

Daneben verharren autistische Kinder häufig kurze Zeit in bestimmten Haltungen, wobei etwa die besonderen Handhaltungen von Walker & Coleman (1976) beschrieben wurden. Vor allem an den Hand- und Armstereotypien ist auffällig, daß diese auch über längere Zeit hinweg immer mit der gleichen Frequenz und Amplitude ausgeführt werden. Diese Stereotypien scheinen stoßweise aufzutreten, wobei die Dauer dieser Phasen relativ konstant ist (Walker & Coleman, 1976).

Auch die Frequenz der einzelnen Bewegungsfolgen unterliegt sowohl intrawie interindividuell nur geringen Schwankungen (Ritvo et al., 1968); die Geschwindigkeit, mit der die einzelnen Bewegungen ausgeführt werden, ist zu Anfang einer Phase etwa gleich groß wie gegen Ende.

Nach Sorosky et al. (1968) ist auch der relative Anteil der verschiedenen Stereotypien am Verhalten der Kinder etwa konstant. Obwohl die Häufigkeit der Stereotypien an verschiedenen Tagen unterschiedlich sein kann, bleibt ein bestimmtes Muster konstant, wobei keine Beziehung zu bestimmten Tageszeiten zu bestehen scheint. Die Stereotypien zeigen auch sonst kein zyklisches Verhalten (die Wahrscheinlichkeit, daß eine Phase von Stereotypien auftritt, ist relativ unabhängig vom Abstand zur zuletzt aufgetretenen Phase). Bei Kindern, die viele Stereotypien zeigen, läßt sich auch kaum ein Einfluß der

jeweiligen Umgebungsbedingungen auf das Auftreten von Stereotypien beobachten. Nur bei den autistischen Kindern, die relativ wenig Stereotypien zeigen
und bei denen die Häufigkeit der Stereotypien bereits unter relativ gleichförmigen Umgebungsbedingungen eine gewisse Variabilität zeigt, läßt sich ein
Einfluß situativer Merkmale nachweisen (Hutt et al., 1965). Bei den anderen
autistischen Kindern werden die Stereotypien nur durch aktives Eingreifen der
Betreuer unterbrochen.

Stereotypien werden häufiger, wenn die Bewegungsmöglichkeit der Kinder
eingeschränkt ist und wenn die Kinder in der Umgebung wenig Anregung
vorfinden, bzw. wenn sie von Betreuern nicht in Aktivitäten einbezogen
werden (Baumeister, 1978). Der Einfluß der situativen Bedingungen auf die
Stereotypien ist nicht nur, wie bereits erwähnt, von der Neigung der Kinder zu
Stereotypien abhängig, sondern auch vom kognitiven Entwicklungsstand der
Kinder. Intelligentere autistische Kinder zeigen mehr Stereotypien, wenn die
Anregung in der Umgebung gering ist, hingegen nehmen bei den weniger
intelligenten autistischen Kindern die Stereotypien eher zu, wenn in der
Umgebung ein höherer, für diese Kinder wahrscheinlich zu hoher, Stimula-
tionsgrad besteht (Frankel et al., 1978).

Die Gegenwart anderer Personen hat keinen konsistenten Einfluß auf die
Häufigkeit von Stereotypien autistischer Kinder (Ornitz et al., 1970). Nimmt
eine Person Kontakt mit den autistischen Kindern auf und versucht in
Interaktion zu treten, so ist der Einfluß von der Art der Interaktion abhängig.
Ein Drängen auf Kontaktaufnahme an sich dürfte eher ungünstig sein,
während das aktive Bemühen, die Kinder in eine Aktivität miteinzubeziehen,
günstig ist.

Mitentscheidend ist jedoch auch, wie die jeweilige Tätigkeit für die Kinder
ist. Können sie eine von ihnen verlangte Aufgabe meistern, so werden deutlich
weniger Stereotypien beobachtet als bei einem Mißerfolg (Churchill, 1971).
Die Stereotypien können dabei wohl ebenso Folge der Frustration über den
Mißerfolg sein, wie ein Mittel, sich Anforderungen, die den Kindern unangenehm sind, zu entziehen.

Stereotypien hindern autistische Kinder daran, sozial angemesseneres Verhalten zu zeigen. Sie interferieren mit dem Spielverhalten und tragen dazu bei,
daß autistische Kinder wenig an ihrer Umgebung Anteil nehmen (Epstein et
al., 1974; Koegel et al., 1974). Außerdem scheinen die Stereotypien die
autistischen Kinder soweit von der Umgebung abzulenken, daß sie dabei selbst
einfache Aufgaben nicht lernen können (Koegel & Covert, 1972). Während
der Stereotypien ist die Reaktionszeit der autistischen Kinder auf einfache
akustische Reize deutlich langsamer als in Zeiten, wo die autistischen Kinder
keine Stereotypien zeigen (Lovaas et al., 1971).

Allerdings ist beobachtet worden, daß autistische Kinder mitunter auch einfach deswegen häufiger Stereotypien zeigen, weil sie über etwas freudig erregt sind, und dies kann sich durchaus auch auf einen Aspekt der von den Kindern zu lernenden Aufgaben beziehen (Hargrave & Swisher, 1975). In diesem Fall kann der Lernerfolg der autistischen Kinder trotz der Stereotypien gut sein.

Interpretation

Verschiedene Theorien über die Entstehung der Stereotypien und deren Ursachen stellen diese in einen größeren Zusammenhang. Eine Entscheidung für oder gegen eine dieser Theorien dürfte derzeit nicht möglich sein (Baumeister, 1978).

Grob gesprochen lassen sich fünf Gruppen von Theorien unterscheiden:

– entwicklungspsychologische Theorien
– homöostatische Theorien
– psychodynamische Theorien
– Lerntheorien und
– organisch-biologische Theorien.

O Von *entwicklungspsychologischen Theorien* werden die Stereotypien als Übersteigerung der zirkulären Reaktionen aus den ersten Stadien der sensomotorischen Entwicklung verstanden. Die Stereotypien stellen demnach eine Persistenz von Verhaltensweisen dar, die in einer frühen Entwicklungsperiode normal sind, und sind somit Folge eines partiellen Entwicklungsstillstandes oder einer Fixation auf einer frühen Entwicklungsstufe.

O *Homöostatische Theorien* sehen in den Stereotypien die Folge eines abnormen Erregungszustandes, der auf einem an sich überhöhten zentralen Erregungsniveau (von anderen hingegen wird behauptet auf einem zu geringen Erregungsniveau) beruht oder aber phasenweise durch Frustration bzw. Belastung hervorgerufen wird. Stereotypien sind nach den homöostatischen Theorien jedoch auch ein Versuch des Organismus, sich gegen weitere Reizzufuhr abzuschirmen bzw., wie von anderen betont wird, durch Selbststimulation ein zu niedriges zentrales Erregungsniveau anzuheben.

O *Psychodynamische Theorien* sehen in den Stereotypien ein Zeichen einer zu schwachen Ich-Identität und eines mangelnden Bewußtseins der eigenen Person, die eine Folge einer schweren Störung in der Mutter-Kind-Interaktion sind. Hier werden die Stereotypien als abnormer Versuch gesehen, durch Selbststimulation das Bewußtsein der eigenen Identität zu erhöhen.

○ Im Gegensatz zu den psychodynamischen Theorien befassen sich *lerntheo-retische Erklärungen* der Stereotypien weniger mit der Entstehung der Stereo-typien als vielmehr mit ihrer Aufrechterhaltung, wobei von verschiedenen Autoren jeweils andere Verstärkungsmechanismen betont werden.

○ *Organische Theorien* schließlich sehen in den Stereotypien den Ausdruck einer von den Umweltbedingungen relativ unabhängigen Störung der zentral-nervösen Funktionen und das Zeichen einer Hirnschädigung.

Es sind recht verschiedene Theorien aufgestellt worden, um Stereotypien zu erklären. Keine von ihnen erscheint zwingend. Auch unsere eigenen Überle-gungen erscheinen uns eher als Anmerkung zu einer Theorie, denn als strikte Ableitungen. Wiederum gehen wir dabei von der Annahme aus, daß dem autistischen Kind kein Weltbild verfügbar ist, wie es sich mit Hilfe der V-Schemata aufbauen läßt. Wir können annehmen, daß sein Bild von der Umwelt weniger verzweigt, weniger zusammengefaßt und in sich differenziert ist und weniger funktionale Beziehungen enthält als das der normalen Kinder. In einem solchen Weltbild wird das einzelne Element stärker hervortreten als die zur Einheit zusammenfassende Gestalt. Damit ist aber auch die Umweltbezie-hung des autistischen Kindes betroffen, sein aktiver Handlungsspielraum, da die Umweltbeziehung des autistischen Kindes – so folgern wir weiter – weit stärker auf Beziehungen zu einzelnen Elementen beruht als zur zusammenfas-senden Gestalt. Dadurch werden weit weniger sinnvolle Handlungen ermög-licht, in die verschiedenste Elemente einbezogen werden können, das Handeln selbst bleibt elementistisch und damit tritt die sensorische Empfindung stärker in den Vordergrund, die in der Beziehung zum Element deutlicher ausgeprägt ist. Diese Empfindungen sind wiederum in der unmittelbaren Körperumge-bung und mit dem eigenen Körper stärker und intensiver möglich als mit Entfernterem. Die Beziehung zu Einzelelementen mit dem Schwerpunkt auf der sensorischen Empfindung erscheint uns dann, wo sie zu Wiederholungen neigt, als Stereotypie.

Wahrscheinlich führt schon allein die Einschränkung sinnvoller Handlungen zur Stereotypie. Wo die übergreifende Einheit, wo die Zentrierung auf einen wesentlichen Kern fehlt, sind nur noch einfache Aktivitäten auf der Basis der Elementbeziehungen und der Körperbeziehung möglich und wegen der fehlen-den Variabilität wird es notgedrungen zu Wiederholungen kommen. Die Häufigkeit des Auftretens von Stereotypien kann damit erklärt werden, daß Autisten wie andere Kinder einen gewissen Grad an Stimulation suchen und da sie ihn in Zusammenhang mit zielführenden Handlungen (Explorieren, Auf-bau neuer Verhaltensmuster, Aneignung der Umwelt) nicht erreichen, sind sie auf einfachere, basalere Handlungen angewiesen, die wiederum wegen des geringen Spielraumes oder aus Ökonomie wiederholt werden, woraus sich dann die Häufigkeit der Stereotypie ergibt. Es ist aber auch anzunehmen, daß die Stereotypien im Laufe der Zeit eine gewisse Eigengesetzlichkeit gewinnen, im Sinne der funktionalen Autonomie von Allport.

In der Literatur werden die Stereotypien meist sehr negativ bewertet, nämlich als Reaktionen, die das Kind am Lernen hindern und sinnvolle Tätigkeiten verdrängen, also nicht nur als Ausdruck der Störung, sondern selbst wiederum als verstärkende Elemente derselben. Stereotypien »stören« den Beobachter und darum ist er wohl geneigt, sie als »Störverhalten« zu bewerten. Betrachten wir jedoch die Umstände, die zu ihnen führen, so werden wir gemahnt, in der Wertung zurückhaltend zu sein. Wenn wir bedenken, daß dem autistischen Kind sehr viele Spieltätigkeiten verwehrt sind, mit denen wir die Freizeit füllen, so ergibt sich uns die Frage, ob die Stereotypien nicht vielleicht jene Verhaltensweisen sind, in denen das autistische Kind Erholung finden kann. Die Unterdrückung von Stereotypien durch den Erwachsenen mag für das autistische Kind ähnliche Bedeutung haben, als würden Eltern ihren Kindern das Tagträumen verbieten oder auf einer Schaukel zu schaukeln, im Schaukelstuhl zu sitzen, in der Hängematte usw. Wir sind in der Bewertung autistischer Verhaltensweisen immer in Gefahr, von den eigenen Lebenszusammenhängen und Sinnbezügen auszugehen und nicht von denen des autistischen Kindes.

3.4.3. Selbstverletzendes Verhalten

Nicht selten sind bei autistischen Kindern mit häufigen Stereotypien auch Verhaltensweisen zu beobachten, mit denen sich die Kinder selbst schädigen, bzw. selbst verletzen. Obwohl manche Verhaltensweisen, wie etwa Pica (Essen ungewöhnlicher, normalerweise nicht-eßbarer Dinge, z. B. Asche, Tapeten), wiederholtes Erbrechen u. ä. langfristig bedrohliche Folgen für das Leben der Kinder haben können, sind eigentlich nur Verhaltensweisen, die zu einer unmittelbaren Schädigung von Körperteilen führen, bei autistischen Kindern wegen ihrer Häufigkeit und den sichtbaren Auswirkungen besonders untersucht worden. Die Angaben über die Häufigkeit derartiger Verhaltensweisen bei autistischen Kindern schwanken zwischen 35 und 65% (Green, 1967; Shodell & Reiter, 1968; Weber, 1970). Am häufigsten wird das Schlagen mit dem Kopf gegen eine harte Fläche oder Kante beobachtet. Andere häufige selbstverletzende Verhaltensweisen sind das Sich-selbst-Beißen und das Sich-selbst-Kratzen.

Nach Green (1967) haben mehr als die Hälfte der autistischen Kinder, die später selbstverletzendes Verhalten zeigen, bereits in der frühen Kindheit häufig mit dem Kopf gegen feste Unterlagen geschlagen. Bei den meisten dieser Kinder blieb dies weiterhin die weitaus überwiegende Art selbstverletzenden Verhaltens, ein Teil der Kinder entwickelte jedoch zusätzlich noch andere selbstverletzende Verhaltensweisen oder gab das Kopfschlagen für andere selbstschädigende Verhaltensweisen auf. Das Kopfschlagen, aber auch andere selbstverletzende Verhaltensweisen haben meist einen repetitiven, rhythmischen Charakter. Bei einigen Kindern ist dieses Verhalten jedoch eher explosiv und nicht rhythmisch. Selbstverletzendes Verhalten tritt häufiger bei Kindern mit geringer Intelligenz auf. Es wird zudem öfters bei Kindern beobachtet, die besonders schwere Kommunikationsdefizite haben: bei autistischen Kindern, die keine Sprache zur Verständigung benutzen, dreimal so häufig, wie bei autistischen Kindern, die sprechen können (Shodell & Reiter, 1968: 47% gegen 17%).

Selbstverletzende Verhaltensweisen werden auch häufiger bei Kindern beobachtet, die schon längere Zeit in Institutionen untergebracht sind. Diese sind für gewöhnlich recht andauernd, vor allem, wenn es sich um schwerwiegende selbstverletzende Verhaltensweisen handelt (Schroeder et al., 1980). Häufig auftretendes selbstverletzendes Verhalten scheint, ähnlich wie dies für häufige Stereotypien gilt, nur geringfügig von den Umgebungsbedingungen beeinflußt zu werden, bei leichteren Formen sind jedoch ähnliche Einflußfaktoren beschrieben worden wie für die Stereotypien, etwa eine Abhängigkeit von

– der Anregung in der Umgebung,
– der Reizvielfalt und
– dem Vorhandensein alternativer Aktivitätsmöglichkeiten (Carr, 1977).

Interpretation

Für die Ursachen der Entstehung selbstverletzender Verhaltensweisen werden ähnliche Erläuterungen diskutiert wie bei den Stereotypien. So weisen psychoanalytisch orientierte Autoren darauf hin, daß selbstverletzende Verhaltensweisen einen Versuch der Kinder darstellen, das Bewußtsein der Körperrealität und der Ich-Grenzen zu etablieren. Selbstverletzende Verhaltensweisen werden ebenso wie die Stereotypien von vielen als selbststimulierendes Verhalten interpretiert, da sie vielfach zunehmen, wenn die Anregung in der Umgebung reduziert ist.

Von lerntheoretisch orientierten Klinikern wird zusätzlich darauf hingewiesen, daß selbstverletzendes Verhalten durch besondere Zuwendung der Umgebung aufrechterhalten wird, oder aber dazu dient, sich Anforderungen zu entziehen (und damit in beiden Fällen negativ verstärkt wird).

Einem Teil der selbstverletzenden Verhaltensweisen dürften darüber hinaus nicht nur organische Defizite der zentralnervösen Organisation, sondern auch periphere Schädigungen zugrunde liegen. So scheint ein Zusammenhang zwischen Mittelohrentzündungen und häufigem Kopfschlagen zu bestehen (Carr, 1977).

Da selbstverletzende Verhaltensweisen somit auf verschiedener Grundlage entstehen und durch verschiedene Bedingungen aufrechterhalten werden können, schlug Carr (1977) vor, diese Faktoren systematisch bezüglich ihres Einflusses auf das selbstverletzende Verhalten eines Kindes zu prüfen. Dabei ist ein Vorgehen in mehreren Stufen sinnvoll, wobei in der ersten Stufe nach bestimmten organischen Faktoren gesucht wird, von denen ein Zusammenhang mit selbstverletzenden Verhaltensweisen bekannt ist (neben den erwähnten Mittelohrinfektionen vor allem einige seltenere genetische Syndrome, wie das Lesch-Nyhan-Syndrom und das DeLange-Syndrom).

In einer zweiten Stufe wäre dann abzuklären, ob die Selbstverletzungen in Gegenwart gewisser Personen besonders häufig sind, bei Beachtung zunehmen oder dann, wenn andere Verhaltensweisen nicht belohnt werden. Ebenso wäre zu klären, ob sich die Kinder besonders dann selbst verletzen, wenn bestimmte Anforderungen an sie gerichtet werden bzw. andere aversive Bedingungen vorhanden sind, denen sie sich durch ihr Verhalten entziehen können.

In der letzten Stufe schließlich sollte beobachtet werden, ob selbstverletzende Verhaltensweisen vor allem dann auftreten, wenn keine Anregung in der Umgebung vorhanden ist bzw. den Kindern nur wenige andere Aktivitäten zur Verfügung stehen.

Selbstverletzendes Verhalten ist deshalb schwer zu interpretieren, weil wir über die Schmerzempfindung autistischer Kinder wenig wissen. Schon normale Kinder scheinen gegenüber bestimmten Schmerzeinwirkungen recht unempfindlich zu sein, und suchen zuweilen solche Erfahrungen aktiv auf. Die Annahme, die wir Erwachsenen machen, daß Schmerzempfindungen spontan vermieden werden, trifft nicht im selben Umfang für die Kinder zu. Es scheint so zu sein, daß auch Schmerzempfindungen, d. h. deren Bedeutung und Situationsabhängigkeit, zum Teil gelernt werden.

3.5. Entwicklungsverlauf der autistischen Störung

Wir haben nun die vier wichtigsten Bereiche, in denen sich die autistische Störung manifestiert, dargestellt. Diese Störung entwickelt sich im Verlauf der Kindheit oft in typischer Weise, worauf in den einzelnen Bereichen eingegangen wurde. Wir möchten jetzt noch einmal, diesen Abschnitt abschließend, den Entwicklungsverlauf gesondert herausheben.

Rückblickend geben die meisten Eltern an, daß sie bei den autistischen Kindern bereits im ersten Lebensjahr Auffälligkeiten bemerkt haben (nach DeMyer, 1979, 69%). Auffallend für die Eltern waren vor allem

– eine geringe soziale Ansprechbarkeit der Kinder,
– ungewöhnliche emotionale Reaktionen,
– Apathie,
– motorische Auffälligkeiten sowie
– Auffälligkeiten in der Stimme.

Die meisten autistischen Kinder haben die größten Schwierigkeiten zwischen dem zweiten und vierten Lebensjahr (nach DeMyer, 1979, etwa 78%). Bei dem Großteil der Kinder verschlimmern sich die Schwierigkeiten, nachdem sie im ersten oder zweiten Lebensjahr offenkundig geworden sind, im Verlauf der nächsten Monate bzw. der nächsten ein bis zwei Jahre weiter und bessern sich dann langsam wieder.

Bei einem Teil der Kinder nehmen die Schwierigkeiten jedoch im Vorschulalter laufend weiter zu und nehmen erst im Schulalter das größte Ausmaß an. Zwischen dem achten und dem zwölften Lebensjahr erreichen relativ viele Kinder einen für die Eltern halbwegs befriedigenden Zustand, die Eltern haben zu dieser Zeit bereits gelernt, mit den Schwierigkeiten der Kinder umzugehen, die schulische Betreuung der Kinder entlastet die Eltern zusätzlich und für viele Kinder kann eine therapeutische Behandlung gefunden werden, sodaß die Kinder in vielen Bereichen weiterhin Fortschritte machen, was zu Hoffnungen für die Zukunft berechtigt.

Die Adoleszenz bringt jedoch wieder neue Probleme. Die Probleme entstehen zum Teil aus äußeren Gründen, da es im schulischen Bereich wie in den therapeutischen Einrichtungen für diese Altersgruppe weniger adäquate Betreuungsmöglichkeiten gibt, zum Teil wegen der zunehmenden körperlichen Reife der Kinder, die einen Umgang mit ihren Verhaltensauffälligkeiten erschwert, und zum Teil aus der Erschöpfung der Eltern und aus der Enttäuschung heraus, daß der Fortschritt der Kinder sich doch in Grenzen hält.

Bei einem Teil der autistischen Kinder kommt es jedoch im Jugendalter auch zu einer deutlichen Verschlechterung im Verhalten und damit einhergehend zu einem Verlust früher erworbener Fähigkeiten im sprachlichen und kognitiven Bereich. Bei einigen Kindern scheint diese Verschlechterung in einem Zusammenhang mit den in der Adoleszenz erstmalig auftretenden epileptischen Anfällen zu stehen, jedoch besteht hier kein sehr enger Zusammenhang.

Gillberg & Schaumann (1981), nach deren Eindruck es bei einem Drittel der Autisten zu einer Verschlechterung während der Pubertät kommt, konnten in den meisten Fällen keinen auslösenden Faktor außer der Pubertät feststellen. Eine solche Verschlechterung wurde von diesen Autoren häufiger bei Mädchen beobachtet sowie bei Autisten, deren Mütter bei der Geburt der Kinder älter als der Durchschnitt der Mütter autistischer Kinder waren. Während dieser Verschlechterung kommt es in den meisten Fällen zu einer Zunahme der Stereotypien, zu Selbstverletzungen und zu einer größeren Indifferenz gegenüber der Umgebung. Dieser Rückschritt kann über mehrere Jahre anhalten, in einigen Fällen wird der Grad an Anpassung, der vor der Pubertät vorhanden war, nicht mehr erreicht.

Einige Nachuntersuchungen größerer Gruppen autistischer Kinder geben darüber Aufschluß, welcher Verlauf bei dieser Störung zu erwarten ist, wie gut die Anpassung früher autistischer Kinder im Adoleszenzalter und im Erwachsenenalter ist. Nach dem Ergebnis der sechs größeren Nachuntersuchungen (Creak, 1963; DeMyer et al., 1973; Eisenberg, 1956; Lotter, 1974a, b; Mittler et al., 1966; Rutter et al., 1967) ist eine gute Anpassung bei 5 bis 17% der autistischen Kinder zu erwarten. Kaum eines der autistischen Kinder ist jedoch im Erwachsenenalter völlig unauffällig, bei den meisten bleiben Auffälligkeiten in der Persönlichkeit und in den sozialen Beziehungen bestehen, sie können jedoch ein halbwegs selbständiges Leben führen. Etwa ein Viertel der Kinder erreicht einen mäßigen Grad an Anpassung und bei der Hälfte der autistischen Kinder ist die Anpassung später als sehr schlecht beurteilt worden.

Eine sehr schlechte Anpassung im Jugend- und Erwachsenenalter bedeutet in den meisten Fällen, daß diese Autisten bereits seit Jahren in Einrichtungen für chronisch-psychiatrische Patienten oder für geistig Behinderte untergebracht sind und voraussichtlich dort weiter bleiben werden. Der Prozentsatz früher autistischer Kinder, der sich in solchen Langzeitbehandlungseinrichtungen befindet, nimmt während der Adoleszenzzeit laufend zu. Kanner (1971) beobachtete, daß Autisten, die jahrelang in Anstalten leben, oft apathisch werden und ihre früheren Fähigkeiten verlieren.

Auf der anderen Seite findet von jenen autistischen Jugendlichen und Erwachsenen, die eine relativ gute soziale Anpassung erreicht haben, nur ein Teil bezahlte Arbeit, obwohl sie von ihren Fähigkeiten und ihrer Geschicklichkeit durchaus in der Lage wären, einer Arbeit nachzugehen. Vielmehr scheinen in erster Linie ein mangelndes Verständnis sozialer Situationen und eine zu geringe Motivation, Arbeit zu finden, die wiederum mit einem Mangel an Initiative und einem geringen Ehrgeiz einhergeht, Ursachen dafür zu sein, daß Autisten weniger oft eine bezahlte Arbeit finden als andere Kinder gleicher Intelligenz (Lotter, 1974a, b). Die Berufe, die Autisten, sofern sie eine Arbeitsstelle finden, ausüben, sind sehr unterschiedlich (Laborant, Bibliotheksangestellte, Bürohilfskraft etc.). Von den Arbeitgebern wird die große Verläßlichkeit und Genauigkeit der Autisten vielfach positiv betont (Kanner et al., 1972).

In einigen Untersuchungen wurde der Grad an sozialer Anpassung autistischer Kinder, die zum Zeitpunkt der Nachuntersuchung das Adoleszenz- und Erwachsenenalter erreicht hatten, mit jenem von Kindern vergleichbarer Intelligenz verglichen, wobei auch die Kinder der Vergleichsgruppe zum Teil ursprünglich verschiedene Verhaltensstörungen gezeigt hatten. Dabei fand sich recht konsistent, daß Autisten deutlich seltener eine gute soziale Anpassung erreichten und daß diese auf der anderen Seite viel öfter als sehr schlecht einzustufen war. Autisten sind im Jugend- und Erwachsenenalter viel öfter in Anstalten für chronische Patienten untergebracht als etwa geistig behinderte Kinder und andere Kinder mit Verhaltensstörungen und gleicher Intelligenz wie die Autisten (DeMyer et al., 1973; Lotter, 1974; Rutter et al., 1967).

3.5.1. Die Entwicklung der sozialen Kontaktfähigkeit

Die soziale Ansprechbarkeit ist bei der Mehrzahl der Autisten bereits im ersten Lebensjahr geringer als bei anderen Kindern, aber nur bei etwa einem Fünftel der Kinder ist eine Störung der Kontaktfähigkeit von Beginn an deutlich (DeMyer, 1979). Bei einem Drittel der autistischen Kleinkinder ist die Störung subtiler; die autistischen Kinder scheinen in dem Alter einfach zufriedener zu sein, wenn sie alleine sind. Dies scheint zum Teil mit der allgemein größeren Passivität der autistischen Kinder in den ersten Lebensjahren zusammenzuhängen. Ein Sechstel der autistischen Kinder scheint jedoch bereits frühzeitig übermäßig empfindlich und in Gegenwart anderer unglücklich zu sein. Auch bei jenen Kindern, die nicht von Anfang an zurückgezogener waren als andere Kinder, entwickelt sich im zweiten oder dritten Lebensjahr eine Tendenz zur Zurückgezogenheit. Bei der Hälfte der Kinder tritt dieser Rückschritt im sozialen Kontakt allmählich auf, bei den anderen läßt sich ein gewisser Zusammenhang mit äußeren Ereignissen feststellen, nach denen von den Eltern eine stärkere Tendenz zum Alleinsein beobachtet wurde.

Die Distanz zu anderen Personen zeigt sich oft in erster Linie gegenüber Besuchern, besonders gegenüber anderen Kindern, an denen die Mehrzahl der autistischen Kinder kaum Interesse zeigt, während sie sich in der Familie kaum zurückziehen, ja zum Teil sogar ein stärkeres Bedürfnis nach Nähe zeigen. Gegenüber fremden Personen ist also offensichtlich, daß die autistischen Kinder Schwierigkeiten haben, Kontakte einzugehen, dies kann sowohl zu einem Sich-zurückziehen wie auch zu störendem und distanzlosen Verhalten führen. In der Familie selbst ist bei vielen Kindern eine geringere Zärtlichkeit und zum Teil auch ein geringeres Bedürfnis nach Zärtlichkeit auffallend. Eine deutliche Tendenz, sich aktiv vom Kontakt zurückzuziehen und den Kontakt auch äußerlich zu meiden und zwar auch den Eltern gegenüber, ist bei einem Drittel der Kinder im Vorschulalter zu beobachten (Rutter et al., 1967).

Die Fähigkeit, zu anderen Personen Kontakt aufzunehmen, bessert sich bei den meisten autistischen Kindern in der mittleren Kindheit beträchtlich. Nur bei einem Viertel bis zu einem Drittel der autistischen Kinder bleibt die Beziehungslosigkeit unverändert erhalten (Rutter et al., 1967). Vor allem die autistischen Kinder mit einer besseren kognitiven Begabung scheinen später nicht mehr zurückgezogen und in sich verschlossen, bei denjenigen mit geringerer Allgemeinbegabung ist dies jedoch auch später noch häufig der Fall (DeMyer et al., 1973). Diese Besserung in den sozialen Beziehungen zeigt sich vor allem gegenüber den Eltern, oft auch gegenüber anderen Erwachsenen, während die Beziehungen zu Gleichaltrigen weiterhin große Schwierigkeiten bereiten. Immerhin erscheint jedoch auch in der Adoleszenz und im Erwachsenenalter ein Sechstel der Kinder total in die eigene Welt eingeschlossen und beziehungslos zu anderen Personen zu sein (DeMyer et al., 1973). Bei den anderen hat jedoch dieser Autismus im eigentlichen Sinn abgenommen.

Nach Rutter et al. (1967) kann etwa ein Sechstel der Kinder zu einem späteren Zeitpunkt nicht mehr autistisch genannt werden. Die früher zurückgezogenen Kinder zeigen jedoch weiterhin einen Mangel an sozialer Finesse, sie sind zum Teil taktlos und unangemessen freundlich. Bei einigen Kindern scheint diese Distanzlosigkeit später zu dominieren, sie sind jovial, ihr Verhalten erscheint aber flach und ohne Empathie. Bei der Mehrzahl der Autisten läßt sich jedoch auch später noch eine starke Reserviertheit feststellen.

Von vielen Autoren wird übereinstimmend als kennzeichnend für autistische Jugendliche und Erwachsene, die nach außen relativ gut angepaßt erscheinen, ein Mangel an sozialer Wahrnehmungsfähigkeit, an sozialem Know-how und an Gefühlen für andere hervorgehoben.

Kanner et al. (1972) meinten, daß die Autisten mit günstigem Verlauf nur einen Kompromiß schließen. Obwohl sie innerlich weiter isoliert sind, wollen sie nach außen hin nicht mehr so erscheinen. Das Leben mit anderen Menschen verliert für sie seinen bedrohlichen Aspekt. Sie suchen selbst den Kontakt zu anderen, zuerst noch mit einer gewissen Angst und Befangenheit, dann mit zunehmender Entschlossenheit. Es gelingt ihnen zwar nicht, echte persönliche Freundschaften aufzubauen, sie scheinen dadurch aber auch nicht besonders frustriert zu sein. Oft versuchen sie Gruppen beizutreten, in denen sie ihren Interessen nachgehen können und wo sie anerkannt werden.

Der Versuch, mit anderen Kontakt aufzunehmen, kann jedoch auch scheitern. Das unangemessene Verhalten der Autisten stößt andere oft ab, sodaß sie ignoriert oder abgelehnt werden. Erschwert wird die Kontaktaufnahme auch dadurch, daß Autisten häufig übermäßig darauf bestehen, gewisse Routinen einzuhalten, wofür andere nur wenig Verständnis aufbringen. Zudem führt die Tendenz, Situationen zu verlassen, wenn sie bedrohlich erscheinen, auch dazu, daß Kontakte vorzeitig abgebrochen werden.

Sowohl Kanner et al. (1972) wie Bemporad (1979) heben hervor, daß sich die intelligenteren Autisten in der Jugendzeit oft schmerzlich ihres Andersseins bewußt werden und daß dies in den günstigeren Fällen zur Folge hat, daß sie sich um mehr Anpassung bemühen. Nur wenn dieser Schritt getan wird, wenn die Autisten also nicht von den Eltern oder anderen Personen dazu gedrängt werden, den Kontakt mit anderen zu suchen, kann letztlich eine bessere soziale Anpassung erreicht werden. Eine Gefahr stellt jedoch dar, daß die Schwierigkeiten rationalisiert werden, daß die Schuld am Mißlingen anderen zugeschoben und so die eigene Kontaktlosigkeit aufrechterhalten wird.

Selbst wenn dieser Schritt gelingt, muß man jedoch autistischen Jugendlichen und Erwachsenen übermäßig entgegenkommen: Autisten finden daher Freunde in erster Linie über ihre Interessen. Echte Freundschaften entstehen vor allem wegen der mangelnden Reife der Autisten nur selten. Den Autisten mangelt auch die Fähigkeit, die Tiefe von Freundschaften zu beurteilen; sie sprechen von Leuten als Freunden, die freundlich zu ihnen sind. Sie tun sich auch schwer wahrzunehmen, wenn Freunde von ihrer Gesellschaft genug haben und sie sich besser zurückziehen sollten. Die mangelnde soziale Wahrnehmungsfähigkeit von Autisten hat auch sympathische Züge, da sie sich ja nur wenig an sozialen Statusmerkmalen orientieren. Sie mögen jene Leute, die zu ihnen freundlich sind und auf die sie selbst einen guten Eindruck gemacht haben. Auf der anderen Seite sind sie wegen des Mangels an sozialer Wahrnehmungsfähigkeit darauf angewiesen, mit Leuten ähnlicher Herkunft zu verkehren. Gelegentlich gelingen jedoch auch Freundschaften bzw. werden Autisten leichter von Leuten angenommen, die selbst am Rande der Gesellschaft leben.

3.5.2. Die Entwicklung der Sprache

Bereits die Vorstufen der sprachlichen Kommunikation werden von den Eltern rückblickend oft als abnorm betrachtet. So erscheint das Schreien der Säuglinge den Eltern oft nicht unmittelbar verständlich zu sein und das Plappern im ersten Lebensjahr wird oft als reduziert angegeben. Die weitere Sprachentwicklung verläuft dann meist verzögert. Sowohl Rutter et al. (1967), Kanner et al. (1972) wie DeMyer (1979) sprechen von einem typischen Verlauf der weiteren Sprachentwicklung.

Bei jenen Autisten, die Sprache entwickeln, läßt sich ein typischer Verlauf der Sprachentwicklung beobachten. Neben einer allgemeinen Verzögerung ist dabei die starke Passivität in der Sprachproduktion und das lange Dominieren der Echolalie auffällig.

Das Sprachverständnis ist im Vorschulalter bei etwa einem Drittel der Kinder sehr gering, während ein anderes Drittel viel verstehen soll, auch wenn die sprachlichen Äußerungen beschränkt sind (DeMyer, 1979).

Etwas über die Hälfte der autistischen Kinder entwickelt bis zum fünften Lebensjahr keine kommunikative Sprachfähigkeit, bei einigen Kindern mit guter sonstiger Begabung entwickelt sich diese Sprachfähigkeit jedoch auch noch später, wobei sogar Fälle beschrieben werden, die erst mit elf oder vierzehn Jahren zu sprechen begonnen haben (Rutter et al., 1967; Campbell et al., 1978). Auf der anderen Seite kommt es bei einigen Kindern später, vor allem in der Adoleszenz, wieder zu einem deutlichen Rückschritt der sprachlichen Fähigkeiten.

Etwa ein Sechstel der Kinder erreichen ein etwa normales Sprachentwicklungsniveau, bei manchen dieser Kinder bleibt jedoch die Intonation weiter auffällig, sie sprechen monoton und hölzern. Der Sprachgebrauch bleibt zudem meist abnorm. Bei jenen Kindern, die eine recht gute Sprachfähigkeit erwerben, entwickelt sich später oft die Tendenz, zuviel zu sprechen, wenn sie an einem Thema besonders interessiert sind. Sie bemerken nicht, daß die Zuhörer nicht das gleiche Ausmaß an Interesse aufbringen, und können Zeichen von Langeweile nicht interpretieren. Auch gehen sie oft auf Einwände anderer nicht ein, das normale Hin und Her eines Gespräches scheint zu fehlen. Sie sind meist schlechte Zuhörer und merken zu spät, daß ihnen jemand etwas erzählen will. Die Fähigkeit, an einem Gespräch teilzunehmen, wird auch dadurch erschwert, daß die Autisten öfters längere Zeit brauchen, um Gehörtes zu verarbeiten, daß sie dies aber den anderen nicht mitteilen. Sie erscheinen dadurch im Gespräch unaufmerksam und sind unfähig, dem Gedankenfluß zu folgen. Da sie die Bedeutung der Frage schlecht abschätzen können, ist ihr Beitrag zum Gespräch oft zu lang und zu ausführlich, wohl auch deshalb, weil sie nicht zusammenfassen können. Autisten versuchen Schwierigkeiten beim Verständnis dadurch zu kompensieren, daß sie in ihrer Ausdrucksweise sehr präzise sind. Oder sie beschränken sich im Gespräch auf einige Gegenstände, über die sie sehr informiert sind, um Unsicherheiten zu vermeiden. Sie lesen auch sehr viel, um Informationen zu erlangen und nicht zum Vergnügen. Eine Verbesserung in der sprachlichen Verständigungsfähigkeit geht oft der Besserung in den sozialen Beziehungen voraus. Einige autistische Jugendliche sind jedoch sozial gut angepaßt, obwohl sie keine Sprache entwickelt haben. Diese Kinder wurden in der Vorschulzeit lange für taub gehalten, weil sie nicht auf Geräusche reagierten (Rutter et al., 1967).

Wie erwähnt, ist der während des Vorschulalters erreichte Sprachentwicklungsstand ein guter prognostischer Indikator für die Weiterentwicklung der sprachlichen Fähigkeit. So waren in der Untersuchung von DeMyer et al. (1973) 65% der im Vorschulalter stummen autistischen Kinder auch bei der Nachuntersuchung während der frühen Adoleszenz weiterhin stumm, nur 19% erwarben einen kommunikativen Sprachgebrauch. Von den im Vorschulalter echolalierenden Kindern waren bei der Nachuntersuchung 20% stumm, 62% hatten einen kommunikativen Sprachgebrauch erworben. Ein ähnlicher Zusammenhang zeigte sich in der Nachuntersuchung von Rutter et al. (1967) sowie in der Nachuntersuchung von Eisenberg (1956).

3.5.3. Die Entwicklung kognitiver Fähigkeiten

Viele der intelligenteren autistischen Kinder machen im Vorschulalter deutliche Fortschritte. Vor allem zwischen dem vierten und dem sechsten Lebensjahr zeigt sich eine Verbesserung in mehreren Bereichen, die Eltern und Betreuern Anlaß zur Hoffnung gibt. Bei etwa einem Sechstel der autistischen Kinder zeigt sich jedoch auf der anderen Seite eine fortschreitende Retardierung, die zum Teil auf mangelnde Motivation, zum Teil auf mangelnde Anregung durch die Umgebung zurückzuführen ist, oft läßt sich auch keine erkennbare Ursache finden. Die kognitive Entwicklung der autistischen Kinder wird zusätzlich dadurch beeinträchtigt, daß ihre Neugierde – außer in beschränkten Gebieten – allgemein gering zu sein scheint. Lange Zeit haben die autistischen Kinder nur an solchen Gegenständen Interesse, die sie für repetitive Handlungen verwenden können.

3.5.4. Die Entwicklung ritualistischen und zwanghaften Verhaltens

Der zunächst bei vielen autistischen Kindern beobachtbare Protest gegen jegliche Änderung in der Umgebung nimmt schon im Vorschulalter deutlich ab. Gelegentlich wird der Wunsch nach Gleichheit aufrechterhalten, aber etwas eingeschränkt, sodaß etwa nur das eigene Zimmer immer in dem tadellos gleichen Zustand sein muß. Oder aber die Tendenz drückt sich im weiteren Leben dadurch aus, daß Autisten Angst vor allen neuen Situationen haben (Rutter et al., 1967; Weber, 1970; Bemporad, 1979).

Mit zunehmender kognitiver Entwicklung geht auch die Beschäftigung mit einfachen repetitiven Handlungen zurück, nur die am stärksten retardierten Kinder behalten solche Verhaltensweisen bei. Die Rituale, denen ältere autistische Kinder nachgehen, sind komplexer.

Vor allem in der mittleren Kindheit entwickeln sich oft zwanghafte Phänomene, die bei vielen Kindern in der Adoleszenz wieder abnehmen, bei einigen jedoch verstärkt auftreten. Nur wenige autistische Kinder entwickeln keine abnormen Vorlieben, Sammelbedürfnisse oder Bindungen an bestimmte Gegenstände. Solche Sammlungen werden schon im Vorschulalter angelegt, von einigen Kindern jedoch auch erst im Schulalter. Diese Tendenz, an einigen Gegenständen besonderes Interesse zu haben, setzt sich später darin fort, daß Autisten nur an bestimmten Themen interessiert sind. Einige Autisten entwickeln im Vorschulalter oder im Schulalter eine besondere Vorliebe für Zahlen und beginnen die Welt scheinbar mit diesen Zahlen zu ordnen (ein besonders eindrucksvolles Beispiel wurde von Park & Youderian, 1974, beschrieben).

3.5.5. Die Entwicklung aggressiven und selbstverletzenden Verhaltens

Bei autistischen Kindern sind im Vorschulalter vor allem unmotiviert erscheinende aggressive Handlungen, ein Zerstörungsdrang sowie der Drang zum selbstverletzenden Verhalten ernste Probleme. Einige autistische Kinder werden wegen der Angst der Eltern, sie könnten die Geschwister bzw. andere Personen verletzen, während der Schulzeit in Institutionen untergebracht. Mit zunehmendem Alter läßt sich bei den Autisten eigentlich keine Zunahme der Aggression feststellen, auch nicht während der Adoleszenz. Wegen der Größe und der zunehmenden körperlichen Reife der Autisten wird die Gefahr, die von diesen aggressiven Handlungen ausgeht, von den Eltern jedoch höher bewertet (Rutter et al., 1967). Unmotivierte Affektausbrüche gehen mit dem Alter eher zurück, jedoch sind diese bei stärker retardierten autistischen Kindern auch später noch zu beobachten (Campbell et al., 1978).

Die im Vorschulalter häufige motorische Unruhe autistischer Kinder geht später oft in eine Lethargie und Antriebsschwäche über (Ando & Yoshimura, 1979; Campbell et al., 1978; Rutter et al., 1967; Weber, 1970).

Mit zunehmendem Alter nimmt auch das selbstverletzende Verhalten bei autistischen Kindern ab, bei einigen autistischen Kinder zeigt sich jedoch eine Zunahme während der Pubertät, die nach einiger Zeit wieder abklingt (Rutter et al., 1967).

3.5.6. Affektive Entwicklung

Der emotionale Ausdruck autistischer Kinder wird in der Vorschulzeit oft deshalb als abnorm empfunden, weil diese Kinder in vielen Situationen einen eher flachen, uninteressierten Eindruck machen, der von extremen Gefühlsausbrüchen unterbrochen werden kann. Nach DeMyer (1979) zeigt etwa ein Drittel der autistischen Kinder in den ersten Lebensjahren extreme Wutanfälle.

Ängste sind im Vorschulalter bei etwa einem Zehntel der Kinder ein ernstes Problem, bei einem Fünftel der Kinder wird ihr Verhalten zumindest in gewissen Lebensbereichen durch starke Angst behindert. Solche Angstattakken nehmen mit zunehmendem Alter ab (Campbell et al., 1978; Weber, 1970). Die Kontrolle und Beherrschung eigener Emotionen bereiten den Autisten vielfach auch weiterhin Probleme. Durch Kleinigkeiten können Verzweiflungsreaktionen ausgelöst werden, autistische Jugendliche und Erwachsene verlieren allzu leicht ihr inneres Gleichgewicht. Eine Einzeltherapie kann daher in bestimmten Entwicklungsphasen von großem Nutzen sein, damit autistische Kinder und Jugendliche etwas Verständnis für ihre Gefühle bekommen sowie erfahren, daß sie ernst genommen werden und daß sie für andere von Bedeutung sind (Bemporad, 1979).

Wenn jugendliche oder erwachsene Autisten rückblickend gefragt werden, was sie in ihrer Kindheit empfunden haben, so scheint Verwirrung und schreckliche, terrorisierende Angst durch die wechselnden Umwelteindrücke und die Unvorhersagbarkeit der Umgebung ein dominierendes Thema zu sein (Bemporad, 1979). In diesem Alter ist jedoch auch auffällig, ein wie geringes inneres Leben Autisten entwickeln; sie berichten wenig über Tagträume und Phantasien, auch nächtliche Träume werden kaum erinnert.

3.5.7. Sexuelle Schwierigkeiten während der Adoleszenz

In der Adoleszenz besteht bei Autisten mit relativ gutem Verlauf öfters ein vages Gefühl, daß es notwendig ist, sich auch in den Beziehungen zum anderen Geschlecht an das Verhalten anderer anzupassen (Kanner et al., 1972). Versuche, derartige Kontakte aufzubauen, werden aber nur sporadisch unternommen und sind meist kurzlebig. Die meisten haben kein Interesse am anderen Geschlecht. Im allgemeinen besteht auch kein Unbehagen über diese Kontaktarmut. Autisten empfinden eher ein Gefühl der Erleichterung, wenn sie die Bemühungen, in einen näheren Kontakt zu Personen des anderen Geschlechtes zu treten, aufgeben. Einige empfinden jedoch auch schmerzhaft, daß ihre Annäherung zurückgewiesen wird (Dewey & Everard, 1974).

Die Schranke, die bei Autisten besteht, scheint bereits in den ersten Stadien der Intimität, im Senden und Aufnehmen von Zeichen, die ein Interesse am anderen signalisieren, zu bestehen. Wegen der Schwierigkeiten, sich dem anderen verständlich zu machen, kommen Autisten meist dazu, es als sicherer anzusehen, nicht den eigenen Impulsen zu folgen, wenn sie jemanden attraktiv finden.

Die Schwierigkeiten, Beziehungen zum anderen Geschlecht aufzunehmen, können auch darauf zurückgeführt werden, daß die Autisten wegen ihrer Probleme bei der Imitation von Verhalten keine Möglichkeit haben, im Rollenspiel ihre Geschlechtsrolle spielerisch einzuüben, obwohl viele in der Adoleszenz bereits eine Vorstellung über Geschlechtsunterschiede und eine Geschlechtsidentität haben (DeMyer, 1979).

Sexuelle Probleme in der Adoleszenz sind bei Autisten nicht übermäßig häufig, soweit sich dies am Verhalten ablesen läßt (Rutter et al., 1967). Ein Teil der Autisten masturbiert exzessiv, wobei sich daraus Schwierigkeiten ergeben können, da sie die soziale Angemessenheit ihres Verhaltens nicht berücksichtigen können.

Problematisch ist ferner, daß Autisten später, als dies bei normalen Adoleszenten üblich ist, ein Gefühl für einen privaten Raum und ein Bedürfnis danach entwickeln. Anstelle der Masturbation entwickelt sich häufig auch eine tickartige Gewohnheit, die Genitalien zu berühren. Ebenso kann es zu sozial unangemessenen Formen der sexuellen Selbststimulation kommen, etwa dem Reiben der Genitalien an anderen Personen.

Zwischen dem Auftreten sexueller Spannungen während der Pubertät und der Zunahme etwa von Stereotypien, die bei einem Teil der Autisten in dieser Zeit zu beobachten ist, kann ein Zusammenhang bestehen.

Interpretation

Warum sind die Schwierigkeiten der autistischen Kinder zwischen dem zweiten und vierten Lebensjahr am größten? Ausgehend von unseren Annahmen müssen wir die These aufstellen:

> Zwischen dem zweiten und vierten Lebensjahr ist das Kind in der Aneignung der Umwelt stärker auf Schemata der Vorstellung angewiesen als vorher und nachher.

Ist diese These zu halten? Das erste Lebensjahr ist durch das Fehlen von Sprache charakterisiert und durch das Bemühen des Kindes, die Gegenstände nach ihren physikalischen Eigenschaften zu explorieren. Einfache Reiz-Reaktions-Schemata stehen im Vordergrund. Eine Zusammenschau verschiedener Dinge, die Bildung übergreifender Ordnungsprinzipien und Ordnungsstrukturen ist noch nicht notwendig. Auf dieser Stufe des geistigen Lebens hat die Ausbildung der motorischen Schemata Vorrang und folglich wird die autistische Störung in diesem Alter kaum zum Ausdruck kommen.

Nach dem vierten Lebensjahr wiederum ist es dem autistischen Kind möglich, ein gewisses Maß an Ordnung mit Hilfe der Sprachschemata aufzubauen. Nach dem vierten Lebensjahr also gelingt es dem autistischen Kind teilweise, das Defizit in den V-Schemata durch andere Schemata zu kompensieren. Mit dem zweiten Lebensjahr setzt beim normalen Kind die Sprachentwicklung ein, wobei es sich noch weitgehend auf V-Schemata stützt, sodaß die S-Schemata aus den V-Schemata herauswachsen und diese präzisieren und stabilisieren können. In dieser Phase aber, in der das autistische Kind die Sprache noch nicht beherrscht, wäre es beim Aufbau übergreifender Ordnung völlig auf die Vorstellung angewiesen. Da diese jedoch nicht verfügbar ist, muß die geistige Entwicklung des autistischen Kindes in diesem Alter notwendigerweise zum Stillstand gelangen. Bei einem Teil der autistischen Kinder nehmen jedoch die Probleme im Schulalter zu.

Was sind das für Schwierigkeiten?

In der Adoleszenz kommt es bei vielen autistischen Kindern zu einem Entwicklungsstillstand und bei einem Teil auch zu einem Rückschritt. Die Schwierigkeiten der Autisten in der Adoleszenz sind zum größeren Teil auf äußere Faktoren zurückzuführen:

- Schwierigkeiten der weiteren Betreuung,
- Alter der Eltern,
- Neuanforderungen an den Erwachsenen, usw.

Der Stillstand oder Rückschritt in der Entwicklung ist wahrscheinlich eine Reaktion auf die hoffnungslose Lage, in der sich der erwachsene Autist befindet. Seine Möglichkeiten, das Leben selber in die Hand zu nehmen, sind begrenzt, seine Berufsaussichten schlecht. Die Möglichkeiten einer weiteren sozialen Integration scheitern häufig an widrigen äußeren Umständen.

Denkbar ist natürlich auch, daß die Schädigung selbst im Laufe der Zeit zunimmt, wie das Auftreten epileptischer Anfälle in dieser Zeit nahelegt. Die Fähigkeit, zu anderen Personen Kontakt aufzunehmen, bessert sich in den meisten Fällen beträchtlich.

Wir führen diese Besserung auf Verringerung der Überforderung in der Kontaktaufnahme durch das allmähliche Gewinnen von Erfahrung im Umgang mit anderen Menschen zurück, sowie in der Möglichkeit, kompensatorische Ordnungsstrukturen mit Hilfe der Sprache aufzubauen. Wir nehmen also an, daß die soziale Situation für den erwachsenen Autisten weniger angstauslösend ist, weil sie weniger überfordernd erlebt wird, und daß es den Autisten daher im begrenzten Umfang möglich ist, soziale Fertigkeiten zu gewinnen. Ein guter Hinweis jedoch, daß auch jetzt noch die Kontaktaufnahme und das Sozialverhalten nicht von V-Schemata gesteuert werden, sehen wir darin, daß der autistische Erwachsene in seinem Sozialverhalten eher sprachlich formulierbaren Regeln folgt als einer differenzierten Vorstellung von der sozialen Situation. Dies bedingt, daß die soziale Anpassung immer nur eine angenäherte ist. Nebenbedeutungen werden nach wie vor nicht erfaßt, wie überhaupt das Sozialverhalten der erwachsenen Autisten eher einer einstudierten Rolle gleicht als dem spontanen Reagieren auf eine soziale Anforderung. Was an den Autisten als flach und vordergründig empfunden wird, ist das Fehlen von Vorstellungen, die der Sprache des Normalen eine Tiefenwirkung verleihen. Auch beim Mangel an sozialer Wahrnehmungsfähigkeit und an Gefühlen für andere handelt es sich nicht um eine Störung der Wahrnehmung, sondern um die fehlende Fähigkeit, sich in den anderen hineinversetzen zu können. Daß das Sozialverhalten insgesamt dabei verkümmert, ist als Folge zu sehen. Insofern, so müssen wir annehmen, wird die soziale Integration vom Autisten selbst nur partiell erfahren und wahrgenommen, da zu ihrer vollen Wahrnehmung das Sichhineinversetzen in andere Menschen nötig wäre. Aus demselben Grunde können auch Freundschaften nicht gelingen. Autisten sind immer darauf angewiesen, daß andere Menschen sie verstehen und sich ihnen anpassen, um ihnen damit selbst die Anpassung zu erleichtern bzw. ihnen zu ermöglichen, das Sozialverhalten mit Hilfe von Routinen abzuwickeln. Sie können andere Menschen im eigentlichen Sinne des Wortes nicht verstehen.

Viele Aggressionen, Wutausbrüche und Autoaggressionen, sowie ein Teil der Ängste werden darauf zurückzuführen sein, daß trotz aller Versuche der Umgebung, auf das autistische Kind einzugehen, dem Kind trotzdem nicht tiefgreifende Frustrationen erspart werden. Zu verschieden ist die Welt des autistischen Kindes von der unseren. In diesem Zusammenhang ist aufschluß-reich, was Autisten rückblickend über ihre Kindheit sagen: In der Erinnerung erscheint ihnen die Kindheit als eine große Verwirrung. Sie erinnern sich an schreckliche, terrorisierende Ängste, die durch wechselnde Umgebungsein-drücke und durch die Unvorhersehbarkeit der Umgebung hervorgerufen wurden. Das autistische Kind, dem wichtige Ordnungsstrukturen fehlen, fühlt sich in unserer Welt wie in einer fremden, unvorhersagbaren, unberechenbaren Welt voller Willkür. Da es ihm nicht gelingt, ein Schema von Personen zu entwickeln, bleibt es in dieser Willkür mit sich alleine und kann an anderen Menschen wenig Halt und Orientierung finden.

In einem tieferen Sinn des Wortes müssen wir sagen, daß Autisten scheinbar elternlos aufwachsen; dies aber resultiert nicht aus dem Versagen ihrer Eltern, sondern aus ihrer Unfähigkeit, ein Personenschema auszubilden, das ihnen ermöglicht, mit den Eltern in Kontakt zu treten.

Es wäre sicher falsch zu sagen, das autistische Kind hat keine Vorstellungs-welt. Richtig ist, daß ein Großteil seiner abnormen Verhaltensweisen für uns verständlich wird, daß wir Zusammenhänge zwischen seiner sozialen Zurück-gezogenheit und dem Bedürfnis, eine gleichbleibende Umgebung zu erhalten, zwischen den verschiedenen Formen der Sprachstörung usw. sehen, wenn wir davon ausgehen, daß seine Vorstellungswelt viel weniger reichhaltig und differenziert ist, als die eines normalen Kindes, und daß sie in Teilbereichen völlig fehlt, oder daß es ihm sehr viel Mühe kostet, V-Schemata zu generieren. Richtig ist, daß uns plötzlich verständlich wird, warum Autisten, die die Sprache beherrschen, Witze nicht verstehen können, warum sie alles wörtlich nehmen müssen, warum ihnen die Geste, so einfach sie auch sein mag, als kommunikatives Mittel nicht zugänglich ist. Verständlich wird, daß ihre phantastischen Erzählungen hölzern wirken, wie das Aufzählen eines Regi-sters. Verständlich wird, daß der Aufbau einer Beziehung zu komplexen Dingen, wie dem einer Person kaum gelingt, daß viele Reize wie Töne, Bewegungen, Ereignisse vermieden und ausgeblendet werden müssen, um ein Minimum an Ordnung herstellen zu können, und daß sie sich aus dieser Reizüberflutung nur retten können durch eine innere Isolation.

3.6. Somatische Faktoren in der Genese des frühkindlichen Autismus

Bei einem beträchtlichen Teil der autistischen Kinder treten Symptome des Autismus assoziiert mit Krankheiten auf, von denen bekannt ist, daß sie zu einer zerebralen Funktionsstörung führen. Bei einigen dieser Krankheiten scheint die Assoziation mit dem frühkindlichen Autismus enger zu sein, als vom Zufall her zu erwarten ist, wenn auch keine dieser Krankheiten notwendigerweise zum Erscheinungsbild des frühkindlichen Autismus führt, selbst dann nicht, wenn das Vorliegen einer geistigen Behinderung wahrscheinlich macht, daß eine Beeinträchtigung der Hirnfunktion erfolgt ist. In anderen Fällen lassen sich mit den heute zur Verfügung stehenden Untersuchungsmethoden zerebrale Funktionsstörungen oder pathologische strukturelle Befunde am Zentralnervensystem erheben. Schließlich deutet das mehrmalige Auftreten des frühkindlichen Autismus bei Kindern in manchen Familien darauf hin, daß eine genetische Komponente an der Entstehung dieser Krankheit beteiligt ist.

3.6.1. Frühkindlicher Autismus im Rahmen spezifischer Erkrankungen

Frühkindlicher Autismus kann als Folgeerscheinung metabolischer (durch Stoffwechselstörungen bedingter) Erkrankungen auftreten. So wurden einige Fälle beschrieben, bei denen die Kinder neben einem frühkindlichen Autismus gleichzeitig an einer

– *Histidinämie* (seltene, autosomal rezessiv erbliche Störung des Histidin-Abbaues infolge Fehlens der Histidase),
– *Hyperurikämie* (Vermehrung der Harnsäure im Blut) oder einem
– *Morbus Pfaundler-Hurler* (komplexes Erbleiden mit metaepiphysärer Dystose und zusätzlicher Störung des Mucopolysaccharidstoffwechsels) erkrankt waren.
– Auch bei der *Phenylketonurie* (rezessiv erbliche Stoffwechselanomalie infolge Enzymdefektes mit Störung des Umbaues von Phenylalanin zu Tyrosin) kommt es häufig zum Symptombild des frühkindlichen Autismus (Coleman, 1979).
– Für die *Phakomatosen* (geschwulstähnliche Wucherungen des Bindegewebes) ist ebenfalls ein gemeinsames Auftreten mit dem frühkindlichen Autismus beschrieben worden. So wurde bei mehreren autistischen Kindern eine *tuberöse Sklerose* (anlagebedingte Hirnmißbildung innerhalb der Hirnrinde) diagnostiziert (Taft & Cohen, 1971; Mansheim, 1979).

Eine epidemiologische Studie aus Schweden berichtete zudem über das auffällig häufige gemeinsame Vorkommen von frühkindlichem Autismus und der *Neurofibromatose* (Gillberg & Forsell, 1984). Bei dieser Krankheit besteht die Möglichkeit, daß als Verbindungsglied eine Störung des Monoaminhaushalts im Zentralnervensystem fungiert (Monoamine sind Überträgersubstanzen zwischen den Nervenendigungen).

In einer Reihe von Fällen wurde ein Zusammenhang zwischen intrauterinen

Infektionen und dem frühkindlichen Autismus nachgewiesen. Der Nachweis ist jedoch mit Schwierigkeiten verbunden, da relativ viele Neugeborene mit intrauterinen Infektionen symptomfrei sind und eine Diagnose des frühkindlichen Autismus erst relativ spät möglich ist, wobei bis dahin der antivirale Titer (als ein Maß für die Bildung von Antikörpern gegen die Viren) schon normalisiert bzw. ein Titeranstieg wegen einer viralbedingten Schädigung des immunologischen Systems ausgeblieben sein kann. Deshalb ist es nicht ohne weiteres möglich, die Häufigkeit intrauteriner Infektionen als Ursache des frühkindlichen Autismus zu bestimmen. In einigen Untersuchungen konnten an größeren Stichproben autistischer Kinder keine eindeutigen Hinweise auf pränatale virale Infektionen gefunden werden, in anderen Untersuchungen wurden solche Infektionen jedoch diagnostiziert: So konnten Stubbs et al. (1984) unter 76 autistischen Kindern bei 6 pränatale Virusinfektionen nachweisen. Dies würde eine Inzidenz von 8% bedeuten. Autistische Kinder, bei denen Hinweise auf eine intrauterine Infektion vorliegen, sind öfter mehrfach behindert und intellektuell schwerer beeinträchtigt als die anderen Autisten. Für folgende intrauterine Infektionen wurde ein Zusammenhang mit dem frühkindlichen Autismus nachgewiesen:

– Röteln,
– Zytomegalievirus,
– Varizellen (Windpocken),
– Toxoplasmose und
– Syphilis.

Die Entwicklung autistischer Kinder, die an den Folgen pränataler Virusinfektionen leiden, zeigt einige besondere Merkmale. Im Falle intrauteriner viraler Infektionen können die Symptome des frühkindlichen Autismus auch erstmals in einem späteren Alter auftreten als dem 30. Lebensmonat, und sie können sich später auch wieder rückbilden (Chess, 1977).

Einige Berichte weisen darauf hin, daß ein dem autistischen Syndrom zumindest sehr ähnliches Bild auch infolge von akuten Infektionen des Zentralnervensystems in einem späteren Alter auftreten kann. DeLong et al. (1981) beschrieben drei Fälle, in denen eine schwere Störung des Sozialverhaltens, Stereotypien und eine schwere Beeinträchtigung des aktiven und passiven Sprachgebrauchs relativ unvermittelt auftraten. In einem Fall konnte als unmittelbare Ursache eine Herpes simplex Enzephalitis (Gehirnentzündung durch Herpes-Viren) nachgewiesen werden, die zu einer teilweisen Destruktion oder linken Temporalregion führte. Klinisch unterschied sich das Bild in den Symptomen von einer epileptisch bedingten Aphasie (Störung der Sprache bei erhaltener Funktion der zum Sprechen benötigten Muskulatur) vor allem durch den akuten Verlauf und dadurch, daß auch die nonverbale Kommunikation, etwa das Verständnis von Gesten, gestört war.

Ein ähnlicher Fall war zuvor schon von Weir & Salisbury (1980) beschrieben worden, nämlich das Auftreten autistischer Symptome nach einer Enzephalitis bei einem zehnjährigen Knaben. In diesem Fall ging die Störung jedoch im Unterschied zu den obigen Fällen mit anderen neurologischen Ausfällen einher.

Frühe Untersuchungen an autistischen Kindern fanden keine Chromosomenanomalien. Bei der häufigsten chromosomal bedingten Störung, dem Mongolismus, kommt es nur selten zu autistischen Symptomen. Die verbesserten Methoden der Chromosomenuntersuchungen haben neue Möglichkeiten eröffnet, insbesondere die verläßliche Beurteilung von Chromosomenbrüchen. Dies hat zu einer Beschreibung neuer Syndrome geführt. Eines dieser Syndrome, das sogenannte fragile X-Syndrom (fra X) oder Marker-X-Syndrom, das bei Buben auftritt, geht mit einer leichten bis schweren geistigen Behinderung, Sprachanomalien und verschiedenen leichteren Mißbildungen (und nach der Pubertät mit vergrößerten Hoden) einher. Es ist in den letzten Jahren gezeigt worden, daß ein Teil der Kinder mit dem fragilen X-Syndrom wesentliche Symptome des frühkindlichen Autismus aufweist (Meryash et al., 1982; Brown et al., 1982; August & Lockhart, 1984). Daher wird empfohlen, eine spezielle genetische Untersuchung zu veranlassen, wenn bei männlichen Geschwistern autistischer Kinder eine geistige Behinderung und wenn bei den autistischen Kindern selbst leichte körperliche Mißbildungen (ab der Pubertät vor allem eine Hodenvergrößerung) festgestellt werden. Auch bei einigen Mißbildungssyndromen (z. B. dem Noonan-Syndrom, Paul et al., 1983) wurde bei einzelnen Kindern das Auftreten des frühkindlichen Autismus beobachtet.

3.6.2. Strukturelle Veränderungen des Zentralnervensystems

Die Darstellung der Hirnstrukturen mit der Pneumoenzephalographie (röntgenologische Darstellung der Liquorräume des Gehirns nach Füllung mit Luft bzw. Gas durch Lumbal- bzw. Subokzipitalpunktion) und der Computer-Tomographie (röntgendiagnostisches Verfahren, durch den Einsatz eines Computers ausgewertet) hat eine relativ hohe Rate von leicht auffälligen bis eindeutig pathologischen Befunden bei autistischen Kindern ergeben. Vor allem wurde bei einer relativ großen Zahl autistischer Kinder auch dann, wenn keine neurologischen Auffälligkeiten vorhanden waren, eine Erweiterung der Ventrikelräume festgestellt. Die einzige Untersuchung, in der Pneumoenzephalographie-Befunde genau dokumentiert wurden, ist jene von Hauser et al. (1975). Unter 18 autistischen Kindern mit verzögerter Sprachentwicklung, die zwar einzelne neurologische Symptome, aber keine diagnostizierbaren neurologischen Erkrankungen hatten, wurden bei 15 Kindern Ventrikelerweiterungen festgestellt. Bei 10 Kindern betraf diese Erweiterung nur den linken

Seitenventrikel, in den anderen Fällen war die Erweiterung beidseitig, links jedoch meist deutlich stärker ausgeprägt als rechts. Am auffälligsten war die häufige Erweiterung des linken Temporalhorns, was auf eine Schädigung der medialen linkstemporalen Strukturen (Hippokampus und Amygdala) zurückgeführt wurde.

Untersuchungen mit der Computer-Tomographie (CT) konnten die Befunde von Hauser et al. (1975) zu einem guten Teil bestätigen, vor allem, wenn man in Betracht zieht, daß Erweiterungen des Ventrikelsystems mit der Pneumoenzephalographie eindeutiger nachzuweisen und auffälliger sind. Campbell et al. (1982) beobachteten bei einer größeren Anzahl jüngerer autistischer Kinder ohne neurologische Symptome in etwa 25% eine Ventrikelerweiterung.

Damasio et al. (1980) fanden in einer großen Gruppe autistischer Kinder, bei denen die Computer-Tomographie jedoch zum Teil wegen vorhandener neurologischer Syndrome durchgeführt wurde, in etwa 50% pathologische Befunde. Eine vergleichende Untersuchung von unausgewählten autistischen Kindern und geistig behinderten Kindern (Gillberg & Svendsen, 1983) konnte keinen Unterschied in der Häufigkeit pathologischer Computer-Tomographie-Befunde feststellen, die Rate betrug in beiden Gruppen etwa 25%. Auch hier handelte es sich in der Mehrzahl um Ventrikelerweiterungen. Während jedoch bei den geistig behinderten Kindern ein klarer, linearer Zusammenhang zwischen der Häufigkeit pathologischer CT-Befunde und der Schwere der geistigen Behinderung bestand, war ein solcher Zusammenhang bei den Autisten nicht vorhanden.

Die Beobachtung von Hauser et al. (1975), daß bei autistischen Kindern Ventrikelerweiterungen relativ häufig vorkommen, konnte also in den CT-Untersuchungen bestätigt werden. Die Untersuchungen konnten aber nicht konsistent nachweisen, daß diese Erweiterungen linksseitig stärker ausgeprägt sind und auf einer Substanzminderung der linken Hemisphäre beruhen. Neben Ventrikelerweiterungen finden sich in den Computer-Tomogrammen autistischer Kinder auch vereinzelt Hinweise auf lokalisierbare Parenchymläsionen (vor allem des Frontalhirns bzw. des limbischen Systems).

3.6.3. EEG-Befunde und Epilepsien

Die Häufigkeit pathologischer EEG-Befunde bei autistischen Kindern wird in verschiedenen Untersuchungen sehr unterschiedlich angegeben. Es wurden zwischen 20% und 80% der EEG-Ableitungen autistischer Kinder als abnorm gewertet. Pathologische EEG-Befunde sind bei autistischen Kindern häufiger als bei anderen geistig behinderten Kindern (DeMyer, 1975). Die häufigsten pathologischen EEG-Phänomene sind lokale oder diffuse Spitzenpotentiale und paroxysmale Spike-Wave-Komplexe.

Autistische Kinder leiden auch häufig unter einem Anfallsleiden, das sich oft erst in der späteren Kindheit und vor allem um die Pubertät entwickelt (Rutter et al., 1967; Deykin & McMahon, 1979). Die Altersverteilung bei Beginn von Anfällen ist unter autistischen Kindern deutlich von jener der Gesamtbevölkerung verschieden, wo das höchste Risiko für die Entwicklung von Anfällen im ersten Lebensjahr und dann wieder nach dem sechzigsten Lebensjahr besteht. Bei Autisten kommt es hingegen vor allem während der frühen, aber auch noch in der späten Adoleszenz relativ häufig zum ersten Auftreten von Anfällen. Insgesamt beträgt das kumulative Risiko, daß Autisten bis zum 18. Lebensjahr Anfälle entwickeln, etwa 21% (Deykin & McMahon, 1979).

Eine schwere Form von Anfallsleiden des Säuglings- und Kleinkindalters, die Hypsarhythmie, führt relativ häufig zu einer schweren intellektuellen und sozialen Beeinträchtigung, die in mancher Hinsicht dem frühkindlichen Autismus ähnlich ist (Taft & Cohen, 1971).

3.6.4. Prä- und perinatale Risikofaktoren

Mehrere Untersuchungen, darunter auch prospektive Erhebungen (Torrey et al., 1975), haben gezeigt, daß die prä- und perinatale Entwicklung autistischer Kinder relativ häufig unter biologisch ungünstigen Bedingungen stattgefunden hat. Bei einem beträchtlichen Teil autistischer Kinder sind während der Schwangerschaft, der Geburt und der frühen postnatalen Entwicklung Umstände eingetreten, von denen bekannt ist, daß sie das Risiko einer Schädigung des Zentralnervensystems mit sich bringen. Die Anzahl solcher nicht optimaler Bedingungen liegt bei autistischen Kindern deutlich über einer normalen Kontrollgruppe. Obzwar nur wenige Risikofaktoren isoliert betrachtet zwischen autistischen und normalen Kindern unterscheiden, so hatten doch etwa in einer epidemiologischen Studie in Göteborg (Gillberg & Gillberg, 1983) 48% der autistischen Kinder nach detailliert geführten Schwangerschafts- und Geburtsaufzeichnungen Optimalitätsindizes (nach Prechtl, 1980), die deutlich ungünstiger als jene der Kontrollgruppe waren. Die meisten dieser Risikofaktoren waren in der pränatalen Zeit eingetreten. Keiner der Risikofaktoren, die bei den autistischen Kindern festzustellen waren, bringt nach dem vorhandenen Wissen ein hohes Risiko einer Schädigung des Zentralnervensystems mit sich, wie dies etwa für Frühgeburten oder Asphyxie gilt, Risikofaktoren, die oft in der Vorgeschichte von zerebralparetischen Kindern festgestellt werden.

3.6.5. Genetische Faktoren

Von den Geschwistern autistischer Kinder zeigen einige ebenfalls das Erscheinungsbild des frühkindlichen Autismus (etwa 2%, Folstein & Rutter, 1977).

Dies ist deutlich häufiger, als nach der Auftretenshäufigkeit dieses Syndroms in der Gesamtbevölkerung zu erwarten ist.

In zwei neueren größeren Zwillingsuntersuchungen (Folstein & Rutter, 1977; Ritvo et al., 1982) wurde eine relativ hohe Konkordanz bei monozygotischen, nicht aber dizygotischen Zwillingen festgestellt (paarweise Konkordanzrate nach Folstein & Rutter, 1977: 36%).

Auffälliger noch als das vermehrte Auftreten des gleichen Syndroms bei Geschwistern und eineiigen Zwillingen ist die relativ große Häufigkeit, mit der Geschwister autistischer Kinder kognitive Behinderungen zeigen (Minton et al., 1982; August et al., 1981). Solche Behinderungen treten bei etwa 16% der Geschwister bzw. in 20% der Familien mit einem autistischen Kind auf. Meist handelt es sich um einen deutlichen Rückstand der geistigen Entwicklung bis hin zu einer schweren geistigen Behinderung, wobei die sprachlichen Fähigkeiten besonders betroffen sind.

In der Zwillingsuntersuchung von Folstein & Rutter (1977) wurde eine sehr hohe Konkordanz zwischen eineiigen Zwillingen in Bezug auf diese kognitiven Behinderungen festgestellt. Da zudem bei den Autisten die prä- und perinatalen Risikofaktoren deutlich erhöht waren, interpretierten Folstein & Rutter (1977) die Ergebnisse der Studie dahingehend, daß eine Vererbung eher für die kognitive Beeinträchtigung wahrscheinlich ist, während das volle Erscheinungsbild des frühkindlichen Autismus dann auftrete, wenn (zusätzlich) eine Hirnschädigung erfolgt.

3.6.6. Hypothesen über die Genese des frühkindlichen Autismus

Die Tatsache, daß der frühkindliche Autismus im Rahmen verschiedenster neurologischer Erkrankungen auftreten kann, und wahrscheinlich auch eine genetische Komponente in einigen Fällen an der Entstehung dieses Syndroms mitbeteiligt ist, macht es notwendig anzunehmen, daß dieses Syndrom die Folge unterschiedlicher Einwirkungen auf ein oder mehrere Funktionssysteme des Zentralnervensystems ist. Da sichtbare morphologische Veränderungen fehlen können (Williams et al., 1980), werden durch die verschiedenen Einwirkungen wahrscheinlich die späteren Stadien der Neuronenentwicklung gestört (Ciaranello et al., 1982). Wie dieser Vorgang im einzelnen vorzustellen ist, liegt im Dunklen. Zwei Erklärungsansätze scheinen jedoch zu einer Aufklärung der Genese beizutragen:

– Neurochemische und
– neuropsychologische Hypothesen.

Neurochemische Hypothesen und Befunde

Von neurochemischer Seite wurde vor allem die Rolle der Neurotransmitter (Übertragungssubstanzen zwischen den Nervenendigungen) untersucht. Drei Transmitter-Systeme haben in erster Linie Beachtung gefunden: das

- serotonerge,
- noradrenerge und
- dopaminerge System.

Es wird hypothetisch angenommen, daß bei autistischen Kindern die Funktion des *noradrinergen* Systems ungenügend oder zumindest schlecht reguliert ist. Da dieses System eine wichtige Rolle bei der Verarbeitung von neuen Informationen spielt, könnte eine Störung dieses Systems zu den Symptomen des frühkindlichen Autismus führen.

Eine Störung des *dopaminergen* Systems könnte in der Genese des frühkindlichen Autismus deshalb eine Rolle spielen, weil dieses System die motorische Aktivität reguliert (Es wurde im Tierversuch nachgewiesen, daß es bei exzessiver Aktivierung dieses Systems zu Stereotypien kommt.), und weil die Neuroleptika – die bisher wirksamste medikamentöse Behandlungsform des frühkindlichen Autismus – die Dopamin-Rezeptoren blockieren. Bei den großen methodischen Schwierigkeiten neurochemischer Untersuchungen ist es nicht verwunderlich, daß bisher nur wenige replizierbare Befunde an autistischen Kindern berichtet worden sind (Young et al., 1982). Zu diesen Befunden zählt, daß ein Teil der autistischen Kinder (etwa 25%) einen erhöhten Serotoningehalt im Blut aufweist und möglicherweise auch der Liquorgehalt des Hauptmetaboliten (= Hauptabbauprodukts) des Serotonin (5-HIAA) erhöht ist (Gillberg et al., 1983). Die Abbauprodukte des Noradrenalin (MHPG) kommen in verminderter Konzentration vor, was möglicherweise auf eine ungenügende Aktivität dieses Transmitters hinweist. Andererseits scheint der Gehalt des Liquors an den Abbauprodukten des Dopamins (HVA) erhöht zu sein, ein Befund, der nach Gillberg et al. (1983) für autistische Kinder spezifisch ist und bei geistig behinderten Kindern nicht festgestellt werden kann.

Neuropsychologische Hypothesen

Der frühkindliche Autismus ist keinem der klassischen neuropsychologischen Syndrome so ähnlich, daß sich Annahmen über die an der Genese dieser Störung beteiligten zerebralen Funktionssysteme aufdrängen würden. Die meisten neuropsychologischen Hypothesen beziehen sich daher auf einzelne Symptome, für die, wenn sie bei Erwachsenen auftreten, eine Lokalisation möglich ist, und nehmen an, daß eine Störung der Funktionssysteme, wenn sie frühzeitig erfolgt, zu einer so weitreichenden Beeinträchtigung des Verhaltens führt, wie dies bei autistischen Kindern der Fall ist.

Drei Hypothesen sollen kurz vorgestellt werden:

1. Der frühkindliche Autismus beruht auf einer Funktionsstörung der dominanten Hemisphäre.
2. Funktionssysteme innerhalb des Hirnstammes sind betroffen.
3. Eine Beeinträchtigung der Funktionen des mesolimbischen Systems ist für die Symptome des frühkindlichen Autismus verantwortlich.

O Die Annahme, daß dem frühkindlichen Autismus eine Störung der Funktionen der dominanten Hemisphäre zugrunde liegt, setzt in erster Linie an den auffälligen Sprachstörungen autistischer Kinder an. Diese Hypothese hat Untersuchungen über die Ausprägung der Dominanz bei autistischen Kindern veranlaßt. Die Untersuchungen zeigen, daß autistische Kinder in der Händigkeit signifikant seltener eine vollständige Rechtsdominanz ausbilden (z. B. Colby & Parkinson, 1977; Tsai, 1982).

Da sich jedoch auch bei anderen Gruppen eine weniger konsistente Bevorzugung der rechten Hand findet, dürfte es sich hier wahrscheinlich um ein unspezifisches Defizit handeln (Boucher, 1977; Barry & James, 1978). Untersuchungen über die perzeptuelle (auditive) Dominanz wiesen gleichfalls auf eine geringere Lateralisation in der Verarbeitung von sprachlichen Reizen hin (Blackstock, 1978; Prior & Bradshaw, 1979).

Wird jedoch der semantische Gehalt der verbalen Reize durch Verwendung von sinnlosen Silben ausgeschieden, so zeigen sich keine Unterschiede zwischen autistischen und normalen Kindern in der perzeptuellen Dominanz. Kinder mit schweren Sprachentwicklungsstörungen zeigen hingegen eine geringere Bevorzugung der durch das rechte Ohr aufgenommenen Reize (Arnold & Schwartz, 1983).

O Während also Dominanztests die Hypothese eines linkshemisphärischen Defizits nicht eindeutig unterstützen, zeigt das Profil der Testergebnisse von neuropsychologischen Testbatterien ein Muster, das jenem ähnlich ist, das bei Patienten mit einer Beeinträchtigung der linken Hemisphäre anzutreffen ist (Dawson, 1983).

Der Hirnstamm stellt eine Struktur dar, in der erste Verarbeitungen der verschiedenen Sinnesreize vorgenommen, miteinander integriert und auf den Gesamtzustand des Organismus abgestimmt werden. Darüber hinaus ist der Hirnstamm an anderen wichtigen Funktionen, wie der Regulation des Aktivierungszustandes des Organismus und der Orientierung auf Reize beteiligt. Zwei Befunde legen in der Tat nahe, daß bei einem Teil der autistischen Kinder eine

Störung von Hirnstammfunktionen vorliegen könnte. Zum einen ist die Überleitungszeit von Hirnstammpotentialen nach akustischer Stimulation bei einem Drittel bis der Hälfte der autistischen Kinder deutlich verzögert. Dieser Befund wurde von mehreren Untersuchungsgruppen bestätigt. Dabei scheint es kein Kontinuum dieser Funktionsstörungen zu geben, vielmehr zeigt ein Teil der autistischen Kinder eine eindeutig pathologische Reaktion, während bei einem anderen Teil die Hirnstammpotentiale im Normbereich sind. Die Angaben, wie weit sich diese beiden Gruppen in anderen Eigenschaften unterscheiden, sind leider inkonsistent. Während Gillberg et al. (1983) einen Zusammenhang zwischen den mutmaßlichen Funktionsstörungen des Hirnstammes und einer muskulären Hypotonie sowie der Sprachstörung beobachteten, fanden Fein et al. (1981), daß autistische Kinder mit pathologischen Hirnstammpotentialen sozial weniger zugänglich und zwanghaft sind. Der zweite Befund, der auf eine Störung der Hirnstammfunktionen hindeutet, ist eine Reduktion des postrotatorischen Nystagmus (z. B. Gillberg et al., 1983). Auch dieser Befund läßt sich nur bei einem Teil der autistischen Kinder erheben, wobei ein Zusammenhang mit dem Vorhandensein pathologischer Hirnstammpotentiale besteht. Beide Befunde zusammen betrachtet deuten auf eine ausgedehntere Störung der Hirnstammfunktionen hin, die also nicht nur eine spezifische Funktion des Hirnstammes betrifft. Maurer & Damasio (1979) haben die Interpretation des zweiten Befundes, der verminderten vestibulären Reaktionen, in Frage gestellt und darauf hingewiesen, daß diese Störung auch bei Läsionen höhergeordneter Zentren, vor allem der Basalganglien, auftreten kann.

○ Die Hypothese, die am detailliertesten begründet ist, und am ehesten einen Versuch darstellt, der Vielfalt der bei autistischen Kindern zu beobachtenden Störungen gerecht zu werden, ist jene, daß der frühkindliche Autismus auf einer Funktionsstörung des mesolimbischen-frontalen Systems beruht (Maurer & Damasio, 1982). Dieses System ist an der hierarchischen Strukturierung des Verhaltens beteiligt. Störungen in diesem System führen bei Erwachsenen zu Bewegungsstörungen, zu spezifischen Sprachstörungen (Mutismus, Schwierigkeiten im Verständnis von Gesten, ungewöhnliche Konkretheit der Sprache, Dysprosodie), Störungen der Aufmerksamkeit sowie zu ritualistischem und zwanghaftem Verhalten. Das System, das gleichsam einen Ring phylogenetisch älteren Materials an der medialen Oberfläche des Frontal- und Temporallappens sowie das Striatum umfaßt, dürfte aus verschiedenen Gründen auch besonders anfällig für prä- und perinatale Schädigungen sein. Die vaskuläre Versorgung dieses Gebietes ist zur Zeit der Geburt als Randzone noch nicht voll ausgebildet, so daß es Schädigungen besonders ausgesetzt ist. Da das Gebiet zytoarchitektonisch und phylogenetisch wie auch neurochemisch Gemeinsamkeiten aufweist, könnten genetische Einflüsse ebenso wie Schädigungen durch Viren mit bestimmter Affinität wirksam werden.

Zusammenfassung

Trotz der großen Fortschritte in der Forschung der letzten Jahre sind wesentliche Fragen über die Bedeutung somatischer Faktoren für die Entstehung des frühkindlichen Autismus nach wie vor offen.

Obgleich die bisherigen Befunde darauf hindeuten, daß sehr unterschiedliche somatische Störungen zu dem Syndrom des frühkindlichen Autismus führen können, ist es durchaus möglich, daß die weitere Forschung Gemeinsamkeiten zwischen den verschiedenen biologischen Entstehungsmechanismen aufzeigt. Solche Gemeinsamkeiten wären unserer Meinung nach zu erwarten, aber sind wohl nur dann zu entdecken, wenn unsere Kenntnisse über die Entwicklung des Zentralnervensystems beträchtlich zugenommen haben.

3.7. Die Eltern autistischer Kinder

Wir haben uns in den vorausgehenden Abschnitten mit der Störung auseinandergesetzt und haben versucht zu zeigen, wie sich das autistische Kind die Welt aneignet und wie es die Defizite zu kompensieren versucht. Indem wir uns mit den Problemen der Eltern auseinandersetzen, wechseln wir die Seite und fragen uns: Wie ergeht es den Eltern, die ein autistisches Kind erziehen müssen?

Es ist zu erwarten, daß die Eltern eines autistischen Kindes die Erziehung so beginnen, als sei es ein normales Kind. Sie können nur auf das Repertoire zurückgreifen, das ihnen die Gesellschaft vermittelt hat. Sie erfahren aber sehr schnell das Scheitern der üblichen Erziehungsmethoden und dann beginnt ein Prozeß, indem sie versuchen, sich auf diese neue Situation einzustellen, was manchen Eltern eher, manchen weniger gelingt.

Die Eltern erfahren in der Regel im dritten oder vierten Lebensjahr des Kindes, daß es behindert ist. Bis dahin glauben die meisten von ihnen, daß ihr autistisches Kind normal ist, auch wenn ihnen zuweilen bestimmte Eigenschaften auffallen, die sie beunruhigen. Wenn ihnen dann gesagt wird, daß ihr Kind schwer behindert ist, wenn sie über die Prognose aufgeklärt werden und über die Schwierigkeiten, die zu erwarten sind, so beginnt für sie ein lang andauernder und mühsamer Verarbeitungsprozeß.

Die Probleme beginnen schon bei der Beurteilung der Schwierigkeiten der Kinder. Die Eltern müssen erkennen, daß ihr Kind sich nicht normal entwikkelt, und sie müssen es als schwer behindertes annehmen. Das bedeutet, daß sie an ihr Kind nicht die Erwartungen stellen dürfen, die sie an ein normales

Kind stellen können. Es bedeutet ferner, daß sie die Anstrengungen einer jahrelangen Therapie auf sich nehmen müssen.

Nicht selten wird der Prozeß der Auseinandersetzung um die Behinderung ihres Kindes durch ein falsches Verhalten der beratenden Fachleute zusätzlich belastet. Sie versuchen, die Eltern zu beruhigen, indem sie ihnen versichern, es würde sich nur um eine vorübergehende Störung in der Entwicklung handeln. Eltern machen sich dann Vorwürfe, sie seien überbesorgt.

In anderen Fällen wiederum wird der Kontakt mit den Experten dadurch belastet, daß die Bedingungen für die Störung in einer »falschen« Erziehung gesehen werden. Oft vermittelt sich den Eltern dieser Eindruck – auch wenn er nicht direkt ausgesprochen wird – durch die Art, wie ihnen Fragen gestellt werden, und dadurch, daß der Fragende ihnen zuwenig Einblick gewährt in die Zusammenhänge, die sich ihm im Verlauf des Gespräches zeigen.

Dem Therapeuten kommt eine wichtige Funktion als Informationsträger zwischen den Eltern und ihrem autistischen Kind zu. Seine Aufgabe ist es auch, dem Kind eine Umgebung zu schaffen, die seinen Leidensdruck mindert und in der es sich einigermaßen wohlfühlen kann. Dies setzt von Seiten der Eltern voraus, daß sie ihr Kind verstehen. Der Therapeut kann aber diese Mittlerrolle nur ausüben, wenn er imstande ist, die Störung des Kindes und die Probleme, die sich daraus für die Familie ergeben, aus ihrer Sicht zu erleben. Wenn er ihre Verunsicherung und Enttäuschung als natürliche Reaktion auf eine außergewöhnliche Situation versteht, dann wird er sie richtig beraten und wird ihnen in dieser schweren Zeit beistehen können.

Es vergeht oft sehr viel Zeit von dem Zeitpunkt an, zu dem die Eltern zum ersten Mal deutliche Auffälligkeiten beim Kind bemerkt haben, bis zum endgültigen Formulieren einer Diagnose. Der Therapeut sollte mit der Aufklärung der Eltern nicht bis zur Formulierung einer endgültigen Diagnose warten, sondern sie schon während des diagnostischen Prozesses einbeziehen und ihnen Feedback geben. Die konkreten Angaben über die Reaktion der Eltern auf die Schwierigkeiten ihrer autistischen Kinder, die dargestellt werden, sind überwiegend der Untersuchung von DeMyer (1979) entnommen.

3.7.1. Beziehung der Eltern zu ihren autistischen Kindern

Die meisten Eltern fühlen sich den Kindern nahe. Sie lernen allmählich, die Bedürfnisse der Kinder, ihre Stimmungen und Gefühle zu erkennen. Obwohl die Eltern belastende Gefühle bei den Kindern oft nicht lindern können, fühlen sie sich doch von den Kindern nicht emotional getrennt. Die Kinder lernen, die Eltern von anderen Personen zu unterscheiden, und kommen mit ihren Bedürfnissen zu ihnen. Sie unterscheiden dabei auch, mit welchen Bedürfnissen sie zur Mutter bzw. zum Vater kommen können.

Autistische Kinder zeigen zwar von sich aus weniger Zärtlichkeit, die Eltern meinen jedoch, daß sie selbst zu den Kindern nicht weniger zärtlich sind als zu den Geschwistern und daß sie jede Gelegenheit nutzen, um den Kindern verbal und nonverbal ihre Zuneigung und Liebe auszudrücken. Manche Eltern fordern die Kinder zu Zärtlichkeiten auf, etwa einen Kuß zu geben, und die Kinder lernen auch, dies auf Aufforderung hin zu tun, aber es bleibt nach dem Empfinden der Eltern eine automatische Geste.

Die meisten Eltern haben zumindest zu gewissen Zeiten das Gefühl, daß sich die Kinder von ihnen emotional zurückgezogen haben. Manche haben zu solchen Zeiten auch den Eindruck gehabt, von den Kindern nur benutzt zu werden, um Bedürfnisse zu befriedigen, ohne daß die Kinder ihnen Gefühle entgegenbringen.

3.7.2. Auffälligkeiten der Eltern-Kind-Interaktionen, die mit den besonderen Schwierigkeiten der Kinder zusammenhängen

Die sprachlichen Verständnisschwierigkeiten der Kinder, kombiniert mit der größeren Kontaktarmut, machen es für die Eltern notwendig, sich besonders auf die Kinder einzustellen. Die Eltern müssen z. B. eine einfachere Sprache verwenden. Die häufige Verwendung von Echolalien, von metaphorischer (idiosynkratischer) Sprache erschwert es den Eltern, zu verstehen, was ihnen ihre Kinder mitteilen wollen.

Die Tatsache, daß die autistischen Kinder wenig Sprache in ihren Mitteilungen verwenden, sondern ihre Wünsche oft nonverbal, durch Hinführen, Führen der Hand der Eltern, ausdrücken, stellt die Eltern vor die Frage, wieweit sie im Umgang mit den Kindern Sprache verwenden sollen. Die geringe eigene sprachliche Aktivität, auch sonst der Mangel an Initiative stellt die Eltern immer wieder vor die Aufgabe, die Kinder anzuregen, oder aber sie in der von ihnen gewählten Zurückgezogenheit zu belassen.

Auch das mangelnde Ausdrucksverhalten, die mangelnde nonverbale Kommunikation, macht es den Eltern schwerer als gewöhnlich, die Wünsche und Bedürfnisse der Kinder zu erraten, sich auf die Kinder einzustellen. Die vor allem im Vorschulalter auffällige Dissoziation verschiedener Entwicklungsbereiche erschwert ebenfalls das Sich-auf-die-Kinder-Einstellen.

3.7.3. Was ist für die Eltern belastend?

Für drei Viertel der Eltern ist die Zeit zwischen dem zweiten und vierten Lebensjahr der Kinder am belastendsten. Dies ist eine Zeit, in der die Probleme der Kinder immer deutlicher werden, der Zustand der Kinder scheint sich zu verschlechtern. Es sind zunächst nur die zum Teil massiven

Auffälligkeiten der Kinder zu beobachten, hingegen nur wenige Entwicklungsfortschritte. Die Kinder haben noch kaum Selbständigkeit erreicht, sind ganz auf die Eltern angewiesen, wobei auch die täglichen Routinen vielfältige Schwierigkeiten bereiten. Die Eltern sind nicht nur sehr besorgt um die Kinder, sie fühlen sich auch hilflos und allein gelassen.

In vielen Fällen sind es die *störenden Verhaltensweisen* der Kinder, die für die Eltern besonders belastend sind:

– ihre Wutanfälle,
– die Art, Gegenstände unangemessen zu behandeln und dadurch Dinge zu zerstören bzw. sich selbst zu verletzen,
– die Neigung, sich selbst zu verletzen, wobei dies vom Haareausreißen, dem Schlagen mit den Händen gegen den Kopf, sich in die Arme beißen bis zu schwerwiegenden Selbstverletzungen reichen kann.

Zermürbend wirken auf die Eltern die vielen *Schwierigkeiten bei alltäglichen Routineabläufen.* Alltägliche Abläufe werden zum Teil dadurch erschwert, daß die Kinder darauf bestehen, daß gewisse Dinge immer auf die gleiche Art und Weise gemacht werden, außerdem durch besondere Vorlieben der Kinder etwa beim Essen (die auch die Befürchtungen der Eltern aufkommen lassen, die Kinder würden nicht richtig ernährt, bzw. zu Vorwürfen von Seiten der Umgebung führen). Die Eltern müssen zum Teil auch den Kühlschrank oder die Küche verschlossen halten, damit die Kinder nicht zuviel trinken oder ihre Lieblingsspeise einnehmen und dann nicht mehr bei den Mahlzeiten essen.

Belastend für die Eltern ist ferner das Zurückbleiben in der Entwicklung von Selbständigkeit (Ausziehen, Waschen, Sauberkeit etc.). Manches wird zum Teil durch unverständlich große Angst der Kinder erschwert (z. B. vor dem Wasser, was das Baden in der Badewanne unmöglich macht, oder das Waschen der Haare kompliziert).

Belastend für die Eltern sind auch die Einschränkungen des Kontaktes mit Freunden und Bekannten, von Ausflügen, des Auswärtsessens, von Unternehmungen in der Freizeit und im Urlaub ganz allgemein, die wegen der Schwierigkeiten der Kinder erforderlich erscheinen.

Eßprobleme

In der Säuglingszeit gibt es häufig Eßprobleme – ein Fünftel der Kinder nimmt zuwenig Nahrung auf oder hat Probleme mit dem Saugen, Schlucken und später mit dem Kauen. Später treten häufiger als bei den normalen Kindern Schwierigkeiten im selbständigen Gebrauch des Eßbesteckes auf, beim Essen kommt es dadurch oft zu einer großen Patzerei. Zu Konflikten kommt es häufig auch dadurch, daß die autistischen Kinder in der Annahme der angebotenen

Nahrung sehr wählerisch sind und nur wenige Speisen essen, wobei es oft vorkommt, daß sie einige Zeit nur eine Speise, dann wieder nur eine andere mögen. Mahlzeiten werden auch dadurch zum Problem, daß diese Kinder kein Verständnis für die Reaktionen anderer haben, oft spielen oder schmieren sie mit dem Essen, verlassen den Tisch, können nicht warten, es kommt zu Wutanfällen, gelegentlich auch zu Angstreaktionen, zu Erbrechen, das neuerliches Füttern notwendig macht. Oft ziehen es die Mütter daher vor, mit den Kindern allein zu essen.

Sauberkeit

Autistische Kinder brauchen länger, um den Sinn des Sauberkeitstrainings zu verstehen und zu begreifen, weshalb sie etwa auf den Topf gesetzt werden. Die Eltern versuchen es erst mit längerem Sitzenlassen, sind dann aber ratlos und warten nach einigen Versuchen nur noch ab, weil sie merken, daß das Kind die Aufgabe nicht verstanden hat. Dabei ist die Einstellung der Eltern autistischer Kinder zur Sauberkeitserziehung nicht anders als bei normalen Kindern, aber sie brauchen mehr Geduld mit autistischen Kindern. Probleme bereitet den Eltern das gar nicht so seltene Kotschmieren dieser Kinder.

Schlafprobleme

Bei der Hälfte der Kinder treten wenigstens vorübergehend schwere Schlafstörungen auf. Die autistischen Kinder haben sowohl Schwierigkeiten mit dem Einschlafen am Abend, wie auch mit dem Aufwachen mitten in der Nacht, da sie häufig nicht mehr einschlafen können. Für die Eltern besteht das Problem nicht nur darin, daß autistische Kinder zum Teil einen leichten und unruhigen Schlaf haben, sondern daß sie, wenn sie nachts aufwachen, oft nur sehr schwer zu beruhigen sind und dann gelegentlich bis zur Erschöpfung schreien. Es ist dabei für die Eltern hier – wie auch bei anderen Angst- und Erregungszuständen der Kinder – bedrückend zu merken, daß sie die Kinder in solchen Stunden auch durch ihre Nähe, dadurch daß sie bei ihnen bleiben und sie in den Arm nehmen, kaum beruhigen können.

Disziplinprobleme

Große Mühe bereitet es den Eltern, ihr autistisches Kind zur Einhaltung gewisser Verhaltensregeln zu veranlassen. Dabei macht ihnen nicht nur das häufige Auftreten von unangenehmen, unerwünschten Verhaltensweisen Sorgen, sondern auch die starke Reizbarkeit, die bei einem Drittel der Kinder zu extremen Wutanfällen mit Um-sich-Schlagen, Beißen, Auf-den-Boden-Urinieren führt. Der Anlaß für solche Wutanfälle kann minimal sein. Ein Teil der

Eltern meint, daß die Kinder nicht um die Häßlichkeit ihres Verhaltens wüßten. Die meisten Eltern konnten keine Schuldgefühle bei den Kindern beobachten. Fast alle Eltern meinen, daß ihre autistischen Kinder im Gegensatz zu normalen Kindern den Zweck des Strafens nicht verstehen.

Die Eltern setzen zunächst ähnliche Disziplin-Methoden ein wie bei normalen Kindern. Sie tadeln also die Kinder und schimpfen, geben ihnen auch gelegentlich einen Klaps. Wenn diese Strafen wirkungslos bleiben, so greifen sie zu stärkeren Mitteln, sehen aber bald ein, daß das Strafen nicht nur wirkungslos ist, sondern daß die autistischen Kinder die Strafe auch anders erleben. Während fast alle normalen Kinder auf Strafen betroffen reagieren, zeigen etwa ein Drittel der autistischen Kinder indifferenete Reaktionen. Einige allerdings antworten extrem stark mit Angst, Erregung, Stereotypien und Selbstverletzungen. Die Eltern versuchen daher, sie nur zu strafen, wenn sie sich anders nicht mehr zu helfen wissen. Die Unsicherheit über die angemessenen Disziplin-Methoden verstärkt die Sorgen der Eltern und führt nicht selten auch zu Zweifeln an den eigenen Fähigkeiten als Erzieher.

Bei all dem ist die Erfahrung der Hilflosigkeit und die Ratlosigkeit einem Kind gegenüber, das sie nicht verstehen, der Grundton: »Können Sie mir sagen, warum er sich so verhält?«, ist denn auch eine immer wiederkehrende Frage, vor allem der Eltern der intelligenteren autistischen Kinder.

3.7.4. Folgen der Schwierigkeiten autistischer Kinder für die Familien

Die Schwierigkeiten der Kinder haben einen Einfluß auf die persönliche Entwicklung der Eltern und der Geschwister. Die ganze Familie muß sich mit den Schwierigkeiten der autistischen Kinder auseinandersetzen und das Leben auf diese Schwierigkeiten einrichten. Die Folgen sind für die Mutter am größten. Während die Väter auf ihren Beruf ausweichen können und dort Bestätigung finden, ist dies den Müttern gerade wegen der intensiven Pflege, die diese Kinder benötigen, kaum möglich. Die Sorge um das autistische Kind verläßt viele Mütter nach eigenen Angaben fast nie. Viele stehen deshalb, aber auch wegen der realen Belastungen, nahezu ständig unter erhöhter körperlicher und psychischer Spannung; dies führt zum Teil zu Tagträumen über Ereignisse, die eine Erlösung von dem Zustand bringen könnten, seien dies neue Therapien, besondere Ereignisse, Wunder, aber auch der Tod der Kinder. Häufig belasten die Eltern Schuldgefühle, wenn sie auch nur bei einer Minderheit quälend werden.

Es sind vor allem die Mütter, die sich immer wieder Vorwürfe machen, das Kind nicht richtig gewollt, oder es nicht genug geliebt zu haben. Selbst wenn sie die Unberechtigtheit dieser Vorwürfe rational einsehen, etwa wenn sie ihr

Verhalten gegenüber dem autistischen Kind mit jenem gegenüber seinen Geschwistern vergleichen, so beschäftigt sie der Gedanke doch.

Die Schwierigkeiten in der Erziehung führen darüberhinaus auch zu Zweifeln an den mütterlichen Fähigkeiten. Die Belastung kann weiters dazu führen, daß Mütter Zorn und ohnmächtige Wut gegen bestimmte Symptome und Eigenheiten der Kinder empfinden.

Schließlich sind die Mütter oft längere Zeit depressiv und können nur unter großer Selbstüberwindung die alltäglichen Pflichten weiter tragen. Bei nicht wenigen sind diese depressiven Reaktionen so stark, daß sie von Ärzten Medikamente verordnet bekommen. Mitunter ist die Verzweiflung der Mütter so groß, daß sie ernstlich an einen Suizid denken. Die meisten Mütter versuchen, über die Jahre einfach von einem Tag auf den anderen zu leben, nur wenige können Distanz gewinnen, indem sie eine Arbeit aufnehmen, oder stärker den Kontakt zu Freunden und Bekannten pflegen.

Die Väter sind ebenfalls von den Schwierigkeiten der Kinder belastet, auch wenn sie diese Betroffenheit oft weniger zeigen als die Mütter. Auch sie haben oft Schuldgefühle, sind verletzt über den Mangel an Zuneigung der Kinder. Für viele Väter jedoch steht die Belastung der Mütter im Vordergrund, um die sie sich Sorgen machen. Ein Problem für sie ist auch der Mangel an Familienleben, der durch die Schwierigkeiten der Kinder bedingt ist.

Die Ehen der Eltern autistischer Kinder

Die Ehen der Eltern autistischer Kinder unterscheiden sich nicht von jenen von Eltern normaler Kinder, aber es finden sich weniger häufig Ehen, die als sehr glücklich bezeichnet werden, und häufiger unglückliche Ehen. Nach dem Urteil der Eltern haben normale Kinder im allgemeinen einen positiven Effekt auf die Beziehung der Eltern zueinander, während in Familien mit einem autistischen Kind Erziehungsprobleme die Beziehung der Eltern zueinander belasten und zu gegenseitigen Vorwürfen führen. Die Eltern sind wohl auch durch die ständigen Sorgen und Belastungen weniger ausgeglichen und reizbarer. Andererseits versucht jeder Elternteil seine Sorgen für sich zu behalten, um den Partner nicht noch mehr zu belasten. Sie versuchen Gefühle der Niedergeschlagenheit zu verbergen, wollen sich zuversichtlich geben. Dies kann zu einer zunehmenden Isolierung der Eltern voneinander führen. Das auch bei normalen Eltern anzutreffende Ungleichgewicht in der Sorge für die Kinder ist bei den Eltern autistischer Kinder noch ausgeprägter, und Mütter werfen den Vätern – vielfach nur im Stillen – mangelnde Unterstützung vor, wobei neben der konkreten Hilfe bei der Versorgung der Kinder und im Haushalt, vor allem eine kritische Haltung und der Mangel an Anerkennung und Lob verletzt. Die Mütter beklagen besonders fehlende Gelegenheiten, ihre Sorge um das autistische Kind mit den Vätern zu besprechen. Zu diesen Belastungen der ehelichen Beziehung und des Familienlebens kommen finanzielle Sorgen. Es findet sich auch seltener Gelegenheit zu einem entspannten Zusammensein sowie zu gemeinsamen Unternehmungen. Nicht selten reagieren die Mütter auf diese Belastungen mit sexuellem Desinteresse, was wiederum zu Spannungen mit dem Ehepartner führt.

Doch nicht nur von negativen Folgen wird berichtet: Eltern betonen, daß sie in ihrer Sorge für diese Kinder enger zusammenfinden können. Gerade das Engagement der Väter um das autistische Kind, das nicht so selten zu finden ist, vertieft die Beziehung der Eltern zueinander.

Beide Möglichkeiten, jene positiver wie negativer Folgen, bestehen auch für die Auswirkungen auf die Geschwister. Negativ kann sich die allgemeine Spannung auswirken. Die Geschwister kommen zu kurz, wenn sich die Sorge der Eltern ausschließlich oder überwiegend auf das autistische Kind konzentriert (ein Drittel der Familien). Auch die Geschwister reagieren besorgt und sind von den Schwierigkeiten betroffen. Sie können mit Eifersucht reagieren, können darunter leiden, von Schulkameraden wegen der autistischen Geschwister »aufgezogen« zu werden, können bei größeren Aufregungen einen Rückschritt in ihrer Entwicklung erfahren, den Schulbesuch vermeiden, von zu Hause fortlaufen usw. Auf der anderen Seite engagiert sich die Mehrzahl der gesunden Kinder stärker in der Familie, hilft mehr mit. Deutliche psychische Störungen treten bei den Geschwistern nicht gehäuft auf.

3.7.5. Besonderheiten der Eltern autistischer Kinder

Soziale Stellung

Kanner (1949) & Eisenberg (1957) haben bei der Beschreibung des Syndroms »frühkindlicher Autismus« auf einige auffallende Gemeinsamkeiten in der Persönlichkeit der Eltern hingewiesen, die für die Genese der Verhaltensauffälligkeiten relevant sein könnten: Dies war zum einen eine auffallende Häufung an Familien, die der oberen Sozialschicht zuzurechnen waren. Zudem schien ein beträchtlicher Teil der Eltern überdurchschnittlich intelligent zu sein.

Die meisten späteren Untersuchungen an größeren Gruppen autistischer Kinder, die in kinderpsychiatrische Einrichtungen überwiesen wurden, kamen zu einem ähnlichen Ergebnis und dies stand in einigen Untersuchungen in deutlichem Kontrast zu den Merkmalen der Eltern von Kindern mit anderen Störungen, die in denselben Einrichtungen behandelt wurden (Prior et al., 1976; Rutter & Lockyer, 1967; Kolvin et al., 1971).

Einiges spricht jedoch dafür, daß es sich dabei um die Folge spezieller

Selektionsvorgänge handelt, die den Kontakt mit spezialisierten Behandlungseinrichtungen bei autistischen Kindern aus Familien der sozialen Oberschicht begünstigt. So haben Schopler et al. (1979) beobachtet, daß der Trend zugunsten autistischer Kinder aus höheren sozialen Schichten mit der Entfernung des Wohnortes der Familien von den Behandlungseinrichtungen zunimmt und daß der Trend abnimmt, sobald in einer Region ein System dezentraler Betreuung autistischer Kinder im normalen Schulsystem eingeführt wird. Weiters beobachteten Schopler et al. (1979), daß die Eltern autistischer Kinder, die der oberen Sozialschicht zuzurechnen sind, detailliertere Angaben über die frühe Entwicklung ihrer Kinder geben konnten und daß die Eltern den Beginn der Auffälligkeiten bei den Kindern früher datieren. Dies dürfte beides die Diagnose »Frühkindlicher Autismus« wahrscheinlicher machen.

Epidemiologische Untersuchungen über die Häufigkeit autistischer Verhaltensstörungen kamen bisher zu widersprüchlichen Ergebnissen. In einer Untersuchung (Lotter, 1967) wurde ein Trend für eine Herkunft autistischer Kinder aus Familien der sozialen Oberschicht gefunden, in zwei anderen Untersuchungen nicht, ohne daß eine Ursache für diese Diskrepanz auszumachen ist (Brask, 1972; Wing, 1980). Allerdings stützen sich diese Untersuchungen auf relativ kleine Populationen, und die Anzahl der identifizierten autistischen Kinder war zu klein, um Einflußfaktoren erkennen zu können, die den Zusammenhang zwischen der Schichtzugehörigkeit der Familien und dem Auftreten des frühkindlichen Autismus modifizieren könnten.

Persönlichkeitsmerkmale der Eltern autistischer Kinder

Kanner (1949) und Eisenberg (1957) fiel an den Eltern der von ihnen untersuchten autistischen Kinder eine gewisse Introvertiertheit sowie eine deutliche Zwanghaftigkeit auf. Vor allem die Väter schienen Mühe zu haben, ihre Gefühle zu zeigen und aus sich herauszugehen. Kanner und Eisenberg notierten, daß die Eltern relativ wenige soziale Kontakte hatten, daß sie in ihrem Verhalten steif, formell und auch ein wenig gefühlskalt wirkten. Spätere, kontrollierte Untersuchungen, die strukturierte Interviews, Beurteilungsskalen und Fragebögen verwendeten, konnten diese Merkmale bei den Eltern autistischer Kinder nicht häufiger beobachten als bei Eltern anderer behinderter Kinder bzw. bei Eltern normaler Kinder (Cantwell et al., 1978; Cox et al., 1975; Kolvin et al., 1971). Von Klinikern, die Eltern autistischer Kinder über längere Zeit hinweg entweder allein oder gemeinsam mit den Kindern behandelten, sind auch später immer wieder Auffälligkeiten beschrieben worden. So hob die Gruppe um Goldfarb am Ittelson-Zentrum in New York die mangelnde Dominanz der Eltern, ihren Zustand der Ratlosigkeit und der psychischen Lähmung hervor (Meyers & Goldfarb, 1961).

Die Gruppe am Putnam-Center in Boston stellte eine Unfähigkeit der Mütter fest, ihre mütterliche Funktion auszuüben und Freude am Mutterdasein zu empfinden (Putnam, 1955). Kontrollierte Untersuchungen konnten diese Beobachtungen nicht bestätigen, wenn Eltern autistischer und anderer behinderter Kinder verglichen wurden (Cantwell et al., 1978). Dabei ist zuwenig bedacht worden, daß solche Verhaltensweisen auch als Reaktion auf die Schwierigkeiten der Kinder zu verstehen sind.

Eltern autistischer Kinder haben diese klinischen Eindrücke vielfach als Diffamierung zurückgewiesen, und es ist darauf zu verweisen, daß sich die Eltern an vielen Orten aktiv um die Organisation von Therapieeinrichtungen bemüht und Elternverbände autistischer Kinder in den USA, in England sowie in der Bundesrepublik maßgebend an Verbesserungen mitgewirkt haben. Elternverbände unterstützten auch Forschungsprojekte; einige der bekanntesten Psychologen und Psychiater, die sich in den letzten Jahren mit dem frühkindlichen Autismus auseinandergesetzt haben, sind selbst Eltern eines autistischen Kindes – Rimland, John & Lorna Wing.

Sind Eltern autistischer Kinder häufiger schizophren bzw. weisen sie häufiger Merkmale auf, die für die Psychopathologie Schizophrener charakteristisch sind?

Wenn es sich beim Autismus um eine Frühform der Schizophrenie handelte, wäre zu erwarten, daß bei den Eltern autistischer Kinder häufiger schizophrene Erkrankungen zu finden seien als dies von der allgemeinen Verbreitung dieser Störung her zu erwarten ist. In Untersuchungen, in denen klare Diagnosekriterien verwendet wurden, konnte aber ein häufiges Auftreten schizophrener Erkrankungen nicht bestätigt werden (Goldfarb et al., 1976).

Die Eltern autistischer Kinder befinden sich auch nicht häufiger wegen psychiatrischer Störungen in längerer oder dauernder psychiatrischer Behandlung als die Eltern von anderen behinderten Kindern. Man könnte allerdings vermuten, daß die Eltern zwar nicht das volle Erscheinungsbild einer schizophrenen Psychose zeigen, aber doch häufiger einige wesentliche Merkmale, und zwar vor allem Denkstörungen, was sich über eine unklare Kommunikation auf die Kinder auswirken würde.

Auch hierfür findet sich in kontrollierten Untersuchungen wenig Evidenz. Weder ließ sich das häufige Vorkommen von Denkstörungen, etwa eine Lockerung des Assoziationsgefüges, eindeutig nachweisen (Lennox et al., 1977), noch zeigte sich, daß Eltern autistischen Kindern gegenüber einen unklareren Mitteilungsstil verwendeten als etwa Eltern von sprachgestörten Kindern (Cantwell & Baker, 1978b). Wo Auffälligkeiten der Eltern zu finden waren, konnten diese auf erhöhte Ängstlichkeit und Schuldgefühle zurückgeführt werden, die in den Eltern nicht zuletzt durch eine falsche Beratung verstärkt worden waren (Schopler & Loftin, 1969a, b).

Interpretation

Wir sind es gewohnt, Erziehung als einen einseitigen Prozeß zu betrachten, in dem die Eltern auf der einen Seite Kontrolle ausüben und in dem die Kinder auf der anderen Seite als die Kontrollierten betrachtet werden. Tatsächlich jedoch ist Erziehung ein verschränkter Prozeß, in dem jeder kontrolliert und jeder kontrolliert wird, wobei die Dominanz nicht immer bei den Eltern liegt.

Wenn wir die Eltern autistischer Kinder verstehen wollen, so müssen wir davon ausgehen, daß sie in ihrem Erziehungsverhalten wie in ihrer Einstellung dem autistischen Kind gegenüber von seinem abnormen Verhalten mitbestimmt werden. Es ist nicht zu erwarten, daß Eltern einem autistischen Kind die gleiche emotionale Zuwendung entgegenbringen wie einem normalen Kind. In gewisser Hinsicht ist die Beziehung der Eltern zu einem autistischen Kind vergleichbar der Beziehung des autistischen Kindes der Umwelt gegenüber. Wie das autistische Kind empfinden auch die Eltern eine starke Überforderung in der Aufgabe, ein autistisches Kind zu erziehen. Überforderung aber macht hilflos, weckt in uns das Bedürfnis nach Vermeidung und nach kompensativen Tätigkeiten. So können sich Eltern für ihr Kind aufopfern, andere Aufgaben und die Erziehung der Geschwister vernachlässigen und ihre Aufmerksamkeit ganz auf das behinderte Kind einengen, oder sie können dazu tendieren, das Kind abzuschieben und in ein Heim zu geben.

3.7.6. Wie können wir den Eltern wirksam helfen?

○ Indem wir uns bewußt sind, daß sie ein schweres Los zu tragen haben, und daß wir ihnen dieses Los nicht abnehmen können. Es gibt keinen wirksameren Trost für sie. Es ist ihnen aber eine große Hilfe, wenn sie spüren, daß die Umgebung mit ihnen mitempfindet und darauf verzichtet, billigen Trost zu spenden oder gutgemeinte Ratschläge zu erteilen. Von anderen Eltern können Eltern eines autistischen Kindes vor allem dadurch Hilfe erfahren, daß sie die Integration des behinderten Kindes in die Spielgruppe der Normalen erleichtern und fördern. Gegen die Neigung, sich abzusondern, können Eltern eines behinderten Kindes kaum etwas unternehmen.

Die Mutter von Felix berichtet, daß sie nur wenige Male mit ihm auf den Spielplatz ging. Als sie dann sah, daß Felix von den anderen Kindern gemieden wurde, und daß die Mütter ihre Kinder wegholten, wenn er mit ihnen spielen wollte, begann sie die öffentlichen Plätze zu meiden und ging stattdessen lieber mit Felix in den Wald, wo sie alleine mit ihm war. Es wird heute viel von der

Integration behinderter Kinder gesprochen. Nicht weniger wichtig als die Integration des behinderten Kindes in die Schule, wäre die Integration der Familien behinderter Kinder in die Nachbarschaft.

○ Eine wirksame Hilfe können Eltern eines autistischen Kindes dadurch erfahren, daß wir ihnen ein Verständnis der Störung und seiner Auswirkungen vermitteln. Eltern erfassen relativ rasch, daß ihr Kind nicht einfach geistig behindert ist, sondern daß es um ihr Kind eine besondere Bewandtnis hat. Mehrere Eltern, mit denen wir zu tun hatten, sagten, ihr Kind sei ein emotionales Genie. In einer solchen Äußerung mag auch ein starker Wunsch wirksam sein, darüberhinaus zeigt sich uns darin aber auch ein Stück richtige Einschätzung. Sie sind als ganz besondere Fälle zu betrachten und zu behandeln.

○ Überforderung ist nicht zuletzt deshalb so schwer zu ertragen, weil sie uns so hilflos macht, etwas tun zu wollen und nicht zu wissen was. Wir können aber heute den Eltern eine Reihe wichtiger Hinweise geben, wie sie die Umgebung für das autistische Kind gestalten können, daß es sich wohlfühlt, wie sie mit den Verhaltensauffälligkeiten des Kindes besser zurechtkommen, und wir können ihnen auch helfen, Methoden zu lernen, damit sie das Kind fördern können.

Wir müssen den Eltern sagen, daß sie bei der Erziehung des autistischen Kindes nicht auf das erprobte Verhaltensrepertoire zurückgreifen können, sondern daß hierzu Spezialwissen und Spezialkönnen vonnöten sind. In einer Vielzahl von Einzelfallstudien wurde nachgewiesen, daß Eltern in relativ kurzer Zeit solche Programme erlernen und ausüben können (Innerhofer & Warnke, 1983). Bei alledem sollte uns immer bewußt sein, daß die Hilfe, die wir den Eltern geben, ungenügend ist, daß wir ihre Probleme nur mildern können, und daß sie den schwereren Teil tragen müssen.

Bei der Beratung der Eltern sollte auch immer die Gesamtfamilie mit in Betracht gezogen werden. Über die Auseinandersetzungen um die Erziehung und Förderung des behinderten Kindes vergessen wir allzuleicht, daß wir die Mutter mit der Betreuung des behinderten Kindes so in Beschlag nehmen, daß sie keine Zeit mehr hat für die Geschwister. In einem eindringlichen Film konnten wir zeigen, wie die Mutter, sich völlig auf das behinderte Kind konzentrierend, das Nichtbehinderte aus den Augen verloren hat. Aber nicht nur die Geschwister, auch das Familienleben und die Ehe müssen beachtet werden, und unter Umständen ist die Einweisung eines Kindes in ein Heim humaner für die gesamte Familie als die Erziehung in der Familie. Schlagwörter wie »ein behindertes Kind nie in ein Heim geben« sind dabei wenig hilfreich. Wir müssen versuchen, realistisch abzuschätzen, was der einzelnen Familie möglich ist und was nicht. Ihr zu helfen, solche Entscheidungen so zu treffen, daß keine Schuldgefühle zurückbleiben, ist eine weitere wichtige Aufgabe der Elternbetreuung.

3.8. Epidemiologie des frühkindlichen Autismus

Epidemiologische Untersuchungen zum frühkindlichen Autismus sind mit einer Reihe von Schwierigkeiten behaftet: Das Krankheitsbild ist sehr selten. Das Auffinden der Kinder ist relativ schwierig, da ein Teil in Heimen untergebracht ist, ein Teil in Familien lebt, ein Teil die Regelschule besucht, ein anderer Teil Sonderschulen oder auch Spezialeinrichtungen.

Schwierigkeiten gibt es ferner in der Abgrenzung des frühkindlichen Autismus von schweren Formen der geistigen Behinderung. In der Regel wird daher eine Art Vorerhebung zur Auswahl von möglicherweise autistischen Kindern gemacht. In so einer wenig zeitintensiven Vorerhebung in Schulen bzw. in mit der Betreuung von Behinderten oder emotional gestörten sowie verhaltensauffälligen Kindern befaßten Einrichtungen werden alle Kinder erfaßt, die autistische Symptome zeigen. Diese ausgelesene Stichprobe wird dann einer intensiven zeitaufwendigen Untersuchung unterzogen. Erhebungen dieser Art können mit Sicherheit nur die schwer gestörten autistischen Kinder erfassen, während leichtere Fälle möglicherweise unentdeckt bleiben.

Solche Untersuchungen kamen recht übereinstimmend zu einer Häufigkeit von vier bis fünf Fällen mit frühkindlichem Autismus auf 10 000 Kinder (Wing et al., 1976). Unter den so identifizierten Fällen hatten nicht alle Kinder das Vollbild des von Kanner beschriebenen Syndroms, einige hatten nur einige der typischen Symptome des frühkindlichen Autismus. Wenn diese Unterscheidung zwischen einer Kerngruppe von eindeutig autistischen Kindern und einer anderen Gruppe von Kindern, bei denen die von Kanner (1943) beschriebenen Symptome nicht so ausgeprägt anzutreffen waren, berücksichtigt wird, so ergibt sich, daß 2 von 10 000 Kindern eindeutig das Bild des frühkindlichen Autismus zeigen und weitere 2 bis 3 einige wesentliche autistische Symptome. Unter den autistischen Kindern sind Buben etwa viermal so häufig wie Mädchen, wobei dieses Überwiegen der Störung bei Buben vor allem unter den intelligenteren autistischen Kindern festzustellen ist (Wing, 1981 b).

Die epidemiologischen Untersuchungen haben auch den klinischen Befund bestätigt, daß das Vollbild des frühkindlichen Autismus in vielen Fällen nur bis zum sechsten und siebten Lebensjahr anzutreffen ist, und daß in der späteren Kindheit und im Jugendalter die Diagnose nur mehr retrospektiv aus den Angaben der Eltern bzw. aus den Aufzeichnungen der betreuenden Institutionen zu stellen ist.

Die autistischen Kinder befinden sich, wie diese epidemiologischen Untersuchungen zeigen, überwiegend in Einrichtungen für geistig behinderte Kinder sowie zu einem kleineren Teil in Einrichtungen für Sprachgestörte. Auch dort, wo spezielle Einrichtungen für autistische Kinder existieren, erfassen diese nur einen Teil der Autisten. Die Untersuchungen zeigen auch, daß nur wenige autistische Kinder in normalen Schulen unterrichtet werden, die meisten in Sonderschulen. So befand sich von den 35 von Lotter (1966) identifizierten autistischen Kindern nur eines in einer normalen Volksschule. Erhebungen, die nur die Zahl der offiziell als autistisch oder psychotisch diagnostizierten Kinder erfassen, kommen zu einer geringeren Häufigkeit des Auftretens dieser Störung als Erhebungen, die alle Kinder mit autistischen Symptomen im Schulsystem und in Sondereinrichtungen zu identifizieren versuchen. Dies zeigt, daß die Planung, z. B. im Rahmen des Erziehungssystems, sich ohne solche besonderen Erhebungen nur auf unzuverlässige Angaben stützen kann. Für diese Diskrepanz ist entscheidend, ob im betreffenden Schulsystem die Diagnose »Autismus« zur Kennzeichnung von Kindern verwendet wird. Von Psychiatern und Psychologen gestellte Diagnosen sind den Lehrern nur zum Teil bekannt, oder sie werden übergangen, wenn sie nicht für den Unterricht der Kinder als relevant erscheinen und als solche auch im Schulbereich anerkannt sind (Wing et al., 1976). Ein Teil der autistischen Kinder ist jedoch niemals Kinderpsychiatern oder klinischen Psychologen zur Diagnose und Beratung bzw. Therapie vorgestellt worden.

4. Diagnostik

Die Diagnostik des frühkindlichen Autismus erscheint vielen Klinikern als unbefriedigend. Kanner (1973) selbst hat sich kritisch geäußert. Er meinte, daß die Kinder, die die Bücher über den Autismus nicht gelesen haben, den Klinikern und Forschern nicht den Gefallen tun, ihr Verhalten an einem der bereitliegenden bekannten und eindeutigen Pattern zu orientieren. Es sei daher die Aufgabe der Forschung, diese Kinder als Individuen zu studieren mit unverwechselbaren Eigenschaften – geduldig und von verschiedenen Gesichtspunkten aus, ohne etwas zu übergehen, ohne sie in vorgeformte Kategorien zu pressen, ohne ätiologisches Dogma.

Kanner, der Forscher, war vor allem daran interessiert, eine Definition zu finden, die eine objektive Zuordnung der Kinder zu diesem Störungsbild gewährleistet. Wir sprechen in diesem Falle von der Aufgabe der Selektion, die die Diagnostik zu leisten hat.

Selektion

Die Selektionsdiagnostik kann verschiedene Zwecke erfüllen, z. B.:

– die Kinder der geeigneten Therapiemethode zuzuführen,
– Kinder selektieren, die im Sinne des Behindertengesetzes eine spezielle gesetzliche Behandlung erfahren,
– Auslese von Kindern zu Forschungszwecken, usw.

Therapievorbereitung und -begleitung

Die zweite große Aufgabe der Diagnostik ist die Vorbereitung geplanten erzieherischen und therapeutischen Handelns. Teilziele der therapieorientierten Diagnostik sind:

– Festlegung von Verhaltensweisen, die verändert werden sollen,
– Beschreibung der Abfolge einzelner Verhaltenssequenzen, um Abhängigkeiten zu erkennen,
– Beschreibung der Umwelt, in der das zu verändernde Verhalten auftritt, um Wirkzusammenhänge zu erkennen, die für die Therapie genutzt werden können, usw.

Nach den beiden Hauptaufgaben der Diagnostik, der Selektik und der Therapievorbereitung, werden wir auch diesen Abschnitt gliedern.

4.1. Die Selektionsdiagnostik bei autistischen Kindern: Aufgaben und Ansätze

Der überwiegende Teil der Literatur zur Diagnose des frühkindlichen Autismus beschäftigt sich mit dem Aufgabenkomplex der Selektion. Das mag daher rühren, daß diese Literatur zum überwiegenden Teil von Forschern geschrieben wurde. In der Forschung stand lange Zeit die Frage im Vordergrund, ob frühkindlicher Autismus ein eigenes Krankheitssyndrom ist, und wie man dieses Syndrom definieren sollte, damit eine, von anderen Störungen abhebbare Gruppe isoliert werden kann; d. h., die verschiedenen Ansätze sind also darum bemüht, ein homogenes Autismussyndrom zu definieren.

4.1.1. Diagnostische Kriterien für das Syndrom des frühkindlichen Autismus

Die erste ausführliche Beschreibung autistischer Kinder und die Einsicht, daß es sich bei diesen Kindern um eine besondere Gruppe mit einem typischen Störungsbild handelt, stammt von Kanner (1943). In diesem ersten Bericht beschrieb Kanner ausführlich elf Kinder, die eine Reihe von Gemeinsamkeiten aufwiesen. Unter diesen Gemeinsamkeiten war besonders auffallend

– ihre Unfähigkeit, Beziehungen zu anderen Personen zu entwickeln,
– die deutliche Verzögerung bei der Entwicklung der Sprache und
– der nichtkommunikative Gebrauch der Sprache, nachdem sie sich entwickelt hatte,
– mit verzögerten Echolalien und einer Umkehr der Pronomina,
– repetitives und stereotypes Spielverhalten,
– Mangel an innerer Vorstellungsfähigkeit,
– zwanghaftes Bestehen auf Unverändertheit in der Umgebung und bei gewissen Routinen,
– eine besondere Fähigkeit zum Auswendiglernen sowie in deutlichem Kontrast zu der sonstigen schweren Störung
– ein normales, ja anziehendes körperliches Aussehen.

4.1.1.1. Die Definition von Kernsymptomen

In dieser ersten Beschreibung von Kanner (1943) werden eine Vielzahl von Einzelmerkmalen aufgezählt, die autistischen Kindern gemeinsam sein sollen. Bald jedoch erkannte man, daß die einzelnen autistischen Symptome auch bei Kindern zu beobachten waren, die in anderen Verhaltensweisen den autistischen Kindern recht unähnlich waren.

So haben Eisenberg & Kanner (1956) Symptome definiert, die in dieser Kombination nur bei autistischen Kindern gefunden werden. Diese Symptome wurden »Kernsymptome« genannt. Als solche Kernsymptome definierten sie

– die soziale Isolation und den
– Drang nach Aufrechterhaltung von Gleichförmigkeit.

Wenn man noch explizit hinzunimmt, daß diese Auffälligkeiten frühzeitig und zwar im allgemeinen vor dem 30. Lebensmonat beginnen, dann entspricht diese Definition weitgehend den heute vielfach benutzten Kriterien. Rutter (1978) hebt zusätzlich noch

– die Verzögerung der sprachlichen Entwicklung und die Auffälligkeiten im Gebrauch der Sprache hervor.

In diesen drei Bereichen haben alle autistischen Kinder Schwierigkeiten, und zwar sind diese deutlich größer als bei anderen verhaltensgestörten Kindern gleicher Intelligenz, wobei es sich natürlich überwiegend um geistig behinderte Kinder handelt (Rutter & Lockyer, 1967).

Ritvo & Freeman (1978) haben im Rahmen einer Arbeitsgruppe der NSAC (National Society for Autistic Children) etwas andere Kriterien für die Diagnose des frühkindlichen Autismus entwickelt. Danach sollten bei der Diagnose eines frühkindlichen Autismus Störungen in vier Bereichen vorliegen:

– Störungen der Entwicklungsdynamik und Entwicklungssequenz,
– Störungen in der Reagibilität auf Sinnesreize,
– Störungen des Sprechens, der Sprache und des Denkens sowie der nonverbalen Kommunikation und
– Störungen der Fähigkeit, eine angemessene Beziehung zu Personen, Ereignissen und Gegenständen der Umwelt zu entwickeln.

Da auch die von Ritvo & Freeman (1978) betonten Verhaltensauffälligkeiten bei autistischen Kindern sehr häufig sind, besteht de facto eine große Übereinstimmung in der diagnostischen Zuordnung bei Anwendung beider Diagnosekriterien (Schopler et al., 1980). Die Kriterien von Ritvo & Freeman führen jedoch in der Tendenz bei einer größeren Anzahl von Kindern zur Diagnose eines frühkindlichen Autismus als die Kriterien von Rutter (1978), die die Diagnose eher auf schwer gestörte Kinder beschränken.

Rutter (1978) betont, daß ein Teil der diskrepanten Ergebnisse in der empirischen Forschung des frühkindlichen Autismus auf Stichprobenunterschiede zurückzuführen sei, und er betont, daß in die Aufstellung von Diagnosekriterien neben praktischen Überlegungen über die Anwendbarkeit der Kriterien auch Hypothesen über die dem frühkindlichen Autismus zugrunde liegenden Störungen eingehen. Dies dürfte ein Grund dafür sein, weshalb die eher knapper gehaltenen Kriterien etwa von Rutter (1978) nur zum Teil anerkannt werden.

So haben Cohen et al. (1978) in die Liste der Diagnosekriterien (neben einer schweren Störung der sozialen Bindungsfähigkeit, der Störung in der Entwicklung und im Gebrauch von Sprache und nonverbaler Kommunikation) unter anderem aufgenommen, daß die Kinder

– eine deutliche Störung im Ausdruck und im Verständnis von Emotionen sowie
– in der Regulation von Angst und Erregungsniveau zeigen sollten.

Von Rutter (1978) wird ausdrücklich zugegeben, daß die Frage bislang ungeklärt ist, was die primären bzw. Hauptmerkmale des frühkindlichen Autismus sind und was nur als sekundäres Symptom zu betrachten ist. Deshalb kann auch die Frage vorerst nicht als beantwortet betrachtet werden, welche diagnostische Zuordnung für jene Kinder angemessen ist, die nur einige Symptome des frühkindlichen Autismus zeigen. Sich bei der Diagnose des frühkindlichen Autismus auf jene Verhaltensmerkmale zu beschränken, die wirklich bei allen autistischen Kindern vorkommen, ist als praktisch realisierbarer Weg zu betrachten, theoretisch aber nicht fundiert. Untersuchungen über die gemeinsamen Symptome aller Autisten sind von Rutter & Lockyer (1967) sowie von Wolff & Chess (1964) durchgeführt worden. Neben einem kleinen Set an Merkmalen, die allen autistischen Kindern wenigstens in den ersten Lebensjahren gemeinsam sind, finden sich andere Verhaltensweisen, die zwar bei autistischen Kindern häufiger auftreten als bei anderen behinderten und verhaltensgestörten Kindern, bei denen jedoch der Unterschied nicht so groß ist, daß sie zu einer besseren Unterscheidung der Gruppen wesentlich beitragen.

Ruht der eben beschriebene Ansatz auf der Konzeption von Kernsymptomen, so geht ein zweiter Ansatz von der Identifikation einzelner Verhaltensmerkmale aus, wie sie für autistische Kinder typisch sind. Ein behindertes Kind wird als autistisch bezeichnet, wenn es eine bestimmte Anzahl der kritischen Merkmale aufweist.

4.1.1.2. Die Erstellung von Merkmallisten (Der Ansatz von Rimland)

Nach Rimland (1964, 1971) sind nur wenige der Kinder, die gewöhnlich als Autisten bezeichnet werden, tatsächlich im eigentlichen Sinn frühkindliche Autisten. Rimland meinte, daß diese Diagnose auf eine Kerngruppe beschränkt werden müsse, bei denen eine weitgehende Übereinstimmung der Symptomatik mit jenen von Kanner (1943) ursprünglich beschriebenen Fällen vorliegt. Rimland (1964) stellte daher eine umfangreiche Liste der einzelnen von Kanner (1943) angegebenen Verhaltensweisen autistischer Kinder (z. B. besonderes Interesse an mechanischen Apparaten wie Staubsaugern, geringe

Anschmiegsamkeit der Kinder, Auftreten von Erregungszuständen bei Änderungen in der Wohnung) in einem Fragebogen (Form E 1) zusammen, der
später noch durch andere Verhaltensweisen ergänzt wurde, die von den Eltern
autistischer Kinder häufiger berichtet wurden (Form E 2). Wurden von den
Eltern viele Verhaltensweisen, die für autistische Kinder in den ersten fünf
Lebensjahren typisch sind, angegeben und andererseits wenige Verhaltensweisen, die bei autistischen Kindern eher selten sind, so stellte Rimland die
Diagnose eines frühkindlichen Kanner'schen Autismus.

Empirische Überprüfungen dieses diagnostischen Ansatzes haben zwar
gezeigt, daß die nach Rimland als Autisten bezeichneten Kinder einander
tatsächlich recht ähnlich sind, jedoch gibt es eine Reihe anderer Kinder, die
nach Rimland nicht als Autisten bezeichnet würden, die aber ebenfalls eine
große Ähnlichkeit mit diesen Kindern und auch untereinander aufweisen
(Prior et al., 1973). Allen diesen Kindern ist gemeinsam, daß ihre Schwierigkeiten bereits sehr frühzeitig begannen, und daß sie im Sozialkontakt schwer
gestört und in sich zurückgezogen erscheinen, während bei anderen schwer
gestörten und verschiedentlich als psychotisch diagnostizierten Kindern die
Schwierigkeiten erst später auftraten und uneinheitlicher waren. Nach einem
objektiven Ähnlichkeitsmaß war diese etwas weitere Definition des frühkindlichen Autismus der von Rimland (1964) vorzuziehen. Auch spätere Untersuchungen haben immer wieder auf eine zu enge Definition des Autismus von
Rimland und zum Teil auch auf die geringe Übereinstimmung mit anderen
Definitionen hingewiesen (Cohen et al., 1978; DeMyer et al., 1971). Schopler
et al. (1980) berichten, daß von über 250 als frühkindlicher Autismus diagnostizierten Fällen nur fünf nach Rimland (1964) als Autisten zu bezeichnen wären,
dagegen hätten ursprünglich nicht als Autismus diagnostizierte Fälle die
Kriterien von Rimland erfüllt.

DeMyer et al. (1971) zeigten, daß mit der ersten Form von Rimland's
Fragebogen (E 1) nur die intelligenteren autistischen Kinder von geistig
behinderten nichtautistischen Kindern unterschieden werden konnten, während diese Unterscheidung gerade für die retardierten Autisten nicht möglich
war. Mit der weiter entwickelten Form (E 2) war dies weder für die intelligenteren noch für die schwer geistig behinderten autistischen Kinder möglich.

Die Aufstellung von längeren Merkmallisten als Hilfestellung für die Diagnose, wobei das Vorhandensein einer bestimmten Anzahl von Symptomen
aus der Liste für die Diagnose eines frühkindlichen Autismus genügen sollte,
hat sich bisher nicht bewährt, da ohne Gewichtung der einzelnen Merkmale der
Kreis der ausgewählten Kinder oft heterogen ist und die Definition des
frühkindlichen Autismus damit an Prägnanz verliert.

4.1.2. Der differentialdiagnostische Ansatz

Diagnostische Differenzierungen, die nicht von der Ursache ausgehen, sondern vom Erscheinungsbild der Störung, haben es einmal mit dem Problem zu tun, daß es in den Merkmalen Überschneidungen zwischen den verschiedenen Störungsbildern gibt. Dieses Problem wurde mit der Konzeption von Kernsymptomen (Eisenberg & Kanner, 1956) bzw. mit der Definition von notwendigen Merkmalen (Rimland, 1964, 1971) zu lösen versucht. Zum anderen ist problematisch, daß die Merkmale selbst in verschiedener Ausprägung auftreten. So findet sich die soziale Zurückgezogenheit auch bei anderen psychiatrischen Syndromen, jedoch nicht in dieser starken Ausprägung wie beim frühkindlichen Autismus. Der differentialdiagnostische Ansatz will diese Ausprägungsunterschiede für die Zuordnung nutzen. Es ist der Versuch, eine Störung über die Interpretation eines Verhaltensprofils zu definieren. Dieser Ansatz führt folgerichtig zu Differenzierungen innerhalb des Syndroms frühkindlicher Autismus selbst und zur Abgrenzung des Syndroms von benachbarten Störungsbildern. Als benachbart gelten die Störungsbilder schwere geistige Behinderung, die anderen Psychosen des Kindesalters und schließlich die schweren Sprachentwicklungsstörungen, die rezeptiven Aphasien.

4.1.2.1. Differenzierungen innerhalb des Syndroms Autismus

Wir gehen davon aus, daß die autistische Störung bei einem bestimmten Kind leicht oder stark ausgeprägt sein kann, und daß die intellektuellen Fähigkeiten, die zur Kompensation der Störung eingesetzt werden, ebenfalls stark oder schwach sein können. Aufgrund dieser theoretischen Annahme sind wir zu vier Grundtypen des Autismus gelangt, die auch im folgenden Schema veranschaulicht werden:

Autistische Störung / Allgemeine Intelligenz	leicht ←——————→ stark	
hoch	Asperger'scher Autismus	intelligente Autisten
niedrig	geistig Behinderte mit autistischen Zügen	geistig behinderte Autisten

Abb. 3

O Geistig behinderte Autisten:
Die Störung ist stark ausgeprägt und die kompensativen Möglichkeiten mit Hilfe der Intelligenz niedrig.

O Geistig Behinderte mit autistischen Zügen:
Die Störung ist schwach ausgeprägt, aber die Intelligenz liegt weit unter der Norm.

O Intelligente Autisten:
Die Störung ist stark ausgeprägt, zugleich aber sind sie charakterisiert durch eine hohe Allgemeinintelligenz, sodaß die Störung teilweise kompensiert werden kann.

O Asperger'sche Autisten:
Die Störung ist leicht ausgeprägt und kann mit Hilfe einer hohen Allgemeinintelligenz kompensiert werden.

4.1.2.2. Unterschiede und Gemeinsamkeiten zwischen geistig behinderten und normal intelligenten autistischen Kindern

Wie bereits mehrfach erwähnt, zeigt sich bei autistischen Kindern ein klarer Zusammenhang zwischen der Ausprägung vieler Verhaltensmerkmale und dem kognitiven Entwicklungsstand. Es könnte nun angenommen werden, daß manche Verhaltensauffälligkeiten nicht mehr zu beobachten sind, wenn die Intelligenz der autistischen Kinder im Normalbereich liegt. Dies scheint jedoch, für die charakteristischen Merkmale des frühkindlichen Autismus nicht zuzutreffen (Bartak & Rutter, 1976; Freeman et al., 1981). Die wesentlichen Symptome des Autismus sind sowohl bei geistig behinderten wie bei normal intelligenten Kindern anzutreffen, die Störung ist nur bei niedrigerer Intelligenz in vielen Bereichen stärker ausgeprägt.

Alle autistischen Kinder sind in ihren sozialen Beziehungen deutlich beeinträchtigt, wobei dies bei den intelligenteren autistischen Kindern vor allem in ihren Beziehungen zu gleichaltrigen Kindern deutlich wird. Unterschiede zwischen intelligenteren und geistig behinderten autistischen Kindern sind vor allem in den Interaktionen mit Erwachsenen zu beobachten, da letztere weniger in der Lage sind, auf das Verhalten Erwachsener einzugehen. Das größere Ausmaß der Kontaktstörung bei geistig behinderten autistischen Kindern ist bereits in den ersten Lebensjahren auffällig, weil sie auf Kontaktaufnahme kaum ansprechen und weniger emotionalen Ausdruck zeigen. Die Sprache ist bei ihnen im Vergleich mit intelligenteren autistischen Kindern häufiger verzögert, und sie erreichen ein geringeres Sprachniveau bzw. entwikkeln oft überhaupt keine funktionale Sprache. Sie scheinen hingegen weniger überempfindlich gegen Geräusche zu sein, und die besonderen Merkmale des autistischen Sprachgebrauchs (wie etwa das Wechseln von Pronomina) findet sich bei ihnen, wohl wegen des niedrigeren Sprachentwicklungsniveaus, seltener.

Geistig behinderte Autisten zeigen andererseits öfters einen besonderen Widerstand gegenüber Veränderungen in der Umgebung, bei intelligenteren autistischen Kindern sind dafür die Schwierigkeiten bei der Anpassung an neue Situationen häufiger zu beobachten. Bei geistig behinderten Autisten ist auch eine besondere Anhänglichkeit an ausgefallene Gegenstände zu beobachten. Sie haben eine größere Anzahl an Stereotypien und verbringen mehr Zeit damit.

Selbstverletzende Verhaltensweisen sind bei ihnen gleichfalls häufiger. Hingegen zeigen sie weniger komplexe Rituale. Störende Verhaltensweisen,

	geistig behinderte Autisten	intelligente Autisten
Sprache	○ Sprachentwicklung stärker verzögert ○ Erreichen ein niedrigeres Sprachniveau	○ Charakteristika des autistischen Sprachgebrauchs (z. B. Vertauschung von Pronomina) deutlicher
Sozialverhalten	○ deutlich abnormere Formen der Kontaktaufnahme ○ Störung auch im Kontakt mit Erwachsenen sehr deutlich	○ Störung vor allem im Kontakt zu gleichaltrigen Kindern
Zwanghaftigkeit Rituale Stereotypien	○ stärkerer Widerstand gegen Veränderungen ○ häufiger Anhänglichkeit an ausgefallene Objekte ○ viele einfache motorische Stereotypien	○ Schwierigkeiten eher bei der Anpassung an neue Situationen ○ komplexere Rituale
Störende Verhaltensweisen	○ störende Verhaltensweisen (z. B. Wutanfälle) häufiger	
Motorik	○ häufigere Verzögerung der motorischen Entwicklung	
organische Befunde	○ häufiger epileptische Anfälle	

Abb. 4.: Gegenüberstellung der Merkmale geistig behinderter und intelligenter autistischer Kinder

wie Wutanfälle, sind bei geistig behinderten autistischen Kindern ebenfalls häufiger und sie treten in einer größeren Anzahl von Situationen auf, und zwar vor allem in solchen, die den Kindern fremd sind, wie das Einkaufen in Geschäften oder das Fahren mit öffentlichen Verkehrsmitteln (Bartak & Rutter, 1976; Freeman et al., 1981). Freeman et al. zogen daraus den Schluß, daß bei der Diagnosestellung der Entwicklungsstand des Kindes mit in Betracht gezogen sowie eine differenzierte Diagnostik unterschiedliche Kriterien für geistig behinderte und intelligentere autistische Kinder entwickelt werden muß.

4.1.2.3. Unterschiede und Gemeinsamkeiten zwischen dem frühkindlichen und dem Asperger'schen Autismus

Etwa zur gleichen Zeit, als Kanner in den USA das Syndrom des frühkindlichen Autismus beschrieb, hat der Kinderarzt Asperger (1944) in Wien ein Syndrom beschrieben, das unter dem Namen »Asperger'scher Autismus« bekannt geworden ist. Er beschrieb eine Reihe von Fällen, die folgende Gemeinsamkeiten aufwiesen; Es sind Kinder, die bereits frühzeitig durch

– ihre geringe Anteilnahme an der Umwelt und im besonderen durch
– die scheinbar geringe Bindung an die Bezugspersonen auffällig werden.

Von klein auf verhalten sie sich wie Einzelgänger und bleiben am liebsten allein. Sie weigern sich, an den Spielen anderer Kinder und an Gruppenaktivitäten teilzunehmen, vor allem, wenn es sich um rauhere Spiele handelt. Den Müttern erscheinen diese Kinder unerreichbar, das Verhalten unverständlich, sie scheinen total in ihre eigene Welt und Interessen versunken. Besonders auffällig wird ihr Verhalten in der Schule, wo sie sich oft weigern, am Unterricht teilzunehmen, in der Klasse zu sprechen, und zum Teil durch ihr bizarres Verhalten, durch ihre steife, manchmal geradezu würdige Art den Spott der anderen Kinder herausfordern. Im Schulalter wird auch auffällig, daß sie nur wenig Verständnis für die Regeln der sozialen Interaktion haben und kein natürliches intuitives Wissen darüber, was sozial angemessen ist. Sie scheinen anderen gegenüber nie zutraulich, werden nie im Beisein anderer frei und gelöst. Herzlichkeit und Zärtlichkeit erscheinen für diese Kinder irritierend und unangenehm zu sein, selbst den Eltern gegenüber. Gelegentliche Zärtlichkeitsanwandlungen dieser Kinder scheinen abrupt und irgendwie unangemessen. Es fehlt ihnen ein Gefühl dafür, was andere erwarten, wie sie empfinden, all dies muß erst verstandesmäßig gelernt werden und ist schwer in das Verhalten der Kinder zu integrieren. Mitunter fällt auch der geringe Respekt auf, den diese Kinder vor anderen Menschen haben, und das geringe

Gefühl für persönliche Distanz. Sie tun sich daher sehr schwer, Freunde zu finden, und haben nur wenig Kontakt.

Die Kommunikation der Kinder scheint auch deshalb so auffällig, weil sie selbst wenig Mimik zeigen, ihr Gesicht wirkt überwiegend leer und schlaff, die Gesten sind spärlich und wirken plump und unangemessen. Auch in der stimmlichen Intonation zeigen sich viele verschiedene Auffälligkeiten: Die Stimme wirkt entweder monoton oder aber auch übermäßig moduliert.

Ebenso wie bei den frühkindlichen Autisten ist auch bei diesen Kindern das Blickverhalten auffällig. Es scheint, als ob der Blick in die Ferne gerichtet sei und nicht auf die Gegenstände der Umgebung. Besonders fällt dies beim Gespräch und im Kontakt mit anderen auf, da die Kinder nicht in der Lage sind, durch ihr Blickverhalten dem anderen das Gefühl zu vermitteln, einen Kontakt herstellen zu können. »Autistische Psychopathen«, wie Asperger diese Kinder genannt hat, sind im allgemeinen gut begabt, ihre Sprachentwicklung erfolgt meist ähnlich rasch wie bei normalen Kindern. Von den typischen Auffälligkeiten der Sprache autistischer Kinder findet sich neben der Tendenz, über längere Zeit die persönlichen Fürwörter zu vertauschen, vor allem häufiger ein metaphorischer Sprachgebrauch. Es werden neue Wörter erfunden, die zum Teil treffend sein können, zum Teil fremdartig anmuten. Die Art, wie diese Kinder Sprache verwenden, vermittelt den Eindruck einer Pendanterie und einer übermäßigen Exaktheit.

Vor allem sind jedoch die Sprachinhalte auffällig. Auf Fragen werden im Gespräch oft irrelevante Antworten gegeben und vom Thema ablenkende Bemerkungen gemacht. Die Kinder bevorzugen wenige Themen, an denen sie besonderes Interesse haben, und sie gehen kaum auf Bemerkungen der Gesprächspartner ein. Die Interessen der Kinder liegen oft weit ab von dem, wofür sich sonst Kinder interessieren, und werden mit einer Ausschließlichkeit betrieben, die erstaunlich ist. Die Kinder häufen über ihr Spezialinteresse oft ein großes Wissen an, es fehlt jedoch der Allgemeinverstand.

Von Asperger (1944) ist die besondere Kreativität hervorgehoben worden. Er betonte, daß diese Kinder nur in der Lage sind, selbstentdeckten Zusammenhängen nachzugehen, nicht jedoch von anderen zu lernen. Die Kinder können also (nur) originell und kreativ sein, wobei diese Eigenschaften bei guter Begabung dazu führen würden, daß sie einen wertvollen Beitrag für die Gesellschaft leisten, im anderen Fall würden sie sich zu eigenartigen Spinnern und kautzigen Originalen entwickeln. Andere Kliniker hatten nicht den Eindruck einer besonderen Kreativität, das Denken der Kinder schien ihnen eher eng und pedantisch zu sein, und sie betonen, daß diese Kinder oft Schwierigkeiten hätten, abstraktere Ideen zu verstehen (Wing, 1981 a). Manche dieser Kinder haben auch Teilleistungsstörungen, vor allem im visuell räumlichen Bereich. Auffällig an der Begabungsstruktur vieler Kinder ist auch die motorische Ungeschicklichkeit, die sich bereits frühzeitig in einem motorischen Entwicklungsrückstand zeigt, und ihnen in der späteren Kindheit den Erwerb praktischer Fertigkeiten, wie Schreiben, Sich-anziehen etc. erschwert. Dies trägt mit dazu bei, daß die Kinder Schwierigkeiten im Kontakt mit Gleichaltrigen haben und oft verspottet werden. Außerdem besteht eine starke Empfindlichkeit, die wohl aus der Wahrnehmung der eigenen Schwächen herrührt: Die Kinder stehen sich selbst oft beobachtend gegenüber und sind sich selbst ein Problem. Vor allem in der Adoleszenz führt diese große Sensibilität häufig zu starken depressiven Reaktionen, die sehr ernst genommen werden müssen, da sie zu Selbstmordversuchen führen können (Wing, 1981 a; Wolff & Chick, 1980). Die Überempfindlichkeit der Kinder führt jedoch auch oft zu einer mißtrauischen Haltung der Umwelt gegenüber, die bis zur Ausbildung paranoider Vorstellungen gehen kann. Die Kinder zeigen zwar keinen Mangel an Emotionen, diese sind jedoch auch für Personen, die ihnen nahe stehen, vielfach nicht einfühlbar. Das Gefühlsleben scheint irgendwie disharmonisch. So wirkt die Lustigkeit dieser Kinder etwa oft verzerrt und übersteigert.

Autistische Psychopathen zeigen ähnlich wie Kinder mit frühkindlichem Autismus gelegentlich Stereotypien. Sie haben besondere Freude an sich drehenden Gegenständen. Während sie oft an der Umwelt keinen Anteil zu nehmen scheinen, sind sie manchmal an bestimmte Gegenstände besonders gebunden. Bei einigen Kindern läßt sich auch der bei autistischen Kindern auffällige Hang feststellen, eine bestimmte unveränderte Ordnung in ihrer Umgebung aufrechtzuerhalten. Manche dieser Kinder scheinen auch sonst zwanghaft zu sein, voller Bedenklichkeit und Umständlichkeiten.

Über die Häufigkeit des Vorkommens des Asperger'schen Syndroms ist wenig bekannt. Wolff & Barlow (1979) berichten, daß etwa 3 bis 4% der Überweisungen an kinderpsychiatrische Einrichtungen wegen Anpassungsschwierigkeiten in der Schule erfolgen, die Ähnlichkeiten mit der autistischen Psychopathie oder, wie Wolff & Barlow dies nennen, mit einer schizoiden Persönlichkeit haben.

Der langfristige Verlauf dieser Störung ist günstiger als beim frühkindlichen Autismus, wobei jedoch die Unterschiede in der kognitiven Begabung in Rechnung zu stellen sind. Den meisten Kindern scheint wenigstens beruflich eine relativ gute Anpassung zu gelingen, wenn sie ihre besonderen Interessen und Begabungen im Beruf verwerten können. Die Schwierigkeiten im Sozialkontakt, die Rigidität des Denkens und der Interessen, die erhöhte Empfindlichkeit bleiben jedoch lebenslang erhalten. Häufiger als zunächst vermutet, dürften Kinder mit einem Asperger'schen Syndrom im Erwachsenenalter an schizophrenen Psychosen erkranken (Wing, 1981 a; Wolff & Chick, 1980).

Ein direkter Vergleich zwischen autistischen Kindern mit Kanner'schem und

	Frühkindlicher Autismus	Asperger'sches Syndrom
Sprache	oft stumm Sprache verzögert und abnorm	Syntax und Vokabular gut, Inhalt abnorm, Probleme beim Verstehen komplexer Bedeutungen
Sozialverhalten	isoliert, in sich zurückgezogen, Gleichgültigkeit anderen Menschen gegenüber	passiv, unangemessenes, einseitiges Auf-andere-zugehen
Stereotypien Zwanghaftigkeit	viele Stereotypien, repetitive, gleichförmige Aktivitäten	Auswahl eines besonderen Interessengebietes
Motorik	im Vorschulalter gut bei grobmotorischen Aktivitäten, ältere Autisten oft ungeschickt	sehr schlechte motorische Koordination

Abb. 5: Zusammenfassender Vergleich zwischen frühkindlichem und Asperger'schem Autismus

mit Asperger'schem Syndrom wurde bisher nicht berichtet. Es scheint, als ob sich keine scharfe Grenze zwischen den begabteren frühkindlichen Autisten nach Kanner und den Fällen mit Asperger'schem Syndrom ziehen ließe. Im kognitiven Bereich jedenfalls bestehen große Ähnlichkeiten zwischen den beiden Syndromen (Wolff & Barlow, 1979). Beiden Gruppen ist gemeinsam, daß sie semantische und syntaktische Ordnungen kaum für die Behaltensleistung ausnutzen können (Hermelin & O'Connor, 1967). Das Profil von Kindern mit einem Asperger'schen Syndrom scheint sowohl im Wechsler-Intelligenztest wie in Sprachtests (ITPA) jenem von autistischen Kindern mit einem Kanner'schen Syndrom ähnlich zu sein. Allerdings sind Kinder mit einem Asperger'schen Syndrom in ihren Leistungen eher näher dem Leistungsprofil normaler Kinder (etwa zwischen dem normalen Profil und jenem frühkindlicher Autisten).

Ein Vergleich des Kanner'schen und des Asperger'schen Autismus legt die Hypothese nahe, daß sich beide Gruppen in erster Linie hinsichtlich ihrer Intelligenz unterscheiden. Unsere Interpretation der Störung, als Defizit in der Ausbildung von Vorstellungsschemata, legt die Vermutung nahe, daß das spezifische Defizit bei hoher Intelligenz gut kompensierbar ist. Im besonderen finden unsere Hypothesen eine Bestätigung darin, daß die Emotionalität der Asperger'schen Autisten nicht direkt gestört ist, sondern daß vielmehr das emotionale Verhalten interaktionell nicht richtig abgestimmt werden kann. Auch andere Befunde stimmen mit unseren Hypothesen überein: die gute

Sprachbeherrschung bei gleichzeitiger Unfähigkeit, die Sprache kreativ einzusetzen, ferner ihre Schwierigkeit, sich an neue Situationen anzupassen, bzw. in
der sozialen Interaktion angemessen zu reagieren. Es sind dies einige direkte
Auswirkungen aus dem Defizit in der Entwicklung von V-Schemata, mit deren
Hilfe vor allem die Ordnung komplexer dynamischer Strukturen gelingt, auf
denen die soziale Interaktion beruht.

4.1.2.4. Unterschiede und Gemeinsamkeiten zwischen geistig behinderten Autisten und alleiniger geistiger Behinderung

Jede schwere geistige Behinderung führt zu einer Beeinträchtigung der Kommunikationsfähigkeit und damit der sozialen Beziehung. Bei geistig Behinderten treten zusätzlich verschiedene Verhaltensstörungen auf. Es stellt sich hier
die Frage, wieweit sich die autistischen Kinder, deren allgemeine Begabung ja
oft sehr gering ist, tatsächlich von den schwer geistig Behinderten als eine
besondere Gruppe abheben lassen und wie groß der Anteil der autistischen
Kinder an der Gesamtgruppe der schwer geistig Behinderten ist. Nach
verschiedenen epidemiologischen Untersuchungen gibt es unter den schwer
geistig Behinderten eine Gruppe, die unter anderem vor allem im Kontaktverhalten schwer gestört ist. Ein Teil dieser schwer soziablen geistig Behinderten
werden als Autisten im Sinne Kanners diagnostiziert, wobei die Unterschiede
zwischen beiden Gruppen eher unbedeutend und für die Betreuer von geringem Wert sind.

Haracopos & Kelstrup (1978) fanden, daß von 392 schwer geistig Behinderten aus elf regionalen Einrichtungen ein Viertel der Kinder als psychotisch zu
beurteilen war, d. h. diese Kinder zeigten nur wenig Initiative zur Kommunika-
tions- und Kontaktaufnahme und verhielten sich ablehnend, wenn andere mit
ihnen in Kontakt treten wollten. Die meisten dieser Kinder zeigten darüber
hinaus auch bizarres Verhalten (Stereotypien etc.). Der Entwicklungsrückstand ist im Durchschnitt größer als bei den anderen geistig behinderten
Kindern, auch finden sich öfter Hinweise auf eine eindeutige, mäßige bis
schwere Hirnschädigung. Balthazar (1977) identifizierte in einer größeren
Gruppe von gehfähigen, schwer geistig behinderten Anstaltsinsassen eine
Gruppe, die er als Stereopathie-Gruppe bezeichnete. Diese Kinder und
Jugendlichen verbrachten die Zeit überwiegend mit Inaktivität oder ungerich-
teter Aktivität sowie mit Stereotypien, repetitiven Handlungen einfachster
Art. Sie zeigten keine Reaktion auf den Kontakt mit anderen Personen bzw.
reagierten auf Kontaktversuche negativ. Die Kinder scheinen sozial fast
vollständig isoliert, sie zeigten ein extrem niedriges Niveau an Spielverhalten
und viele Verhaltensauffälligkeiten, die ein Eingreifen der Betreuer notwendig
machten. Die Gruppe umfaßte 57% der untersuchten Anstaltsinsassen.

Auch Lorna Wing (Wing & Gould, 1979; Wing, 1981 b) beobachtete in einer epidemiologischen Untersuchung aller behinderten Kinder im Distrikt Camberwell von London, daß es unter den geistig behinderten Kindern eine relativ große Untergruppe gibt, die in ihrer Beziehungsfähigkeit deutlich beeinträchtigt ist, sodaß sie sich wesentlich von anderen, im sozialen Kontakt nur wenig beeinträchtigten geistig Behinderten unterscheiden. Dabei ist auffallend, daß Störungen

– der sozialen Interaktion,
– der verbalen und nonverbalen Kommunikation und
– der auf eine innere Vorstellungsfähigkeit angewiesenen Aktivitäten – vor allem Spielverhalten –

oft gemeinsam vorkommen, sodaß Wing (1981 b) von einer Störungstriade spricht. Das Leitsymptom schien jedoch für Wing die Störung der Kontaktfähigkeit zu sein.

Unter den geistig behinderten Kindern, die eine schwere Beeinträchtigung des Sozialverhaltens zeigten, ließ sich ein deutliches Überwiegen von Buben gegenüber Mädchen feststellen (4:1), während die Geschlechtsverteilung unter den anderen geistig behinderten Kindern ausgeglichen war. Auch fanden sich bei den sozial beeinträchtigten Kindern häufiger gewisse organische Schädigungen des zentralen Nervensystems (Phenylketonurie, Tuberöse Hirnsklerose etc.), während eine Trisomie 21 (Down-Syndrom) so gut wie nie vorkam.

Gesellige wie in ihrem Sozialverhalten gestörte Kinder gibt es bei allen Schweregraden der geistigen Behinderung, jedoch steigt der Anteil der zweiten Gruppe mit zunehmendem Schweregrad der Retardierung deutlich an.

Etwa ein Viertel der geistig behinderten Kinder mit schweren Kommunikationsstörungen zeigt »typische« autistische Verhaltensweisen. Ein Vergleich von schwer geistig Behinderten und »Autisten« mit anderen geistig behinderten Kindern mit Kommunikationsstörungen deutet mehr auf Gemeinsamkeiten als auf Unterschiede hin.

Insgesamt legten die Beobachtungen nahe, daß bei schwer geistig behinderten Kindern die Diagnose eines frühkindlichen Autismus von geringem Wert ist, die Beurteilung der sozialen Kontaktfähigkeit jedoch große Bedeutung hat, da damit viele Verhaltensweisen in einem engen Zusammenhang zu stehen scheinen und die Betreuung der Kinder auf diese Schwierigkeiten Rücksicht nehmen müßte.

In einer nachfolgenden Untersuchung geistig behinderter Erwachsener, die in einer großen Anstalt betreut wurden, konnten ähnliche Beobachtungen gemacht werden (Shah et al., 1982). 38% dieser erwachsenen geistig Behinderten waren in ihrer sozialen Kontaktfähigkeit deutlich behindert. Bei geistig Behinderten unter 35 Jahren war diese Beeinträchtigung häufiger als bei

	autistisch g. B.	sozial beein- trächtigte g. B.	sozial nicht beein- trächtigte g. B.
Kommuni- kation	○ wenig Initiative zur Kommunikation ○ reagieren mit Vermeidung, wenn sie angesprochen werden ○ im Vergleich zum allgemeinen Intelligenzniveau ein geringes Sprachverständnis ○ kaum nonverbale Kommunikation		○ Interesse an Kommuni- kation ○ nonverbale Kommuni- kation, wenn Sprache fehlt
Sozial- verhalten	○ selten spontanes Kontaktverhalten ○ Vermeiden von Kontaktverhalten, z. B. seltener Blickkontakt ○ wenig Imitationsverhalten		○ suchen Kontakt und gehen auf Kontakt- suche anderer ein ○ Imitationsverhalten ist häufig
Spiel- verhalten	○ es überwiegen Stereotypien und einfache Handlungen repetitiver Art ○ kein symbolisches Spielverhalten		○ komplexere Spiel- handlungen ○ Ansätze zu symbolischem Spiel
	○ auch komplexe Rituale	○ nur einfache Rituale ○ wenig Antrieb	
Verhaltens- störungen	○ häufig Verhaltensstörungen, die nicht auf die Umwelt bezogen sind, z. B. Auto- aggressionen, Wutausbrüche ohne er- kennbaren Anlaß, Kotschmieren, usw.		○ die Verhaltensstörun- gen sind mehr auf die Umwelt gerichtet, wie Konflikte mit anderen Kindern, Distanzlosig- keit, usw.
Downsyndrom	selten		häufig
Prognose	eher ungünstig		eher günstig

Abb. 6: Gegenüberstellung der Merkmale von geistig behinderten Autisten, Geistigbehin-
derten mit stark beeinträchtigter sozialer Beziehungsfähigkeit und soziablen Geistig-
behinderten (aus: Innerhofer & Klicpera, 1984)

älteren geistig Behinderten zu beobachten (59% gegen 23%), ohne daß die Gründe dafür eindeutig geklärt werden konnten. Sozial beeinträchtigte und autistisch geistig Behinderte unterscheiden sich in ihrem Erscheinungsbild nicht wesentlich voneinander.

Für die Erziehung und Therapie ist die Unterscheidung von geistig Behinder-
ten mit schwerer sozialer Beeinträchtigung und autistisch geistig Behinderten von geringer Bedeutung.

Zusammenfassend können wir sagen: Die Probleme bei der Differenzierung der geistig Behinderten mit schwerer Kontaktstörung und Autisten zeigen, daß auf der phänomenalen Ebene eine objektive Differenzierung zwischen beiden Störungsbildern schwer gelingt. Daß diese Differenzierung für die Betreuer von geringem Wert ist, spricht an sich noch nicht gegen die Selektionsdiagnostik, da sich ja die Forschung an anderen Aufgaben orientiert. Aber gerade in Hinblick auf Forschungsaufgaben ist es äußerst problematisch, eine Differenzierung rein nach phänomenologischen Kriterien zu vollziehen. Es wäre sinnvoll, von theoretischen Annahmen auszugehen und nach ihnen Testkriterien zu entwickeln. Dies ist jedoch bislang nicht geschehen und so müssen die heute gängigen Diagnosemethoden als unbefriedigend betrachtet werden.

4.1.2.5. Unterschiede und Gemeinsamkeiten zwischen autistischen und dysphatischen Kindern

Um zu klären, wieweit die Schwierigkeiten autistischer Kinder in erster Linie auf ihre Sprachstörung zurückzuführen sind, wurden in mehreren Untersuchungen

– die Entwicklung,
– das Verhalten und
– die sprachlichen sowie andere kognitiven Fähigkeiten

autistischer und dysphatischer Kinder verglichen. Dabei war es notwendig, sprachentwicklungsgestörte Kinder auszuwählen, die auch Schwierigkeiten beim Sprachverständnis zeigen und nicht nur im sprachlichen Ausdrucksvermögen retardiert sind. Solche rezeptive Sprachstörungen sind im Kindesalter relativ selten.

Wenn autistische mit dysphatischen Kindern verglichen wurden, die nach ihrer mittleren Äußerungslänge einen ähnlichen Sprachentwicklungsstand erreicht hatten, war auch die grammatikalische Komplexität ihrer Äußerungen vergleichbar. Das Sprachverständnis der autistischen Kinder sowie ihr passiver Wortschatz war jedoch trotzdem deutlich geringer als jener der dysphatischen Kinder, die dagegen häufiger Artikulationsstörungen hatten (Bartak et al., 1975). Eine spätere differenziertere syntaktische Analyse der beiden Gruppen, die diesmal nach dem Alter und dem nonverbalen Intelligenzquotienten exakt vergleichbar waren (Cantwell et al., 1978), zeigte keine Unterschiede in diesem Bereich auf. Weder der Gebrauch von Flexionen noch die Verwendung von Phrasenstruktur- oder Transformationsregeln ergaben einen Unterschied zwischen den beiden Gruppen. Deutlich unterschiedlich war jedoch der Sprachgebrauch. Autistische Kinder plauderten viel seltener spontan, ihre Fähigkeit, eine Unterhaltung zu führen, war deutlich geringer ausgeprägt als bei dysphatischen Kindern. Sie beantworteten zudem Fragen von Erwachsenen über alltägliche Ereignisse viel weniger ausführlich. Autistische Kinder verfolgten häufiger in ihrem Gespräch ein spezielles Thema, das ihren Interessen entsprach, ohne sich auf den Zuhörer einzustellen. Sie verwendeten Sprache auch häufiger ohne kommunikative Absicht, etwa indem sie ihre eigenen Handlungen kommentierten oder »laut« dachten. Häufiger verwendeten sie auch Ausdrücke, die keine erkennbare Bedeutung hatten. Bei einer Nachuntersuchung der beiden Gruppen nach zwei Jahren zeigte sich, daß zu diesem späteren Zeitpunkt die Autisten auch auf Sprachtests schlechtere Leistungen erzielten, bei denen sie sich zunächst nicht von den Dysphatikern unterschieden hatten, wobei dieser Unterschied auf die nun deutlicher werdenden Schwierigkeiten im semantisch-kognitiven Bereich zurückzuführen sein dürfte. Eine genauere Analyse der Echolalien in beiden Gruppen zeigte, daß nicht so sehr die Häufigkeit bei den Autisten auffällig ist (in beiden Gruppen umfaßten die Echolalien etwa 10% aller Äußerungen), als vielmehr bestimmte qualitative Merkmale. So hatten Autisten vor allem die Tendenz, eigene Äußerungen in unangemessener Weise zu wiederholen. Autisten zeigten auch häufiger verzögerte Echolalien als Dysphatiker. Unterschiede zwischen den beiden Gruppen ergaben sich zudem in der Lesefähigkeit: Autisten konnten häufiger einzelne Wörter recht gut lesen, ihr Leseverständnis war jedoch nur gering. Autisten besaßen eine deutlich geringere Fähigkeit, Gesten zu verstehen; auch der spontane Einsatz von Gesten zur Kommunikation war viel weniger ausgeprägt als bei den dysphatischen Kindern, die häufig Gesten verwendeten, um sich besser verständlich zu machen. Autistische Kinder waren auch deutlich mehr in einem anderen Bereich zurückgeblieben, der vielfach als Hinweis auf die Entwicklung innerer Sprache angesehen wird, nämlich in der Entwicklung des Phantasiespiels.

Bei Autisten fiel hier ebenso wie in anderen Untersuchungen auf, daß das verbale Kurzzeitgedächtnis, also etwa die Zahlenspanne, sehr gut ausgebildet war, während diese Fähigkeit bei den Dysphatikern beeinträchtigt war. Auch in einigen nonverbalen Leistungen erzielten die Autisten bessere Ergebnisse als die Dysphatiker, so konnten sie puzzle-artige Aufgaben besser lösen.

Deutliche Unterschiede bestanden zwischen den Autisten und den Dysphatikern im Verhalten. Während die Dysphatiker einen lebhaften Kontakt mit ihrer Umwelt hatten und in ihren sozialen Interaktionen kaum auffällig waren, war dies natürlich bei den Autisten ein besonderer Problembereich. Die Dysphatiker zeigten im Gegensatz zu den Autisten auch kaum Schwierigkeiten, sich an neue Situationen anzupassen, zwanghafte Verhaltensweisen und Rituale fielen bei ihnen nicht auf.

Bei den Autisten waren massive störende Verhaltensweisen viel häufiger, etwa Wutanfälle, wobei diese Verhaltensschwierigkeiten der Autisten vor

	autistische Kinder	dysphatische Kinder
Sprache ○ Artikulation	○ nicht besonders beeinträchtigt	○ häufig phonologische und artikulomotorische Störungen
○ Sprach-verständnis	○ Sprachverständnis oft nicht viel größer als sprachliche Ausdrucksfähigkeit	○ Sprachverständnis sogar bei Kindern mit rezeptiver Form der Dysphasie deutlich über sprachlicher Ausdrucksfähigkeit
○ Semantik	○ Wortschatz in Vergleich zu Syntax reduziert ○ Verwendung ideosynkratischer Ausdrücke	○ Wortschatz weniger reduziert
○ Sprach-gebrauch	○ spontane Äußerungen selten, Antworten auf Fragen sehr kurz ○ geringe Fähigkeit sich zu unterhalten und sich im Gespräch auf den Anderen einzustellen ○ verwenden Sprache ohne kommunikative Absicht (Kommentieren eigener Handlungen) eigene Ausdrücke häufig echolaliert	○ deutliches Mitteilungsbedürfnis ○ geringer egozentrischer Sprachgebrauch
○ Sprachent-wicklung	○ Rückstand nimmt oft mit Jahren zu	
Nonverbale Kommunikation	○ deutlich geringeres Verständnis von Gesten, Gesten werden seltener kommunikativ verwendet	○ Gesten werden kompensatorisch zur Kommunikation verwendet
Leseverständnis	○ geringes Leseverständnis bei relativ gutem Dekodieren (gute »mechanische« Lesefähigkeit)	○ Schwierigkeiten beim Dekodieren von Wörtern
Gedächtnis	○ Kurzzeitgedächtnis intakt	○ akustisches Kurzzeitgedächtnis ist beeinträchtigt
Verhalten	○ besonders auffällig ist das Spielverhalten und die geringe Entwicklung symbolischen Spiels ○ die Anpassung an neue Situationen ist erschwert, häufig zwanghafte Verhaltensweisen und Rituale	○ Spielverhalten kaum beeinträchtigt ○ kaum auffällig

Abb. 7: Gegenüberstellung von Merkmalen autistischer und dysphatischer Kinder (aus: Innerhofer & Klicpera, 1984)

allem in der Öffentlichkeit und in wenig vertrauten Situationen auftraten. Die soziale Reife der Dysphatiker entsprach etwa ihrer nonverbalen Intelligenz, während sie bei den Autisten deutlich darunter lag. Insgesamt unterschieden sich also die Dysphatiker deutlich von den Autisten, jedoch gab es unter den Dysphatikern eine kleine Gruppe, die sowohl in den Sprachmerkmalen wie im Verhalten in der Mitte zwischen den beiden Gruppen stand.

Der Vergleich autistischer Kinder und dysphatischer Kinder zeigt die Unterschiede zwischen Kindern, die primär in ihrer Sprachentwicklung gestört sind, und Kindern, deren Sprachentwicklungsstörung Folge einer tiefergreifenden Störung ist. Dieser Vergleich ist somit auch für die Theoriebildung interessant und dokumentiert die Unterschiede im Erscheinungsbild einer primären und einer sekundären Störung.

4.1.2.6. Unterschiede und Gemeinsamkeiten zwischen frühkindlichem Autismus und Schizophrenie

Längere Zeit ist der frühkindliche Autismus von verschiedenen Autoren als eine frühe Erscheinungsform der gleichen Grundstörung betrachtet worden, die bei Erwachsenen zu einer schizophrenen Psychose führt. Aus diesem Grund wurde vielfach statt »frühkindlicher Autismus« die Bezeichnung »frühkindliche Schizophrenie« verwendet. Dies ist zwar in den letzten Jahren seltener geworden, jedoch besteht auch heute noch zum Teil eine Unsicherheit in der Verwendung des Begriffes »kindliche« bzw. »frühkindliche Schizophrenie«.

Autoren wie DeMyer und Churchill (DeMyer et al., 1971) sprechen von einer frühkindlichen Schizophrenie, wenn auf dem Hintergrund von Isolation und Unbeteiligtheit einzelne Momente normaler Beziehungsaufnahme vorhanden sind, und wenn Sprache gelegentlich kommunikativ benutzt wird. Die Autoren konnten jedoch selbst zeigen, daß eine Unterscheidung zwischen solchen Kindern und intelligenteren autistischen Kindern kaum möglich ist. Deshalb vertreten viele Kliniker die Ansicht, daß von einer Schizophrenie auch bei Kindern nur dann gesprochen werden sollte, wenn ähnliche Denkstörungen und Auffälligkeiten wie bei schizophrenen Erwachsenen nachzuweisen sind (Ritvo & Freeman, 1978).

Kolvin et al. (1971) spezifizieren dies dahingehend, daß für die Diagnose einer Schizophrenie bei Kindern und Jugendlichen wie bei Erwachsenen Symptome ersten Ranges nach Schneider (1950) vorhanden sein müssen:

– Gedankenlautwerden,
– Hören von Stimmen in der Form von Rede und Gegenrede,
– Hören von Stimmen, die das eigene Tun mit Bemerkungen begleiten,

- leibliche Beeinflussungserlebnisse,
- Gedankenentzug und andere Gedankenbeeinflussungen,
- Gedankenausbreitung,
- Wahnwahrnehmung sowie
- alles von anderen Gemachte und Beeinflußte auf dem Gebiet des Fühlens, Strebens und des Wollens.

Wenn schizophrene Psychosen nach diesen Kriterien diagnostiziert werden, dann sind sie vor dem fünfzehnten Lebensjahr nur selten zu beobachten, vor dem zehnten Lebensjahr sogar extrem selten.

Kolvin et al. (1971) konnten in einer Untersuchung, an der mehrere Spitäler beteiligt waren, in sieben Jahren nur 33 solcher Fälle identifizieren. Die Altersverteilung zu Beginn der Erkrankungen ist also bei der Schizophrenie eine ganz andere als beim frühkindlichen Autismus, und es gibt diesbezüglich keine Überlappung. Zwar gehen der eigentlichen schizophrenen Psychose oft eine erhöhte Sensitivität, Scheuheit und andere Verhaltensstörungen voraus, der Beginn der Erkrankung ist nur bei einem Drittel der Fälle akut, während er in den übrigen Fällen allmählich erfolgt, trotzdem läßt sich der Beginn der Erkrankung praktisch nie in das Vorschulalter zurückverfolgen.

Die Symptomatik der beiden Krankheitsformen unterscheidet sich ebenfalls deutlich. Verschiedene Arten von Denkstörungen sind auch bei Schizophrenien von Kindern und Jugendlichen häufig, und zwar sind dies vor allem Störungen des Assoziationsgefüges (60%) und der Gedankenblockierungen (60%). Relativ häufig werden auch Wahnideen geäußert (57%), sowie das Gefühl der Gedankeneingebung bzw. des Gedankenentzuges. Die Mehrzahl der schizophrenen Kinder und Jugendlichen berichtet über Halluzinationen, wobei eindeutig auditive Halluzinationen (das Hören von Stimmen) überwiegen. Affektive Störungen, vor allem eine auffällige Flachheit des Affekts und eine situative Unangemessenheit des Affekts, ein Ausdruck von Verwirrtheit und eine deutliche Bedrücktheit sind ebenfalls häufig zu beobachten. Ängstliche Verstimmungen kommen oft im Zusammenhang mit Wahnvorstellungen vor. Bei autistischen Kindern hingegen treten solche Angstzustände eher in Form chronischer Ängstlichkeit bzw. als akute Angstattacken auf. Auch Aggressionen und Unruhezustände stehen bei Schizophrenen mit Wahnvorstellungen in einem Zusammenhang, während ähnliche Verhaltensweisen bei autistischen Kindern entweder unmotiviert oder situativ bedingt sind.

Bestimmte Symptome finden sich auf der anderen Seite deutlich häufiger oder sogar nahezu ausschließlich beim frühkindlichen Autismus, so etwa das Vermeiden von Blickkontakt, ein Bestehen auf Unverändertheit der Umgebung und abnorme Bindungen an bestimmte Gegenstände, Stereotypien, Echolalien, Schwierigkeiten im Sozialkontakt und extreme Isolation, ein

Sprachentwicklungsrückstand etc. Während bei autistischen Kindern häufig ein kognitiver Entwicklungsrückstand vorhanden ist, ist die Intelligenz bei schizophrenen Kindern und Jugendlichen in den meisten Fällen auch nach Auftreten der Krankheit im Normbereich.

Anamnese und Befund deuten bei autistischen Kindern häufiger auf eine organische Schädigung des Zentralnervensystems hin als bei schizophrenen Kindern und Jugendlichen. Bei den schizophrenen Kindern und Jugendlichen ist nur eine bestimmte Anfallsform, nämlich die Temporalepilepsie, öfter vorhanden.

	autistische Kinder	schizophrene Kinder
Zeitpunkt des Auftretens	O vor dem 30. Lebensmonat	O nach dem dritten Lebensjahr
Wahrnehmung	O zuweilen Hyper- oder Hyposensibilität – sonst normal	O Gedanken laut werden O Hören von Stimmen in Form von Rede und Gegenrede O Hören von Stimmen, die das eigene Tun mit Bemerkungen begleiten O leibliche Beeinflussungserlebnisse
Denken	O retardiert O Schwierigkeiten, umfassendere Zusammenhänge zu verstehen	O Störungen des Assoziationsgefüges O Gedankenblockierungen O Wahnideen O Gedankeneingebung und Gedankenentzug
Affekt	O abnorme Bindungen an Gegenstände O Fehlen von Bindungen an Personen O chronische Ängstlichkeit und Angstwahn	O Flachheit des Affekts O situative Unangemessenheit des Affekts O Ausdruck von Verwirrtheit O ängstliche Verstimmungen im Zusammenhang mit Wahnideen
Sozialverhalten	O extreme Isolation O situativ bedingte Agressionen O Vermeiden von Blickkontakt	O Aggressionen im Zusammenhang mit Wahnvorstellungen
Sprache	O Sprachentwicklungsrückstand oder gar Fehlen von Sprache O Echolalie	

Abb. 8: Vergleich frühkindlicher Autismus und Schizophrenie

Die Prognose der autistischen Kinder ist in Bezug auf die langfristige Anpassung deutlich ungünstiger als jene von schizophrenen Kindern und Jugendlichen. Langfristig geht der frühkindliche Autismus jedoch fast nie in ein schizophrenes Zustandsbild über (Allerdings wurde in den letzten Jahren ein Übergang von einem Asperger'schen Syndrom in einen schizophrenen Defekt beobachtet. Siehe Kapitel 4.1.2.3). Bei schizophrenen Kindern und Jugendlichen kommen in der unmittelbaren Familie häufiger schizophrene Erkrankungen vor, was in den Familien autistischer Kinder fast nie der Fall ist.

4.1.2.7. Unterschiede und Gemeinsamkeiten zwischen frühkindlichem Autismus und desintegrativer Psychose (Heller'sche Demenz)

Die desintegrative Psychose ist eine zwischen dem dritten und sechsten Lebensjahr auftretende Störung, bei der es nach ursprünglich normaler Entwicklung über Monate, eventuell auch über Jahre zu einem zunehmenden Verlust der sozialen Kontaktfähigkeit und zu einem Sprachabbau kommt, der vielfach von schweren Affektstörungen und Verhaltensstörungen begleitet wird. Oft kommt es in dieser Zeit auch zu einer allgemeinen Bewegungsunruhe und zum Auftreten von Stereotypien. Bizarre Formen von Verhaltensstörungen können beobachtet werden. Auch die allgemeine kognitive Entwicklung läßt einen Rückschritt erkennen, der jedoch nicht alle Fähigkeiten gleichmäßig

	Frühkindlicher Autismus	Desintegrative Psychose
Zeitpunkt des Auftretens	○ vor dem 30. Lebensmonat	○ zwischen dem dritten und sechsten Lebensjahr
Entwicklung	○ meist von Anfang an retardierter, aber positiver Entwicklungsverlauf	○ nach zunächst normaler Entwicklung progressiver Abbau
Kognition	○ Retardierung mit spezifischen Defiziten	○ Leistungen sehr inhomogen, Sprache frühzeitig vom Abbau betroffen
Verhalten	○ Störung des Sozialverhaltens, häufig noch andere Verhaltensstörungen	○ ähnlich, nehmen oft bizarre Formen von Verhaltensauffälligkeiten an
Ätiologie	○ unklar, Hirnerkrankung nur selten nachweisbar	○ Hirnerkrankung häufig nachweisbar, unter Umständen erst nach Jahren

Abb. 9: Vergleich frühkindlicher Autismus und desintegrative Psychose

betrifft. Einzelne Leistungen können ausgespart bleiben. Ursache dieser seltenen Störung ist oft eine nachweisbare Hirnerkrankung, wobei es sich vielfach um degenerative Krankheiten handelt (Corbett et al., 1977; Stutte, 1969).

4.2. Therapievorbereitende und -begleitende Diagnostik

Therapie geschieht zu wesentlichen Teilen in Gesprächen. Ein Gespräch ist ein steter Wechsel von Hören und Sagen. Das kontinuierliche Aufnehmen und Ordnen von Informationen ist so gesehen der notwendige Gegenpol zum therapeutischen Handeln. Die beiden Pole stehen in einer kontinuierlichen Wechselbeziehung. Psychoanalytiker pflegen zu sagen: »Die gesamte Therapie ist Diagnostik«. Ihnen war eine therapiebegleitende Diagnostik unabhängig und vorausgehend zur Intervention unverständlich. Für Therapien, die ihr wesentliches therapeutisches Agens im Gespräch sehen, ist dies auch heute noch so.

Erst die Verhaltenstherapie brachte eine Wende. Indem ihre Hauptanstrengungen auf die Veränderung von Umweltbedingungen gerichtet waren, bekam die Frage, welche Umweltbedingungen halten ein bestimmtes Verhalten aufrecht, losgelöst vom Gespräch mit dem Klienten, einen Sinn. Wir sehen heute aber auch außerhalb der verhaltenstherapeutischen Methodik Aufgaben für eine therapiebegleitende Diagnostik, die vorausgehend oder begleitend, als selbständiger Schritt zu leisten ist. Es sind eine Reihe von Fragen, die sich dem Therapeuten schon zu Beginn stellen, wie z. B.:

– Wieweit sollen oder müssen die Eltern in die Therapie miteinbezogen werden?
– Welche Ziele sollte sich die Therapie setzen, und in welcher Reihenfolge sind diese Ziele anzugehen?
– Welche Methode erscheint angemessen?

Es ist leider weithin bestehende Praxis, daß mit dem Therapeuten zugleich der therapeutische Ansatz gewählt wird, und daß somit die Methode nicht abhängig gemacht wird von der Diagnose. Sinnvoll wäre ein therapeutisches Vorgehen, das sich völlig an der Information, die über das Kind vorliegt, und an den Bedingungen, die das Verhalten bestimmen, orientiert. Eine solche therapiebegleitende Diagnostik würde sich immer noch an den therapeutischen Möglichkeiten, die zur Zeit bestehen, orientieren, aber nicht mehr an einer bestimmten Therapiemethode. Erst nach Abschluß der Diagnostik könnte entschieden werden, nach welcher Methode oder nach welcher Kombination von Methoden das Kind zu behandeln ist.

Ein Beispiel:

Oliver ist ein fünfjähriger autistischer Junge, der zudem noch blind ist. Nach Angaben der Eltern hat Oliver kein Sprachverständnis und ein extrem eingeschränktes Verhaltensrepertoire.

Die erste Frage, die sich uns stellt, ist: Wo ist mit der Therapie zu beginnen? Wir entschieden uns, ihn einmal ganz allgemein zu aktivieren. Nun folgt die zweite Frage: Wo können wir beginnen, ihn zu aktivieren? Wo sind Ansätze, die wir ausbauen und fördern können?

Wir hätten irgendwo beginnen können, aber ziemlich sicher wären wir Oliver damit nicht gerecht geworden. Wir haben uns entschieden, Oliver für längere Zeit zu beobachten und seine Möglichkeiten auszutesten. Dabei haben wir festgestellt, daß Oliver ein relativ umfangreiches Sprachverständnis hatte, das seinen Eltern verborgen blieb. So haben wir uns entschlossen, bei der Sprache anzusetzen. Wir lagen mit unserer Vermutung richtig, denn es konnten relativ rasch einfache Formen der Kommunikation aufgebaut werden. Infolge dieses raschen Erfolges auf dem Gebiet der Sprache begann Oliver auch sonst aktiver zu werden. Hätten wir begonnen, ihn motorisch zu aktivieren, wäre die Gefahr, ihn zu überfordern, groß gewesen und der Mißerfolg unausweichlich.

Die therapiegeleitete Diagnostik, vorausgehend zur Therapie, soll uns mithin helfen, Therapieziele zu finden und zu konkretisieren. Sie soll uns helfen, die Frage zu entscheiden, wo wir ansetzen müssen, um bestehende Möglichkeiten auszubauen und damit weitere Möglichkeiten vorzubereiten oder aufzutun. Sie soll uns sagen, welcher Anteil an einer Störung den äußeren Umweltbedingungen zukommt oder der Interaktion mit Bezugspersonen und wieweit diese Bezugspersonen oder ein weiteres Umfeld in die Therapie miteinbezogen werden muß. Und schließlich soll sie uns helfen, die richtige Therapiemethode oder Kombination von Methoden auszuwählen.

Begleitend zur Therapie kann die Diagnostik uns zeigen, daß wir Fortschritte machen, diese auch der Umgebung verdeutlichen und damit die Umgebung zur Mitarbeit und zu Anstrengungen motivieren – oder sie kann uns zeigen, daß wir keine Fortschritte machen, daß wir in unserer Methode eine Änderung überlegen müssen. Sie kann uns auf Fehler in der Behandlung aufmerksam machen, sie kann uns sagen, daß ein Schritt erreicht ist und ein weiterer in Angriff genommen werden kann, daß ein Schritt zu groß gewählt worden ist, daß unvorhergesehene Nebenwirkungen auftreten usw. Die therapiegeleitete Diagnostik als eigener formeller Schritt ist nicht gedacht als Ersatz der informellen therapiebegleitenden Diagnostik im Gespräch und in der ständigen Auseinandersetzung mit dem Klienten, sondern als deren Ergänzung. Mit ihrer Hilfe soll vor allem mehr Transparenz in den therapeutischen Prozeß gebracht werden, sodaß das therapeutische Verhalten auch für Außenstehende nachvollziehbar und kontrollierbar wird.

Zielfindung für die therapeutische Intervention, Erstellung von Grundkurven, um die Wirksamkeit therapeutischer Maßnahmen zu erkennen, sowie die Beschreibung kritischer Verhaltensweisen im Umgebungskontext, um Abhängigkeiten zu erkennen, dies sind die wichtigsten Aufgaben in der therapiegeleiteten Diagnostik.

Während sich die Selektionsdiagnostik um objektive, trennscharfe und reliable Testinstrumente bemüht hat, ist die praktizierte therapiegeleitete Diagnostik meist zugeschnitten auf einen bestimmten therapeutischen Ansatz, wenn nicht gar auf einen bestimmten Therapeuten. Standardisierte Verfahren, oder annähernd standardisierte Verfahren sind daher selten und haben eine geringe Verbreitung. Ein Verfahren, um den Entwicklungsstand der Kinder auf verschiedenen Gebieten zu bestimmen, das P. E. P. (Psychoeducational Profile, im Deutschen Entwicklungs- und Verhaltensprofil genannt, Schopler & Reichler, 1981), liegt nun auch in einer deutschsprachigen Fassung vor und dürfte von einem gewissen Wert sein.

In die Überlegungen, welche therapeutischen Maßnahmen bei autistischen Kindern angezeigt sind, gehen natürlich auch Annahmen über die Faktoren mit ein, die das Verhalten hervorgerufen haben und es aufrechterhalten. Eine therapieorientierte Diagnostik muß versuchen, die Wirkung dieser Faktoren für die zu beeinflussende Verhaltensweise bzw. Gruppe von Verhaltensweisen beim einzelnen Kind zu prüfen. Dazu sind Kenntnis und Vertrautheit mit der Funktion dieser Verhaltensweisen, ihrer Rolle im Verhaltensrepertoire und ihrer Einbettung in den Verhaltensstrom erforderlich.

Nach unserer Idealvorstellung sollte eine therapiegeleitete Diagnostik aus dem theoretischen Verständnis der autistischen Störung erwachsen. Darauf aufbauende therapeutische Schritte können sich selber entwickeln. Wir möchten also diesen Schritt der Diagnostik nicht einschränken, noch die derzeit bestehenden therapeutischen Möglichkeiten, sondern ihn daraus befreien, indem wir ihn an die Theorie anbinden. Im folgenden wollen wir unser Konzept skizzieren.

4.2.1. Theoretische Konzeption einer therapiegeleiteten Diagnostik

Ausgehend von der Annahme, daß die spezifisch autistische Störung in einer Hemmung besteht, V-Schemata auszubilden und anzuwenden, stellt sich für die Diagnostik die Aufgabe, das Repertoire an V-Schemata und ihre Verwendung zu erfassen. Da jedoch dieses Repertoire nicht als Set isolierter Handlungen vorkommt, sondern nur in Zusammenhang mit anderen logischen Komponenten, ist es nicht möglich, die Fähigkeit zur Ausbildung und Verwendung von V-Schemata direkt zu erfassen. Wir können zwar Auswirkungen der Störung erfassen, müssen aber dabei bedenken, daß die Störung in verschiedenem Grade kompensiert und umgangen werden kann. Die Diagnostik müßte daher drei Fragestellungen nachgehen:

Wo ist das Fehlen von V-Schemata unmittelbar erfaßbar?

Das Defizit ist dort unmittelbar erfaßbar, wo Handlungen nicht ohne V-Schemata ausführbar sind. Handlungen dieser Art werden bei Autisten entweder ganz fehlen oder nur rudimentär als V-Schemata vorhanden sein.

Wo drückt sich das Fehlen von V-Schemata mittelbar aus?

Da logische Fertigkeiten in einem ergänzenden Verhältnis zueinander stehen, wird sich bei Wegfall einer Fertigkeit auch die andere in anderer Weise entwickeln müssen. Ein Beispiel für eine mittelbare Auswirkung sehen wir in der Tendenz der Autisten, Universalbegriffen eine eingeschränkte Bedeutung zu geben, sie also auf ein oder zwei Merkmale festzulegen.

In welcher Weise werden V-Schemata kompensiert?

Wir müssen also davon ausgehen, daß sich das Defizit nicht einfach in einem Ausfall äußert, in einem Nicht-Vorhandensein der betreffenden Kategorie, sondern, zumindest teilweise, in einer Ersetzung dieser Kategorie durch eine andere verfügbare. Als Beispiel für den letzteren Bereich kann die Tendenz der Autisten gelten, sich mit Hilfe des assoziativen Gedächtnisses, anstatt mit Hilfe seines Planes zu orientieren.

Im folgenden wollen wir diese drei Bereiche noch etwas genauer ausführen.

4.2.2. Handlungen und Reaktionen, die unmittelbar von V-Schemata gesteuert werden und blockiert sind, wenn diese nicht wenigstens in rudimentärer Form vorhanden sind

Die funktionalen Eigenschaften der V-Schemata im Gegensatz zu den motorischen und Sprachschemata geben uns Auskunft darüber, welche Handlungen unmittelbar von V-Schemata betroffen sind.

Handlungen und Sachverhalte, bei denen es auf die Reichhaltigkeit ankommt

Erinnern wir uns: Das V-Schema ist geeignet, eine Fülle von Einzelelementen in ein Bild zu bringen, wobei es tolerant ist in Hinblick auf Veränderungen der Teile. Z. B. sicheres Wiedererkennen eines Menschen, auch wenn sich seine Haartracht, seine Kleidung und sein Aussehen verändert haben. Vor allem bei drei Gruppen von Reaktionen kommt es auf die Reichhaltigkeit an: Es sind

– das Ausdrucksverhalten,
– das Imitationsverhalten und
– die soziale Interaktion,

wobei letztere einen hohen Anteil an Ausdrucks- und Imitationsverhalten hat. Alle drei Reaktionsweisen können natürlich auch im einzelnen gelernt werden.

Imitationstests z. B. verwenden klar differenzierbare Gesten, wie z. B. mit der Hand an die Stirne fahren, oder einen Buchstaben nachsprechen usw. Diagnostisch bedeutsam ist zu sehen, wie reichhaltig die Imitationsgeste wirkt, wieviele Details die Art eines Menschen zu gehen, zu sprechen, nachzuahmen usw. enthält, die sprachlich nicht beschreibbar sind. Deutlich wird uns dieser Aspekt vor allem in der sozialen Interaktion, in der eine Fülle von Ausdrucksmitteln in situativer Abhängigkeit und in rascher Folge zu realisieren sind.

Zu beantworten ist die Frage: Wie weit ist das beobachtbare Ausdrucks-, Imitations- und Interaktionsverhalten durch Sprache gesteuert bzw. durch Vorstellung, wobei die Reichhaltigkeit an Details zum entscheidenden Kriterium wird.

– Sprachlich gesteuerte Verhaltenseinheiten sind auch in den Details sprachlich beschreibbar.
– Vorstellungsmäßig gesteuerte Verhaltenseinheiten sind in den Details nicht beschreibbar.

Die Beantwortung dieser Aspekte gibt dem Therapeuten Hinweise, wie weit Vorstellung vorhanden ist, bzw. wie weit das Kind gelernt hat, Sprache zur Verhaltenssteuerung einzusetzen. Es sind somit Hinweise darüber, was der Therapeut voraussetzen kann, um weiterzuarbeiten.

Komplexere Handlungen, deren Abfolge aus dem Lebenszusammenhang erkannt werden muß

Der Alltag ist durch eine Fülle von komplexeren Handlungen ausgefüllt, deren Organisation aus dem Verständnis des Lebenszusammenhanges heraus, in dem sie eingebettet sind, keine Mühe bereitet.

Fehlt jedoch dieses Verständnis, so müßte die Aufeinanderfolge der Handlungselemente im Einzelnen gelernt werden, was wegen ihrer Vielgliedrigkeit schwer gelingt. Es wäre dazu schon ein ausgeführtes Anleitungsmanual notwendig.
Solche Handlungen sind:

– Einkaufen,
– Kochen,
– das Zimmer aufräumen,
– Besorgungen machen,
– Benützen der öffentlichen Verkehrsmittel usw.

Wiederum ist die Frage zu beantworten, wie weit solche Handlungen vorkommen, und wenn sie vorkommen, wie weit sie verbal gesteuert sind bzw. durch V-Schemata.

– Sind sie verbal gesteuert, so wird die Abfolge eine starre und feste sein, eine Steuerung sozusagen nach einem inneren Manual, das zu beschreiben wenig Mühe bereiten wird.
– Durch Vorstellung gesteuerte Abläufe hingegen sind in der Abfolge variabel und situationsangepaßt. Die Steuerung erfolgt sozusagen in einem Wechselgespräch mit der Situation. Ein fixes Anleitungsmanual kann nicht ausgegeben werden.

Die Information darüber, wie weit komplexe Handlungen verbal bzw. durch V-Schemata gesteuert sind, gibt dem Therapeuten Hinweise, wie das Kind komplexere Handlungen lernt und welche Mittel es dabei einsetzt.

Die *Ortsorientierung* kann nach zwei verschiedenen Konzepten erfolgen, die im Hinblick auf die vorausgesetzten Fertigkeiten grundlegend verschieden sind:

– Das Kind kann den Weg von der Schule nach Hause als *Assoziationskette* lernen:
  Zuerst geradeaus bis zum Hochhaus, nach dem Hochhaus links usw.
– Das Kind kann aber den Weg von der Schule nach Hause auch *aufgrund eines Planes* finden:
  Die Wohnung liegt ca. 500 m weiter im Osten, von der Schule aus gesehen. In diesem Falle wird sich das Kind an der Himmelsrichtung orientieren und die zurückgelegte Wegstrecke abschätzen. Eine Kenntnis der Straßen ist nicht notwendig.

Das normale Kind kombiniert beide Weisen und findet dabei den Weg nach Hause auch dann, wenn es durch die Absperrung einer Straße zu einem Umweg gezwungen ist.

Das Autistische Kind, das sich primär nach der ersten Weise orientiert, weiß in diesem Falle nicht mehr weiter.

Anweisungen, deren Ausführung vom Verständnis des Lebenszusammenhangs abhängt:

Es gibt Anweisungen, die semantisch bestimmt sind in dem Sinne, daß keine weiteren Informationen zur Ausführung notwendig sind. Es gibt auf der anderen Seite Anweisungen, die in einer Weise vage sind, daß sie erst zusammen mit einem Verständnis der Situation, in der sie ausgeführt werden sollen, realisierbar sind. Das Kind muß sie also aus seinem Situationsverständnis heraus konkretisieren.

Beispiele für solche semantisch offenen Anweisungen:

- »Schau, ob es etwas zu tun gibt!«,
- »Bereite Dich vor!«,
- »Stell' Dich auf den Gesprächspartner ein!«.

Eine Sonderform dieser offenen Anweisungen stellen offene Fragen dar etwa:

- »Was ist mit Dir los?«,
- »Was war gestern Nachmittag?«,
- »Was gab's heute in der Schule?«.

Situativ zu interpretierende Anweisungen können nur befolgt werden, wenn die Situation erfaßt wird; und das Erfassen weiträumiger Situationen bzw. differenzierter Situationen geschieht wiederum mit Hilfe von Vorstellung, da Sprache nur einzelne Elemente dieser Situation isolieren und erfassen könnte. Die Beantwortung offener Fragen wiederum setzt voraus, daß ein Feld möglicher Antworten vorgestellt werden kann, aus denen die zur Frage passenden ausgewählt werden können. Die Schwierigkeiten, die Autisten mit solchen Aufgaben haben, sind ja bekannt.

Aus der Art, wie das Kind solche Aufgaben bewältigt bzw. nicht bewältigt, bekommt der Therapeut wiederum Hinweise, um Lernziele und Lernschritte zu konzipieren.

Ausdrücke, die nur aus dem situativen Kontext heraus verstanden werden können

Die Bedeutung kommunikativer Ausdrücke, sprachlicher wie nichtsprachlicher Art, ist festgelegt durch die Sprachregeln. Es gibt jedoch auch eine Fülle von Ausdrücken, die lexikalisch unbestimmt sind und die nur aus dem Kontext der Rede oder aus dem situativen Kontext, in dem sie verwendet werden, verstanden werden können. Klassische Beispiele für solche Ausdrücke sind

- die deiktischen Gesten und
- die Pronomina, aber auch
- Ausdrücke mit einer übertragenen Bedeutung.

Viele Gesten, aber auch ganze Sätze, können oft nur aus dem Redekontext heraus verstanden werden. Besonders deutlich wird dies bei Witzen und spaßhaften Bemerkungen, wobei das Spaßhafte oft dadurch zustande kommt, daß der Gesamtzusammenhang bei der Veränderung eines Details nicht berücksichtigt worden ist.

Wenn z. B. Graf Bobby sagt, der Stock sei ihm zwar zu groß, aber er könne ihn nicht abschneiden, weil er oben so ein schönes Ringerl habe, und auf die

Gegenfrage, warum er ihn nicht unten abschneide, antwortet, unten sei er ihm ja nicht zu lang, so ist das Spaßhafte daran die Unfähigkeit von Graf Bobby zu erkennen, daß die Höhe des Stockes auch dann abnimmt, wenn er unten abgeschnitten wird.

Informationen darüber werden dem Therapeuten nicht nur helfen, das Kind besser zu verstehen, es können auch Kommunikationsprobleme vorhergesehen und damit zumindest teilweise auch vermieden werden.

Symbolisches Spiel

Gleich zwei Haupteigenschaften der V-Schemata werden im symbolischen Spiel benötigt: Einmal die Vorstellung, damit die einzelne Handlung eine gewisse *Reichhaltigkeit an Details* gewinnt, und zweitens die Vorstellung, um die *Abfolge der Verhaltenselemente* zu bestimmen.

Im symbolischen Spiel ergeben sich die vorgestellten Gestalten aus einem differenzierten Handlungsverständnis heraus. Die Puppe z. B., die als Baby fungiert, wickelt und pflegt das Kind aus der Vorstellung des realen Handlungsganges »Wickeln und Pflegen des Kindes«. Das Defizit an Vorstellung wird somit am symbolischen Spiel besonders deutlich werden.

4.2.3. Mittelbare Auswirkungen des Defizites an V-Schemata

Unmittelbare Auswirkungen des Defizites an V-Schemata lassen sich eher in wenigen spezifischen Handlungen und Reaktionen nachweisen, während in den meisten Verhaltensbereichen die Defizite nur noch indirekt zum Ausdruck kommen. Aus der Kenntnis der wesentlichen funktionalen Merkmale der V-Schemata im Gegensatz zu Sprach- und motorischen Schemata lassen sich aber auch für diese Verhaltensbereiche typische Abweichungen vorhersagen.

Der Spracherwerb

Wir sind davon ausgegangen, daß das normale Kind zunächst eine Organisation mit Hilfe von V-Schemata aufbaut und erst auf der Grundlage der Vorstellungsordnung Sprachschemata ausbildet. Autisten müssen demnach Sprache ausbilden, ohne auf die präverbale Ordnung durch die Vorstellung zurückgreifen zu können.

Der Sprachtherapeut des autistischen Kindes wird daher zunächst schauen müssen, wie weit beim Kind Ordnungsstrukturen vorhanden sind, die dann in Sprache gefaßt werden können. Wie weit ist das Kind z. B. fähig, verschiedene Laute differenziert wahrzunehmen, oder wie weit werden Gegenstände, die in der Sprache als selbständige Einheiten auftreten, als solche vom Kind erfaßt, wie z. B. eine Person, ein Stuhl, ein Tisch, ein Haus. In der Sprachdiagnostik müßte somit vorher abgeklärt werden, wie weit Ordnungsstrukturen vorhanden sind, und erst wenn solche Ordnungsstrukturen einmal nachweisbar sind, könnte die Sprache, auf diesen aufbauend, vermittelt werden.

Das Sozialverhalten

Wir haben schon gesehen, daß die Elemente des Sozialverhaltens dem autistischen Kind nicht so zur Verfügung stehen wie dem normalen Kind. Daher wird das Sozialverhalten als gesamtes anders aussehen.

Für den Therapeuten ergeben sich die Fragen: Wie weit ist das Kind imstande, soziale Handlungen als ganze zu begreifen und gegliedert in Teilkomponenten? Wie weit sind auf der kognitiven Ebene die Voraussetzungen für das Sozialverhalten vorhanden? Solche Voraussetzungen sind:

– Vorhandensein einer Vorstellung vom Gesamt einer Person,
– Kenntnis davon haben, daß meine Reaktionen beim Partner emotionale Reaktionen auslösen,
– Verständnis für elementare Beziehungen z. B. Mutter und Kind,
– miteinander ein Gespräch führen,
– miteinander spielen,
– erziehen usw.

Die Emotionalität

Die Emotionalität können wir als Reflex der Sachbezüge ansehen. Wo also die Sachbezüge gestört sind, wird auch die Emotionalität sich nicht frei entwickeln können.

Der Therapeut muß auf folgende Frage eine Antwort suchen: Durch welche Anforderungen im Alltag wird das autistische Kind überfordert und erlebt Hilflosigkeit und Streß, auf die es mit Angst und Vermeidung reagiert? Solche überfordernde Situationen können sein:

– Zusammensein in der Gruppe mit mehreren Kindern,
– erzieherische Maßnahmen,
– Interaktionsanforderungen im Gespräch oder
– Handeln mit Erwachsenen usw.

Eine genaue Kenntnis aller Situationen, Handlungen und Anforderungen, die das Kind überfordern, gibt dem Therapeuten Hinweise, wo er als erstes Hilfestellung angeben muß, welche Anforderungen er ausblenden muß, wo er die Situation für das autistische Kind übersichtlicher und einfacher gestalten muß, sodaß die Erfahrung von Überforderung abgebaut werden kann und damit auch Angst und Vermeidung.

4.2.4. Auswirkungen des Defizites an V-Schemata in Form von Kompensationen

Die Diagnostik von Defiziten ist unter anderem deshalb so schwierig, weil dort, wo das Defizit erwartet wird, nicht einfach nichts ist, sondern eine kompensatorische Handlung. Für den Diagnostiker ergibt sich die Aufgabe, kompensatorische Handlungen zu identifizieren. Für den Therapeuten ist das Erkennen dieser kompensatorischen Handlungen aus mehreren Gründen wichtig. Einmal, um die Schwierigkeiten der Kinder und das ihnen zugrunde liegende Defizit besser zu verstehen, andererseits, um mögliche Ersatzhandlungen zu erkennen und dem Kind anzubieten, wo die ursprüngliche Handlung nicht gelingt. Zur Kompensation können natürlich nur Fertigkeiten eingesetzt werden, die das Kind beherrscht. Drei Fertigkeiten vor allem kann das autistische Kind kompensatorisch einsetzen:

– das gute Gedächtnis,
– die Sprachschemata und
– die R-Schemata.

Kompensation von V-Schemata durch Gedächtnisleistungen

Am Beispiel der Raumorientierung wurde bereits dargelegt, wie das Gedächtnis kompensatorisch für V-Schemata eingesetzt werden kann. In ähnlicher Weise können auch komplexe Verhaltensmuster in der Weise gelernt werden, daß die Aufeinanderfolge der einzelnen Reaktionen im Gedächtnis gespeichert wird. Die Ausführung ist dann nicht abhängig vom Vorhandensein eines Gesamtplanes, sondern es genügt, wenn eine Reaktion gleichsam zum Auslöser für die folgende wird. Die ausführende Handlung ist in diesem Falle jedoch sehr störungsanfällig. Fällt nämlich ein Glied aus, so kann die Reihe nicht mehr zu Ende geführt werden. Bedeutsam ist das Gedächtnis vor allem im Zusammenhang mit den S-Schemata, wie wir gleich sehen werden.

Kompensation von V-Schemata durch Sprachschemata

Der Einsatz der Sprachschemata zur Verhaltenssteuerung geschieht im wesentlichen durch Verhaltensregeln. Beispiele aus dem Alltag für derartige Verhaltenssteuerungen stellen die Gebrauchsanweisungen von Geräten dar oder die Anleitungen zum Zusammenbauen eines Schrankes. In dieser Weise können Verhaltensregeln auch eingesetzt werden, um Muster des Sozialverhaltens zu erlernen, oder auch praktische Fertigkeiten. Solche Handlungen wirken dann eckig und einstudiert. Es fehlt ihnen die Elastizität und die Reichhaltigkeit jenes Verhaltens, das durch Vorstellung gesteuert wird. Es fehlt ihnen die Möglichkeit zu individuellen Variationen bei gleichbleibender Struktur. Doch wäre es durchaus denkbar, daß in der Therapie versucht wird, solche Handlungen, die als Regelverhalten eingeübt worden sind, auch vorstellungsmäßig auszubilden. Für den Therapeuten ist bedeutsam zu sehen, in welchem Ausmaß das Kind bereits Sprachschemata zur Verhaltenssteuerung einsetzt, und wie es sie einsetzt. Daraus gewinnt er Hinweise, wie es diese kompensative Fertigkeit auch in anderen Bereichen benützen, und wo er z. B. das Lernen von V-Schemata ansetzen könnte.

Kompensation von V-Schemata durch R-Schemata

R-Schemata, so scheint uns, werden vom autistischen Kind vor allem eingesetzt, um komplexes Spielverhalten zu ersetzen, also Situationen der Erholung und Entspannung auszufüllen. Dem Erwachsenen stellen sich diese Schemata als Stereotypien dar, er neigt dazu, diese als Störverhalten zu bewerten, also als Verhaltensweisen, die eliminiert werden sollten. Wir dagegen glauben, daß man in den Stereotypien eher Ersatzhandlungen sehen kann, die solange notwendig sind für das Kind, als kein anderer Ersatz aufgebaut werden kann.

R-Schemata könnten aber wahrscheinlich auch in größerem Umfang eingesetzt werden, um komplexere Verhaltensweisen einzuüben. Es wäre denkbar, daß das autistische Kind komplexere Handlungen des Alltags ähnlich lernt wie Ski- oder Radfahren. In der Diagnostik käme es darauf an, die Fähigkeiten des Kindes, motorische Schemata auszubilden, abzuschätzen und zu überlegen, wo diese Fertigkeiten kompensatorisch eingesetzt werden können.

Kompensationshandlungen im weiteren Sinne

Kompensatives Verhalten ist bei Autisten auch noch in einem umfassenderen Sinne zu sehen. Ihre Tendenz, die Umgebung gleichförmig zu halten, oder ihr Bemühen, soziale Situationen zu vermeiden, um nicht interagieren zu müssen, zählen wir dazu. In die gleiche Richtung weist auch ihre Neigung zu eingeschränkten Interessen, denn diese enthebt die Kinder der Notwendigkeit, immer wieder neue Ordnungen ausbilden zu müssen. Auch emotionale Beziehungen, die eher zu Gegenständen als zu Menschen und Tieren hergestellt werden, müßten hier eingeordnet werden.

Dem Diagnostiker müßte es ein Anliegen sein, diese als Symptome der Krankheit apostophierten Verhaltensweisen und Neigungen als kompensatives Bemühen des Kindes zu erkennen, weil er damit insgesamt einen Zugang zu den Problemen erhält, die das Kind im täglichen Umgang hat, und damit auch eine Vorstellung von den Belastungen, die es zu tragen hat. Es muß nicht erst betont werden, daß jedes therapeutische Bemühen von einem möglichst umfassenden Bild des Kindes ausgehen sollte, damit nicht auf der einen Seite etwas aufgebaut wird, das in anderen Teilen zur Zerstörung von bereits Vorhandenem führt.

Abschließende Bemerkungen zur therapiegeleiteten Diagnostik

Die objektive Diagnostik hat oft versäumt, ihr Vorgehen aus dem Bild der Gesamtpersönlichkeit, das sie hat, verständlich zu machen. Dies hat der Ausbildung von Vorurteilen Vorschub geleistet, die objektive Diagnostik würde nur äußere Eigenschaften des Menschen erfassen und diese nur elementistisch, damit würde aber ein gesamtmenschliches Verstehen eher verhindert. In Wirklichkeit jedoch ist dies eine Gefahr, in der jede Diagnostik steht, nur daß in einer objektiven Diagnostik die Fehler offenbar werden und mit der Formulierung der Testanweisungen gleichsam auch festgeschrieben sind. In jeder Diagnostik werden Teilinformationen gesammelt, d. h. es sind immer einseitige und verzerrende Informationen. Die Aufgabe des Diagnostikers besteht darin, diese Teilinformationen zu einem Gesamtbild zu ordnen und im Hinblick darauf zu reflektieren. Die wichtigste Hilfe ist dabei eine klare theoretische Vorstellung von den Defiziten und deren Eingreifen in die Gesamtorganisation der Persönlichkeit.

Unsere Darlegungen stellen einen ungelenken Versuch dar und wir hoffen, daß er von anderen weitergeführt wird.

5. Behandlung: Erziehung und Therapie

5.1. Eintritt in eine gesunde Welt

Als Vorbereitung auf die Behandlung autistischer Kinder möchten wir einen Auszug der Beschreibung eines Blinden im Umgang mit seiner Störung bringen, um aus einer ganz anderen Sicht die Probleme zu verdeutlichen, die dem begegnen werden, der Behinderten helfen will, ohne sie sich selbst zu entfremden.

Die Diagnostik des auffällig gewordenen autistischen Kindes ist im wesentlichen eine Diagnostik der Defizite und Ausfälle. Verfolgen wir das autistische Kind in seiner Entwicklung zum Erwachsenen, so zeigen sich uns diese Defizite nicht mehr direkt. Wir sehen vielmehr Formen, mit deren Hilfe es die Defizite zu verdecken oder zu umgehen, zu kompensieren versucht. Hier die richtige Sichtweise zu wählen, ist für die Diagnostik und die Therapieplanung, wie überhaupt für das Verständnis von entscheidender Bedeutung. Wie schwer es für den Außenstehenden ist, ein behindertes Kind zu verstehen und ihm gerecht zu werden, wird an der Autobiographie von Lusseyran (1977, S. 14–25) deutlich.

Jacques Lusseyran ist mit acht Jahren durch einen Unfall im Schulhof erblindet. Er schildert seinen neuen Zugang zur Welt als Blinder folgendermaßen:

»Meine Blindheit war für mich eine große Überraschung, glich sie doch in keiner Weise meinen Vorstellungen von ihr; auch nicht den Vorstellungen, welche die Menschen um mich herum von ihr zu haben schienen. Sie sagten mir, blind sein bedeute nicht sehen ... Eines Tages jedoch bemerkte ich, daß ich ganz einfach falsch sah, daß ich einen Fehler machte, wie einer, der die Brille wechselt, weil sich sein Auge den Gläsern nicht anpassen wollte.

Das war weit mehr als nur eine gewöhnliche Entdeckung: Es war eine Offenbarung. Ich sehe mich noch auf dem Champ de Mars, wo mich mein Vater einige Tage nach meinem Unfall spazieren führte. Ich kannte den Park gut. Ich kannte seine Teiche, seine Geländer, seine Eisenstühle. Ich kannte sogar einige der Bäume gleichsam persönlich. Natürlich wollte ich sie wiedersehen; aber ich konnte sie nicht mehr sehen. Ich stürzte mich in die Substanz, die der Raum war, aber ich konnte diese Substanz nicht wiedererkennen, weil sie nichts vertrautes mehr enthielt. Ein Instinkt – ich möchte fast sagen: eine Hand, die sich auf mich legte – hat mich damals die Richtung wechseln lassen. Ich begann, mehr aus der Nähe zu schauen: aber nicht an die Dinge ging ich näher heran, sondern an mich selbst. Anstatt mich hartnäckig an die Bewegung des Auges, das nach außen blickte, zu klammern, schaute ich nunmehr von innen auf mein Inneres. Unversehens verdichtete sich die Substanz des Universums wieder, nahm aufs neue Gestalt an und belebte sich wieder ... ich sah das Licht. Ich sah es noch, obwohl ich blind war ...

Meine Hände gehorchten mir zunächst nicht mehr. Wenn sie ein Glas auf dem Tisch zu fassen suchten, verfehlten sie es. Fast schien es, als seien sie entwurzelt, von mir abgeschnitten, und eine zeitlang ängstigte mich das. In Wirklichkeit war es nur so, daß sie keine Anordnungen mehr erhielten. Meine Augen konnten sie nicht mehr befehligen. Unsere Augen gehen immer über die Oberfläche der Dinge. Sie bedürfen nur einiger verstreuter Punkte, und blitzartig füllen sie die Zwischenräume. Sie erahnen viel mehr, als sie sehen und niemals, oder fast niemals prüfen sie die Dinge. Im Gegensatz zu den Augen hatten die Hände eine ernste Art an sich. Von welcher Seite sie auch an einen Gegenstand herangingen, sie prüften ihn ganz genau. Sie erprobten seine Widerstandsfähigkeit, lehnten sich gegen seine Masse und hielten auch die unwesentlichsten Eigenschaften seiner Oberfläche fest. Sie maßen ihn in Höhe und Dicke, indem sie so viele Dimensionen anlegten wie nur möglich.

Doch es gab noch etwas Wichtigeres als die Bewegung: den Druck. Legte ich die Hand leicht auf den Tisch, so wußte ich, daß da der Tisch war, sonst aber erfuhr ich nichts über ihn. Meine zum Leben erwachten Hände führten mich in eine Welt hinein, in der alles ein Austausch von Druck war. Dieser Druck verdichtete sich zu Formen und alle diese Formen hatten einen Sinn. Ich muß in meiner Kindheit hunderte von Stunden damit verbracht haben, mich gegen Gegenstände zu lehnen und sie sich gegen mich lehnen zu lassen. Alle Blinden werden bestätigen, daß diese Gebärde, dieses Wechselspiel, eine zu tiefe Befriedigung gewährt, als daß man sie beschreiben könnte.

Wie man weiß, hatte ich gute Eltern; nicht nur Eltern, die mir wohl wollten, sondern Eltern, die bereit waren einzugestehen, daß ihre – die übliche – Art die Dinge zu sehen, vielleicht nicht die einzig mögliche war, bereit, die meine zu lieben und zu fördern. Deshalb möchte ich den Eltern, deren Kinder blind werden, sagen, daß sie wieder Mut fassen sollen. Die Blindheit ist zwar ein Hemmnis, aber zum Unglück wird sie nur durch den Unverstand. Sie sollten wieder Mut fassen, und niemals dem widersprechen, was ihr kleiner Junge oder ihr Mädchen entdeckt. Sie sollten niemals zu ihm sagen: ›Du kannst das nicht wissen, weil Du nicht sehen kannst‹, und so selten wie möglich: ›Tu das nicht! Das ist gefährlich!‹. Denn es gibt für ein blindes Kind eine Drohung, die fürchterlicher ist als alle Wunden und Beulen, alle Schrammen und die meisten Schläge: Die Isolierung in sich selbst.«

An den Schilderungen von Lusseyran (1977, S. 23, 21) wird uns deutlich, was es bedeutet, wenn etwas ausfällt, das Dinge, Teile in einen Zusammenhang bringt: »Es war unmöglich, den Birnbaum im Garten durch Berührung vollkommen zu erfassen, indem man – eines nach dem anderen – mit den Fingern seinen Stamm, seinen Ästen und Blättern entlang glitt.« Ihm fehlte durch die Blindheit das umschließende Bild. Ihm war es jedoch möglich, das äußerlich Fehlende durch innere Vorstellung zu ergänzen und zu runden.

Mit der mangelnden Vorstellung fehlt dem autistischen Kind noch viel mehr als dem Blinden. Es kann den Birnbaum nicht in seiner inneren Form wieder erstehen lassen. Es kann sich nur an das Bild eines gesehenen Baumes erinnern und schon mit dem Vergessen von Teilen entgleitet es wieder. »(Unsere Augen) bedürfen nur einiger verstreuter Punkte und blitzartig füllen sie die Zwischenräume. Sie erahnen viel mehr als sie sehen und niemals, oder fast niemals, prüfen sie die Dinge.« Mit Hilfe unserer Vorstellung können wir aus wenigen Beobachtungen das Ganze eines Baumes rekonstruieren.

Autistische Kinder halten sich oft die Ohren zu. Sie verhalten sich äußeren

Geräuschen gegenüber häufig als wären sie taub. Der blinde Lusseyran (1977, S. 20 f.) schildert seine Erfahrungen mit einem Übermaß an Tönen: »Von Zeit zu Zeit wurde dieses Tönen, dieses allgemeine Murmeln um mich herum so stark, daß mich Schwindel erfaßte und ich die Hände auf die Ohren legte, genau so, wie wenn ich als Sehender die Augen geschlossen hätte, um mich gegen ein Übermaß an Licht zu schützen. Deshalb konnte ich auch keinen Lärm ertragen, keine unnötigen Geräusche oder ununterbrochen spielende Musik. Ein Geräusch, dem wir nicht zuhören, ist ein Schlag gegen unseren Körper und unseren Geist, denn ein Geräusch ist kein Vorgang, der sich außerhalb von uns abspielt, sondern eine Realität, die durch uns hindurch geht und dort verweilt, sofern wir sie nicht voll wahrnehmen, ... denn auf einen Blinden hat ein lautes, unnötiges Geräusch dieselbe Wirkung wie ein blendender Strahl eines Scheinwerfers auf den, der sehen kann: es schmerzt.«

Wieviel mehr Einfühlungsvermögen ist notwendig, um einem autistischen Kind richtig begegnen zu können. Ihm seine mögliche Welterfahrung nicht zu verleiden, sondern ihm Mut zu geben, zu unterstützen, zu fördern, ist unsere Aufgabe. Ihm das zu geben, was ihm von Natur aus verwehrt ist, wird trotz aller Therapie und Pädagogik unmöglich sein. Wir müssen erkennen, was ihm möglich ist, und dieses Mögliche fördern und vor zerstörenden Einflüssen schützen.

5.2. Überlegungen zur Bewertung der Autismusbehandlung

Der Film »Verhaltenstherapie bei einem autistischen Jungen« von Ott & Gottwald (1971) dokumentiert anschaulich den therapeutischen Ansatz der Verhaltenstherapie der frühen siebziger Jahre in der Autismusbehandlung und befremdet manchen durch die stereotype Einfachheit der Therapiesituation:

Im sonst leeren Therapieraum stehen zwei Stühle und ein kleiner runder Tisch. Auf einem Stuhl sitzt das Kind, Dicki, auf dem anderen der Therapeut, auf dem Tischchen daneben ist ein Behälter mit Pudding. Der Therapeut schöpft mit einem kleinen Löffel aus der Puddingschale, schaut das Kind an und sagt: »Dicky, schau mich an!« und nachdem das Kind der Aufforderung nicht nachkommt, wiederholt er nach drei Sekunden: »Dicky, schau mich an!« Nachdem das Kind den Blick zum Therapeuten hingewendet hat, steckt er den Löffel mit dem Pudding in den Mund des Kindes und sagt: »Gut, sehr gut, Dicky.« Und so geht es weiter, über 20 Minuten, bis Dicky wieder zurück in seine Gruppe gehen kann.

Dies ist ein Ausschnitt aus der verhaltenstherapeutisch orientierten Sprachtherapie autistischer Kinder. Verhöhnend wurde sie von ihren Gegnern »Puddingtherapie« genannt. Sie selber sieht im Prinzip der Bekräftigung und im Prinzip der sukzessiven Annäherung ihr theoretisches Fundament. Alles, was nach dem Verständnis des Laien die Interaktion Therapeut-Kind auflockern könnte, Spielsequenzen, Erzählen usw., wird von der Therapie ferngehalten, weil es den Lernprozeß stören würde.

Die Therapeutin von Felix (siehe Kap. 1) ist nach einem psychoanalytischen Konzept vorgegangen. Der psychoanalytische Ansatz interpretiert den frühkindlichen Autismus als eine emotionale Entwicklungsstörung. Das Durchspielen emotional besetzter Situationen eines früheren Stadiums steht im Vordergrund und der Therapeut läßt sich dabei vom Kind führen, weil er davon ausgeht, daß das Konfliktmaterial das Verhalten des Kindes bestimmt. Die Unstrukturiertheit der Therapiesituation, die das Verhalten des Therapeuten mit einschließt, ist der Versuch, die gegenwartsbezogenen Umwelteinflüsse auf ein Minimum zu reduzieren, um die Auseinandersetzung mit weit zurückliegenden Konfliktsituationen zu ermöglichen.

Zwischen diesen beiden verschiedenen Therapiekonzepten gibt es nicht nur theoretische Widersprüche. Es ist kaum vorstellbar, daß beide Methoden erfolgreich sein können. Und so stehen wir unvermittelt vor der Frage: Welche Therapiemethode ist in der Lage, dem Kind wirklich zu helfen? Drei Kriterien werden des öfteren genannt, nach denen eine psychotherapeutische Behandlung beurteilt werden kann. Es sind die Kriterien

– der Effizienz,
– der Wissenschaftlichkeit und
– der Ethik.

5.2.1. Das Kriterium der Effizienz oder die Normalisierungshypothese

An eine Therapie knüpfen die Eltern zuerst die Hoffnung, daß ihr Kind geheilt werde, daß es sei wie andere Kinder, d. h. normal. Doch aus dem, was wir bislang über das Störungsbild frühkindlicher Autismus wissen, können wir ganz generell sagen, daß eine solche Hoffnung von keiner Therapie einzulösen ist. Die Störung als solche kann nicht beseitigt werden. Wie immer sich das Kind entwickeln mag, es wird von der Art normaler Kinder immer so stark abweichen, daß es auch dem Laien sofort auffällt. Wenn also nur Veränderungen an Details möglich sind und die abweichende Struktur im wesentlichen erhalten bleibt, so stellt sich die Frage, welche Veränderungen nun tatsächlich anzustreben sind. Man wird vielleicht sagen, es sollten möglichst alle Verhaltensweisen in die Richtung verändert werden, daß das Kind normaler wird.

Diese Annahme erscheint zunächst unverfänglich. Wie fragwürdig sie jedoch in Wirklichkeit ist, mag uns das folgende Gedankenspiel veranschaulichen.

Nehmen wir an, Sie haben ein Haus in Auftrag gegeben und das Bauunternehmen übergibt Ihnen ein kleines Gartenhaus und nicht ein geräumiges Einfamilienhaus, wie Sie es erwartet haben.

Sie beauftragen nun eine zweite Firma, das Haus zu verändern und sagen ihr: »Ich möchte das Haus nicht abreißen und weiß, daß es in den Grundproportionen erhalten bleiben wird, aber bauen Sie so viele Details wie möglich um, und geben ihm, wenn möglich, die Größe eines Einfamilienhauses.«

Da sich das Dach relativ leicht verändern läßt, baut nun die neue Firma ein großes Dach auf Ihr kleines Häuschen. Ebenfalls leicht zu verändern sind die Fenster, auch diese werden der Größe eines normalen Hauses angepaßt. Das so entstandene Haus wird insgesamt noch viel auffälliger wirken als das alte, obwohl wesentliche Teile einem normalen Haus angeglichen sind.

Wenn wir dieses Bild auf die Therapie übertragen, so werden wir zum Schluß kommen, daß die Effizienz einer Therapie mit dem Nachweis der Veränderung einzelner Verhaltensweisen noch nicht erbracht ist, selbst dann nicht, wenn das Kind sich in Richtung von mehr Normalität entwickelt hat. Wird hingegen Effizienz dahingehend gedeutet, daß eine effektive Hilfe zur Weiterentwicklung der Persönlichkeit geleistet wurde, so könnten wir uns mit dem identifizieren. Doch was nun im Einzelnen als Weiterentwicklung der Persönlichkeit des autistischen Kindes zu verstehen ist, liegt nicht ohne weiteres auf der Hand. Damit zerrinnt uns die Objektivität dieses Kriteriums wieder und was übrig bleibt, ist vielleicht ein globaler Eindruck, daß sich das Kind positiv entwickelt habe.

Wir halten Effizienz als Kriterium deshalb nicht für gänzlich unbrauchbar, aber es kann ihm nicht der Charakter eines Maßstabs zukommen, wohl aber der Ansporn, sich diese Frage immer wieder zu stellen und mit den Betroffenen immer wieder aufs Neue durchzudiskutieren.

5.2.2. Die theoretische Transparenz und das Kriterium der Wissenschaftlichkeit

Fachleute würden die Therapiemethoden gerne in das zweipolige Schema einordnen, wonach auf der einen Seite die Verfahren stehen, deren Methodik wissenschaftlich erforscht ist, und auf der anderen Seite die Verfahren, denen eine solche Legitimation nicht zukommt, wobei nur erstere als legitimiert zu bezeichnen wären. Da nun schon unter Wissenschaftlern keine Einigung zu erzielen ist, was als wissenschaftlich gelten kann und was nicht, ist das Kriterium in dieser Form nicht zu halten. Da aber das Wesen der Wissenschaftlichkeit in der theoretischen Transparenz und in der Intersubjektivität liegt, kann man auch dieses Kriterium zu einer hilfreichen Maxime verändern. Wir möchten es theoretische Transparenz nennen.

Wir haben im vorausgehenden Teil unsere theoretischen Vorstellungen expliziert und haben die empirischen Befunde im Lichte dieser Theorie interpretiert. Dabei versuchten wir zwischen den verschiedenen Ausprägungsformen der Störung eine Beziehung herzustellen und den Zusammenhang von bestimmten Umweltbedingungen und dem Ausdruck der Störung zu erklären. Es zeigte sich, daß die soziale Zurückgezogenheit des autistischen Kindes nicht primär eine Folge einer emotionalen Störung ist, sondern einer kognitiven Überforderung bei der Ausdifferenzierung eines angemessenen Personenschemas. Aus dieser Sicht der Zusammenhänge von Umweltbedingungen und Verhaltensentwicklungen beim autistischen Kind lassen sich unschwer andere Bedingungen rekonstruieren, die zu Veränderungen im Verhalten führen müssen. Die Therapie nutzt in diesem Falle die Kenntnis über die Zusammenhänge von Umweltereignissen und psychischer Entwicklung.

Ein entsprechend konzipiertes und aufgebautes Therapieprogramm ist in seinem Aufbau wie in seinen Detailschritten von dritten Personen nachvollziehbar, und ein therapeutisches Programm kann mithin danach beurteilt werden, wieweit es sich von der Therapie inspirieren und leiten läßt, bzw. wie weit es Schritte enthält, die von der theoretischen Konzeption abweichen, ihr widersprechen oder ohne Bezug zu ihr stehen. Das therapeutische Handeln gewinnt somit jene Rationalität und Transparenz, so daß jederzeit ein Vergleich mit anderen Methoden möglich ist. Ein subjektiver Mißbrauch im Bereich der Nachlässigkeit läge in der Sorgfaltspflicht oder in der Verletzung der Würde und Freiheit des Klienten.

Wir möchten jedoch auch die theoretische Transparenz nicht als Kriterium im eigentlichen Sinne verstanden wissen, sondern als eine Stärkung der Grundlagen und Voraussetzungen, die ein Gespräch der Beteiligten über die Effizienz fruchtbar machen kann. Indem es den Therapieprozeß transparent macht, werden die Grundlagen für die Anwendung des Effizienzkriteriums geschaffen.

5.2.3. Das Kriterium des ethisch Vertretbaren

Die Gesellschaft hat bestimmte ethische Prinzipien für das menschliche Verhalten im allgemeinen aufgestellt, denen auch das therapeutische Handeln nicht widersprechen sollte. Diese Prinzipien betreffen die ökonomische Abwicklung, die Ausübung von Macht, das Eingehen einer emotionalen Beziehung und das Zufügen von Schmerz.

Therapie und Gelderwerb

Daß an der Not von Menschen andere verdienen können, ist ein Problem. Nicht zuletzt deshalb ist von Gesellschaftskritikern der Vorschlag gemacht worden, Psychotherapie unentgeltlich anzubieten und von der Gesellschaft finanzieren zu lassen. Dies schützt jedoch den Klienten nur vor finanzieller Ausbeutung, nicht jedoch vor einem Therapeuten, der an der Arbeit uninteressiert ist. Damit ist ein ernstes Problem angesprochen, das man »die Bürokratisierung der sozialen Dienste« nennen könnte. Vielleicht wäre es wünschens-

wert, mehrere Möglichkeiten nebeneinander anzubieten, sodaß diese untereinander in Konkurrenz treten könnten und mithin die Auseinandersetzung
um die richtige Form der ökonomischen Abwicklung einer Therapie die
Sensibilität für dieses Problem wachhält.

Therapie und die Ausübung von Macht

Die Therapeut-Klient-Beziehung ist eine asymmetrische Beziehung und das
bedeutet, daß einer seine Position ausnützen kann, um Macht über den
anderen zu gewinnen. Die Schlagworte »Abhängigkeit des Klienten«, »Ent-
mündigung des Klienten«, »Professionalisierung«, »Unselbständigkeit des
Klienten« sind Chiffren, die dieses Problem benennen. Einfach zu lösen ist
dieses Problem sicherlich nicht. Wohl aber gibt es Möglichkeiten, es einzugren-
zen, abzuschwächen; die wichtigste Hilfe ist dabei, den therapeutischen Ablauf
transparent zu machen. Das Aufstellen von Therapiezielen, das Festhalten des
Ablaufes von Therapiestunden und der Entwicklung des Klienten, die Reflexion des gegangenen Weges und deren Möglichkeiten sind Mittel, diese
Transparenz für den Klienten zu erreichen. Eine weitergehende Form wäre die
Supervision, die gemeinsame Besprechung von Fällen und der Arbeit mit
Kollegen oder im Team.

Therapie und die emotionale Beziehung

Der asymmetrischen Beziehung von Therapeut-Klient entspricht auch eine
gewisse emotionale Distanz. Dieses Prinzip legt uns nahe, nie innerhalb der
Verwandtschaft therapeutisch tätig zu werden und gute Bekannte oder Nach-
barn zu einem Kollegen zu schicken und nicht selber in Therapie zu nehmen.
Zu leicht können sich private Interessen in die Therapie einmischen und die
Therapie zu einem emotionalen Dschungel werden lassen. Zwischen Therapeut und seinem Klienten kann auch auf andere Weise eine emotionale
Bindung entstehen, die die therapeutische Arbeit unmöglich macht. Eine
befriedigende Lösung für dieses Problem wird selten gefunden, aber das
Offenlegen des therapeutischen Prozesses unter Supervision oder im Gespräch
mit einem Team kann das Problem zumindest eingrenzen.

Die Zufügung von Schmerz

Jeder Mensch möchte ein schmerzfreies Leben führen. Wir wissen aber auch,
daß dieser Wunsch Utopie ist. Der Klient kommt in der Regel aus einem
Leidensdruck heraus zum Therapeuten und erwartet, davon befreit zu werden.
Der Weg dieser Befreiung kann jedoch unter Umständen sehr belastend und
schmerzhaft sein. Der zugefügte Schmerz kann aber unter Umständen in

keiner vertretbaren Relation zum therapeutischen Gewinn stehen. Therapeutische Methoden, die Schmerz zufügen, sollten daher besonders sorgfältig reflektiert werden. Elektroschocktherapie, Time-out, Bestrafungstechniken sind sicherlich problematische Methoden, die nicht nur nach dem unmittelbaren therapeutischen Gewinn, sondern auch nach ihren Nebenwirkungen zu beurteilen sind.

Auch das ethische Prinzip hat seine Begrenztheit. Der Mensch am Operationstisch oder auf der Intensivstation erleidet massive Eingriffe in sein persönliches Leben und dennoch halten wir solche Eingriffe für ethisch vertretbar. Das Grundproblem liegt darin, daß das Einzelereignis immer in Beziehung gesetzt werden muß zur weiter gefaßten Lebensperspektive, aber dieser Versuch, eine übergeordnete Perspektive zu gewinnen, kann selbst nicht in Regeln gefaßt werden.

5.2.4. Therapie und Selbstentfremdung durch die therapeutischen Eingriffe

Den drei häufig genannten und von uns eben dargestellten Kriterien, eine Therapie zu beurteilen, wollen wir ein viertes hinzufügen, das uns ebenfalls bedeutsam erscheint. Dieses Kriterium bezieht sich auf die Frage, ob die Therapie beim Klienten zu einer größeren Identität geführt oder ihn seinem Wesen entfremdet hat. Es läßt sich aus dieser Frage kein Prinzip gewinnen, das man einfach anwenden könnte, denn was ist die Individualität des Klienten und was könnte seine Entfremdung sein?

Die Individualität eines Menschen ist nicht etwas, das einfach feststeht, es ist vielmehr eine Ahnung von dem, was ihm entspricht, und auch dies hat eine sehr veränderliche Gestalt. Wir möchten aber auch nicht ein Prinzip daraus gewinnen, sondern eine Reihe von Fragen formulieren, die sich der Therapeut selbst immer wieder stellen, die er mit Kollegen besprechen sollte, und die auch mit den Eltern zu bereden sind.

- Wollen wir das Kind verändern, weil die Umwelt dies von uns erwartet?
- Wollen wir es verändern, weil die Familie heute so mit ihm nicht zusammenleben kann?
- Wollen wir es verändern, um die Erziehung und Pflege des Kindes zu erleichtern?
- Wollen wir es verändern, weil wir ehrgeizige Pläne mit ihm haben, Forschungspläne oder elterliche Pläne?
- Wollen wir es verändern, um uns oder anderen etwas zu beweisen?
- Wollen wir es verändern, einfach darum, weil es unsere berufliche Aufgabe ist, etwas zu verändern?
- Haben wir erwogen, daß auch dies eine Veränderung wäre: Den Eltern zu helfen, sich auf das Kind, wie es heute ist, einzustellen, endgültig?

– Haben wir erwogen, die Schule und die Gesellschaft darauf einzustellen, daß es Menschen gibt mit der Diagnose »frühkindlicher Autismus«, und daß diese Menschen zu uns gehören, wie andere Randgruppen. Daß unsere erste Aufgabe darin besteht, mit ihnen zu leben und nicht, sie einer Therapie zuzuführen oder ihnen die optimale Pflege angedeihen zu lassen?

5.2.5. Die Anwendung von Kriterien und die Zusammenschau von Gesichtspunkten im Gespräch mit den Beteiligten

Es war in diesem Abschnitt ganz und gar nicht unser Anliegen, ein oder mehrere Kriterien aufzustellen, damit der Therapeut sie abhaken kann wie die Items einer Check-Liste. Alle Objektivierungsversuche des therapeutischen Geschehens können nur von begrenzter Bedeutung sein. Häufig genug können wir erleben, daß ein Klient einem charismatisch begabten Menschen begegnet, dessen Tun sich in keiner Weise in Fachkriterien einordnen läßt, und der ihm besser helfen kann als jeder andere.

Nicht das Aufstellen von Kriterien also, sondern das Gewinnen von Leitlinien für das Gespräch unter Kollegen und mit den Beteiligten war unser Anliegen. Wir halten es für notwendig, daß das therapeutische Geschehen immer wieder neu diskutiert und durchdacht wird, und auch dies nicht, um die Probleme ein für allemal zu lösen, sondern eher, um sensibel zu bleiben für die Gefahren, die im Therapieprozeß lauern. Auch der erfahrene Therapeut wird im Rückblick auf seine berufliche Tätigkeit bemerken, daß er zu verschiedenen Zeiten seines Lebens die Kriterien für den Erfolg einer Therapie anders angesetzt hat. Jeder Konsens, der in einer Berufsgruppe über die wahren Kriterien der Beurteilung einer Therapie gefunden wird, kann nur von begrenzter Gültigkeit sein, und es ist sicher kein Schaden, wenn die Kriterien sich laufend verändern, nicht nur im Leben des einzelnen Therapeuten, sondern auch in der Gesellschaft als ganzer. Dies ist eine Tatsache und wir haben uns darauf einzustellen.

5.3. Hinweise zur Gewinnung von Therapiezielen

Die Frage, welche Ziele sich die Erziehung, die Beschulung oder die Therapie bei autistischen Kindern setzen kann oder soll, ist nicht allein von der Beurteilung der Störung abhängig. Dabei ist auch das Leben der Bezugspersonen zu berücksichtigen, vor allem der Familien der autistischen Kinder, sowie das Angebot an Förderungsmöglichkeiten, die in der Umgebung der Familie angeboten werden. Es sind im Einzelfall auch Überlegungen zur Relation von Aufwand und Nutzen anzustellen, die ethischen Vorstellungen der Familien oder anderer Personengruppen müssen berücksichtigt werden usw. Die Festlegung der Therapieziele ist mithin nicht nur eine Angelegenheit des Therapeuten, sondern auch all derer, die mit dem Kind arbeiten und für das Kind Verantwortung übernommen haben. Wir wollen, wenn wir Anregungen zur Festlegung von Therapiezielen geben, nur allgemeine Gesichtspunkte hervorheben, die aus der Kenntnis der Störung und aus der Kenntnis der Möglichkeiten zur Hilfe resultieren, wobei der individuelle Rahmen der einzelnen Familie völlig außer Betracht bleibt.

Die Formulierung globaler Ziele soll für die Erziehung und für die Therapie eine Perspektive aufzeigen, auf die Teilziele und Teilschritte ausgerichtet und relativiert werden. Beides ist nötig. Einerseits bedarf der Therapeut oder der Erzieher einer weiterreichenden Orientierung, andererseits aber muß gerade bei diesen Kindern der Tag mit kleinen Schritten ausgefüllt werden, die rasche Erfolgserlebnisse möglich machen und die Überforderung vermeiden helfen. Die Therapie- und Erziehungsziele legt der Therapeut nicht alleine, sondern in Absprache mit den Bezugspersonen des Kindes unter möglichst weitreichender Einbeziehung des Kindes fest. Nicht alle Therapieschulen akzeptieren diese Einengung. Psychoanalytiker äußern oft die Überzeugung, daß die »wahren Therapieziele« erst im Verlauf der Therapie festgelegt werden können, weil der Patient sich nur langsam im Verlauf der Therapie öffnet, sodaß der Therapeut die tieferliegenden Störungen erst im Verlauf der Therapie erfahren kann. Wir schließen uns dieser Auffassung grundsätzlich an und schränken die Forderung nach Festlegung der Therapieziele zu Beginn einer Therapie in der Weise ein, daß jede Festlegung im Verlauf der Therapie revidiert werden kann. Therapieziele können also vorläufig festgelegt und nur für einen Abschnitt der Therapie bindend sein, und sie werden auch kaum jemals umfassend formuliert werden können.

Wenn aber auf die Festlegung von Zielen gänzlich verzichtet wird, ist die therapeutische Arbeit nicht mehr kontrollier- und beurteilbar. Der Therapeut gewinnt damit eine Stellung, in der er sich jeder äußeren Kontrolle entziehen kann, wodurch autoritärer Mißbrauch der therapeutischen »Macht« begünstigt wird. Wir halten es daher für notwendig, daß der Therapeut die Einschränkung durch die Festlegung objektivierter Therapieziele auf sich nimmt.

Das pädagogisch-therapeutische Bemühen kann grundsätzlich auf drei Ebenen erfolgen: Als erstes bietet sich an, das Defizit direkt zu beheben, d. h. *dem Kind zu helfen, V-Schemata zu generieren.* Da jedoch diesem Versuch einer direkten Beeinflussung der Störung enge Grenzen gesetzt sind, besteht ein zweiter Weg den Kindern zu helfen darin, *mögliche Kompensationen der Defizite zu stärken und aufzubauen.* Beides zusammen, der Versuch, die Störung direkt zu beeinflussen oder indirekt, indem wir Kompensationshandlungen anbieten oder ermöglichen, hat große Bedeutung für die Kinder selbst, wie auch für die Bezugspersonen, vor allem für die Eltern. Den wichtigsten Teil des pädagogisch-therapeutischen Bemühens sehen wir aber darin, *der Familie zu helfen, mit einem autistischen Kind zu leben.*

5.4. Gestaltung des Alltags in Zusammenarbeit mit den Eltern

Autismus ist keine Störung, die geheilt werden kann. Daher ist es für autistische Kinder und ihre Familien (vor allen Versuchen, Einzelfertigkeiten zu fördern und auszubilden) bedeutsam, eine Lebensform zu finden, die ein erfülltes Leben miteinander ermöglicht. Auf die Ausgestaltung des Alltagslebens sollten wir somit nicht weniger Anstrengung verwenden, als auf die Durchführung von Förderung und Therapie. Mit der Gestaltung des Alltags verbinden wir ein dreifaches Anliegen:

1. *Eltern* müssen einen Weg finden, wie sie mit einem autistischen Kind ein befriedigendes Familienleben führen können. Die Erziehung und Therapie des autistischen Kindes kann darin nicht die dominierende Rolle spielen.

2. Das gleiche gilt für das autistische *Kind* selbst. Zu leicht wird das autistische Kind für den Fachmann, und nicht nur für den Fachmann, zur Gelegenheit, Therapie durchzuführen und Forschung zu betreiben. Die Ermöglichung eines auf seine Fähigkeiten und Probleme zugeschnittenen Lebens ist für das autistische Kind alles andere als selbstverständlich.

3. Erst das dritte Anliegen bezieht sich auf die Förderung oder Heilung und artikuliert sich in der Frage: Wie muß die *Umgebung* für das autistische Kind strukturiert und gestaltet sein, daß es möglichst ohne störende Einflüsse von außen lebenspraktische Fertigkeiten und Sprache lernen kann, um in die Gemeinschaft hineinzuwachsen?

Zusammenfassend können wir die Situation der Eltern autistischer Kinder folgendermaßen darstellen: Sie haben ein Kind, dessen Behinderung von einem Teil der Therapeuten als durch die erzieherische Umwelt verursacht angesehen wird. Der Grad der Behinderung ist nicht endgültig, sondern mit der Hoffnung auf Heilung verbunden, ohne daß Heilung tatsächlich erreicht wird. Annehmen und Helfen wird dem Erzieher durch die Kinder dadurch erschwert, als ihr sozial abweisendes Verhalten Helfen bestraft und in keiner Weise ermuntert. So bleiben diese Kinder auch dem engagierten Erzieher in einer Weise fremd, daß der Aufbau einer personalen Erziehung kaum gelingt. Eltern autistischer Kinder können also nicht auf ein dankbares Verhalten des Kindes hoffen, und da die Ursachen ungeklärt sind, müssen sie auch mit der Kritik der Umwelt leben lernen. In der Erziehung erfahren sie aber, daß das behinderte Kind anders ist als die Kinder, die sie kennen, und daß ihre Vorstellungen von Erziehung nicht genügen. Sie erfahren Hilflosigkeit. Hilflo-

sigkeit und Nichtverstehen des Kindes führen zu Unsicherheit, die zu Schuldge-
fühlen führt, und als besondere Belastung kommt die ständige Überforderung
hinzu: Besondere Rücksichtnahme auf das Kind, soweit es die alltägliche
Lebensplanung betrifft, den Urlaub usw. Auch die rein pflegerische Arbeit
nimmt mehr Zeit und Kraft in Anspruch, als dies bei normalen Kindern der Fall
ist.

Folgerungen für die Zusammenarbeit. Aus dieser Einschätzung der Situation
der Eltern ergeben sich einige Richtlinien für die Zusammenarbeit mit dem
Therapeuten:

1. Eltern erwarten mit Recht, daß sie vom Arzt oder Psychotherapeuten genau
aufgeklärt werden über die Störung und über das heute verfügbare Wissen
bezüglich der Verursachung der Störung. Eine ausführliche, mutige und
kompetente Aufklärung erleichtert es den Eltern wesentlich, das Kind anzunehmen, sich damit abzufinden, daß sie ein behindertes Kind haben, und daß
sie ihr Leben darauf einstellen müssen.
    Zur Aufklärung gehört aber auch die Beratung der Eltern über Fördermög-
lichkeiten und über deren Grenzen, wie sie die fachliche Hilfe bekommen
können, sowie eventuelle finanzielle Unterstützung, die heute von der öffentlichen Hand gewährt wird.

2. Wir müssen den Eltern helfen, ihre Aufgabe als Eltern eines behinderten
Kindes zu sehen und wahrzunehmen. Dies beeinhaltet Verschiedenes: Den
Eltern fällt zuerst die Aufgabe zu, die Umgebung so zu gestalten, daß das
autistische Kind sich darin wohlfühlen kann, und daß es optimale Bedingungen
für das natürliche Lernen findet. Des weiteren müssen sie lernen, Kompro-
misse einzugehen, zwischen den Ansprüchen des Kindes einerseits und ihren
Ansprüchen als Familie andererseits, damit keiner in der Familie überbelastet
wird und das Zusammenleben die Erfüllung bringt, die jeder in seiner Familie
finden muß.

3. Wir müssen den Eltern klar machen, daß sie in erster Linie die Eltern und
nicht die Therapeuten des Kindes sind, und daß das autistische Kind auf der
Welt ist, um zu leben und Freude am Leben zu haben und nicht um therapiert
zu werden. Soweit die Eltern therapeutische Aufgaben übernehmen, müssen
sie lernen, diese ihren Aufgaben als Eltern unterzuordnen.

4. Als große Hilfe erfahren die Eltern, wenn sie mit einem Therapeuten ihre
familiäre Situation besprechen können. Die Beratung reicht hier von Anregungen bezüglich der Wohnungseinrichtung, der Wohnhausgestaltung, über die
Einbeziehung der Therapie in das Familienleben bis zu Reden mit dem Partner
über die Behinderung und ähnliches mehr. Sind Geschwister da, so muß der

Therapeut auch darauf achten, daß die Geschwister nicht durch die verstärkte Zuwendung der Eltern zum autistischen Kind vernachlässigt, Rivalitätsgefühle abgebaut, Benachteiligungen, Zurücksetzungen und unnötige Verletzungen vermieden werden.

Es sei zum Schluß noch einmal darauf hingewiesen, wie sehr die Eltern auf unser Fachwissen angewiesen sind, und darauf, daß wir uns die Mühe machen, ihnen die Störung, soweit sie dem Fachmann heute verständlich ist, zu erklären. Je besser sie ihr autistisches Kind in seinem abnormen Verhalten verstehen, desto weniger Unsicherheit und Hilflosigkeit erfahren sie und desto eher gelingt es ihnen, eine positive Beziehung zum Kind aufzubauen und damit das Zusammenleben mit dem autistischen Kind als befriedigend zu erleben.

5.4.1. Lernen, mit autistischen Kindern zu leben

Eine Therapie ist ein massiver Eingriff in das Leben eines Menschen. Jeder Eingriff von außen birgt die Gefahr in sich, den Klienten sich selbst zu entfremden. Aus Ehrfurcht vor dem Leben des Kindes und auch aus realistischer Einschätzung unserer therapeutischen Möglichkeiten halten wir es für wichtig, bevor wir daran gehen Therapieziele festzulegen und Methoden auszuwählen, zu versuchen, das Kind einmal so anzunehmen, wie es ist. Wir wünschten, daß Eltern sagen können, unser Kind ist schwer behindert und es wird unser Kind bleiben, auch wenn es keine großen Fortschritte macht. Wir wollen Kraft und Anstrengung darauf verwenden, ein sinnvolles und reiches Familienleben zu gewinnen mit dem Kind, so wie es heute ist. Ein Teil unseres therapeutischen Bemühens sollte darauf gerichtet sein, den Eltern zu helfen, eine solche Haltung zu gewinnen, die das Grundlegende, Übergreifende sein sollte, weil alle Veränderungsversuche in Bezug darauf nur von untergeordneter Bedeutung sein können.

Es ist natürlich nicht wesentlich, daß die Eltern diese Haltung aussprechen, sondern daß diese Haltung in der Lebensgestaltung der Familie ihren Ausdruck findet. Welchen Beitrag kann der Therapeut dabei leisten, welche Hilfe können sich die Eltern dabei vom Therapeuten erwarten? Im Mittelpunkt dieses Bemühens wird der Versuch stehen müssen, den Eltern das Störungsbild verständlich zu machen und aus diesem Verständnis heraus mit ihnen die familiäre Situation durchzubesprechen und so zu gestalten, daß dem Kind eine positive Entwicklung möglich wird und der Alltag des Zusammenlebens für Kinder und Eltern nicht zu stark belastend wird. Der Therapeut wird sich aber zuvor ganz intensiv diagnostisch mit dem Kind auseinandersetzen müssen, damit er den Zustand des Kindes und seine Entwicklungsmöglichkeiten realistisch einschätzen kann und die richtigen Worte für die Eltern findet. Die fachliche Aufklärung kann den Eltern eine große Hilfe sein, aber es ist nicht leicht, sie in einer Weise vorzutragen, daß die Eltern nicht schockiert, zurückgestoßen und verletzt werden. Diese Gefahr besteht vor allem dann, wenn den Eltern das Kind im Gespräch eher entfremdet wird als ihnen nahekommt. Sie müssen in der Darstellung des Therapeuten ihr Kind wiedererkennen, ja es muß ihnen ihr Kind noch deutlicher werden, d. h. sie müssen den Eindruck gewinnen, daß sie nun dem Kind verständnismäßig nahekommen. Ihr behindertes Kind anzunehmen wird den Eltern umso leichter fallen, je mehr sie erfahren, daß der Therapeut es annimmt und auch die soziale Umwelt, die Nachbarschaft, die Verwandtschaft, die Schule, die Gesellschaft.

Wir halten die soziale Integration dieser Kinder in die Regelschule, in den Kindergarten und ins Berufsleben für einen verpflichtenden Teil der Gesellschaft, den sie leisten muß, um zu zeigen, daß sie ihre Behinderten angenommen hat. Wenn die Gesellschaft als ganze ihre Behinderten nicht annimmt und die Eltern das Gefühl haben müssen, daß sie mit ihrem behinderten Kind alleine gelassen werden, ja, daß sie durch ihr behindertes Kind selbst zu Außenseitern der Gesellschaft werden, dann können wir nicht erwarten, daß die Eltern die Kraft aufbringen, ihre behinderten Kinder anzunehmen.

Uns selbst dient die fachliche Auseinandersetzung mit diesem Störungsbild nicht nur der Gewinnung neuer und besserer Therapiemethoden, sondern auch der Förderung eines neuen Verständnisses für diese Kinder.

Ein weiterer Punkt, der die Entwicklung einer normalen Beziehung zwischen Eltern und ihrem behinderten Kind vereitelt, sind die Schuldgefühle. Eltern haben oft das Gefühl, an der Störung ihres Kindes schuldig zu sein, wobei sie manchmal fachlich ganz irreführende Zusammenhänge annehmen, die ans Abergläubische grenzen. Was wir heute über das Störungsbild wissen, deutet darauf hin, daß die Störung nicht durch die Erziehung verursacht oder mitbedingt ist, sondern im Gegenteil, daß die Störung grundsätzlicher ist und die auffällige Erziehung als sekundäre Folge der Störung anzusehen ist. Wir können also den Eltern sagen, daß sie keine Schuld trifft.

Das behinderte Kind mit seiner Behinderung annehmen bedeutet nicht, nichts zu tun, sondern allem therapeutischen Tun den richtigen Stellenwert zuzuweisen, daß der Behinderung nur sekundäre Bedeutung zukommt. Aber auch das Wenige, das wir tun können, sollen wir mit »beiden Händen« anfassen.

5.4.2. Beschützende Lebenshilfe für das Kind

Die Umgebung muß einfach gestaltet sein, mit einer einprägsamen Ordnung der Gegenstände.

Nach unseren Erfahrungen ist das autistische Kind in der normalen Umwelt besonderen Belastungen ausgesetzt. Wir haben einen Teil seiner emotionalen Labilität darauf zurückgeführt und auch eine Reihe von abnormen Verhaltensweisen, die wir zusammenfassen können als Versuch, die Umwelt einförmig zu gestalten. Dem autistischen Kind fehlt eine wesentliche Fähigkeit, Ordnung in seine Umwelt zu bringen, und darum ist es ständig in Gefahr, im Chaos zu versinken. Von diesem Verständnis lassen wir uns bei der Gestaltung des Lebensraumes leiten:

○ *Zunächst die Gestaltung der Wohnung.* Wir werden bei der Einrichtung der Wohnung ganz besonders darauf achten müssen, daß die Einfachheit und Sparsamkeit der Einrichtung auch einem Kind die Orientierung ermöglicht, das nur schwer Ordnungsstrukturen aufbauen kann. Ähnlich wie wir beim Blinden darauf achten, Gegenstände wegzuräumen, über die er stolpern könnte – Vermeiden unnötiger Stufen und anderer Möglichkeiten, sich zu verletzen – wie wir also den Raum betrachten und danach beurteilen, wie ein Blinder sich darin am leichtesten orientieren kann, so sollte der Therapeut die Wohnung des autistischen Kindes betrachten. Es braucht einfache Strukturen, um Ordnungsschemata ausbilden zu können. Eine große Vielfalt und Veränderungen verwirren das autistische Kind, und es kann sich in der Wohnung nicht mehr zu Hause fühlen.

○ *Dasselbe gilt auch für das Verhalten.* Es wäre für das autistische Kind eine Erleichterung, wenn es nur mit einer Person zu tun hätte, sodaß es sich nicht auf verschiedene Personen einstellen muß. Relativ ungünstig ist es natürlich (vor allem solange die Störung noch sehr schwer ist und wenig kompensatorische Strategien entwickelt sind), wenn es zur gleichen Zeit mit mehreren Personen interagieren muß, also das Leben in der Gruppe. Im Rahmen der Therapie und nach den Entwicklungsfortschritten muß die Situation schrittweise komplexer gestaltet werden, denn es soll ja nicht beim Erreichten stehen bleiben.

Das Verhalten des Erziehers dem autistischen Kind gegenüber sollte ritualistisch stereotyp und insgesamt von geringer Variabilität sein. Es sollte dem autistischen Kind die Möglichkeit zur Wiederholung von Erfahrungen bieten. Hierin sehen wir die Ursache für die Effektivität der Verhaltenstherapie, die in der Regel in einem reizarmen Raum durchgeführt wird und vom naiven Zuschauer als Karikatur empfunden wird. Einfache emotionslose Aufforderungen, kaum Gesten und immer derselbe Ablauf:

– Aufforderung,
– Reaktion des Kindes,
– Belohnung durch den Therapeuten.

An eine solche Situation kann sich das autistische Kind rasch gewöhnen und sich in ihr wohlfühlen. Wir haben selber solche Therapien durchgeführt und die

Erfahrung gemacht, daß sich die autistischen Kinder auf diese Therapiestunden, in denen sie aus der Gruppe herausgenommen und einzeln behandelt werden, freuten.

5.4.3. Gestaltung der Umgebung unter der Rücksicht der Lernerleichterung

Bartak & Rutter (1973; Rutter & Bartak, 1973) haben verschiedene therapeutische Einrichtungen untersucht, um die Frage zu beantworten, unter welchen Umweltbedingungen das autistische Kind sich besser entwickelt. Die Beobachtungen, die Bartak & Rutter in therapeutischen Einrichtungen gemacht haben, lassen sich zu einem guten Teil auch zur Beantwortung der Frage heranziehen, wie dem autistischen Kind in der Familie geholfen werden kann. Der nachfolgende Bericht stützt sich im wesentlichen auf ihre Ergebnisse.

Die Erziehung autistischer Kinder verlangt eine hohes Maß an Struktur. Damit ist Verschiedenes gemeint. Zum einen verstehen wir darunter, daß autistische Kinder nicht sich selbst überlassen werden sollen und es nicht der Initiative der Kinder anheimgestellt werden darf, Aktivitäten auszuwählen, da sie sonst einfachen stereotypen Handlungen nachgehen, in sich selbst verschlossen und ohne sozialen Kontakt bleiben.

Wird autistischen Kindern die Möglichkeit gegeben, bei minimalen Anforderungen seitens der Umgebung auf einen Entwicklungsstand zu regredieren, der ihnen besser entsprechen könnte, und verhalten sich die Erwachsenen unterschiedlos positiv allem gegenüber, was die Kinder tun, dann beschäftigen sich die autistischen Kinder überwiegend mit Stereotypien oder tun nichts als herumzulaufen und teilnahmslos die Umgebung zu betrachten. Dies ändert sich auch nicht, wenn das Verhalten der Kinder in den gleichen Einrichtungen nach etwa eineinhalb Jahren und nach drei bis vier Jahren verglichen wird. In Einrichtungen, die dem psychodynamischen Prinzip der Regression große Bedeutung zumessen, entwickelt sich nicht nur weniger aufgabenorientiertes Verhalten, auch beim freien Spiel handelt es sich stärker um ein isoliertes Spiel der Kinder, es entsteht weniger Gemeinsamkeit. Der deutlichste Unterschied freilich ergibt sich in Bezug auf die Entwicklung der Sprache und der kognitiven Fähigkeiten. Je mehr Zeit Einrichtungen für den formellen Unterricht autistischer Kinder einräumen, desto größer ist der Fortschritt, den die Kinder in der Sprachentwicklung und beim Erwerb basaler schulischer Fertigkeiten machen. Viele autistische Kinder können also Grundkenntnisse im Rechnen erwerben, das Lesen mehr oder weniger erlernen, wenn auch beim Leseverständnis größere Schwierigkeiten bestehen bleiben. Betonung des Unterrichts und das Konfrontieren autistischer Kinder mit Anforderungen wirken sich in Bezug auf den Erwerb schulischen Wissens vor allem bei den intelligenteren autistischen Kindern günstig aus. Bei den geistig behinderten autistischen Kindern hat auf der anderen Seite ein solches pädagogisches Milieu deutlich positive Auswirkungen auf das Verhalten der Kinder, die allerdings spezifisch für die jeweilige Umgebung waren, d. h. die positiven Auswirkungen auf das Verhalten waren in erster Linie in den Einrichtungen selbst zu beobachten. Zu Hause bestand im Verhalten der autistischen Kinder aus verschiedenen Einrichtungen kein Unterschied. Dabei ist allerdings hinzuzufügen, daß jene Einrichtung, in der die Erziehung der autistischen Kinder besonders strukturiert war, nur wenig Wert auf Zusammenarbeit mit den Eltern und die Beratung der Eltern legte. Die mangelnde Übertragung des Verhaltens von einer Situation auf die andere zeigt, daß diese Übertragung bewußt als Ziel betrachtet werden muß.

Ähnliche Auswirkungen stärkerer Strukturierung, wie sie für die langfristige Entwicklung autistischer Kinder beschrieben wurden, lassen sich auch kurzfristig beobachten (Clark & Rutter, 1977).

Was Rutter und seine Mitarbeiter als günstigstes Lernmilieu bezeichnet haben, stimmt völlig mit unseren Ausführungen über die humane Gestaltung des Wohnbereiches überein. Die günstige Gestaltung der Umgebung als Lernmilieu und die Gestaltung der Umgebung unter humanen Gesichtspunkten gehen also Hand in Hand.

5.5. Spezielle therapeutische Förderung

Unsere Vorstellung von der Förderung dieser Kinder orientiert sich an ihrem Defizit an V-Schemata, d. h. an ihrem Problem, von einer Aufgabe eine Gesamtvorstellung zu gewinnen, aus der heraus Teile der Aufgabe als Teile eines Ganzen begriffen werden können und die Aufgabe selbst als Teil einer übergeordneten Aufgabe verstanden werden kann. Viele autistische Kinder machen daher spontan keine Erfahrung mit Dingen, mit denen normale Kinder bereits frühzeitig in der Entwicklung vertraut werden. Wir denken dabei an einfache Tätigkeiten, wie das Bauen eines Turmes, das Herstellen von Sandfiguren, das Umschütten von Wasser von einem Becher in den anderen usw. Gerade bei jüngeren autistischen Kindern sollte man daher nichts einfach als gegeben voraussetzen.

Obwohl die Elemente dieser Tätigkeiten auch den autistischen Kindern zugänglich sind, lernen sie doch nicht, diese Elemente zu einer Gesamtvorstellung von einer sinnvollen Handlung anzuordnen, und können daher keine Erfahrung machen. Die Teileelemente der Handlung zerfallen in Elemente, die für sich gemeinsam keinen Sinn ergeben. Autistische Kinder müssen also zuallererst lernen, solche Teileelemente einer Handlung als Gesamtes einer Handlung zu begreifen, eine Vorstellung vom gesamten Handlungsablauf zu gewinnen. Das Erlernen dieser Handlungen mit Hilfe eines motorischen Schemas im Sinne einer Verhaltenskette sehen wir geradezu als Gefahr, das eigentliche Defizit der Kinder zu verwischen und die pädagogische Aufgabe zu verfehlen. Später werden die Handlungen komplexer und können mit Hilfe motorischer Schemata nicht mehr bewältigt werden. Das versäumte Lernen an einfachen Beispielen in der frühen Kindheit wird dann zur unüberwindlichen Lernblockade.

Das Hauptproblem, vor dem jede Autismustherapie steht, ist daher: Wie kann die Vorstellung dieser Kinder so entwickelt werden, daß es ihnen möglich ist, gegliederte Handlungen als ein Ganzes zu erfahren? Um es an einem konkreten Beispiel zu sagen: Wie können wir den Kindern helfen, daß sie das Aufeinanderlegen von Klötzen als ein Bauen eines Turmes begreifen können?

Die Teilziele für dieses übergeordnete Globalziel ergeben sich aus den Tätigkeiten, in denen V-Schemata benötigt werden. Sie betreffen

– den Aufbau eines Personenschemas,
– die Ausbildung von Vorstellungen über einfache praktische Tätigkeiten,
– die Ausbildung von Vorstellungen, auf denen die Allgemeinbegriffe beruhen usw.

Ein weiteres wichtiges Ziel der Therapie ist der Aufbau und die Förderung kompensativer Fähigkeiten und Handlungen. Da die Ausbildung von motorischen Schemata und Sprachschemata nicht gestört ist, können diese kompensatorisch eingesetzt werden. Ein vorrangiges Ziel der Therapie sollte es daher sein, dem Kind eine Reihe praktischer Fähigkeiten zu vermitteln, die es über motorische Schemata lernen kann, wie

– die Toilette benutzen,
– Ankleiden,
– sich Waschen,

wobei auch die Fähigkeit zur Erledigung komplexerer Tätigkeiten, die das normale Kind anders organisiert, auf diesem Wege erworben werden kann. Diese Tätigkeiten erweitern für die Kinder den Lebensraum und den Raum ihrer Interessen, so daß angenommen werden kann, daß störende Verhaltensweisen, wie Stereotypien, Autoaggressionen usw. vermindert auftreten.

Große Bedeutung kommt dabei auch dem Sprachaufbau zu, da Sprachschemata zu einem guten Teil V-Schemata kompensieren können. Dabei wäre es für die Therapeuten wichtig, die kompensatorische Funktion der Sprachschemata zu erfassen und ihre Verwendung zur Kompensation zu fördern. Ferner kann das Kind auch angeleitet und trainiert werden, bestimmte Gedächtnisleistungen, die ihm leicht fallen, kompensatorisch einzusetzen und damit Vorstellungsanordnungen zu ersetzen.

5.5.1. Aufbau praktischer Fertigkeiten

Viele autistischen Kinder haben, ähnlich wie andere geistig behinderte Kinder, große Mühe, alltägliche praktische Fertigkeiten zu erwerben. Das Lernen basaler lebenspraktischer Fertigkeiten ist jedoch von großer Bedeutung für die Kinder selbst, wie auch für ihre Familien. Im Vordergrund stehen dabei Tätigkeiten, die den Kindern eine gewisse Selbständigkeit ermöglichen, wie z. B. die Fähigkeit selbständig zu essen, sich alleine an- und auszuziehen, sich zu waschen sowie die Toilette zu benutzen. Das Erlernen dieser Tätigkeiten erleichtert es den Familien, die autistischen Kinder innerhalb der Familie zu erziehen, und gibt den Kindern selbst die Möglichkeit, sich als selbständige Personen zu erfahren.

In den letzten Jahren sind Programme erprobt worden, die es schwer behinderten Kindern ermöglichen, basale lebenspraktische Fertigkeiten zu erwerben. Gemeinsam ist diesen Programmen, daß der Lernprozeß in kleine, aufeinander aufbauende Schritte gegliedert wird.

Kane & Kane (1976) beginnen ihre Programme jeweils damit, daß der Erzieher genau festlegt, was das Kind lernen muß. Im nächsten Schritt wird beobachtet, was das Kind von dem, was es lernen soll, bereits beherrscht. Das erste Teilziel wird dort angesetzt, wo das Kind momentan steht. Jede Therapiestunde wird protokolliert, sodaß der Therapeut am Ende weiß, was das Kind gelernt hat, ob es Fortschritte gemacht hat, ob der Schritt richtig gewählt war oder ob Veränderungen im Programm vorgenommen werden müssen. Erst wenn ein Teilziel erreicht ist, wird zum nächsten übergegangen und so fort. Diese Programme wurden von Kane und Kane (1976) detailliert beschrieben, eine ausführlichere Darstellung an dieser Stelle sollte sich daher erübrigen.

Die meisten Programme fußen auf dem Prinzip des übenden Lernens, d. h. daß praktische Fertigkeiten über den Aufbau motorischer Schemata erworben werden. Dies ist für das autistische Kind ein gangbarer Weg, da es in der Ausbildung motorischer Schemata nicht beeinträchtigt ist. Die Grenzen dieses therapeutischen Ansatzes werden jedoch deutlich, wenn wir uns bewußt machen, daß das autistische Kind nach dieser Methode zwar lebenspraktische Fertigkeiten lernt, wie wir z. B. schifahren lernen: Koordination eines komplexen Musters nach der Form einer Kette. Eine Gesamtvorstellung von der Handlung wird dabei nicht ausgebildet. Die Handlung kann daher nicht in Teile gegliedert werden, die zu neuen Mustern zusammengefügt werden können. Sie muß immer als ganze abgerufen werden. Der Transfer auf andere verwandte Handlungen ist daher gering.

Ergänzend zur Einübung des Verhaltensmusters sollte dem Kind daher die Einheit der Handlung vermittelt werden. Dies kann (allerdings nur soweit ein gewisses Sprachverständnis vorhanden ist) über den Umweg der Sprachschemata geschehen. Dazu müßte der Handlungsablauf minutiös in Verhaltensregeln beschrieben werden, sodaß das Gesamt an Regeln die Handlung darstellt. Lernt das Kind diese Verhaltensregeln, so kann es die Tätigkeit ausführen im Sinne des Regelfolgens. Im Gesamt der Verhaltensregeln ist die Tätigkeit beschrieben. Damit hat es zwar noch keine Vorstellung vom Ganzen, aber wir erwarten, daß die Ausführung der Handlung zusammen mit der Kenntnis der Verhaltensregeln auch die Ausbildung einer Vorstellung vom Gesamten begünstigt. Und dies müßte das Ziel der Therapie sein: Ausbildung einer inneren Repräsentation der Tätigkeit. Erst wenn dies geschehen ist, kann das Kind Teile aus der Handlung ausgrenzen und sie in veränderter Form zusammenfügen, und es kann das Muster auf ähnliche Handlungen generalisieren, da nach der Idee des Gesamten wesentliche von unwesentlichen Elementen unterschieden werden können.

Trotz dieser Kritik muß betont werden, daß diese Programme einen wesentlichen Fortschritt in der Behandlung autistischer Kinder darstellen, auf den man vor allem in der Behandlung von geistig behinderten Kindern wohl nicht mehr verzichten kann.

5.5.2. Aufbau sozialer Verhaltensmuster

Das normale Kind erwirbt soziale Verhaltensmuster, indem es mit Gleichaltrigen spielt, indem es anderen Menschen zuschaut und indem es angewiesen wird, etwas zu tun oder zu lassen. Diese komplexe soziale Situation als Lernumgebung überfordert das autistische Kind und es entzieht sich ihr durch Vermeidung. Damit es soziale Verhaltensmuster erwerben kann, muß die soziale Situation, also die Lernsituation, wesentlich vereinfacht werden, z. B. dadurch, daß es zunächst nur mit einer Person solche Muster einübt. Die Anforderungen sollen schrittweise gesteigert werden, indem die Situation komplexer gestaltet und neue Handlungen eingeführt werden. Erst zu einem späteren Zeitpunkt können neue Personen hinzugenommen werden. Zum anderen kann die Lernsituation – wenn nötig– vereinfacht werden durch die Einführung einfacher ritualistischer Interaktionen, die allmählich zu variableren und komplexeren Interaktionen ausgeweitet werden können. Wie beim Aufbau praktischer Fertigkeiten, so kann auch beim Aufbau sozialer Verhaltensmuster übendes Lernen und Lernen über Verhaltensregeln Hand in Hand gehen.

In einer Einzelfallstudie haben wir für einen autistischen siebenjährigen Jungen einfache Interaktionsspiele jeweils mit einem Set von Verhaltensregeln beschrieben und anschließend mit ihm eine Regel nach der anderen gelernt und eingeübt. Auf diese Weise lernte er rasch eine Reihe von Spielen und konnte im Spiel mit zwei weiteren Kindern jede Rolle übernehmen. In einer Ausweitung dieser Spiele führten wir noch die Rolle des Schiedsrichters ein. Er hatte darauf zu achten, daß die Spieler keine Regel verletzten, gab das Startzeichen, beendete das Spiel, verteilte Gewinn- und Strafpunkte usw. Er mußte sich in der Rolle des Schiedsrichters gegenüber seinen Mitspielern durchsetzen. Auch diese sozial komplexere Rolle konnte er rasch erlernen, sobald seine Tätigkeiten in Form von einzelnen Regeln beschrieben waren und er diese Regeln gelernt hatte.

Überraschend für uns war, daß er über Regeln auch komplexe Rollen der Sozialinteraktion lernte, daß er aber Regeln nicht selber kombinieren konnte. Er hatte offenbar noch keine Vorstellung vom gesamten Spiel als einer Einheit ausbilden können.

In einer weiteren Fallstudie versuchten wir die Ausbildung der Vorstellung von der Einheit des Spieles unmittelbar zu beeinflussen. Wir begannen mit einer einfachen Form des Ballspieles: den Ball hin- und zurückrollen. In wiederholter Anwendung dieser einen Regel wurde das Spiel zunehmend komplexer gestaltet, indem neue Personen eingeführt und die Strategien des Hin- und Zurückrollens ausgebildet wurden. Insgesamt aber waren alle Formen des Spieles nur eine Abwandlung dieser einen Regel.

Sobald es gelingt, dem autistischen Kind eine Vorstellung von der Gesamtheit einer Handlung zu geben, verschwinden die sonst kaum überwindlichen Motivationsprobleme und auch die Ausführungen der Verhaltensmuster werden runder.

5.5.3. Aufbau von Kommunikation

Aus dem besonderen Stellenwert, den die Entwicklung einer sprachlichen Verständigungsfähigkeit gerade für die Entwicklung autistischer Kinder einnimmt, sowie aus den deutlichen Schwierigkeiten, die nahezu alle autistischen Kinder bei der Ausbildung der Sprache zeigen, dürfte klar sein, daß der Sprachtherapie in der Behandlung autistischer Kinder eine wichtige Rolle zukommt. Auf die Entwicklung von Förderprogrammen in diesem Gebiet hat die Verhaltenstherapie einen nachhaltigen Einfluß ausgeübt, und sie bildet weiterhin die Grundlage vieler Sprachaufbauprogramme für autistische Kinder: Elemente der verhaltenstherapeutischen Sprachaufbauprogramme sind in nahezu alle Sprachtherapieansätze eingegangen. In den letzten Jahren haben jedoch auch die Psycholinguistik und die Sprachentwicklungsforschung die Sprachtherapie nachhaltig beeinflußt und zu neuen Ansätzen geführt.

5.5.3.1. Verhaltenstherapeutische Sprachaufbauprogramme

Skinner (1957) wandte das Modell des operanten Konditionierens auf die Beschreibung der Sprache und der Sprachentwicklung an. Er geht davon aus, daß Sprechen von den gleichen Variablen kontrolliert wird wie andere Verhaltensweisen, z. B. einen Hebel drücken, an einer Kette ziehen usw. Darum vermeidet er die Begriffe Sprache und Sprechen und setzt an ihre Stelle »Verbalverhalten« (verbal behavior). Ein sprachlicher Ausdruck, ein Satz, ist danach nicht wesentlich verschieden von anderen motorischen Reaktionen. Der unmittelbare Gegenstand von Sprachuntersuchungen sind daher Muskelaktivitäten und nicht kognitive Inhalte. Er definiert Sprache als ein durch andere Personen verstärktes Verhalten, wobei das Besondere dieses Verhaltens in der Art der Konditionierung liege: Es wird provoziert und aufrechterhalten durch verbale Äußerungen anderer Personen. Die Sprachentwicklung gilt als Konditionierungsprozeß: Wenn das Kind einer Aufforderung des Erziehers nachkommt, so hat es diese als diskriminativen Reiz gelernt, der anzeigt, daß eine bestimmte Verhaltensweise des Kindes vom Erwachsenen belohnt wird. Das Kind lernt aber auch selber, verbale Äußerungen zu machen, die dadurch wiederum aufrechterhalten werden, daß die Umwelt belohnend darauf eingeht. Diese Theorie bildet die Grundlage aller verhaltenstherapeutischen Sprachaufbauprogramme (Lovaas, 1977).

Darüberhinaus jedoch hat sich eine Methodologie entwickelt, in die praktische Erfahrungen eingegangen sind und die theoretisch nicht begründbar ist. Das Konditionierungsmodell bildet somit nur eine theoretische Grundlage, über die in der Praxis jedoch weit hinausgegangen wird.

In den verhaltenstherapeutischen Sprachaufbauprogrammen werden vor allem zwei Hilfsmittel eingesetzt, damit die Kinder sprachliche Reaktionen auf diskriminative Reize lernen:

- das allmähliche Herausbilden der Reaktionsform (shaping),
- die Hilfestellung bei der Auswahl und Initiierung der Reaktion in Form von Hinweisen auf die erwartete Reaktion (prompts).

Das Lernen der richtigen Reaktion findet dadurch statt, daß die Reaktion zu positiven Konsequenzen führt, d. h. verstärkt wird. Die anfangs nötigen Hilfestellungen können dann allmählich wieder ausgeblendet werden.

Bei den verhaltenstherapeutischen Sprachaufbauprogrammen lassen sich in typischer Weise vier Therapieschritte unterscheiden (Harris, 1975).

Im 1. Therapieschritt steht vor allem das Ziel im Vordergrund, die Aufmerksamkeit des Kindes auf den Therapeuten zu richten, also erst die Voraussetzungen für das Wirksamwerden von Hilfestellung und Verstärkung auf Sprachreaktionen zu schaffen. Um dieses Ziel zu erreichen, wird meist der Blickkontakt bzw. das Anschauen des Gesichtes des Therapeuten verstärkt. Anfangs wartet der Therapeut, bis ein spontaner Blickkontakt erfolgt, oder aber er führt einen Blickkontakt herbei, indem er dem Kind etwas, das es interessiert, vor das

Gesicht hält. Das sind meist Dinge, die auch als Verstärker eingesetzt werden können. Dann sollen jedoch die Kinder lernen, den Therapeuten auf eine entsprechende Aufforderung hin anzusehen. Die Aufmerksamkeit des Kindes wird somit durch einen diskriminativen Reiz gesteuert, d. h. die Aufmerksamkeit kommt unter Stimulationskontrolle. In diesem und auch in den weiteren Therapieschritten wird außerdem durch die Gestaltung der äußeren Bedingungen versucht, den Kindern zu erleichtern, die Aufmerksamkeit auf den Therapeuten zu richten. Es wird eine möglichst reizarme Umgebung gewählt, die Therapiesitzungen werden oft in kleinen Kabinen abgehalten, wodurch die Bewegungsmöglichkeiten der Kinder eingeschränkt sind. Muß die Therapie in einem größeren Raum stattfinden, dann setzt sich der Erwachsene möglichst nahe an das Kind heran.

Im 2. Therapieschritt wird versucht, bei den autistischen Kindern eine Tendenz zur nonverbalen Imitation des Therapeuten aufzubauen. Es wird mit der Imitation grobmotorischer Reaktionen begonnen, um dann zur Nachahmung feinerer Bewegungen und vor allem zur Imitation von Mundbewegungen überzugehen. Das Ziel dieses Therapieschrittes ist es, in den Kindern ein bestimmtes Set, eine allgemeine Tendenz zur Imitation des Therapeuten aufzubauen. Tatsächlich ist nachgewiesen worden, daß auch bei autistischen Kindern durch Verstärkung von Imitationshandlungen die Tendenz, das Verhalten des Therapeuten nachzuahmen, aufgebaut werden kann.

Im 3. Therapieschritt geht es darum, allmählich verbales Imitationsverhalten aufzubauen. Dies ist ein kritischer Therapieschritt und er kann bei Kindern, die kein spontanes Imitationsverhalten zeigen, in mehrere Einzelschritte zerlegt werden (Lovaas et al., 1966). Werden zu Anfang alle Vokalisationen des Kindes in den Therapiesitzungen belohnt, so werden im weiteren nur mehr solche Vokalisationen verstärkt, die unmittelbar auf die Vokalisation des Therapeuten erfolgen. Anfangs wird nicht darauf geachtet, ob die Vokalisation des Kindes jener des Therapeuten entspricht, allmählich jedoch werden nur noch die Vokalisationen belohnt, die jenen des Therapeuten ähnlich sind. Bei diesen Imitationen werden anfangs vom Therapeuten Laute ausgewählt, bei denen manuelle Hilfen möglich und die Artikulationsstellungen deutlich sichtbar sind. Der Umfang der zu imitierenden Laute wird sukzessive erweitert, über die Imitation von Lautfolgen wird schließlich die Nachahmung von vorgesprochenen Wörtern eingeführt, wobei der Übergang von Einzellauten zu Lautfolgen durch Vorwärts- bzw. Rückwärtsverkettung erfolgt.

4. Der letzte und umfangreichste Therapieschritt hat den Aufbau kommunikativer Sprachverwendung zum Ziel. Hier unterscheiden sich verschiedene verhaltenstherapeutische Sprachaufbauprogramme darin, in welcher Reihenfolge grammatikalische Formen eingeführt werden. Als Orientierung dienen einerseits die tradierte Praxis der Sprachtherapie, andererseits Beobachtungen an der normalen Sprachentwicklung. Als Beispiel sei hier das Sprachaufbauprogramm von Krantz et al. (1981) angeführt, die folgende Reihenfolge empfehlen:

- Hauptwörter,
- Verben,
- besitzanzeigende Fürwörter,
- formelhafte Sätze,
- Wörter für abstrakte Konzepte (Größe, Form, Farbe) sowie
- Konzcpte wie Ja und Nein.

Experimentelle Belege dafür, daß eine Reihenfolge einer anderen vorzuziehen ist, fehlen fast vollständig. Verhaltenstherapeuten lassen sich hierbei von der Erfahrung leiten, daß der vorzeitige Versuch, den Kindern komplexere Aspekte des Sprachgebrauchs beizubringen, nur zu Frustration führt. So hat es sich nicht als zielführend erwiesen, echolalierenden Kindern, die wenig kommunikativen Sprachgebrauch haben, beizubringen, Fragen mit Ja bzw. Nein zu beantworten, statt die Frage zu echolalieren. Auch nach ausgedehnten Übungen mit der gleichen Art von einfachen konkreten Fragen gelingt diesen Kindern der Lernschritt nicht.

Der allmähliche Aufbau des Sprachgebrauchs im dritten und vierten Abschnitt der verhaltenstherapeutischen Sprachaufbauprogramme muß von Bemühungen begleitet sein, das Sprachverständnis der Kinder zu erweitern. Nicht nur die Äußerungen der Erwachsenen, sondern auch alltägliche Situationen sollen die richtigen sprachlichen Reaktionen auslösen. Übungen des Sprachverständnisses müssen nicht unbedingt jenen des Sprachgebrauchs vorausgehen. Das Verhältnis zwischen Sprachverständnis und Sprachproduktion ist komplex, eine gegenseitige Erleichterung, bei der sich Übungen auf einem Gebiet auf das Erlernen eines anderen ausgewirkt haben, konnte nur teilweise nachgewiesen werden. Solche Wechselwirkungen hängen vom Schwierigkeitsgrad der Konstruktion ab sowie auch vom Vorhandensein des gleichen Kontextes in beiden Übungssituationen.

Die an Verhaltensmodifikationsprinzipien orientierten Sprachaufbauprogramme zeichnen sich durch die systematische Unterteilung der jeweils zu lernenden Sprachformen in einzelne Lernschritte aus, die auf der Analyse der syntaktisch-semantischen Elemente in einzelne Komponenten beruhen. Das Ziel der mittlerweile recht zahlreichen Experimente zum Sprachaufbau bei autistischen Kindern auf verhaltenstherapeutischer Grundlage (Harris, 1975; Lovaas, 1977; Margolies, 1977) ist die Entwicklung eines Sets an Techniken nachgewiesener Wirksamkeit für den Unterricht verschiedener sprachlicher

Elemente bzw. Ausdrucksformen. Aus den Experimenten resultieren konkrete Anweisungen für die Durchführung verschiedener Sprachtherapieschritte. So werden etwa für das Therapieziel – Beantwortung von Fragen – die mit verschiedenen Frageformen verbundenen Konzepte und entsprechende Antwortformen unterschieden, der Reihe nach unterrichtet und geübt. Das Erlernen wird nicht nur durch diese Aufgliederung in Einzelschritte unterstützt, sondern zusätzlich auch durch die genaue Erprobung von Hilfestellungen, die das Verständnis und die Formulierung von Antworten in unterschiedlichem Ausmaß erleichtern. Durch die Abstufung der Hilfestellungen ist es möglich, diese allmählich wieder auszublenden, sobald die Kinder eine Aufgabe selbständig ausführen können (Krantz et al., 1981). In letzter Konsequenz besteht das Ziel der verhaltenstherapeutischen Sprachaufbauprogramme darin, den autistischen Kindern längere, ausführliche sprachliche Mitteilungen über äußere Ereignisse, eigene Wünsche etc. beizubringen. Dieses Ziel erscheint manchmal in sehr weite Ferne gerückt. Angeregt durch die Theorie des Konditionierens, aber stärker noch durch das systematische Sammeln von Erfahrung, bei dem einzelne Komponenten ausgetestet werden, ist eine reichhaltige Methode gewachsen, mit der vielen autistischen Kindern der Spracherwerb erleichtert wird (Lovaas, 1977; Krantz et al., 1981; Carr, 1985).

Krantz et al. (1981) haben über einen Ansatz berichtet, der sowohl plausibel wie praktikabel erscheint und (nach den Angaben der Autoren) auch von den Eltern autistischer Kinder mit großer Bereitwilligkeit aufgegriffen wurde. In Zusammenarbeit zwischen Eltern und Schule wurde dabei angestrebt, daß die autistischen Kinder zu Hause über Ereignisse in der Schule berichten und umgekehrt. Die Eltern bzw. die Lehrer teilten sich gegenseitig solche Ereignisse mit, sowie die entsprechenden Antworten und Fragen. Die Aufgabe der an der Kooperation beteiligten Partner war es dann, an die Kinder Fragen über die Ereignisse in der Schule bzw. zu Hause zu stellen. Die Kinder sollten diese Fragen ausführlicher, d. h. mit mehr als zwei Sätzen beantworten. Während des Trainings wurden die Antworten auf solche Fragen zunächst geübt. Nach einiger Zeit, in der den Kindern von den Lehrern und Eltern noch Hilfen gegeben wurden, lernten die Kinder jedoch allmählich solche Fragen nicht mehr auswendig, sondern mit selbstgebildeten Sätzen zu beantworten.

Ein grundsätzliches Problem, das sich in verhaltenstherapeutischen Sprachaufbauprogrammen stellt, ist das Problem der Generalisation. In diesen Programmen wird die Beherrschung sprachlicher Ausdrucksformen letztlich als Problem der Generalisation verstanden und zwar sowohl der Reiz- wie der Reaktionsgeneralisation. Eine Generalisation soll durch das Üben einer genügend großen Anzahl von Beispielen der jeweiligen Sprachformen erreicht werden. Ob dies gelungen ist, kann erst dann als nachgewiesen gelten, wenn die Kinder spontan neue sprachliche Äußerungen bilden unter Verwendung der geübten Ausdrucksformen. Eine solche Generalisation kann, wie viele Beispiele belegen (Lovaas, 1977; Howlin, 1981), erreicht werden, dies gelingt jedoch nicht immer und wenn, so nur unter größter Mühe.

Bewertung und Kritik verhaltenstherapeutischer Sprachaufbauprogramme

Insgesamt kann den verhaltenstherapeutischen Sprachaufbauprogrammen bei autistischen Kindern ein gewisser Erfolg zugesprochen werden, ihre Wirksamkeit erwies sich jedoch als begrenzt (Howlin, 1981). Vor allem, wenn der Sprachentwicklungsstand der autistischen Kinder zu Anfang der Behandlung gering ist, wenn die Kinder vor Beginn der Therapie stumm sind oder sehr wenig Sprache verwenden, scheinen die erreichbaren Fortschritte auch bei intensiven Bemühungen gering. Ein Viertel dieser Kinder bleibt weiter stumm, mehr als die Hälfte erlernt nur, einzelne Gegenstände zu benennen. Ein deutlicher Erfolg ist erst dann zu erzielen, wenn die Kinder bereits vor Beginn der Behandlung wenigstens Gegenstände benennen, und vor allem, wenn sie eine Tendenz zum Echolalieren zeigen, Sprache also imitieren können. Nicht nur der aktive Sprachgebrauch, auch das Ausmaß des anfänglichen Sprachverständnisses ist für die Wirksamkeit der Therapie entscheidend. Je geringer das Sprachverständnis vor der Behandlung, desto unwahrscheinlicher ist es, daß bei den Kindern durch ein Sprachaufbauprogramm die Sprachentwicklung einen deutlichen Anstoß erhält. Das gleiche gilt aber auch für den Entwicklungsstand in anderen Bereichen. Nur wenn autistische Kinder die Fähigkeit zu einem gewissen Verständnis sozialer Interaktionen erkennen lassen, scheint ein Sprachaufbau durch systematische Übungen möglich zu sein.

In den letzten Jahren ist an den klassischen verhaltenstherapeutischen Sprachaufbauprogrammen vielfach Kritik geübt worden und in der Tat erscheinen einige Elemente dieser Sprachaufbauprogramme fragwürdig zu sein.

– Kritisiert wird vor allem, daß bei den Sprachaufbauprogrammen die kognitiven Voraussetzungen der von den Kindern zu lernenden sprachlichen Formen nicht beachtet werden, sondern unmittelbar jene Formen als Lernziele gelten, die für die Kommunikation als wesentlich erachtet werden.

– Die Formulierung konkreter Lernziele hat in vielen verhaltenstherapeutischen Sprachaufbauprogrammen auch dazu geführt, daß Syntax, Semantik und Pragmatik isoliert unterrichtet werden, obwohl erst das Zusammenspiel dieser Elemente ein sinnvolles Ganzes ergibt (Yoder & Calculator, 1981). Die verhaltenstherapeutischen Sprachaufbauprogramme konzentrieren sich auch zu sehr auf den Unterricht bestimmter syntaktischer Strukturen und Regeln, ohne den Kontext und den Mitteilungswert der Äußerungen für die Kinder zu beachten.

– In den Therapien wird häufig auch kein echter Anreiz zur Benutzung der

Sprache gegeben, da die Informationen meist schon beiden Interaktionspartnern zugänglich sind und sie daher nicht auf eine sprachliche Mitteilung angewiesen sind.

– Es wird auch darauf hingewiesen, daß die Verstärkung sprachlicher Äußerungen aus der Kommunikation kommen soll, und daß lebensnahe, d. h. auch im Alltagsleben der Kinder vorhandene Anreize zur Kommunikation gegeben sein sollten. Wenn solche Anreize im Sprachtraining nicht vorhanden sind, kommt es notwendigerweise nicht zur Anwendung des Gelernten außerhalb der Therapie. Das von den Verhaltenstherapeuten immer wieder notierte Problem der Generalisation der Trainingserfolge scheint somit teilweise eine Folge der Vorgangsweise beim Sprachaufbautraining zu sein. Diese Probleme lassen sich nur vermeiden, wenn die Sprache in natürlichen Sprechsituationen gelernt wird.

Von Verhaltenstherapeuten wurde oft die Ansicht vertreten, daß die Beziehung zwischen einem Verstärker und dem zu verstärkenden Verhalten arbiträr sein kann. Dagegen erscheint heute gesichert, daß das Lernen einer Reaktion viel rascher erfolgt, wenn eine natürliche Beziehung zwischen Reaktion und den verstärkenden Ereignissen besteht (Koegel & Williams, 1980). Wird ein Verstärker willkürlich gewählt, ergibt sich außerdem die Gefahr, daß durch die Verstärkung die Sprechsituation als Kommunikationsvorgang zerstört werden kann.

– Da es für verhaltenstherapeutische Sprachaufbauprogramme wesentlich ist, daß die Kinder die jeweils zu lernenden sprachlichen Reaktionen zeigen, damit diese verstärkt werden können, setzen diese Programme in erster Linie die Imitation als Lernmedium ein. Kritisch erscheint dabei, daß das Verlangen einer Imitation und einer Annäherung an bestimmte Wörter und Konstruktionen ebenfalls den Kommunikationsvorgang stören kann, indem die Aufmerksamkeit mehr auf die Wörter als auf die Mitteilung gerichtet wird (Seibert & Oller, 1981).

Interpretation

Die theoretisch orientierte Verhaltenstherapie führt ihre Erfolge auf die Lernprinzipien zurück, wobei dem Prinzip der positiven Bekräftigung eine Vorrangstellung zukommt. Wir hingegen sehen die Garanten ihrer Erfolge eher darin, wie die Verhaltenstherapeuten die therapeutische Situation, den Therapieraum usw. gestalten. Der Therapieraum ist in der Regel reizarm. Außer zwei Stühlen, für das Kind und den Therapeuten, einem Tisch und dem Behälter mit der Belohnung ist der Raum leer. Das Verhalten des Therapeuten ist sparsam und völlig strukturiert, sodaß es mit einer geringen Anzahl von Regeln beschrieben werden kann. Die Anforderungen an das Kind passen sich seinem Vermögen an, und neue Verhaltensweisen werden in kleinsten Schritten aufgebaut. Im ersten deutschen Film einer verhaltenstherapeutisch orientierten Autismus-Therapie von Ott & Gottwald (1971) wirkt das Verhalten des Therapeuten nicht minder ritualistisch, starr und steif wie das des Kindes. In dieser Gestaltung der Therapiesituation, die von anderen Therapieschulen häufig als technologische Therapie abqualifiziert wird, sehen wir die wichtigste Unterstützung für das autistische Kind, Ordnungsstrukturen mit Hilfe der Sprache ohne Vorstellung aufzubauen. Es wird Überforderung durch zu komplexe Strukturen vermieden, und die Regelmäßigkeit hilft den Kindern zusätzlich, Ordnung aufzubauen.

Die Reihenfolge der Therapieschritte ist von den Verhaltenstherapeuten nicht aus theoretischen Prinzipien abgeleitet worden, sondern entspricht plausiblen therapeutischen Überlegungen. Wir sehen darin unsere Forderung verwirklicht, die Therapiesituation für das autistische Kind zunächst so einfach, übersichtlich und geregelt wie möglich zu gestalten und die Anforderungen in ganz kleinen Schritten anzuheben, wobei schon jedes Komplexerwerden der Therapiesituation für das Bestreben, Ordnung aufzubauen, eine Anforderung darstellt. Die Reihenfolge im vierten Schritt, Hauptwörter, Verben, besitzanzeigende Fürwörter usw., veranschaulicht in etwa eine Schwierigkeitsreihe für Kinder, die Sprache nicht aus Vorstellung, sondern über Prädikatorenregeln erwerben müssen. Für ein solches Kind sind Gegenstände viel leichter zu ordnen als Tätigkeiten. Wörter aber, die ganz aus dem Kontext gelernt werden müssen, wie z. B. Fürwörter, sind für sie am schwierigsten. Inhaltlich gesehen versucht der Verhaltenstherapeut beim Kind Handlungselemente auf der Grundlage motorischer Repräsentation aufzubauen. Das heißt, das Kind lernt zu reagieren, ohne eine Vorstellung davon zu haben, daß die Reaktionen Teile eines sinnvollen Ganzen sind. Damit setzt die Verhaltenstherapie ihren Bemühungen Grenzen, wie wir gleich an zwei Kernproblemen sehen werden.

Das Problem, das autistische Kind zu motivieren

Ein besonderes Problem in der Behandlung autistischer Kinder stellt die Tatsache dar, daß autistische Kinder nur durch wenige Ereignisse motivierbar sind. Reaktionen anderer Personen, besondere Zuwendung, Lob und dergleichen, werden von ihnen nicht so positiv erlebt, daß um ihretwillen Dinge getan werden. Durch den engen intellektuellen Rahmen, der dem autistischen Kind in seiner Betätigung vorgegeben ist, sind ebenfalls Motivierungsprobleme von vornherein zu erwarten. Durch die Ordnungsprobleme sind dem autistischen Kind nicht nur insgesamt weniger Tätigkeiten möglich, sondern auch die Tätigkeiten, die es ausführen kann, stellen erhöhte Anforderungen dar, was bei ständiger Überforderung den motivationalen Anreiz erheblich reduziert.

In der Verhaltenstherapie der autistischen Kinder wurde daher oft auch auf sogenannte primäre Verstärker zurückgegriffen, wie z. B. Nahrung und Getränke, bzw. wurde besonders darauf geachtet, welche Dinge sie gerne haben, um diese von den Kindern entweder natürlich angestrebten oder spontan bevorzugten Dinge in einer Vielzahl von Situationen einzusetzen. Dies bereitet jedoch einige Schwierigkeiten. Zum einen ist bei vielen dieser Dinge oft ein Zustand der Sättigung erreicht, zum anderen ist es zwar in formalen Therapiesitzungen, nicht aber im Alltag ohne weiteres möglich, die Kinder für erwünschtes Verhalten kontingent zu belohnen. Deshalb sind verschiedene Methoden erprobt worden, mit denen das Problem gelöst werden könnte. Eine solche Methode besteht im Aufbau von sozialen Reaktionen als Verstärker, durch häufige Paarung der sozialen Reaktionen (»Das ist gut«) mit primären Verstärkern. Eine andere Methode besteht im Suchen nach alternativen Verstärkungsmitteln. Solche Mittel können auch kurzfristiges Gewährenlassen von Stereotypien bzw. von Selbststimulation sein, bzw. der besonderen Form sensorischer Stimulation, an der die autistischen Kinder Interesse haben. Um solche Möglichkeiten zu finden, werden auch die Erfahrung der Eltern sowie anderer Personen, die die Kinder gut kennen, mit herangezogen. Strukturierte Beobachtungsbögen, in denen verschiedene Dinge aufgeführt sind, die bei autistischen Kindern öfters als motivierend gefunden wurden, stellen dabei eine Hilfe dar. Nach Meinung einiger Kliniker ist es auch sinnvoll, dabei besonders auf bevorzugte Sinnesmodalitäten zu achten. Dabei ist jedoch grundsätzlich zu bedenken, daß Verstärker, die in keiner Relation zu dem stehen, was die Kinder gerade getan haben, nicht optimal sind und den Lernerfolg der Kinder somit sogar hemmen können, indem sie die Handlungssequenz unterbrechen.

Bei intelligenteren autistischen Kindern läßt sich das Problem zum Teil, aber auch nur zum Teil, dadurch umgehen, daß man eine »Token-Ökonomie« einführt. Die Kinder können für bestimmte Handlungen, die ihnen schwerfallen, Tokens erwerben, die sie später gegen Dinge eintauschen können, die sie mögen.

Das Problem der Motivierung zeigt die Grenzen der Verhaltenstherapie auf. Der Verhaltenstherapeut versucht, der Motivationsschwäche, die ihm vorgegeben ist, durch den Einsatz von äußeren Verstärkern, wie z. B.: Essen, Trinken, Süßigkeiten zu begegnen. Er setzt damit nicht am eigentlichen Defizit des Kindes an, das darin besteht, daß es die verschiedenen Tätigkeiten nicht in einen Sinnzusammenhang bringen kann. So soll z. B. das Kind im Stadium der Sprachanbahnung dazu motiviert werden, verschiedene Laute zu diskriminieren, motiviert wird es dafür durch äußere Belohnung. Wenn wir aber bedenken, daß das autistische Kind deshalb nicht motiviert ist, verschiedene Laute zu differenzieren, weil es nicht weiß, was es mit dieser Differenzierungsleistung anfangen soll, so müßte alles therapeutische Bestreben darauf gerichtet sein, dem Kind diesen Sinn zu vermitteln. Die äußere Belohnung ist ein Zudecken des Motivationsproblems, nicht seine Lösung, denn wenn das Kind diesen Sinn nicht begreift, wird es selbst dann nicht kommunizieren können, wenn es Folgen von Wörtern sprechen kann, die wie Sätze klingen. Bevor aber das autistische Kind nicht begriffen hat, daß Menschen sich mit Lautzeichen verständigen, hat die Lautdifferenzierung keinen Sinn. Bei der Motivierung des autistischen Kindes müßte daher von Anfang an Wert darauf gelegt werden, ihm den Sinn der sprachlichen Kommunikation zu vermitteln und aus dem Sinnverständnis heraus das Kind zu motivieren. Wie dies geschehen kann, darauf werden wir später eingehen (siehe Kapitel 5.5.3.5).

Wir haben an dieser Art der Motivierung aus unserem Verständnis der autistischen Störung noch eine allgemeinere Kritik: Im Gegensatz zum normalen Kind, dem seine Phantasie eine Fülle von Möglichkeiten auftut, spielerisch mit der Umwelt umzugehen, selber Spiele zu erfinden, Spiele abzuändern, den Sinn von Alltagshandlungen zu erfassen und auszuprobieren, sind dem autistischen Kind die meisten dieser Handlungen verschlossen, sei es, daß die kognitiven Voraussetzungen überhaupt fehlen, oder daß diese Handlungen derart Mühe bereiten, daß sie nicht geäußert werden können. Damit fehlen im Leben des autistischen Kindes die meisten Anregungen und Stimulationen von außen, und es bleibt daher passiv.

Aus dieser Sicht ist es zu wenig, das Kind mit primären oder sekundären Verstärkern zu motivieren. Vielmehr sollte der Therapeut versuchen, dem autistischen Kind Sinnbezüge zu erschließen und die Umwelt so zu gestalten, daß es in ihr handelnd tätig werden kann: d. h. die Umgebung so einfach wie möglich zu gestalten, sodaß es imstande ist, sie zu ordnen und damit sich in ihr auszukennen. Damit wäre das Kind nicht mehr gezwungen, sich ständig in sich selbst zurückzuziehen, als Flucht vor der Reizüberflutung, die nicht bewältigt werden kann. Es könnte Schritt für Schritt neue Bereiche des Lebens erobern und seinen Lebensraum allmählich ausweiten, entsprechend seiner Fähigkeit, ihn durch eine innere Ordnung zu repräsentieren.

Das Problem der Generalisation

Die Verhaltenstherapie kennt die Generalisation nur entlang eines sensorischen Kontinuums, wobei die generalisierte Eigenschaft ein sensorisches Merkmal ist. In der Theorie der logischen Formen geschieht Generalisation an Hand einer Regel und generalisiert wird eine logische Form, nicht eine sensorische Eigenschaft. Dem Individuum kommt hierbei eine aktive Rolle zu, denn es kann nach beliebigen Gesichtspunkten Elemente zu einer Klasse zusammenführen, d. h. es kann nach beliebigen Gesichtspunkten ein Schema bilden, das generalisiert werden kann. Eine sensorische Ähnlichkeit ist dazu nicht erforderlich. Die Klasse »Requisiten« mit dem Element »Hut«, »Stock«, »Schuhe«, . . . ist ebenso möglich, wie die Klasse »Vierecke« mit den verschiedenen Vierecken als Elemente. Ähnlich dazu kann auch die Ordnung einer regelmäßigen Folge von Ereignissen in Form einer Regel, losgelöst von einer konkreten Realisierung, gelernt werden, sodaß eine Generalisation entlang eines funktionalen Kontinuums möglich wird. Von der Funktion der schiefen Ebene führt hier eine Verbindung zur Hydraulik, vom Abzählen einer Menge zur Berechnung von Flächen. Die Loslösung der Regel von ihrer konkreten Realisierung ist soweit möglich, daß Metaregeln gebildet werden können, d. h. daß eine Regel zum Inhalt eines Begriffes werden kann, sodaß die Ausbildung formaler Systeme möglich wird.

Indem der Verhaltenstherapeut die Generalisation dadurch zu erreichen sucht, daß er verschiedenste Fälle trainiert, setzt er wiederum nicht am spezifischen Defizit bzw. in diesem Fall auch nicht an den dem autistischen Kind verfügbaren Fähigkeiten an, denn das autistische Kind ist in der Lage, Sprachschemata zu erwerben und aufzubauen, die eine Generalisation im Sinne einer Übertragung einer logischen Form auf ähnliche Fälle ermöglicht. Diese Fähigkeit, generalisierbare Begriffsschemata zu erwerben oder generalisierbare Handlungsschemata, wird vom Verhaltenstherapeuten zuwenig genutzt. Die Generalisationsprobleme sind daher eine Folge dieses Versäumnisses.

Das Motivierungsproblem und das Generalisationsproblem haben somit eine gemeinsame Wurzel. Die motorischen Schemata – auf sie alleine stützt sich der Verhaltenstherapeut – können dem Kind keine Vorstellung vom »Ganzen« einer Handlung geben, aber nur aus der Erkenntnis des Gesamtzusammenhangs und seiner Bedeutung für das Kind (zum Erreichen gesetzter Ziele) erwächst eine tätigkeitsimmanente Motivation und die Kenntnis des Ganzen ist auch eine Voraussetzung, um Teilformen generalisieren zu können. Die motorischen Schemata stellen nur einen Teil der menschlichen Verhaltensorganisation dar und darum ist ein Verhaltenstraining dort unzureichend, wo das Problem in der Gewinnung von V-Schemata liegt.

5.5.3.2. Linguistisch orientierte Sprachaufbauprogramme

An der Linguistik orientierte Sprachtherapeuten betonen, man müsse die Sprachentwicklung normaler Kinder beobachten, um sich bei der Sprachtherapie autistischer Kinder danach richten zu können. Linguistisch orientierte Sprachaufbauprogramme übertragen also Einsichten über die normale Sprachentwicklung auf die Therapie autistischer Kinder. Aus der Orientierung an der normalen Sprachentwicklung in der Sprachtherapie autistischer Kinder folgt, daß nur aus einer genauen Kenntnis des jeweiligen Sprachentwicklungsstandes der Kinder die nächsten Schritte der Sprachtherapie abgeleitet werden können. Dabei ist es sinnvoll, um die komplexen Vorgänge in der Sprachentwicklung leichter überschaubar zu machen, sich diese Entwicklung als in bestimmten Stufen ablaufend vorzustellen (Bloom & Lahey, 1978). Es sollen jene Fertigkeiten geübt werden, die dem derzeitigen Sprachentwicklungsstand der Kinder entsprechen bzw. auf ihn aufbauen und ihn fortführen.

Linguistisch orientierte Sprachtherapeuten gehen weiters im starken Ausmaß vom Verständnis der Sprache als Kommunikationsmittel aus, mit dessen Hilfe es möglich ist, sich an der Umwelt zu orientieren, Informationen zu erhalten, Bedürfnisse mitzuteilen und den Beistand anderer zu sichern. Bei dem Aufbau von Sprache ist demnach ständig darauf zu achten, daß verschiedene Komponenten zusammenkommen, damit das Ziel echten kommunikativen Sprachgebrauchs erreicht wird: der Erwerb von Sprachformen, von kognitiven Konzepten und Interaktionsformen. Die gleichzeitige Berücksichtigung dieser Komponenten sei auch deshalb nötig, da es vielfältige Interaktionen zwischen diesen Komponenten gibt. In der normalen Sprachentwicklung kann etwa festgestellt werden, daß sich die Verwendung bestimmter Sprachkonstruktionen zunächst für den Ausdruck einiger besonderer kognitiver Konzepte entwickelt, und daß erst später mit den gleichen Sprachkonstruktionen andere Konzepte ausgedrückt werden können. Ähnliches gilt für den Sprachgebrauch. Kinder lernen, Sprache zunächst für bestimmte Funktionen zu verwenden. Andere Mitteilungsfunktionen bedienen sich erst später der Sprache als Mittel. Aus dem Verständnis der Sprache als Kommunikationsform folgt, daß ein Sprachtraining möglichst in natürlichen Kommunikationssituationen stattfinden soll, und daß es daher nicht auf einige Therapiestunden beschränkt sein darf.

Weiters ergibt sich daraus, daß es für den Erfolg einer Sprachtherapie entscheidend ist, auf die Sprachmotivation der Kinder einzugehen. Wegen des geringen Motivationswertes sozialer Interaktionen für autistische Kinder ist dies ein kritischer Punkt in der Sprachtherapie. Die Erfahrung zeigt, daß jedoch gewisse Interaktionsformen auch für autistische Kinder intrinsisch motivierend sind, etwa die Möglichkeit, an andere Personen Aufforderungen zu richten (Prizant, 1982). Die sprachliche Interaktion muß immer im Mittelpunkt der Sprachtherapie stehen und der Sprachgebrauch muß ein natürliches Mittel dafür sein, gewisse Dinge zu erreichen, die für die autistischen Kinder erstrebenswert sind, selbst wenn die Dinge, um die sich die autistischen Kinder bemühen, ideosynkratisch und abnorm sind.

Autistische Kinder müssen allmählich lernen, verschiedene Rollen in Sprechsituationen einzunehmen. Wegen der Passivität der autistischen Kinder besteht die Gefahr, daß sich ihre Rolle in der Sprachtherapie allzuleicht auf jene eines fragebeantwortenden Partners beschränkt. Deshalb muß besonderer Wert darauf gelegt werden, daß sich die autistischen Kinder in der Sprachtherapie daran gewöhnen, einen kommunikativen Austausch selbst zu initiieren.

Die linguistisch orientierten Sprachaufbauprogramme betonen, daß Sprache nicht in einzelnen isolierten Komponenten, sondern als System von aufeinander bezogenen Kategorien gelernt werden soll, da nur dadurch eine produktive Aneignung erreicht werden kann. Die Sprachtherapie ist jedoch kein Unterricht über Sprache, das Kind soll kein Wissen über die Sprache erwerben. Die Regeln zur Verwendung der Sprache zu lernen erfordert einen viel höheren Sprachentwicklungsstand, als ihn diese Kinder haben. Die Rolle der Sprachtherapie besteht vielmehr darin, Prozesse der Induktion von Regelmäßigkeiten zu begünstigen. Die Aufgabe des Sprachtherapeuten wird daher so verstanden, daß er sowohl als Fazilitator wie als Lehrer fungieren soll (Bloom & Lahey, 1978). Um die Induktion von Regelmäßigkeiten zu erleichtern, muß er die Variabilität des zu lernenden Materials beschränken. Es muß sich um einen Set von Regeln handeln, der systematisch variiert und geübt werden kann. Nach Möglichkeit sollen dabei die Regelmäßigkeiten der Sprache den Kindern anschaulich und konkret vor Augen geführt werden (Blank & Milewski, 1981).

Die Abhängigkeit der Sprachentwicklung von der kognitiven Entwicklung der Kinder und von der Herausbildung von Konzepten, die sprachlich kodiert werden können, macht es notwendig, die Sprachtherapie eng mit der gesamten anderen Behandlung der Kinder zu koordinieren. Damit die Kinder die sprachlichen Zeichen lernen können, müssen die entsprechenden Konzepte zunächst als Regelmäßigkeiten in der Umwelt erkannt werden. So ist die Entwicklung der Sprache auf die Ausbildung von Konzepten über die Objektkonstanz, über Ursache und Wirkung angewiesen, sowie auf die Ausbildung von Konzepten über die Ähnlichkeit von Gegenständen bzw. deren spezifische Merkmale.

Ebenso gehen der Verwendung von Sprache bestimmte nonverbale Kommunikationsformen voraus, in denen die Kinder erfassen, daß das eigene Verhalten zum einen das Verhalten anderer steuern und kontrollieren kann und zum anderen durch das Setzen von Zeichen und von Handlungen die Aufmerksamkeit anderer auf bestimmte Gegenstände gelenkt werden kann. Die Förderung dieser Entwicklung muß mit der eigentlichen Sprachtherapie verbunden werden, soll es zu einer gegenseitigen Erleichterung verschiedener Entwicklungslinien kommen. Das Erlernen bestimmter sprachlicher Symbole, das Erfassen von Regelmäßigkeiten in der Sprache, das Erkennen von Wiederholungen bestimmter Sprachformen regen dann auch die kognitive Entwicklung der Kinder an.

Interpretation

Die Hauptthese der linguistischen Therapieansätze lautet: Die Sprachtherapie der autistischen Kinder muß in Schritte gegliedert werden, deren Anordnung und Konzeption der Sprachentwicklung normaler Kinder abgeschaut werden muß. Richtig an dieser These ist, daß die spezifischen Defizite der autistischen Kinder in der Sprachentwicklung vor dem Hintergrund der Sprachentwicklung normaler Kinder besser erkannt und verstanden werden können. Folgende Teilkenntnisse der Sprachentwicklung Normaler erweisen sich dabei als besonders hilfreich:

- Die Sprachentwicklung des normalen Kindes erfolgt im wesentlichen im Rahmen der sozialen Interaktion, die Interaktion ist also die favorisierteste Lernsituation für den Spracherwerb.
- Es wird von Anfang an das Symstem erworben und nicht zunächst einzelne Komponenten, sodaß schon von Anfang an die Sprache auch funktionell eingesetzt werden kann zur Kommunikation und zur Steuerung anderer Personen.
- Dies legt nahe, daß die Hauptmotivation des Spracherwerbs in der Funktion der Sprache als Steuerung des Verhaltens anderer und auch des eigenen Verhaltens liegt.
- Die Sprachentwicklung ist als Teil der gesamten kognitiven Entwicklung aufzufassen, von der sie Unterstützung erfährt.

Wichtig erscheint uns daran die Erkenntnis, daß die Sprachentwicklung des normalen Kindes aus einer präverbalen Ordnung mit Hilfe von V-Schemata erwächst, daß mithin, bevor Sprache ausgebildet wird, schon eine rudimentäre Ordnung vorhanden sein muß.

Der These, daß die Anordnung der Therapieschritte sich an der Entwicklung Normaler orientieren sollte, liegt die Annahme zugrunde, daß die autistische Störung keine spezifische Störung ist mit spezifischen Ausfällen, sondern daß das autistische Kind genau die gleiche Sprachentwicklung durchmacht wie das normale, nur eben verzögert oder abhängig von besonderen Hilfen. Diese Annahme müssen wir zurückweisen.

Wir möchten vielmehr die Gegenthese aufstellen, nämlich daß das autistische Kind die Sprache nicht so erwerben kann, wie sie das normale Kind erwirbt, da für eine solche Entwicklung zwei Voraussetzungen fehlen:

1. Das autistische Kind kann in der ersten Phase des Spracherwerbs nicht auf eine Ordnung zurückgreifen oder auf eine Ordnung aufbauen, die mit Hilfe von V-Schemata bereits gebildet worden ist.

2. Im Spracherwerb des autistischen Kindes kann die soziale Interaktion nicht

in dem Maß im Mittelpunkt stehen wie beim normalen Kind, weil diese Situation das autistische Kind überfordert. Die Sprachtherapie wird für diese Defizite Umwege konzipieren müssen oder Kompensationen.

Über diese Kritik hinausgehend erscheinen uns die linguistischen Ansätze im Verhältnis zu den verhaltenstherapeutischen wenig ausgeführt. Einige ihrer Forderungen wie z. B. die Hilfestellung für das Erkennen von Regelmäßigkeiten scheinen uns im verhaltenstherapeutischen Programm besser verwirklicht zu sein. Oft gewinnt man jedoch den Eindruck, daß Verhaltenstherapeuten das Richtige tun, ohne es in ein Verständnis vom Ganzen der Sprachentwicklung und des Sprachgebrauchs einordnen zu können oder daraus Anregungen zu gewinnen, während die Linguisten ein solches Gesamtverständnis zumindest in Umrissen haben und daraus ihr Handeln ableiten. Eine Theorie der Sprachentwicklung der normalen Kinder ist aber zuwendig, um eine Sprachtherapie konzipieren zu können, wir benötigen hierzu auch eine Theorie der Sprachentwicklung autistischer Kinder.

5.5.3.3. Die Berücksichtigung besonderer Merkmale autistischer Kinder in der Sprachtherapie

Die meisten der mit der Behandlung autistischer Kinder betrauten Sprachtherapeuten betonen die Notwendigkeit einer für die Kinder erkennbaren Struktur der Behandlungsform. Der besondere Hang autistischer Kinder zum Aufstellen und Aufrechterhalten von Routinen muß in der Therapie ausgenützt werden. Autistische Kinder haben nicht nur eine besondere Freude an Ritualen, sie werden auch leicht verwirrt und verlieren sich, wenn einmal aufgestellte Formen aufgegeben werden. Auf der anderen Seite muß von Anfang an darauf geachtet werden, eine gewisse Flexibilität in der Therapie zu wahren. Diese Flexibilität ist der sprachlichen Kommunikation inhärent, und sie muß mit den autistischen Kindern systematisch geübt werden: also der Wechsel

- des Gesprächsgegenstandes,
- des Sprachstils,
- das Hervorheben bzw. Im-Hintergrund-lassen von Informationen,
- der Wechsel von Rede und Gegenrede.

Ein besonderes Problem in der Sprachtherapie autistischer Kinder stellt ihre mangelnde sprachliche Spontanität dar. Dadurch sind einem Sprachaufbau, der ausschließlich auf den spontanen Äußerungen der Kinder aufbaut, Grenzen gesetzt, und es muß deshalb besonders viel mit Fragen und Antworten gearbeitet werden.

Die geringe sprachliche Spontanität äußert sich auch in einer Tendenz zur Reduktion sprachlicher Äußerungen auf minimale Formen. Mit den autistischen Kindern muß deshalb geübt werden, in vollständigen Sätzen zu reden, sobald sie die notwendigen Komponenten der Sätze zu gebrauchen gelernt haben (Blank & Milewski, 1981). Es dürfte dabei sogar notwendig sein, sprachlich mögliche Kurzformen, etwa bei Antworten, nicht zu akzeptieren und auf die kontinuierliche Bildung ganzer Sätze zu achten, um eine gewisse Routine herauszubilden. Andernfalls fallen die Kinder sehr bald zurück, sind verwirrt und gebrauchen ideosynkratische, abnorme Abkürzungen von Äußerungen. Auch die bei normalen Kindern übliche spontane Erweiterung von Phrasen, etwa durch Einfügung weiterer adjektivischer Ergänzungen, wodurch eine größere Spezifität des Ausdrucks erreicht wird, ist bei autistischen Kindern nicht selbstverständlich, sondern muß geübt werden (Krantz, 1981).

Die Sprachtherapie autistischer Kinder kann sich auf eine besondere Stärke dieser Kinder stützen, nämlich auf ihr gutes auditives Kurzzeitgedächtnis. Deshalb kommt der Imitation in der Sprachtherapie autistischer Kinder wahrscheinlich eine größere Bedeutung zu als in der Therapie anderer sprachgestörter Kinder.

Einige Ansätze zeigen, wie die Tendenz zu echolalieren in der Sprachtherapie ausgenutzt und in ein kommunikatives Verhalten umgeformt werden kann. Philips & Dyer (1977) gehen davon aus, daß es den autistischen Kindern leichter gelingt, die Stufe des Echolalierens zu verlassen, wenn in der Therapie eine ähnliche Situation hergestellt wird, in der sich auch Kleinkinder während des Spracherwerbs befinden. Da autistische Kinder, wenn sie echolalieren, meist viel älter als jene Kinder sind, bei denen eine natürliche Imitationstendenz besteht, gehen die Erwachsenen auf autistische Kinder nicht mehr so ein wie auf Kleinkinder und geben ihnen nicht die gleiche Hilfestellung, wie sie sie jüngeren normalen Kindern geben würden. Deshalb ist es wichtig, daß in einer Anfangsphase der Sprachtherapie bei echolalierenden Kindern ein Therapeut die Rolle eines Fragestellenden und ein anderer die Rolle des Hilfestellungsgebenden übernimmt. Dadurch ist es dem Kind möglich zu unterscheiden zwischen Fragen, die nicht imitiert werden sollen, und der Hilfestellung, d. h. dem Vorsprechen der Antwort, die imitiert werden soll. Auf diese Weise kann die Imitationsleistung der Kinder wieder belohnt werden und die Kinder können dadurch ein Repertoire an Antworten aufbauen, das es ihnen ermöglicht, allmählich den Vorgang der Transformation von Antworten zu lernen.

Auch bei autistischen Kindern sollte die Imitation jedoch nicht nur als eine Form des Hervorrufens sprachlicher Äußerungen betrachtet werden. Der Erwachsene kann diesen Kindern generell als Modell dienen und sprachliche Äußerungen können durch Aufforderungen, Fragen etc. angeregt werden, ohne daß eine formelle Imitation verlangt wird (Bloom & Lahey, 1978).

5.5.3.4. Der Einsatz anderer Sinnesmodalitäten in der Sprachtherapie

Die geringen Erfolge der Sprachaufbauversuche bei stummen autistischen Kindern haben Versuche veranlaßt, diesen Kindern sprachliche Verständigungssysteme beizubringen, die sich anderer Modalitäten als der auditiven bedienen. Am besten untersucht ist dabei der Sprachaufbau mit Hilfe der Zeichensprache, wie sie von taubstummen Kindern verwendet wird. Der Erfolg dieser Bemühungen scheint dafür zu sprechen, daß es einem Teil der autistischen Kinder mit Hilfe der Zeichensprache möglich ist, sich durch das Benutzen eines Symbolsystems zu verständigen, selbst wenn sie bis dahin keine Sprache gelernt haben (Bonvillian et al., 1981).

Die Zeichensprache bietet in der Tat einige Vorteile, die erklären können, wieso dieses Zeichensystem leichter von den Kindern zu erlernen ist als die normale Umgangssprache. Zum einen sind die Handzeichen der Zeichensprache leichter durch den Therapeuten passiv formbar, als dies für die Artikulationsstellungen gilt. Durch den statischen Charakter der meisten Zeichen ist auch ein Vergleich zwischen den von den Kindern geformten Zeichen und den Zeichen, die der Therapeut vormacht, leichter möglich, und die Kinder können mit Hilfe dieser Rückmeldung die von ihnen geformten Zeichen besser korrigieren. Viele dieser Gesten sind auch ikonisch, d. h. sie weisen eine bildhafte Ähnlichkeit zu den Gegenständen oder Ereignissen auf, auf die sie hinweisen. Es ist jedoch möglich, daß dies nicht allein die Ursache dafür ist, weshalb einige autistische Kinder lernen, sich mit Hilfe der Zeichensprache zu verständigen, obwohl sie die mündliche Sprache nicht erlernen. Bei einigen dieser Kinder könnte ein spezifisches Defizit im auditiv-stimmlichen Bereich vorliegen. Dies kann jedoch nicht für alle Kinder gelten, da das Erlernen der Zeichensprache meist nur eine Komponente in einer Therapie der simultanen Kommunikation darstellt. Hier werden die Zeichengesten gleichzeitig mit den entsprechenden Wörtern vorgegeben. Wenn es den Kindern dann gelingt, die Gesten zu verstehen und sich mit ihrer Hilfe zu verständigen, dann gelingt es oft auch in einer weiteren Stufe, eine rein sprachliche Kommunikation aufzubauen. Die Gesten scheinen hier eine Hilfe für die Identifikation der Wörter darzustellen, sie erleichtern es, den Beginn und das Ende der Wörter zu erkennen und ähnliche Wörter zu unterscheiden. Die Erfahrungen mit dieser Form der Sprachtherapie sind noch in vielerlei Hinsicht beschränkt, eine adäquate Beurteilung, bei wieviel bis dahin stummen Kindern der Sprachaufbau mit Hilfe der Zeichensprache gelingt, ist derzeit nicht möglich. Bei Kindern ohne Sprachverständnis könnte die Zeichensprache eingesetzt werden, um den Sinn der Sprache als Kommunikationssystem zu vermitteln.

5.5.3.5. Aufbau von Kommunikation nach der Theorie der logischen Formen

Im Rahmen der Verhaltenstherapie hat sich viel praktische Erfahrung ange-
sammelt, und die linguistischen Ansätze geben uns auch eine Vorstellung von
der Sprachentwicklung und der Sprache normaler Kinder. Wir möchten hier
nur die Grundstruktur des Sprachaufbaues geben, wie sie die Theorie der
logischen Formen nahelegt.

1. Schritt: Aufbau von Regelverständnis

Bei weitgehendem Fehlen von Sprachverständnis beginnt die Therapie mit
dem Aufbau des Verständnisses für einfache Verhaltensregeln.

Mit einem viereinhalbjährigen Mädchen ohne Sprachverständnis begannen
wir mit dem Aufbau von Regelverständnis. Es wurden einfache Spiele durchgeführt, wie z. B. den Ball hin- und zurückrollen, einen Gegenstand unter der
Decke verstecken und hervorholen. In diesen Spielen lernt das Kind, Regeln zu
bilden und das Verhalten durch Regeln zu steuern (der Erwachsene rollt den
Ball zu mir, ich rolle den Ball zurück). Diese Strukturierung bildet nicht nur die
kognitive Voraussetzung für die Bildung von Begriffen, sondern soll dem Kind
auch helfen, Sprachschemata über Regelfolgen aufzubauen.

2. Schritt: Erweiterung des Spiels – Einbeziehung von Prädikatorenregeln

Durch Einbeziehung von Wörtern soll das Regelverständnis in einem zweiten
Schritt auf Prädikatorenregeln ausgedehnt werden. So wie das Mädchen (in
unserem Versuch) relativ rasch einfache Verhaltensregeln lernte, so sollte es
auch einfache Prädikatorenregeln lernen, indem wir in das Spiel Begriffe
miteinbeziehen. Dazu legten wir in eine Ecke des Therapieraumes einen
Schuh, in die andere einen Ball, in der Mitte war ein Kreis mit Belohnung. Auf
das Wort des Therapeuten »Schuh« sollte das Kind den Schuh bringen und
wurde belohnt, auf das Wort »Ball« den Ball und wurde belohnt. Bald zeigte
sich jedoch, daß das Kind die kognitiven Voraussetzungen, um an diesem Spiel
teilnehmen zu können, noch nicht beherrschte. Das Kind differenzierte nicht
die beiden Wörter »Ball« und »Schuh«, sondern handelte nach dem Schema:
»Wenn der Therapeut etwas sagt, hol ich einen der beiden Gegenstände und
bekomme die Belohnung.« Nach einer Reihe von Versuchen änderte das Kind
seine Strategie dahingehend, daß es nun nach dem Schema handelte: »Wenn
der Therapeut etwas sagt, dann bringe ich den Schuh bis ich keine Belohnung
bekomme, dann bringe ich den Ball, bis ich keine Belohnung mehr bekomme
usw.«. Offensichtlich beherrschte das Kind noch nicht das grundlegende
Schema: »Verschiedene Wörter bedeuten verschiedene Gegenstände« und
deshalb hatte für das Kind die Differenzierung von Lauten keinen Sinn.

Unser Anliegen war es nun, dem Kind den Sinn von Lautdifferenzierungen beizubringen, indem es lernt, daß verschiedene Wörter verschiedene Gegenstände bedeuten. Dazu änderten wir die therapeutische Anordnung in folgender Weise: In die eine Ecke gaben wir ein Bild einer Schokolade, in die andere ein Bild von Saft. Sagte der Therapeut »Schokolade«, hatte das Kind das Bild der Schokolade zu bringen und wurde mit Schokolade belohnt, sagte er das Wort »Saft«, sollte das Kind das Bild vom Saft bringen und wurde mit Saft belohnt. Wir gingen von der Annahme aus, daß das Kind das Schema »Bild und Gegenstand gehören zusammen« bereits beherrschte, sodaß es jetzt diese Kette nur noch zu erweitern hatte: »Bild, Wort und Gegenstand gehören zusammen«. So wie es verschiedene Bilder zu differenzieren hatte, sollte es nun auch beginnen, verschiedene Wörter zu differenzieren. Obwohl das Kind in 24 vorausgehenden Therapiestunden nicht lernte »Ball« und »Schuh« zu differenzieren, lernte es in dieser Sitzung »Saft« und »Schokolade« sicher zu differenzieren. In weiteren 14 Sitzungen lernte das Kind 15 Begriffe sicher zu unterscheiden. Nach diesen 14 Sitzungen führten wir einen Generalisationstest durch und prüften mit Hilfe des Peabody Picture Vocabulary Test, ob und wieviele andere Begriffe das Kind außerhalb der Therapiesituation gelernt hatte. Es zeigte sich, daß es 7 weitere Begriffe waren. Ein zweiter Generalisationstest mit Hilfe eines Bilderlottos zeigte, daß es 19 von 48 neuen Bildern sicher zuordnen konnte. Auch Beobachtungen in der Gruppe ergaben, daß Elisa nun begann, auf Aufforderungen des Therapeuten sinnvoll zu reagieren (z. B. Davonlaufen bei Anforderungen).

3. Schritt: Aufbau der Vokalisation

Durch Imitation von Lauten wird eine Vokalisation aufgebaut, damit das Kind aktiv sprechen lernt. Erst jetzt, nachdem das Kind begriffen hat, wozu Wörter benutzt werden, hat es einen Sinn, eine Vokalisation aufzubauen, damit es auch aktiv sprechen lernt. Für diesen Schritt halten wir die verhaltenstherapeutische Methodik für zielführend, wobei das Aufmerksamkeitstraining und Teile des Imitationstrainings entfallen können. Es kann gleich mit der Imitation von Lauten begonnen werden.

4. Schritt: Aufbau komplexer Interaktions- und Kommunikationsstrukturen

Kommunikation ist immer auch soziale Interaktion, und komplexere Kommunikationsstrukturen fußen auf der sozialen Interaktion. Hierzu zählen der Rollenwechsel in der Interaktion wie überhaupt die Einnahme einer bestimmten Rolle, die Unter- und Einordnung der Kommunikation in ein weiter gefaßtes soziales Interaktionsschema usw. Die Einnahme einer Sprecherrolle ist nur möglich aus dem Gesamtverständnis der sozialen Interaktion, aus der heraus komplementäre Rollen ausdifferenziert werden, von denen dem Sprechenden eine bestimmte zukommt. Damit also der Redner sich entscheiden kann, ob er eine Reportage halten will, eine Rede oder ein Streitgespräch mit Rede und Gegenrede usw., ist es nötig, daß er den gesamten sozialen Rahmen richtig interpretiert. Dazu muß er von der Gesamtsituation eine Vorstellung haben. Die Gesamtsituation muß ihm als Einheit gegeben sein. Wie wir schon im theoretischen Teil darlegten, sind solche übergeordneten Einheiten primär in der Vorstellung gegeben, also mit Hilfe von V-Schemata, die jedoch dem autistischen Kind nur begrenzt zugänglich sind. Und wegen des Fehlens einer Vorstellung vom Gesamten ist es dem autistischen Kind nur begrenzt möglich, eine adäquate Sprecherrolle zu finden, bzw. diese Rolle im Verlaufe des Gespräches, wenn sich die Situation verändert hat, zu ändern. Wir glauben nicht, daß dieses Defizit allein durch Üben behoben werden kann. Dadurch kann das Kind wohl verschiedene Sprecherrollen in sein Repertoire aufnehmen, also verfügbar haben, aber es fehlt ihm immer noch die Einschätzung, wann es welche Rolle auszuführen hat. Wir glauben, daß das Kind dieses Defizit teilweise kompensieren kann, indem der Therapeut versucht, ihm diese Situation sprachlich zu beschreiben. So wie das normale Kind aus der richtigen Einschätzung der Gesamtsituation die Wahl für seine Sprecherrolle trifft, so müßten wir das autistische Kind anleiten, bestimmte Merkmale der Situation zu diagnostizieren und nach ihnen zu entscheiden, welche Rolle es nun einnehmen soll. Unser Therapieversuch zielt also immer wieder darauf ab, die fehlende Vorstellung des autistischen Kindes durch sprachliche Einheitsstrukturen zu ersetzen. Da Sprachstrukturen viel weniger ausgeführt sind als V-Schemata, kann die so gewonnene Ordnung immer nur eine angenäherte sein und erreicht nie den Differenzierungsgrad der Vorstellungsordnung. So wird das Verhalten des autistischen Kindes immer auch eckiger sein als jenes des normalen.

5.5.4. Abbau störender Verhaltensweisen

Autistische Kinder haben eine Vielzahl von störenden Verhaltensauffälligkeiten. Eine Analyse zeigt oft, daß es notwendig ist, solche Verhaltensweisen direkt zu beeinflussen, um einen Stillstand in der Entwicklung der Kinder oder andere negative Konsequenzen zu vermeiden. Manchmal genügt es, die Situationsbedingungen zu ändern. Oft jedoch werden die Verhaltensweisen durch Reaktionen der Bezugspersonen aufrechterhalten bzw. dadurch, daß sich die Kinder durch diese Verhaltensweisen den Anforderungen entziehen können, die an sie gestellt werden. Gelegentlich aber sind diese Verhaltensweisen weitgehend unabhängig von der Reaktion der Umgebung und scheinen selbst motivierend bzw. verstärkend zu wirken.

Solche unangemessenen Verhaltensweisen können in vielen verschiedenen Situationen auftreten, beim Essen, beim An- und Ausziehen, in der Schule, und die verschiedensten Formen annehmen. Um die Möglichkeiten zu veranschaulichen, solche störenden Verhaltensweisen zu reduzieren, werden wir im folgenden die Behandlung von Stereotypien ausführlicher darstellen.

5.5.4.1. Behandlung von Stereotypien

Da Stereotypien einen so auffallenden Bestandteil am Verhaltensrepertoire autistischer Kinder bilden, mit diesen Handlungen jedoch nichts bewirkt wird, und sie andererseits mit der Anpassung der Kinder zu interferieren scheinen, wurde den Behandlungsmöglichkeiten von Stereotypien große Aufmerksamkeit in der verhaltenstherapeutischen Literatur gewidmet. Da stereotype Handlungen von unterschiedlichen Bedingungen aufrechterhalten werden können, muß eine Verhaltensanalyse abklären, welche Bedingungen im Einzelfall von Bedeutung sein dürften. Dabei scheint folgende Reihenfolge einleuchtend (Carr, 1977):
– Zunächst ist wohl die Frage zu stellen, ob bestimmte *Krankheiten* die Stereotypien, bzw. die Intensität der Stereotypien beeinflussen. Solche Krankheiten können Mittelohrentzündungen, Zahnwurzelabszesse u. a. sein.
– Kann dies ausgeschlossen werden, so ist zu beobachten, ob die Stereotypien überwiegend dann auftreten, wenn die Kinder besonders beachtet werden, bzw. wenn dies nicht offensichtlich sein sollte, ob sie zumindest in Gegenwart bestimmter Erwachsener besonders häufig sind. Dies würde darauf hindeuten, daß die Stereotypien unbeabsichtigt *sozial verstärkt* werden.
– Positive Verstärkung kann jedoch auch dann wirksam sein, wenn andere Verhaltensweisen, die früher belohnt wurden, jetzt nicht mehr beachtet werden, jedenfalls nicht mehr als die Stereotypien.
– Ob es zu einer *negativen Verstärkung* von Stereotypien kommt, muß ebenfalls festgestellt werden, und zwar ist, um dies zu entscheiden, darauf zu achten, ob durch die Stereotypien Anforderungen oder andere Bedingungen, die den Kindern unangenehm sind, vermieden werden können.
– Läßt sich für all dies kein Anhaltspunkt finden, so kann angenommen werden, daß die Stereotypien die Funktion der *Selbststimulation* haben. (Oft ist die Entscheidung über das Vorliegen positiver oder negativer Verstärkerbedingungen nicht mit Sicherheit zu treffen, dann sollte wohl angenommen werden, daß die Stereotypien selbststimulierende Funktion haben.)

Nehmen Stereotypien die Form selbstverletzenden Verhaltens an, so ist natürlich in erster Linie darauf zu achten, daß die Verletzungen, die sich die Kinder zufügen, keine ernste Bedrohung für ihre Gesundheit darstellen. Sollte diese Gefahr bestehen, so müssen Schutzmaßnahmen für die Kinder getroffen bzw. die Möglichkeit einer rascheren Besserung unter Behandlung abgewogen werden. Solche Schutzmaßnahmen sind bei heftigem Schlagen des Kopfes gegen harte Unterlagen, bei starken Manipulationen an den Augen (Gefahr einer Netzhautablösung) und beim Sich-selbst-Beißen in erster Linie angezeigt (Tragen eines Helmes, Anlegen eines Verbandes an den Händen sowie Bewegungsrestriktionen der Arme).

Viele therapeutische Maßnahmen lassen sich nicht einer der erwähnten Funktionen der Stereotypien zuordnen, sind aber wohl in erster Linie als Entzug von positiver Verstärkung gemeint. Daneben haben diese Maßnahmen jedoch auch den Effekt einer Bestrafung. Dies gilt für das bewußte Ignorieren von Stereotypien (Löschungsverfahren) und das *Ausschlußverfahren (Time-out),* bei dem die Kinder unmittelbar nach Stereotypien aus der momentanen Situation entfernt werden sollen, wobei dies entweder durch Abbrechen der momentanen Aktivität oder Abwenden des Erwachsenen geschieht oder in schweren Fällen durch das Entfernen der Kinder für ein bis zwei Minuten in einen Isolierraum (Kane, 1979). Die Effektivität dieser Behandlung ist davon abhängig, wie weit die Stereotypien für die Kinder nicht schon selbststimulierende Funktion haben und damit selbstverstärkend sind, und auch davon, wie attraktiv die Situation ist, aus der die Kinder herausgenommen werden (ein Faktor, der als »time-in« bezeichnet wird).

Solch ein kontingenter Entzug von Aufmerksamkeit hat bei einigen Kindern Erfolg, aber der Erfolg ist meist nur ein teilweiser. Die autistischen Kinder sind oft, während sie ihren Stereotypien nachgehen, sozialen Reaktionen gegenüber wenig ansprechbar, sodaß sie ein Ignorieren und Abwenden des Erwachsenen gar nicht zu bemerken scheinen. Bei stärker eingreifenden Formen des Time-out wird zwar öfters ein Erfolg berichtet, aber die Wirkungen können komplex sein. Zum Teil erfolgt eine Abnahme nur jener Stereotypien, bei denen das Time-out angewandt wurde, zum Teil nehmen auch andere Stereotypien bei den Kindern ab (Baumeister, 1978).

Eine andere Form kontingenten Entzugs positiver Verstärkung stellt die sogenannte *Response-Cost-Methode* dar, bei der unmittelbar nach der Stereotypie ein den Kindern angenehmer Reiz (z. B. Musik) unterbrochen wird.

Eine andere Form, Stereotypien zu unterdrücken, besteht darin, die Kinder, nachdem sie Stereotypien gezeigt haben, für einige Zeit festzuhalten, und zwar vor allem jene Körperteile, mit denen die Stereotypien ausgeführt wurden. Bei einzelnen Kindern kann es durch diese Methode zu einer anhaltenden Reduktion der Stereotypien kommen.

Auch die Methode der *Überkorrektur* ist zur Unterdrückung von Stereotypien bei autistischen Kindern erfolgreich eingesetzt worden. Prinzipiell kann man hier zwei verschiedene Arten unterscheiden, einmal die Restitution, das

Wiedergutmachen des durch die negativen Handlungen bewirkten Schadens (also etwa das Aufwischen bei stereotypem Spucken) oder die positive Übung, bei der das Kind angehalten und manuell geführt wird, unmittelbar nach einer Stereotypie andere positive Handlungen auszuführen. Der Vorzug der Über-korrekturmethode besteht darin, daß nicht bloß unerwünschtes Verhalten unterdrückt, sondern daß es durch angemessenes Verhalten ersetzt wird. In der Durchführung dieser Methode ergeben sich freilich Probleme, da sie die kontinuierliche Überwachung des Verhaltens der Kinder erfordert, und die Kinder rasch merken, ob die Situation und die Nähe des mit der Durchführung der Überkorrekturmethode betrauten Erwachsenen die Anwendung dieser Methode ermöglicht. Die Wirksamkeit dieser Methode beruht auf vielen Momenten, die kaum voneinander zu trennen sind:

– Löschung des Verhaltens,
– Time-out (der Erwachsene soll während der Ausführung der Überkorrektur nicht positiv mit dem Kind interagieren, sondern rein sachlich die Ausführung des erwünschten Korrekturverhaltens herbeiführen),
– Festhalten des Kindes,
– Hilfestellung für alternative Verhaltensweisen und
– Belohnen dieser alternativen Verhaltensweisen.

Die Methode ist zweifelsohne effektiv, auch bei autistischen Kindern sind mehrere positive Berichte über kontrollierte Untersuchungen veröffentlicht worden (Kane, 1979), weniger klar sind die Grenzen der Methode, der tatsächlich erforderliche Aufwand und der relative Nutzen dieser im Vergleich zu anderen Methoden.

Bei Stereotypien, und zwar vor allem bei solchen, die eine Selbstgefährdung bedeuten können, werden selten *Strafreize* zur Unterdrückung des Verhaltens systematisch eingesetzt. Die Rolle, die der Einsatz von Strafen bei autistischen Kindern zu spielen hat, ist umstritten. Eine relativ häufig angewandte Methode war die Verabreichung eines kleinen elektrischen Schlags mit einem batteriegeladenen Stab, der einen Strom niedriger Amperezahl aber größerer Voltzahl abgibt. Der so verabreichte elektrische Reiz ist für die Kinder völlig ungefährlich, aber recht unangenehm. Durch den Einsatz dieses elektrischen Reizes kommt es bei einem Teil der Kinder zu einer nahezu vollständigen und raschen Reduktion der Stereotypien. Der Effekt ist jedoch insofern beschränkt, als die Kinder bald zu diskriminieren lernen, ob ein Einsatz dieser Mittel möglich ist, ob der betreffende Erwachsene, der diese Strafreize bisher eingesetzt hat, anwesend und in der Nähe ist und ob die Situation den Einsatz wahrscheinlich macht. Nach Berichten von Klinikern kann der Einsatz negative Nebenwirkungen haben, und zwar kann es in einzelnen Fällen zu einer allgemeinen Reduktion des Verhaltens und zu einer stärkeren Passivität kommen. Kontrollierte Untersuchungen haben allerdings solche negativen Auswirkungen nicht nachweisen können (Lichstein & Schreibman, 1976).

Eine andere Möglichkeit zur Therapie stereotyper Verhaltensweisen setzt direkt an jenen Verhaltensweisen an, die die Stereotypien ersetzen können, und verstärkt diese Verhaltensweisen mehr als bisher bzw. versucht, solche Verhaltensweisen aufzubauen und mit den Kindern zu üben.

Aus der Erkenntnis heraus, daß Stereotypien bei autistischen Kindern vielfach auch die Funktion der Selbststimulation haben, ergeben sich mehrere Konsequenzen:

– Zum einen dürfte sich die Bewegungsarmut und der daraus resultierende Mangel an motorisch-kinästhetischer Stimulation auf das Verhaltensrepertoire der Kinder negativ auswirken, sodaß diese versuchen, sich auf abnorme Weise die fehlende Bewegung zu verschaffen. Wird den Kindern die Möglichkeit zu stärkerer gezielter Bewegungsübung gegeben, etwa durch Jogging, nimmt die Häufigkeit von Stereotypien merkbar ab, auch wenn die Stereotypien nicht völlig verschwinden (Kern et al., 1982).

– Auf der anderen Seite können die Stereotypien als eine Form sensorischer Selbststimulation betrachtet werden, wobei die durch die Stereotypien induzierten Reize das Verhalten verstärken. Wenn bei den Kindern individuell erfaßt wird, welche sensorischen Modalitäten diese Selbstverstärkung vermitteln, und dann versucht wird, diese durch die Stereotypien induzierten Reize zu verhindern, so kommt es zu einer deutlichen Abnahme, ja oft wenigstens kurzfristig zu einem völligen Verschwinden der Stereotypien (Rincover, 1978). Diese Unterdrückung der sensorischen Rückmeldung kann entweder durch Maskierung der Reize geschehen, bei taktilkinästhetischen Reizen etwa durch einen kleinen Vibrator, oder durch entsprechende Gestaltung der Umgebung (z. B. Flanelltücher auf Tischen, um die auditive Rückmeldung von kreiselnden Gegenständen zu verhindern).

Die Behandlung von Stereotypien ist vor allem bei älteren und geistig behinderten autistischen Kindern keine leichte Aufgabe. Oft bestehen die Stereotypien schon fast unverändert seit Jahren. Therapien bewirken in solchen Fällen einfach nur, daß sich die Stereotypien auf einem niedrigeren Niveau einpendeln. Nach Beendigung der Therapie, wenn die Maßnahmen zur Unterdrückung der Stereotypien nicht mehr wirksam sind, nimmt die Häufigkeit der Stereotypien dann bald wieder zu.

Interpretation

Unsere Erklärung des Auftretens von Stereotypien ging vom Mangel der Autisten an V-Schemata aus. Der Mangel an Vorstellung hat im Hinblick auf eigene Aktivitäten zwei Folgen:

1. Es treten stärker die Elemente in den Vordergrund, da die Ausbildung zentrierter Gestalten fehlt. Damit ist auch das Handeln stärker auf die Beziehung zu Einzelelementen ausgerichtet, und die Handlung selbst gewinnt elementistischen Charakter.

2. Das Fehlen übergreifender Ordnung schränkt den Spielraum sinnvoller Handlungen wesentlich ein. Wo die Zentrierung auf einen wesentlichen Kern fehlt, sind nur noch einfache Aktivitäten auf der Basis der Elementbeziehung und der Körperbeziehung möglich. Das Kind ist in seinen Aktivitäten auf die Wiederholung von Verhaltensweisen angewiesen. Die Stereotypien verstehen wir daher als ein elementistisches Handeln, bedingt durch das Fehlen übergreifender Ordnungen, die, wegen der geringen Variabilität, zur Wiederholung führen.

Aus dieser Sicht der Stereotypie ergibt sich für die Therapie eine andere Akzentuierung als in den zuvor dargestellten Therapiemethoden: die vorstellungsmäßige Verarbeitung der Umwelt. Wo sie gelingt, werden für das Handeln neue Räume erschlossen und wird komplexeres, zentrierteres Handeln möglich. In der Folge werden Stereotypien von selber zurückgehen. Wir wollen mit diesem Vorschlag nur eine Akzentverschiebung herbeiführen, denn in der Praxis scheitert die vorstellungsmäßige Verarbeitung der Umwelt gerade daran, daß das autistische Kind sich bereits in seinen Stereotypien ausgelebt hat und damit Zeit und Kraft für die vorschriftsmäßige Verarbeitung fehlen. So wird es in vielen Fällen also trotzdem nötig sein, zunächst einmal Stereotypien zu unterdrücken, um damit den Spielraum für den Aufbau komplexer Handlungen zu gewinnen.

5.5.4.2. Medikamentöse Behandlung

Psychopharmaka können dazu beitragen, daß einzelne Symptome und Schwierigkeiten autistischer Kinder zurücktreten und die Kinder damit besser erzieherischen und therapeutischen Hilfen zugänglich werden. Die Kernsymptome des Autismus freilich haben sich bisher als einer medikamentösen Behandlung unzugänglich erwiesen (Campbell, 1978; Jörgensen, 1979).

Eine begrenzte, insgesamt jedoch positive Wirkung üben vor allem die Neuroleptika aus, die sich als hilfreich in der Reduzierung von Stereotypien erwiesen. Sie führen zu einer größeren Aufmerksamkeit der autistischen Kinder gegenüber Erwachsenen, die eine Interaktion mit den Kindern initiieren (Cohen et al., 1980). In therapeutischer Dosierung führen Neuroleptika zu einer Verbesserung der Leistungen in einfachen Lernsituationen bei autistischen Kindern (Campbell et al., 1982). Dies führt, wie erwartet, dazu, daß die autistischen Kinder unter der medikamentösen Behandlung mehr Fortschritte in Lernprogrammen, etwa einem imitativen Sprachaufbauprogramm (Campbell et al., 1978), machen. Bei jüngeren autistischen Kindern bessert sich unter dieser medikamentösen Behandlung auch die motorische Unruhe und die innere Zurückgezogenheit. Die Besserung der Unruhe wie der Stereotypien ist unter strukturierten Bedingungen wesentlich deutlicher als in unstrukturierten Situationen.

Phenothiazine dürften ähnlich effektiv sein wie Butyrophenone (z. B. Haloperidol), allerdings ist bei Medikamenten mit einer stärkeren sedierenden Komponente schon bei niedriger Dosierung eine starke Müdigkeit der Kinder zu beobachten. Die meisten Nebenwirkungen von Neuroleptika treten bei Kindern ähnlich häufig auf wie bei Erwachsenen, bei kurzfristiger Verschreibung sind dies neben Müdigkeit eine Gewichtszunahme sowie extrapyramidale Symptome.

Da die Behandlung mit Neuroleptika zu einer symptomatischen Besserung führt, und es bei Absetzung der Medikamente wieder zu einer Verschlechterung der Symptome kommt, ist besonders die Frage nach dem Wert einer langfristigen Behandlung zu stellen. Leider ist weder über positive langfristige Einflüsse noch über die Nebenwirkungen einer langfristigen Behandlung allzuviel bekannt. Bei Kindern kommt es wie bei Erwachsenen unter langfristiger Behandlung nach Absetzen der Medikamente, seltener auch bei fortgesetzter Behandlung, zu Dyskinesien (unwillkürliche Muskelanspannungen). Diese bilden sich im allgemeinen nach einiger Zeit wieder zurück. Obwohl bekannt ist, daß Neuroleptika die Ausschüttung von Neurohormonen beeinflussen, gibt es kaum Beobachtungen über den Einfluß einer längerfristigen Behandlung mit diesen Medikamenten auf Wachstum und andere hormonell beeinflußte Funktionen bei Kindern vor der Pubertät. Die bisherigen Beobachtungen haben allerdings keinen Hinweis auf deutlich negative Einflüsse gezeigt (Engelhardt & Polizos, 1978).

Trizyklische Antidepressiva haben keinen besonders günstigen Effekt auf autistische Kinder. Neben positiven sind auch negative Wirkungen auf das Verhalten (zum Teil vermehrte Unruhe, zum Teil vermehrte Müdigkeit) zu beobachten.

Lithium hat im allgemeinen keinen besonders deutlichen Einfluß auf das Verhalten autistischer Kinder, insgesamt werden die motorische Unruhe und die Stereotypien ein wenig gebessert. In einem gut dokumentierten Fall kam es unter dieser Behandlung zu einer deutlichen Abnahme von selbstverletzenden Verhaltensweisen (Campbell et al., 1972).

Obwohl Psychostimulantien (Amphetamine, Ritalin) bei einzelnen autistischen Kindern mit starker Ablenkbarkeit in geringer Dosierung zu einer Besserung führen, kommt es im allgemeinen unter dieser Behandlungsform zu einer Verschlechterung im Verhalten autistischer Kinder.

Für andere medikamentöse Behandlungsformen (ausgenommen natürlich eine antiepileptische Behandlung bei Anfallsleiden) liegen noch zu wenige, unter kontrollierten Bedingungen gewonnene Erfahrungsberichte vor, um die Effektivität beurteilen zu können. Dies gilt etwa für Substanzen, die den Serotonin-Metabolismus beeinflussen (Levodopa, Fenfluramin), und für die Megavitamintherapie.

5.6. Schulische Integration

Die schulische Betreuung autistischer Kinder stellt ein ernstes Problem dar, auf dessen Bewältigung das Schulsystem nur ungenügend vorbereitet ist. Die Vielzahl und die große Variabilität der Schwierigkeiten von Kind zu Kind machen es notwendig, den Erziehungsplan individuell auf die einzelnen Kinder abzustimmen. Ihre Tendenz zur Selbstisolierung, die Schwierigkeiten im Sozialkontakt und zum Teil auch ihr auffälliges und störendes Verhalten stellen große Probleme bei der Integration der Kinder in einen Klassenverband dar.

Daraus ergibt sich einerseits, daß es notwendig ist, besondere Organisationsformen für die Erziehung und den Unterricht dieser Kinder zu entwickeln, die ein individuelles Eingehen auf die Kinder ermöglichen. Erforderlich sind zunächst sicherlich kleinere Klassengrößen als dies sonst im Schulsystem, auch im Sonderschulbereich, üblich ist. Mit ein Grund für diese Forderung ist die Beobachtung, daß autistische Kinder durch zunehmende Gruppengröße und dem damit einhergehenden Anstieg der Zahl an möglichen Interaktionen stärker beeinträchtigt werden als andere Kinder (Hutt & Vaizey, 1966; Richer, 1978).

Für den Unterricht in einer Klasse ist es unbedingt nötig, daß die Kinder sich wenigstens an eine kleine Gruppe anpassen können. Bei autistischen Kindern ist individuell zu bestimmen, wie weit diese Voraussetzungen gegeben sind, bzw. was den Unterricht in einer Gruppe betrifft, mit welcher Gruppengröße die Kinder zurechtkommen (Frankel & Graham, 1976).

In den meisten Fällen ist eine besondere Vorbereitung der autistischen Kinder auf die Anforderungen des schulischen Unterrichts unbedingt erforderlich, damit sie beschult werden können. Dabei ist einmal auf das Erlernen einer bestimmen Arbeitshaltung zu achten, daß sie lernen, ruhig zu sitzen, vorgelegte Lernmaterialien zu beachten und Arbeitsaufforderungen nachzukommen.

Durch diese Vorbereitung sollen sie so weit gebracht werden, daß sie in der Lage sind, wenigstens einigen Sequenzen einer Aufgabe nachzukommen, ohne daß der Lehrer nach jeder Teilaufgabe unmittelbar Rückmeldung gibt und die Kinder auf die nächste Aufgabe vorbereitet.

Ein wesentliches Moment bei der Anpassung der Kinder an den schulischen

Unterricht spielt dabei natürlich nicht nur die Fähigkeit, auch unter geringerer Anleitung des Lehrers Aufgaben nachzukommen und Anforderungen zu erfüllen, sondern auch die Fähigkeit, mit anderen Kindern zu kooperieren und sich in der Gegenwart anderer Kinder nicht weitgehend in sich zurückzuziehen.

Die Vorbereitung auf die soziale Situation der Klasse stellt somit ein wichtiges Element dar, und die im Unterricht erforderlichen Interaktionen mit anderen Kindern müssen von autistischen Kindern regelrecht gelernt und geübt werden. Damit die autistischen Kinder die Aufgaben in der Schule erfüllen, ist es oft nötig, Aufgaben ähnlicher Art mit ihnen zu üben, damit sie mit der besonderen Form der Aufgabenstellung in der Klasse zurechtkommen. Dabei mag es nötig sein, das ganze Spektrum der besonderen Aufgabenstellungen, die in der Schule vorkommen, mit den Kindern durchzugehen. Die Planung der Erziehung der autistischen Kinder kann von Lehrern mit gewöhnlicher Sonderschulausbildung nur unzureichend bewältigt werden. Besondere Beratung durch Psychologen ist erforderlich (Rincover & Tripp, 1979).

Von besonderer Bedeutung für den Unterricht ist die Reduktion von störenden Verhaltensweisen. Autistische Kinder können in der Schule nur gefördert werden, wenn sie durch ihr Verhalten andere Kinder nicht zu sehr stören und wenn ihre eigene Aufmerksamkeit nicht über längere Zeit durch ihr abnormes Verhalten beeinträchtigt wird.

Für die Bewältigung dieser Erziehungsaufgaben ist eine besondere Flexibilität nötig. So benötigen die Kinder, wie bereits erwähnt, eine besondere Vorbereitung auf den Unterricht, und zwar nicht nur am Anfang, vor Beginn der Integration in die Schule, sondern auch noch im Verlauf der weiteren Schullaufbahn. Verschiedene Formen haben sich hier bewährt:

– enge Zusammenarbeit der Schule mit dem Elternhaus,
– zusätzliche Betreuung der autistischen Kinder in kleinen Gruppen bzw. in Einzelförderung während einiger Stunden pro Woche,
– Leitung der schulischen Erziehung durch eine klinisch orientierte Institution (die die Vorbereitung der Kinder übernimmt, aber auch die nötige Diagnostik und die Testung der Kinder durchführt).

5.7. Therapie der autistischen Kinder – Einbeziehung der Eltern

Immer häufiger gehen Therapeuten dazu über, die Eltern in die Therapie ihrer autistischen Kinder miteinzubeziehen und sie damit in ihrer Rolle als Erzieher besonders zu unterstützen, statt die Therapie ausschließlich von Fachleuten in therapeutischen Einrichtungen durchführen zu lassen. Dies scheint aus mehreren Gründen sinnvoll:

– Zunächst spielt die Erkenntnis eine Rolle, daß Autismus nicht auf das erzieherische Fehlverhalten der Eltern zurückzuführen ist, sodaß wir annehmen können, daß die Eltern die Fähigkeiten normaler Eltern für die Erziehung und Betreuung von Kindern mitbringen. Dies soll nicht heißen, daß es den Eltern im allgemeinen leicht fällt, sich auf die besonderen Probleme der Kinder einzustellen, aber sie können dies lernen.

– Die Einbeziehung der Eltern in die spezielle Förderung ist deshalb wichtig, weil die Therapie und das Training autistischer Kinder möglichst frühzeitig beginnen sollte und nicht erst im Schulalter, wo dann geeignete pädagogische Einrichtungen zur Verfügung stehen (Rutter & Sussenwein, 1971).

– Die Therapie der autistischen Kinder ist auch nicht eine Aufgabe, die auf wenige Stunden in der Woche beschränkt werden kann, vielmehr sollten in einer Vielzahl von Situationen die Ansätze aufgegriffen werden, die den Kindern zu einer Verbesserung ihres Verständnisses der Umwelt und zu einer Verbesserung der Kommunikation verhelfen können.

– Autistische Kinder haben große Probleme mit der Generalisation von Verhaltensweisen. In Therapien erreichte Fortschritte können nur fortgeführt werden, wenn auch außerhalb und nach der Therapie das Gelernte in einer den Kindern bekannten Form angewandt werden kann. Geschieht dies nicht, so kommt es sehr rasch wieder zum Verlernen des bereits Erreichten.

– Es ist bei autistischen Kindern nicht nötig, daß der Therapeut einen persönlichen Kontakt herstellt und zur Bezugsperson wird, um in der Beziehung zu den Eltern Versäumtes nachzuholen bzw. um eine in abnormer Weise entwickelte Kommunikation zu ersetzen. Die Eltern sind vielmehr jene Personen, zu denen autistische Kinder im allgemeinen das größte Vertrauen haben, und die auch durch ihre genaue, jahrelange Kenntnis der Kinder am ehesten die Möglichkeit haben, autistische Kinder zu motivieren. Dies soll nicht heißen, daß eine vertrauensvolle Beziehung zu anderen Erwachsenen für autistische Kinder keinen Wert hat. Vor allem bei älteren autistischen Kindern und Jugendlichen dürfte die Beziehung, die eine verständnisvolle, sensibel auf die Probleme der Kinder reagierende therapeutische Interaktion hat, sehr bedeutsam für ihre Entwicklung sein. Allerdings dürfte dies eher für Autisten gelten, deren sprachliche Fähigkeiten sich bei guter intellektueller Begabung entwickelt haben.

Es wurde wiederholt beobachtet, daß die Entwicklung autistischer Kinder besonders ungünstig ist, wenn diese in großen Institutionen für Behinderte untergebracht werden. Auch die Unterbringung der Kinder in Heimen, in denen sie über das Wochenende nach Hause können, scheint größere Probleme zu bereiten (Bartak & Rutter, 1973). Autistischen Kindern fällt es offensichtlich sehr schwer, sich von der Heimumgebung jeweils am Wochenende auf die Situation zu Hause umzustellen, und es kommt dann zu Hause zu deutlich größeren Verhaltensproblemen als bei Kindern, die die ganze Zeit zu Hause sind.

Die Ansicht, daß autistische Kinder am besten gefördert werden, wenn die Eltern frühzeitig in die Therapie der Kinder miteinbezogen und die Bemühungen der Eltern durch Psychologen, Pädagogen und Kinderpsychiater unterstützt werden, kann sich auch auf empirische Befunde stützen. Der radikalste Weg wurde diesbezüglich von der Maudsley-Gruppe (Howlin et al., 1973; Hemsley et al., 1978) beschritten, die Eltern autistischer Kinder durch ein ambulantes Team von Psychologen zu Hause in verschiedene Behandlungsmethoden einführen und beraten ließ. Andere Zentren wählten einen weniger radikalen Weg und begannen die Behandlung in der Klinik, wiesen jedoch die Eltern frühzeitig in die Behandlung ein und ließen sie durch die Eltern fortführen (Koegel et al., 1982).

Die Maudsley-Gruppe orientierte sich in der Behandlung stark an verhaltenstherapeutischen Methoden. Für die von den Eltern als wesentlich angesehenen Schwierigkeiten wurden gemeinsam mit ihnen eine detaillierte Verhaltensanalyse und darauf aufbauend ein Behandlungsplan entwickelt, in dem neben dem gezielten Einsatz von Verstärkung und Aufmerksamkeitsentzug (Time-out) auch andere Techniken eingesetzt wurden, wie systematische Desensibilisierung bei Ängsten, allmähliche Änderung der Umgebung bei zwanghaftem Bestehen auf Unverändertheit. Außerdem wurde den Eltern geraten, die Kinder nicht in ihrer Tendenz zur Selbstisolation zu respektieren, sondern gezielt in ihre einzelgängerischen Aktivitäten einzugreifen. Bcsonders betont wurde den Eltern gegenüber die Notwendigkeit von Konsequenz und Konsistenz im Verhalten den Kindern gegenüber. Schließlich sollten die Eltern täglich kurze Zeit für den planmäßigen Unterricht kommunikativer und sozialer Fähigkeiten reservieren.

Eine Gruppe von Eltern, die auf diese Weise längere Zeit (sechs Monate) in der Behandlung ihrer Kinder angewiesen wurden, wurde mit einer Kontrollgruppe von Eltern verglichen, bei denen es nicht möglich war, dieses Behandlungsangebot zu machen. Durch systematische Beobachtung und Testung der Kinder wurden Unterschiede in der Entwicklung während der sechs Monate sowie während eines weiteren Jahres, in dem keine Betreuung der Eltern mehr stattfand, erfaßt. Dabei zeigte sich, daß die autistischen Kinder der betreuten Eltern in den sechs Monaten deutliche Fortschritte in der sozialen Kommunikation gemacht hatten. Der Prozentsatz der sozialen Äußerungen hatte zugenommen, der Anteil an echolalischen und abnormalen Äußerungen abgenommen. Außerdem war es zu einer Zunahme im sinnvollen Umgang mit Spielgegenständen um fast das Doppelte gekommen und zu einer Halbierung der Stereotypien und Rituale. In diesen Bereichen waren in der Kontrollgruppe während der sechs Monate keine Änderungen aufgetreten.

Die Änderungen im Verhalten der autistischen Kinder ließen sich – wie systematische Beobachtungen in den Familien zeigten – auf ein geändertes Erziehungsverhalten der betreuten Eltern zurückführen. Diese Eltern beschäftigten sich aktiver mit den Kindern, richteten mehr Bemerkungen an die Kinder und setzten auch öfters Gesten zur Unterstützung ihrer Mitteilungen ein. Sie gaben mehr Hilfestellungen und mehr unmittelbare Rückmeldung an die Kinder. An dem Sprechverhalten der Eltern war nicht nur die Zunahme der an die Kinder gerichteten Äußerungen auffällig, sondern auch, daß sich die Eltern nun öfters direkt auf das bezogen, was die Kinder gerade gesagt hatten, Fragen dazu stellten, es korrigierten etc.

Der Unterschied zur Kontrollgruppe war auch nach einem weiteren Jahr vor allem im Verhalten der autistischen Kinder deutlich, obwohl der Fortschritt in dieser Zeit geringer war als in den ersten sechs Monaten der Betreuung. Besonders deutlich war die Abnahme von Problemverhaltensweisen und die Zunahme sozialen Kontaktverhaltens.

Die Einbeziehung der Eltern ist nicht nur wegen der größeren Effektivität der Förderung anzustreben, sondern hat auch den Sinn, die Eltern zu entlasten, da die Eltern oft das Gefühl haben, daß sie die Kinder nicht verstehen, und daß ihre Hilfe nicht angemessen ist (siehe Kapitel 5.3.1). Im Rahmen der Therapie können Eltern ein neues Verständnis zu ihrem autistischen Kind gewinnen, und indem sie lernen, auf bestimmte Schwierigkeiten mit spezifischen Hilfen zu reagieren, wird ihre Hilflosigkeit abgebaut oder zumindest verringert.

Die Einbeziehung der Eltern als Co-Therapeuten birgt aber auch die Gefahr in sich, daß die Elternrolle auf die Therapeutenrolle reduziert wird (Innerhofer & Warnke, 1983). So ist bei der Einbeziehung der Eltern in die Therapie stets auf die gesamte Familie zu achten, wobei die optimale Förderung des autistischen Kindes nur ein Gesichtspunkt unter vielen sein darf.

5.7.1. Die Festhaltetherapie

»Seit unsere Familie einander ›festhält‹, sind wir tiefer und glücklicher miteinander verbunden denn je« (Müller-Trimbusch & Prekop, 1983). Mit diesen Worten faßt eine Mutter ihre Erfahrungen mit der Festhaltetherapie zusammen. Von ähnlich positiven Ergebnissen berichten auch andere Familien. Ist die Festhaltetherapie die Wundertherapie für frühkindlichen Autismus?

Anfang der achtziger Jahre hat eine Therapiemethode großes Aufsehen erregt: die »Festhalte-Therapie«. Der Ansatz geht auf die amerikanische Kinderpsychiaterin Maria Welch (1983) zurück:

– Die Mutter wird veranlaßt, das Kind körperlich an sich zu halten.
– Autistische Kinder leisten gegen das Gehaltenwerden Widerstand.

- Man darf der Mutter nicht erlauben aufzugeben. Sie muß das Kind fest an sich drücken und versuchen, Blickkontakt herzustellen.
- Daraus entwickelt sich vielleicht ein heftiger Kampf. Das Kind wird oft vor Wut und Schrecken schreien, wird beißen, spucken und schlagen.
- Die Mutter darf nicht nachlassen, bis das Kind sich entspannt, seinen Körper an den ihren anschmiegt, sich anklammert, ihr in die Augen sieht, ihr Gesicht liebevoll mit den Händen betastet und vielleicht spricht.
- Die Mutter muß auch zu Hause dieses Halten durchführen. Dies muß sie mindestens einmal am Tag tun und überdies jedesmal, wenn das Kind zeigt, daß es unglücklich ist. Jedes Halten muß mindestens eine Stunde dauern.

Da die autistischen Kinder diese hautnahe Umklammerung durch die Eltern eher meiden, löst das Festhalten bei ihnen zunächst Aggressionen, starkes Heulen und Distress aus. Dies dauert meist so lange, bis das Kind völlig erschöpft ist. In dieser Erschöpfungsphase wird das Kind ruhig, nimmt Kontakt mit den Eltern auf, und es wird berichtet, daß die Kinder in dieser Phase keine typisch autistischen Verhaltensweisen mehr zeigen. Dieses plötzliche Nachlassen der Spannung ist für den außenstehenden Beobachter eindrucksvoll. Die vorausgehende Zeit des Festhaltens hingegen erscheint ihm grausam und unmenschlich. Können wir verstehen, was sich in dieser Stunde im Kind vollzieht?

Tinbergen & Tinbergen (1983) sind in der Theorie zur Festhaltetherapie davon ausgegangen, daß frühkindlicher Autismus die Folge einer mißlungenen frühkindlichen Sozialisation sei. Sie haben für den therapeutischen Vorgang eine recht plausible Erklärung gefunden. Sie behaupten, daß Autismus »in erster Linie eine emotionale Störung infolge feindlicher Einflüsse in der frühen sozialen Umgebung des Kindes ist . . .«, während »die Störung der Wahrnehmung und schließlich das ganz allgemeine Zurückbleiben eindeutig sekundäre Folgen der emotionalen Gleichgewichtsstörung sind . . .«. Tinbergen & Tinbergen stellen unsere These also auf den Kopf. Nicht die Wahrnehmungs- und Informationsverarbeitungsstörung ist das Primäre, aus dem sich die Störung der sozialen Beziehungen als sekundäre Folge ergibt, sondern umgekehrt. Die soziale Störung soll das Primäre sein, aus dem sich die Wahrnehmungsstörungen ergeben. In den ersten Lebensmonaten ist der Säugling ganz besonders auf die Nähe und Hilfe der Mutter angewiesen und durch die Erfahrung der beschützenden Hand der Mutter wächst beim Kind das Vertrauen in die soziale Umwelt. Auch andere Forscher sprechen vom Urvertrauen, das in dieser Phase des Lebens aufgebaut werde. Störungen der Mutter-Kind-Beziehung in den ersten Lebensmonaten verhindern die Ausbildung des Urvertrauens und ein vertrauensvoller Umgang mit anderen Menschen ist nicht möglich.

Zaslow (1982, Seite 174) meint: »Dem autistischen Kind war es nicht möglich, eine frühe Bindung der Zuneigung zu finden, und es ersetzt die fehlende menschliche Bindung durch eine eingeschränkte stereotype Zuneigung zu Objekten. Das autistische Kind leidet unter einem gravierenden Mangel an Zuneigungsverhaltensweisen als der grundlegenden Ursache seiner Verfassung.«

Bei frühkindlichen Autisten nehmen Tinbergen & Tinbergen (1983) eine solche fundamentale Störung an. Es kann sich bei ihnen das Urvertrauen nicht ausbilden, darum stehen sie anderen Menschen feindselig gegenüber und sie vermögen Veränderungen in ihrer Umwelt nicht positiv aufzugreifen und zu verarbeiten. In der Therapie des Festhaltens soll beim Kind dieser erste mißlungene Sozialisierungsprozeß nachgeholt werden, das Kind soll erfahren, daß die Mutter ihm wohlgesonnen, freundlich, stark ist und das Kind umsorgt. Das Festhalten ist die Methode, mit der die Mutter dies dem Kind mitteilt.

Gegen die These der Sozialverursachung des frühkindlichen Autismus sind von vielen Forschern schwerwiegende Argumente vorgebracht worden, auf die Tinbergen & Tinbergen (1983) keine Antwort gefunden haben:

– Wie soll die Schwierigkeit autistischer Kinder, Ereignisse zeitlich zu ordnen, erklärt werden?
– Warum können autistische Kinder Begriffe und Wörter schlecht oder gar nicht verstehen, wenn zu ihrem Verständnis ein Kontextverständnis verlangt ist?
– Warum können autistische Kinder metaphorische Ausdrücke nicht verstehen?
– Warum haben sie so große Schwierigkeiten mit dem symbolischen Spiel? usw.

Tinbergen & Tinbergen (1983) rücken das Phänomen der Angst in den Mittelpunkt, der Angst, die sich wie ein roter Faden durch das Leben der autistischen Kinder zieht. Sicher ist, daß diese Angst bewirkt, daß die Vermeidung im Leben des autistischen Kindes im Vordergrund steht, eine Vermeidung, die auch von den Eltern schwer zu durchbrechen ist. Daß damit bestimmte Lernprozesse nicht gefördert, sondern gehemmt oder gar verhindert werden, können wir ebenfalls vermuten.

Was bewirkt nun das Festhalten? Es sind verschiedene entwicklungspsychologische und lerntheoretische Theorien zur Erklärung herangezogen worden. Wir sehen eine starke Ähnlichkeit zur verhaltenstherapeutischen Technik der Reizüberflutung (»Flooding«). Sie besteht darin, daß der Patient mit Angststimuli überhäuft wird, d. h. der Patient erlebt eine Zeit intensivster Angst, Angst bis zur Erschöpfung, worauf die Löschung der Angst folgt. Wie der Vorgang zustande kommt, ist bis heute nicht eindeutig erklärt worden. Einige Theoretiker nehmen an, daß durch die intensive und andauernde Muskelanspannung

Ermüdung eintritt und in diesem Augenblick der Ermüdung seien die Bedingungen für eine echte Angstlöschung gegeben, nämlich Präsentation des Angststimulus bei gleichzeitiger Unterdrückung der Angstreaktion. Nach dieser Interpretation erlebt das Kind während der Zeit des Festhaltens nicht die Geborgenheit mütterlicher Nähe, sondern das extreme Ausgesetztsein seinen Ängsten gegenüber. Wir halten die Interpretation des Festhaltens als »Desensibilisierungsprozedur« für begründeter als ihre Deutung als »Aufbau von Urvertrauen«. Aus der Interpretation des »Festhaltens« als Reizüberflutung ergeben sich zwei praktisch bedeutsame Folgerungen:

1. Für die Behauptung, frühkindlicher Autismus sei eine Folge von Erziehungsfehlern, fehlen weiterhin Beweise. Den Eltern autistischer Kinder, die die Frage quält, ob sie an der Störung ihres Kindes Schuld haben, mag dies eine Entlastung bedeuten.

2. In der Festhaltetherapie werden wohl Ängste abgebaut und damit bessere Lebensbedingungen – vor allem für das soziale Lernen – geschaffen, aber sie ist kein Ersatz für eine spezifische Förderung einzelner Fertigkeiten wie auch der gesamten psycho-sozialen Entwicklung.

Diese Interpretation stellt die Festhaltetherapie nicht in Frage, aber relativiert sie.

Es kann sein, daß die Mütter die in den Lebensrhythmus der Familie und in den Freiraum der Kinder stark eingreifende Methode des Festhaltens nicht mehr durchhalten, wenn ihnen der annehmbare interpretative Rahmen, daß es sich hierbei nur um eine Vermittlung von Urvertrauen handelt, fehlt. Doch mehr Distanz der Methode gegenüber läßt uns auch besser Gefahren erkennen. Kane & Kane (1986, Seite 121) kommen in ihrer ausgewogenen Darstellung der Festhaltetherapie zum Schluß: »Diese ersten Erfahrungen lassen uns trotz methodischer Unzulänglichkeiten im Festhalten eine Möglichkeit für autistische Kinder sehen. Allerdings ist es aus unserer Sicht eine sehr dramatische, einschneidende und schwierige therapeutische Maßnahme, die nur unter intensiver fachlicher Anleitung und Begleitung angewandt werden sollte. Es ist keine ›Lebensform‹! Natürlich brauchen alle Kinder Liebe, Halt und Trost, aber nicht alle in Form der Festhaltetherapie. Der Kontakt wird hier mit äußerstem körperlichem, psychischem und zeitlichem Einsatz ›erkämpft‹, und nach bisherigen Informationen scheint dies höchstens bei knapp einem Drittel der Kinder zu einer deutlichen Besserung zu führen. Solcher Einsatz ist nur dann gerechtfertigt, wenn kein anderer Weg gefunden werden konnte. Bei den meisten psychischen Störungen und Problemsituationen gibt es weniger eingreifende therapeutische Möglichkeiten, die der jeweiligen Entwicklungsstufe angemessene Formen der Konfliktbewältigung erlauben und damit Selbständigkeit und Unabhängigkeit unterstützen.«

Bedenklich finden wir, daß in der Theorie den Eltern die Schuld zugeschrieben wird. In diesem Punkt wünschten wir, wenn Forscher etwas zurückhaltender sein könnten, auch deshalb, weil unter Umständen Vorurteile der Umgebung gefördert werden.

Frau Prekop (1983, Seite 59) allerdings liefert gleich ein Rezept mit, wie man mit dieser Schuld zurechtkommen kann: »Die Eltern versuche ich von der Schuld freizusprechen, indem wir miteinander die Schuld bei der technokratischen Gesellschaft suchen. Es ist nicht schwer, Situationen (wie Brutkasten, einen Krankenhausaufenthalt, usw.) zu eruieren, in denen das Kind das Verlassensein erfuhr, Trost nur bei Gegenständen erfuhr und hier oft verstummte.«

Antons-Brandi (1982) faßt die wichtigsten Erfolge, die durch die Festhaltetherapie beobachtet worden sind, zusammen: Kinder werden ruhiger, die Vermeidung sozialer Situationen geht zurück und an ihre Stelle tritt ein normaler Sozialkontakt, oft allerdings auch mit Distanzlosigkeit, wie man es auch von erwachsenen Autisten kennt. Stereotypien gehen zurück, wie auch andere autistische Verhaltensweisen wie Autoaggressionen, Fixiertsein auf bestimmte Gegenstände und Kleidungsstücke. Exploratives Verhalten soll zunehmen, und manche Mütter meinen gesehen zu haben, daß ihre Kinder kreativer geworden sind.

Nach unserer Auffassung ist die Festhaltetherapie eine wichtige Ergänzung des therapeutischen Repertoires. Dadurch, daß Ängste abgebaut werden, wird das Kind auch für die Therapie zugänglicher und belastbarer, sodaß man sagen kann, daß die Festhaltetherapie günstige Voraussetzungen für eine Fördertherapie schafft. Die Festhaltetherapie ist keine Wundertherapie, aber eine wichtige Ergänzung zur systematischen Desensibilisierung im Kindesalter.

---

6. Abschließende Reflexion

Wir haben ein Krankheitsbild beschrieben und versucht, es zu verstehen. Wir haben versucht, Menschen zu verstehen, mit den Mitteln, die uns verbleiben, wenn ein Einfühlen nicht mehr möglich ist. Würden sich Autisten, wenn sie es beurteilen könnten, in dieser Darstellung verstanden fühlen? Auf diese Frage werden wir keine Antwort bekommen, aber sie legt uns eine andere in den Mund: Werden sich die Eltern verstanden fühlen, die am Fremden, das diese Kinder ausstrahlen, schier verzweifeln, werden sich Ärzte und Therapeuten verstanden wissen, die oft ratlos und doch unermüdlich bestrebt sind, Brücken zu schlagen zwischen ihnen und uns. Wir möchten jetzt zum Schluß diesen Faden noch einmal aufgreifen.

In den Reaktionen der Autisten spiegelt sich eine Welt, die uns fremd ist. Sie ist es in einer Intensität und Radikalität, sodaß im Laufe der Auseinandersetzung mit ihnen die Entfremdung selbst immer mehr zum Thema geworden ist. Was bedeutet es, einem Menschen gegenüber zu stehen, der uns fremd ist, und mit ihm vielleicht das Leben zu teilen? Welche Möglichkeiten einer Verständigung, welche Möglichkeiten ein gemeinsames Leben zu führen, verbleiben uns? Ist Fremdheit nicht auch ein wesentlicher Zug des Zusammenlebens von Mann und Frau, des Zusammenlebens von Eltern und Kind, des Zusammenlebens von Bürger und Gastarbeiter? Begleitet uns nicht ein Stück dieser autistischen Isolation durchs ganze Leben hindurch?

Welche Folgerungen aus der Auseinandersetzung mit dem Autismus ergeben sich für unser eigenes persönliches Leben? Die Erfahrung, den anderen nicht zu verstehen, sammeln wir in vielfältiger Weise »Warum hast du das getan?«, »Was ist mit dir los?«, »Wie konntest du nur?«. Wird uns dabei aber auch bewußt, daß Nicht-Verstehen auch bedeutet, über den anderen nicht urteilen zu dürfen, daß wir nicht wissen können, was für den anderen gut und richtig ist. In der Regel klammern wir das Nicht-Verstehen aus, wir verdrängen es, wir tun so, als sei dieser Teil zumindest nicht wichtig, oder wir versuchen, das Fremde in anderen auszulöschen, ihn in der Erziehung, in der Therapie, im Lernprozeß uns wieder ähnlich, uns gleich zu machen. Ist jedoch dieser Umgang mit dem Fremden des anderen richtig?

In der Auseinandersetzung mit dem frühkindlichen Autismus haben wir versucht, andere Wege des Umgangs mit dem Phänomen des Fremden aufzuzeigen. Wir haben versucht zu zeigen, daß dort, wo eine gemeinsame Erfahrung fehlt, ein verstehendes Einfühlen nicht möglich ist. Versuchen wir es trotzdem, so werden wir zu Fehlentscheidungen kommen, zu einem Pseudo-verstehen. Wir verstehen damit nur uns selbst in anderen, aber nicht den anderen wirklich und der andere mag sich dabei noch fremder fühlen, noch unverstandener in unserem Verstehen. Es ist aber möglich, den anderen zu beobachten, Informationen zusammenzutragen und in ihrer Widersprüchlich-keit stehen zu lassen. Zu wissen, ich werde dich nie ganz verstehen, aber ich kann versuchen, dich kennenzulernen. Die Welt, die sich in deinen Reaktionen spiegelt, als eine mir fremde Welt stehenzulassen und sie in deiner Spiegelung zu beschreiben als deine Welt. Es wird eine große Distanz bleiben, eine Distanz, die wir annehmen und die wir respektieren müssen. Das genaue Sehen des anderen gibt uns auch die Möglichkeit, uns einzustellen auf den anderen. Ein gewisses Maß an Abstimmung wird möglich.

In der Botschaft des Autismus wird uns aber noch etwas anderes mitgeteilt: In unserem Traum von der Eltern-Kind-Beziehung spielt das wortlose Sich-Verstehen eine wichtige Rolle. Die Mutter versteht das Kind, weil sie seine innersten Regungen nachempfinden kann, und das Kind weiß sich in den vielen Überraschungen seiner Entwicklung verstanden. Ein hohes Maß also an Identifikation der Eltern mit dem Kind. Die Madonna mit dem Kind auf dem Arm ist in der europäischen Kultur zum Sinnbild dieses Traums geworden. Die Mutter des autistischen Kindes weiß, daß sie diesen Traum nicht leben kann. Es gibt da von Anfang an keinen Zweifel. Es gibt zwar Theoretiker, wie Tinbergen & Tinbergen oder Richer, die noch an diesem Traum festhalten. Es gibt Therapeuten, wie Frau Welch, die ihn in der Therapie zu verwirklichen suchen. Sie haben die Botschaft des Autismus – unserer Meinung nach – nicht verstanden.

Was bedeutet dieser Traum für das normale Kind? Wie sind die Chancen des Kindes auf ein individuelles eigenes Leben, wenn die Mutter in ihrem Mitgefühl und in ihrer Einfühlung das einmalig Individuelle des Kindes doch nicht zu erfassen vermag und sie dabei zu einer Vorstellung vom Leben des Kindes kommt, das nur der Mutter, aber nicht dem Kind entspricht?

Diese oft gehörten, entschuldigenden Worte: »Wir haben nur das Beste gewollt«, sind sie nicht ein Ausdruck eines fundamentalen Mißverständnisses? Was heißt das, die Eltern wollen das Beste für ihr Kind? Es klingt wie das Verbot, sich selbst zu leben. Das Kind wird gezwungen, das Ideal seiner Eltern zu leben.

Bei primitiven Völkern werden heute noch die Initiationsriten befolgt. Es ist ein Ritus, der der Eltern-Kind-Dyade, der Identifikation der Kinder mit den Eltern ein radikales Ende setzt. Das Kind wird gezwungen, seinen eigenen Weg zu suchen, und die Eltern werden gezwungen, ihre Ideale nicht im Leben eines Kindes zu leben, sondern sich selbst zu leben. Die Gesellschaft gibt heute dem Kind beim Ablöseprozeß keine Hilfe. Die Rituale sind aufgegeben worden, und die Familien werden mit dieser Problematik alleine gelassen. Die Starken unter den Kindern schaffen es, mit Krach von zu Hause auszuziehen oder ein Zerwürfnis mit dem Elternhaus zu provozieren. Die Schwächeren von ihnen bleiben Kinder, oft ein ganzes Leben lang. Und die neu gegründete Familie, die Partnerschaft, ist oft nichts anderes als die Fortsetzung des Eltern-Kind-Verhältnisses mit anderen Personen.

Die Eltern der Autisten wissen, daß sie ihre Kinder nicht verstehen, und sie können den Traum der Identifikation nicht leben. Mit ihnen können wir erfahren, was es für Eltern bedeutet, ihr Kind nicht zu verstehen. Die Einsicht in das Nichtverstehen schafft jedoch auch Raum für gegenseitigen Respekt, und dieser Respekt gibt dem Kind die Möglichkeit, sein Leben selbst zu leben. Die Botschaft des Autismus ist also eine schmerzhafte Botschaft. Einmal muß man beginnen, sich ihr zu stellen.

Literaturverzeichnis

Ando, H., Yoshimura, I.: Effects of age on communication skill levels and prevalence of maladaptive behaviours in autistic and mentally retarded children. Journal of Autism and Developmental Disorders, 9. Jg., 1979, S. 83–93.

Antons-Brandi, V.: Elternerfahrung bei der Therapie: Festhalten nach Tinbergen/Welch. Autismus, Nr. 14, 1982.

Arnold, G., Schwartz, S.: Hemispheric laterialisation of language in autistic and aphasic children. Journal of Autism and Developmental Disorders, 13. Jh., 1983, S. 129–139.

Asperger, H.: Die »Autistischen Psychopathen« im Kindesalter. Archiv für Psychiatrie, 117, 1944, S. 76–136.

Attwood, A.: The gestures of autistic children. Ph. D. Thesis, London: London University College, 1984.

August, G. J.; Lockhart, L. H.: Familial autism and the fragile-X chromosome. Journal of Autism and Developmental Disorders, 14. Jh., 1984, S. 197–204.

August, G. J., Stewart, M. A.; Tsai, L.: The incidence of cognitive disabilities in the siblings of autistic children. British Journal of Psychiatry, 138. Jg., 1981, S. 416–422.

Baltaxe, Ch.: Pragmatic deficits in the language of autistic adolescents. Journal of Pediatric Psychology, 2. Jg., 1977, S. 176–180.

Baltaxe, Ch., Simmons, J. Q.: Bedtime soliloquies and linguistic competence in autism. Journal of Speech and Hearing Disorders, 42. Jg., 1977, S. 376–393.

Balthazar, E. E.: Assessment of autistic behaviours in the severely retarded. Research to Practice in Mental Retardation, 2. Band, 1977, S. 19–25.

Baron-Cohen, S., Leslie, A. M., Frith, U.: Does the autistic child have a »theory of mind«? Cognition, 21. Jg., 1985, S. 37–46.

Barry, R. J.; James, A. L.: Handedness in autistics, retardates and normals of a wide age range. Journal of Autism and Childhood Schizophrenia, 8. Jg., 1978, S. 315–323.

Bartak, L., Rutter, M., Cox, A.: A comparative study of infantible autism and specific developmental receptive language disorder: I. The children. British Journal of Psychiatry, 126. Jg., 1975, S. 127–145.

Bartak, L., Rutter, M.: Special educational treatment of autistic children: A comparative study. 1. Design of study and charakteristics of units. Journal Child Psychology and Psychiatry, 14. Jg., 1973, S. 161–179.

Bartak, L., Rutter, M.: Differences between mentally retarded and normally intelligent autistic children. Journal of Autism and Childhood Schizophrenia, 6. Jg., 1976, S. 109–120.

Bartolucci, G., Albers, R. J.: Deictic categories in the language of autistic children. Journal of Autism and Childhood Schizophrenia, 4. Jg., 1974, S. 131–141.

Bartolucci, G., Pierce, S. J., Streiner, D.: Cross-sectional studies of grammatical morphemes in autistic and mentally retarded children. Journal of Autism and Developmental Disorders, 10. Jg., 1980, S. 39–50.

Bartolucci, G., Pierce, S., Streiner, D., Eppel, P. T.: Phonological investigation of verbal autistic and mentally retarded subjects. Journal of Autism and Childhood Schizophrenia, 6. Jg., 1976, S. 303.

Baumeister, A. A.: Origins and control of stereotyped movements. In: C. E. Meyers (Hrsg.): Quality of Life for Severely and Profoundly Retarded People. Research Foundations for Improvement, Series 3. American Academy for Mental Deficiency, 1978.

Bemporad, J. R.: Adult recollections of a formerly autistic child. Journal of Autism and Developmental Disabilities, 9. Jg., 1979, S. 179–197.

Benda, U. von: Untersuchungen zur Intonation autistischer, sprachentwicklungsgestörter und sprachunauffälliger Kinder. Dissertation: München, 1983.

Bettelheim, B.: The Empty Fortress. New York: The Free Press, 1967.

Black, M., Freeman, B. J., Montgomery, J.: Systematic observation of play behaviour in autistic children. Journal of Autism and Childhood Schizophrenia, 5. Jg., 1975, S. 363–371.

Blackstock, E. G.: Cerebral asymmetry and the development of early infantile autism. Journal of Autism and Childhood Schizophrenia, 8. Jg., 1978, S. 338–353.

Blank, M., Milewski, J.: Applying psycholinguistic concepts to the treatment of an autistic child. Applied Psycholinguistics, 2. Jg., 1981, S. 61–64.

Bloom, L., Lahey, M.: Language Development and Language Disorders. New York: J. Wiley, 1978.

Bonvillian, J. D., Nelson, K. D., Rhyne, J. M.: Sign language and autism. Journal of Autism and Developmental Disorders, 11. Jg., 1981, S. 125–137.

Boucher, J.: Articulation in early childhood autism. Journal of Autism and Childhood Schizophrenia, 6. Jg., 1967, S. 297–302.

Boucher, J.: Hand preference in autistic children and their parents. Journal of Autism and Childhood Schizophrenia, 7. Jg., 1977, S. 176–187.

Boucher, J.: Echoic memory capacity in autistic children. Journal of Child Psychology and Psychiatry, 19. Jg., 1978. S. 161–166.

Boucher, J.: Memory for recent events in autistic children. Journal Autism and Developmental Disorders, 11. Jg., 1981 a, S. 293–301.

Boucher, J.: Immediate free recall in early childhood autism: Another point of behavioural similarity with the amnesic syndrome. British Journal of Psychology, 72. Jg., 1981 b, S. 211–215.

Boucher, J., Warrington, E. K.: Memory deficits in early infantile autism: Some similarities to the amnesic syndrome. British Journal of Psychology, 67. Jg., 1976, S. 73–87.

Brask, B. H.: A prevalence investigation of childhood psychosis. In: Nordic Symposium on the Care of the Psychotic Children. Oslow: Barnepsykatrist Forening, 1972.

Brown, W. T.; Jenkins, E. C., Friedman, E., Brooks, J., Wisniewski, K.; Raguthu, S.; Frech, J.: Autism is assoziated with the fragile-X syndrom. Journal of Autism and Development, 12. Jg., 1982, S. 303–308.

Cain, A. C.: Special »isolated« abilities in severely psychotic young children. Psychiatry, 32. Jg., 1969, S. 137–149.

Campbell, M.: Pharmacotherapiy. In: *M. Rutter, E. Schoper (Eds.):* Autism. New York: Plenum Press, 1978.

Campbell, M., Anderson, L. T., Meier, M., Cohen, J. L., Small, A. M., Samit, C., Sachar, E. J.: A comparison of Haloperidol and behavior therapy and their interaction in autistic children. Journal of American Academy of Child Psychiatry, 17. Jg., 1978, S. 640–655.

Campbell, M., Anderson, L. T.; Small, A. M., Perry, R., Green, W. H., Caplan, R.: The effects of Haloperidol on learning and behaviour in autistic children. Journal of Autism and Developmental Disorders, 12. Jg., 1982, S. 167–175.

Campbell, M., Fish, B., Korein, J., Shapiro, Th., Collins, P., Koh, C.: Lithium and Chlorpromazine: A controlled crossover study of hyperaktive severly disturbed young children. Journal of Autism and Childhood Schizophrenia, 2. Jg., 1972, S. 234–263.

Campbell, M., Rosenbomm, S., Perry, R., George, A. E., Kircheff, I. I., Anderson, L., Small, A. M., Jennings, S. J.: Computerized axial tomography in young autistic children. American Journal of Psychiatry, 139. Jg., 1982, S. 510–512.

Campbell, M., Hardesty, A. S., Breuer, H., Polevoy, N.: Childhood psychosis in perspective:

A follow-up of 10 children. Journal of American Academic Child Psychiatry, 1978, S. 14–28.

Cantwell, D. P., Baker, L.: Imitations and echoes in autistic and dysphasic children. Journal of American Academy Child Psychiatry, 17. Jg., 1978 a, S. 614–624.

Cantwell, D. P., Baker, L.: The language environment of autistic and dysphasic children. Journal of American Academy of Child Psychiatry, 17. Jg., 1978 b, S. 604–613.

Cantwell, D., Baker, L., Rutter, M.: A comparative study of infantile autism and specific developmental receptive language disorder – IV. Analysis of syntax and language function. Journal of Child Psychology and Psychiatry, 19. Jg., 1978, S. 351–362.

Cantwell, D. P., Baker, L., Rutter, M.: Family factors. In: *M. Rutter, E. Schapler* (Eds.) Autism. New York: Plenum Press, 1978.

Cantwell, D. P., Baker, L., Rutter, M.: Families of autistic and dysphatic children. Archives of General Psychiatry, 36. Jg., 1979, S. 682–687.

Carr, E. G.: The motivation of self-injurious behavior: A review of some hypotheses. Psychological Bulletin, 84. Jg., 1977, S. 800–816.

Carr, E. G., Schreibman, L., Lovaas, O. J.: Control of echolalic speech in psychotic children. Journal of Abnormal Child Psychology. 3. Jg., 1975, S. 331–351.

Carr, E. G.: Behavioral approaches to language and communication. In: *Schopler, E. & Mesibov, G.* (Eds.) Communication Problems in Autism. New York: Plenum, 1985.

Castell, R.: Physical distance and visual attention as measures of social interaction between child and adult. In: *S. J. Hutt & C. Hutt* (Eds.), Behaviour Studies in Psychiatry. Oxford: Pergamon Press, 1970.

Chess, St.: Follow-up report on autism in congenital rubella. Journal of Autism and Childhood Schizophrenia, 7. Jg., 1977, S. 69–81.

Churchill, D. W.: The effects of success and failure in psychotic children. Archives of General Psychiatry, 25. Jg., 1971, S. 208–214.

Ciaranello, R. D., Van de Berg, S. R., Anders, T. F.: Intrinsic and extrinsic determinants of neuronal development: Relation to infantile autism. Journal of Autism and Developmental Disorders, 12. Jg., 1982, S. 115–146.

Clark, P., Rutter, M.: Compliance and resistance in autistic children. Journal of Autism and Childhood Schizophrenia, 7. Jg., 1977, S. 33–48.

Clark, P., Rutter, M.: Autistic children's reponses to structure and to interpersonal demands. Journal of Autism and Developmental Disorders. 11. Jg., 1981, S. 201–217.

Clune, C., Paolella, J. M., Foley, J. M.: Free-play behaviour of atypical children: An approach to assesment. Journal of Autism and Developmental Disorders, 9. Jg., 1979, S. 61–72.

Cohen, J. L., Campbell, M., Posner, D., Small, A. M., Tiebel, D., Anderson, L. T.: Behavioral effects of Haloperidol in young autistic children. American Academy of Cild Psychiatry, 19. Jg., 1980, S. 665–677.

Cohen, D. J., Caparulo, B. K., Gold, J. R., Waldo, M. C., Shaywitz, B. A., Ruttenberg, B. A., Rimland, B.: Agreement in diagnosis. Journal of American Academy of Child Psychiatry, 17. Jg., 1978, S. 589–603.

Colby, K. M., Parkinson, C.: Handedness in autistic children. Journal of Autism and Childhood Schizophrenia, 1977, 7, 3–9.

Coleman, M.: Studies of the autistic syndromes. In: *R. Katzman* (Ed.): congenital and acquired Cognitive Disorders. New York: Raven Press, 1979.

Corbett, J., Harris, R., Taylor, E., Trimble, M.: Progressive disintegrative psychosis of childhood. Journal of Child Psychology and Psychiatry, 18. J., 1977, S. 211–219.

Cox, A., Rutter, M., Newman, St., Bartak, L.: A comparative study of infantile autism and specific developmental receptive language disorder: II. Parental characteristics. British Journal of Psychiatry, 126. Jg., 1975, S. 146–159.

Creak, M.: Childhood psychosis: A review of 100 cases. British Journal of Psychiatry, 109. Jg., 1063, S. 84–89.

Cunningham, M. A.: A five year study of the language of an autistic child. Journal of Child Psychology and Psychiatry, 7. Jg., 1966, S. 143–154.

Cunningham, M. A.: A comparison of the language of psychotic and nonpsychotic children who are mentally retarded. Journal of Child Psychology and Psychiatry, 9. Jg., 1968, S. 229–244.

Cunningham, M. A., Dixon, D.: A study of the language of an autistic child. Journal of Child Psychology and Psychiatry, 2. Jg., 1961, S. 193–202.

Curcio, F.: Sensorimotor functioning and communication in mute autistic children. Journal of Autism and Childhood Schizophrenia, 8. Jg., 1978, S. 281–292.

Curcio, F., Piserchia, E. A.: Pantomimic representation in psychotic children. Journal of Autism and Childhood Schizophrenia, 8. Jg., 1978, S. 181–189.

Damasio, H., Maurer, R., Damasio, A., Chuni, H.: Computerized tomographic scan findings in patients with autistic behavior. Archives of Neurology, 37. Jg., 1980, S. 504–510.

Dawson, G.: Lateralized brain dysfunction in autism: Evidence from the Halstead-Reitan neuropsychological battery. Journal of Autism and Developmental Disorders, 13. Jg., 1983, S. 269–286.

DeLong, G. R., Bean, S. C., Brown, F. R.: Acquired reversible autistic syndrome in acute encephalopathic illness in children. Archives of Neurology, 38. Jg., 1981, S. 191–194.

DeMyer, M. K.: The nature of neuropsychological disability in autistic children. Journal of Autism and Childhood Schizophrenia, 5. Jg., 1975, S. 109–128.

DeMyer, M. K.: Parents and Children in Autism. Washington, D. C.: V. H. Winston, 1979.

DeMyer, M. K., Barton, S., Alpern, G. D., Kimberlin, C., Allen, J., Young, E., Steele, R.: The measured intelligence of autistic children. Journal of Autism and Childhood Schizophrenia, 4. Jg., 1974, S. 42–60.

DeMyer, M. K., Barton, S., Allen, J., Steel, R.: Prognosis in autism: A follow-up study. Journal of Autism and Childhood Schizophrenia, 3. Jg., 1973, S. 199–246.

DeMyer, M. K., Alpern, G. D., Barton, S., Myer, W. E., Churchill, D. W., Hingten, J. N., Bryson, C. Q., Pontius, W., Kimberlin, C.: Imitation in autistic, early schizophrenic and non-psychotic subnormal children. Journal of Autism and Childhood Schizophrenia, 2. Jg., 1972, S. 264–287.

DeMyer, M. K., Churchill, D. W., Pontius, W., Gilkey, K. H.: A comparison of five diagnostic systems for childhood schizophrenia and infantile autism. Journal of Autism and Childhood Schizophrenia, 1. Jg., 1971, S. 175–189.

Dewey, M., Everard, P.: The near normal autistic adolescent. Journal of Autism and Childhood Schizophrenia, 4. Jg., 1974, S. 348–356.

Deykin, E. Y., Mac Mahon, B.: The incidence of seizures among children with autistic symptoms. American Journal of Psychiatry, 136. Jg., 1979, S. 1310–1312.

Dyer, Ch., Hadden, A. J.: Delayed echolalia in autism: Some observations on differences within the term. Child: Care, Health and Development, 7. Jg., 1981, S. 331–345.

Eisenberg, L.: The autistic child in adolescence. American Journal of Psychiatry, 112. Jg., 1956, S. 607–612.

Eisenberg, L.: The fathers of autistic children. American Journal of Orthopsychiatry, 27. Jg., 1957, S. 715–724.

Eisenberg, L., Kanner, L.: Early infantile autism 1943–1955. American Journal of Orthopsychiatry, 26. Jg., 1956, S. 556–566.

Engelhardt, D. M., Polizos, P.: Adverse effects of pharmacotherapy in childhood psychosis. In: M. A. Lipton, A. Di Mascio, K. F. Killam (Eds.) Psychopharmacology. A Generation of Progress. New York: Raven Press, 1978.

Epstein, L. H., Doke, L. A., Sajwaj, T. E., Sorell, S., Rimener, B.: Generality and side effects of overcorrection. Journal of Applied Behaviour Analysis, 7. Jg., 1974, S. 385–390.

Fay, W., Schuler, A. L.: Emerging Language in Autistic Children. Baltimore: University Park Press, 1980.

Fein, D., Skoff, B., Mirsky, A. F.: Clinical correlates of brainstem dysfunction in autistic children. Journal of Autism and Developmental Disorders, 11. Jg., 1981, S. 308–315.

Fish, B.: Longitudinal observations of biological deviations in a schizophrenic infant. American Journal of Psychiatry, 116. Jg., 1959, S. 25–31.

Fish, B.: The study of motor development in infancy and its relationship to psychological funktioning. American Journal of Psychiatry, 117. Jg., 1961, S. 1113–1118.

Folstein, S., Rutter, M.: Infantile autism: A genetic study of 21 twin pairs. Journal of Child Psychology and Psychiatry, 18. Jg., 1977, S. 297–321.

Frankel, F., Freeman, B. J., Ritvo, E., Pardo, P.: The effects of environmental stimulation upon the stereotyped behaviour of autistic children. Journal of Autism and Childhood Schizophrenia, 8. Jg., 1978, S. 389–394.

Frankel, F., Graham, V.: Systematic observation of classroom behaviour of retarded and autistic preschool children. American Journal of Mental Deficiency. 81. Jg., 1976, S. 73–84.

Freeman, B. J., Ritvo, E. R., Schroth, Ph. D., Tonick, J., Guthrie, D., Wake, L.: Behavioural characteristics of high- and low-IQ autistic children. American Journal of Psychiatry, 138. Jg., 1981, S. 25–29.

Frith, U.: Emphasis and meaning in recall in normal and autistic children. Language and Speech, 12. Jg., 1969, S. 29–38.

Frith, U.: Studies in pattern detection in normal and autistic children: I. Immediate recall of auditory sequences. Journal of Abnormal Psychology, 76. Jg., 1970a, S. 413–420.

Frith, U.: Studies in pattern detection in normal and autistic children: II. Reproduction and production of color sequences. Journal of Experimental Child Psychology, 10. Jg., 1970b, S. 120–135.

Frith, U.: Spontaneous patterns produced by autistic, normal and subnormal children. In: *M. Rutter* (Ed.) Infantile Autism: Concepts, Charakteristics and Treatment. London: Churchill, 1971.

Frith, U., Snowling, M.: Reading for meaning and reading for sound in autistic and dyslexic children. British Journal of Developmental Psychology, 1. Jg., 1983, S. 329–342.

Gillberg, Ch., Schaumann, H.: Infantile autism and puberty. Journal of Autism and Developmental Disorders, 11. Jg., 1981, S. 365–371.

Gillberg, Ch., Forsell, C.: Childhood psychosis and neurofibromatosis – more than a coincidence? Journal of Autism and Developmental Disorders, 14. Jg., 1984, S. 1–18.

Gillberg, Ch., Gillberg, I. C.: Infantile autism: A total population study of reduced optimality in the pre-, peri-, and neonatal period. Journal of Autism and Developmental Disorders, 13. Jg. 1983, S. 153–166.

Gillberg, Ch., Rosenhall, U., Johansson, E.: Auditory brainstem responses in childhood psychosis. Journal of Autism and Developmental Disorders, 13. Jg., 1983, S. 181–195.

Gillberg, Ch., Svendsen, P.: Childhood psychosis and computed tomographic brain scan findings. Journal of Autism and Developmental Disorders, 13. Jg., 1983, S. 19–32.

Gillberg, Ch., Svennerholm, L., Hamilton-Hellberg, C.: Childhood psychosis and monoamine metabolites in spinal fluid. Journal of Autism and Developmental Disorders, 13. Jg., 1983, S. 383–396.

Goldfarb, W., Goldfarb, N., Braunstein, P., Scholl, N.: Speech and language faults in schizophrenic children. Journal of Autism and Childhood Schizophrenia, 2. Jg., 1972, S. 219–233.

Goldfarb, W., Spitzer, R. L., Endicott, J.: A study of psychopathology of parents of psychotic children by structured interview. Journal of Autism and childhood Schizophrenia, Bd. 6, 1976, S. 327–338.

Green, A. H.: Self-mutilation in schozophrenic children. Archives of General Psychiatry, 17. Jg., 1967, S. 234–244.

Hammes, J. G. W., Langdell, T.: Precursors of symbol formation and childhood autism. Journal of Autism and Developmental Disorders, 11. Jg., 1981, S. 331–346.

Haracopos, D., Kelstrup, A.: Psychotic behaviour in children under the institutions for the mentally retarded in Denmark. Journal of Autism and Childhood Schizophrenia, 8. Jg., 1978, S. 1–12.

Hargrave, E., Swisher, L.: Modifying the verbal expression of a child with autistic behaviours. Journal of Autism and Childhood Schizophrenia, 5. Jg., 1975, S. 147–154.

Harris, S. L.: Teaching language to nonverbal children – with emphasis on problems of generalization. Psychological Bulletin, 82. Jg., 1975, S. 565–580.

Hauser, S. L., DeLong, G. R., Rosman, N. P.: Pneumographic findings in the infantile autism syndrome. Brain, 98. Jg., 1975, S. 667–668.

Hemsley, R., Howlin, P., Berger, M., Hersov, L., Holbrook, D., Rutter, M., Yule, W.: Treating autistic children in a family context. In: *M. Rutter & E. Schopler* (Eds.) Autism. New York: Plenum Press, 1978.

Hermelin, B.: Images and language. In: *Rutter, M. & Schopler, E.* (Eds.) Autism. New York: Plenum Press, 1978.

Hermelin, B., O'Connor, N.: Visual imperception in psychotic children. British Journal of Psychology, 56. Jg., 1965, S. 455–460.

Hermelin, B., O'Connor, N.: Remembering of words by psychotic and subnormal children. British Journal of Psychology, 58. Jg., 1967, S. 213–218.

Hermelin, B., O'Connor, N.: Measures of the occipital alpha rhythm in normal, subnormal and autistic children. British Journal of Psychiatry, 114. Jg., 1968, S. 603–610.

Hermelin, B., O'Connor, N.: Psychological Experiments with Autistic Children. Pergamon Press, Oxford, 1970.

Hermelin, B., O'Connor, N.: The recall of digits by normal, deaf and autistic children. British Journal of Psychology, 66. Jg., 1975, S. 203–209.

Hermelin, B., O'Connor, N.: Location and distance estimates by blind and sighted children. Quarterly Journal of Experimental Psychology, 27. Jg., 1975, S. 295–301.

Hermelin, B., O'Connor, N.: Logico-affective states and nonverbal language. In: *Schopler, E. & Mesibov, G. B.* (Eds.) Communication Problems in Autism. New York: Plenum Press, 1985.

Hildebrand-Nielson, M.: Die Entwicklung der Sprache. Frankfurt/M.: 1980.

Hobson, R. P.: The autistic child's recognition of age-related features of people, animals and things. British Journal of Developmental Psychology, 1. Jg., 1983, S. 343–352.

Hobson, R. P.: Early childhood autism and the question of egocentrism. Journal of Autism and Developmental Disorders, 14. Jg., 1984, S. 85–104.

Hobson, R. P.: Early childhood autism and the question of egocentrism. Journal of Autism and Developmental Disorders, 14. Jg., 1984, S. 85–104.

Hobson, R. P.: The autistic childs appraisal of expressions of emotion. Journal of Child Psychology and Psychiatry, 27. Jg., 1986, S. 321–342.

Hobson, R. P.: The autistic child's recognition of age- and sex-related characteristics of people. Journal of Autism and Developmental Disorders, 17. Jg., 1987, S. 63–79.

Hobson, R. P., Weeks, S. J.: The salience of facial expression for autistic children. Unveröffentlichtes Manuskript, 1986.

Howlin, P. A.: The effectiveness of operant language training with autistic children. Journal of Autism and Developmental Disorders, 11. Jg., 1081, S. 89–105.

Howlin, P.: Echolalic and spontaneous phrase speech in autistic children. Journal of Child Psychology and Psychiatry, 23. Jg., 1982, S. 281–293.

Howlin, P., Marchant, R., Rutter, M., Berger, M., Hersov, L., Yule, W.: A home-based approach to the treatment of autistic children. Journal of Autism and Childhood Schizophrenia, 3. Jg., 1973, S. 308–336.

Hurtig, R., Ensreed, S., Tomblin, J. B.: The communicative function of question production in autistic children. Journal of Autism and Developmental Disorders, 12. Jg., 1982, S. 57–69.

Hutt, C., Hutt, S. J., Lee, D., Ounsted, C.: A behavioural and electroencephalographic study of autistic children. Journal of Psychiatric Research, 5. Jg., 1965, S. 181–198.

Hutt, C., Ounsted, C.: Gaze aversion and its significance in childhood autism. In: *S. J. Hutt & C. Hutt* (Eds.) Behaviour Studies in Psychiatry. Oxford: Pergamon Press, 1970.

Hutt, C., Vaizey, M. J.: Differential effects of group density on social behaviour. Nature, 209. Jg., 1966, S. 1371–1372.

Innerhofer, P.: Strukturen im Ereignisstrom. Universität Wien: Unveröffentlichtes Manuskript, 1982.

Innerhofer, P., Klicpera, C.: Diagnostik des frühkindlichen Autismus. Frühförderung interdisziplinär, 3. Jg., 1984, S. 165–171.

Innerhofer, P., Warnke, A.: Die Zusammenarbeit mit Eltern nach dem Münchner Trainings-Modell in der Praxis der Frühförderung. In: Frühförderung mit den Eltern, Eds. O. Speck, A. Warnke. Ernst Reinhardt Verlag, Munich, Basel, 1983, S. 151–184.

Jörgensen, O. S.: Psychopharmacollogical treatment of psychotic children: A survey. Acta Psychiatrica Scandinavia, 59. Jg., 1979, S. 229–238.

Kane, G., Kane, J. F.: Möglichkeiten und Grenzen der Festhaltetherapie. Geistige Behinderung, 25. Jg., 1986, S. 113–123.

Kane, J. F.: Behandlung schwerer Verhaltensstörungen bei geistig Behinderten. Heilpädagogische Forschung, 8. Jg., 1979, S. 143–175.

Kane, J. F., Kane, G.: Geistig schwer Behinderte lernen lebenspraktische Fertigkeiten. Bern; Stuttgart; Wien: Huber 1976.

Kanner, L.: Autistic disturbances of affective contact. Nervous Child, 2. Jg., 1943, S. 217–250.

Kanner, L.: Irrelevant and metaphorical language in early infantile autism. American Journal of Psychiatry, 103. Jg., 1946, S. 242–246.

Kanner, L.: Problems of nosology and psychodynamics of early infantile autism. American Journal of Orthopsychiatry, 19. Jg., 1949, S. 412–426.

Kanner, L.: Problems of nosology and psychodynamics of early infantile autism. American Journal of Orthopsychiatry, 19. Jg., 1949, S. 412–426.

Kanner, L.: Follow-up study of 11 autistic children originally reported in 1943. Journal of Autism and Childhood Schizophrenia, 1. Jg., 1971, S. 119–145.

Kanner, L., Eisenberg, L.: Early infantile autism, 1943–1955. American Journal of Orthopsychiatry, 26. Jg., 1956, S. 55–65.

Kanner, L., Rodriguez, A., Ashenden, B.: How far can autistic children go in matters of social adaption? Journal of Autism and Childhood Schizophrenia, 2. Jg., 1972, S. 9–33.

Kern, L., Koegel, R. L., Dyer, K., Blew, P. A., Fenton, L. R.: The effects of physical exercise on self-stimulation and appropriate responding in autistic children. Journal of Autism and Developmental Disorders, 12. Jg., 1982, S. 399–419.

Koegel, R. L., Covert, A.: The relationship of self-stimulation to learning in autistic children. Journal of Applied Behaviour Analysis, 5. Jg., 1972, S. 381–387.

Koegel, R. L., Firestone, P. B., Kramme, K. W., Dunlap, G.: Increasing spontaneous play by suppressing self-stimulation in autistic children. Journal of Applied Behaviour Analysis, 7. Jg., 1974, S. 521–528.

Koegel, R. L., Rincover, A., Egel, A. L.: Educating and understanding autistic children. San Diego, Calif.: College-Hill Press: 1982.

Koegel, R. L., Williams, J. A.: Direct versus indirect response – reinforcer relationships in teaching autistic children. Journal of Abnormal Child Psychology, 8. Jg., 1980, S. 537–547.

Kolvin, J.: Studies in the childhood psychoses: I. Diagnostic criteria and classification. British Journal of Psychiatry, 118. Jg., 1971, S. 381–384.

Kolvin, J., Garside, R. F., Kidd, J. S. H.: Studies in the childhood psychoses: IV. Parental personality and attitude childhood psychoses. British Journal of Psychiatry, 118. Jg., 1971, S. 403–406.

Kolvin, J., Humphrey, M., McNay, A.: Studies in the childhood psychoses: Cognitive factors in childhood psychoses. British Journal of Psychiatry, Jg. 188, 1971, S. 415–419.

Kolvin, J., Ounsted, C., Humphrey, M., McNay, A.: Studies in the childhood psychoses: II. The phenomenology of childhood psychoses. British Journal of Psychiatry, 118. Jg., 1971, S. 385–395.

Kolvin, J., Ounsted, C., Richardson, M., Garside, R. F.: Studies in the childhood psychoses: III. The family and social background in childhood psychoses. British Journal of Psychiatry, 118. Jg., 1971, S. 396–402.

Kolvin, J., Ounsted, C., Roth, M.: Studies in the childhood psychoses: V. Cerebral dysfunction and childhood psychoses. British Journal of Psychiatry, 118. Jg., 1971, S. 407–414.

Krantz, P. J., Zalenski, St., Hall, L. J., Fenske, E. C., McClaunahan, L. E.: Teaching complex language to autistic children. Analysis and Intervention in Developmental Disabilities, 1. Jg., 1981, S. 259–297.

Langdell, T.: Recognition of faces: An approach to the study of autism. Journal of Child Psychology and Psychiatry, 19. Jg., 1978, S. 255–268.

Langdell, T.: Face perception: An approach to the study of autism. Ph. D. Thesis, London: London University College, 1981.

Lennox, C., Callias, H., Rutter, M.: Cognitive charakteristics of parents of autistic children. Journal of Autism and Childhood Schizophrenia, 7. Jg., 1977, S. 243–261.

Leventhal, H.: Toward a comprehensive theory of emotion. In: Berkowitz, L. (Ed.) Advances in Experimental Social Psychology. Vol. 13. New York: Academic Press, 1980. S. 139–207.

Lichstein, K. L., Schreibman, L.: Employing electric shock with autistic children: A review of the side effects. Journal of Autism and Childhood Schizophrenia, 6. Jg., 1976, S. 163–173.

Lockyer, L., Rutter, M.: A five-to fifteen-year follow-up study of infantile psychosis: IV. Patterns of cognitive ability. British Journal of social clinical Psychology, 9. Jg., 1970, S. 152–163.

Lotter, V.: Epidemiology of autistic conditions in young children: I. Prevalence. Social Psychiatry, 1. Jg., 1966, S. 124–137.

Lotter, V.: Epidemiology of autistic conditions in young children: II. Some characteristics of the parents and children. Social Psychiatry, 1. Jg., 1967, S. 163–173.

Lotter, V.: Social adjustment and placement of autistic children in Middlesex: A follow-up study. Journal of Autism and Childhood Schizophrenia, 4. Jg., 1974 a, S. 11–32.

Lotter, V.: Factors related to outcome in autistic children. Journal of Autism and Childhood Schizophrenia, 4. Jg., 1974 b, S. 263–277.

Lovaas, O. I.: The Autistic Child. New York: Irvington, 1977.

Lovaas, O. I., Berberich, J. P., Perloff, B. F., Schaeffer, B.: Acquisition of imitative speech by chizophrenic children. Science, 151. Jg., 1966, S. 705–707.

Lovaas, O. I., Koegel, R. L., Schreibman, L.: Stimulus overselectivity in autism: A review of research. Psychological Bulletin, 36. Jg., 1979, S. 1236–1254.

Lovaas, O. I., Litrownik, A., Mann, R.: Response latencies to auditory stimuli in autistic children engaged in self-stimulatory behaviour. Behaviour Research and Therapy, 9. Jg., 1971, S. 39–49.

Lusseyran, J.: Das wiedergefundene Licht. Ernst Klett Verlag: Stuttgart 1977.

Maltz, A.: Comparison of cognitive deficits among autistic and retarded children on the Arthur adaptation of the Leiter International Performance Scales. Journal of Autism and Developmental Disorders, 11. Jg., 1931, S. 413–426.

Mansheim, P.: Tuberous sclerosis and autistic behavour. Journal of Clinical Psychiatry, 40. Jg., 1979, S. 97–98.

Margolies, P.: Behavioral approaches to the treatment of early infantile autism: A review. Psychological Bulletin, 84. Jg., 1977, S. 249–264.

Maurer, R. G., Damasio, A. R.: Vestibular dysfunction in autistic children. Developmental Medicine and Child neurology, 21. Jg., 1979, S. 656–659.

Maurer, R. G.: Childhood autism from the point of view of behavioral neurology. Journal of Autism and Developmental Disorders, 12. Jg., 1982, S. 195–205.

Maurer, R. G., Damasio, A. R.: Childhood autism from the point of view of behavioral neurology. Journal of Autism and Developmental Disorders, 12. Jg., 1982, S. 195–205.

MacConnell, O. L.: Control of eye contact in an autistic child. Journal of Child Psychology and Psychiatry. 8. Jg., 1967, S. 249–255.

McHale, S.: Social interactions of autistic and nonhandicapped children during free play. American Journal of Orthopsychiatry, 53. Jg., 1983, S. 81–91.

McHale, S. M., Simeonson, R. J., Marcus, L. M., Olly, J. G.: The social and symbolic quality of autistic children's communication. Journal of Autism and Developmental Disorders, 10. Jg., 1980, S. 299–310.

Meryash, D. L., Szmanski, L. S., Gerald, P. S.: Infantile autism assoziated with the fragile-X syndrome. Journal of Autism and Developmental Disorders, 12. Jg., 1982, S. 295–301.

Meyers, D., Goldfarb, W.: Childhood schizophrenia: Studies of perplexity in mothers of schizophrenic children. American Journal of Orthopsychiatry, 31. Jg., 1961, S. 551–564.

Minton, J., Campbell, M., Green, W. H., Jennings, S., Samit, C.: Cognitive assesment of siblings of autistic children. Journal of the American Academy of Child Psychiatry, 2. Jg., 1982, S. 256–261.

Mittler, P., Gillies, S., Jukes, E.: Prognosis in psychotic children: Report of a follow-up study. Journal of Mental Deficiency Research, 10. Jg., 1966, S. 73–83.

Müller-Trimbusch, G., Prekop, J.: Das Festhalten als Therapie bei Kindern mit Autismus-Syndrom. Frühförderung interdisziplinär, 2. Jg., 1983, S. 129–139.

O'Connor, N.: Visual perception in autistic children. In: M. Rutter (Ed.) Infantile autism: Concepts, characteristics and treatment. London: Churchill Livingstone, 1971.

O'Connor, N., Hermelin, B.: The selective visual attention of psychotic children. Journal of Child Psychology and Psychiatry. 8. Jg., 1967, S. 167–179.

O'Connor, H., Hermelin, B.: The spatial or temporal organisation of shortterm memory. Journal of Experimental Psychology, 25. Jg., 1973, S. 335–343.

O'Connor, N., Hermelin, B.: Modality-specific spatial coordinates. Perception and Psychophysics, 17. Jg., 1975, S. 213–216.

O'Connor, N., Hermelin, B.: Seeing and Hearing and Space and Time. London: Academic Press, 1978.

Ornitz, E. M.: The modulation of sensory input and motor output in autistic children. Journal of Autism and Childhood Schizophrenia, 4. Jg., 1974, S. 197–215.

Ornitz, E. M., Brown, M. B., Sovosky, A. D., Ritvo, E. R., Dietrich, L.: Environmental modification of autistic behavior. Archives of General Psychiatry, 22. Jg., 1970, S. 560–565.

Ornitz, E. M., Guthrie, D., Farley, A. J.: The early development of autistic children. Journal of Autism and Childhood Schizophrenia, 7. Jg., 1977, S. 207–229.

Ott, H., Gottwald, P.: Verhaltenstherapie bei einem autistischen Jungen. München: Max Planck-Institut, Filmabteilung, 1971.

Paccia, J. M., Curcio, F.: Language processing and forms of immediate echolalia in autistic children. Journal of Speech and Hearing Research, 25. Jg., 1982, S. 42–47.

Park, D., Youderian, P.: Light and number: Ordering principles in the world of an autistic child. Journal of Autism and Childhood Schizophrenia, 4. Jg., 1974, S. 313–323.

Paul, R., Cohen, D. J., Volkmar, F. R.: Autistic behaviors in a boy with Noonan syndrome. Journal of Autism and Developmental Disorders, 13. Jg., 1983, S. 433–434.

Philips, G. M., Dyer, Ch.: Late onset echolalia in autism and allied disorders. British Journal of Disorders of Communication, 12. Jg., 1977, S. 47–59.

Pierce, S., Bartolucci, G.: A syntactic investigation of verbal autistic mentally retarded, and normal children. Journal of Autism and Childhood Schizophrenia, 7. Jg., 1977, S. 121–134.

Prechtl, H. F. R.: The optimality concept. Early Human Development, 4. Jg., 1980, S. 201–205.

Prekop, J.: Das Festhalten als Therapie bei Kindern mit Autismus-Syndrom. Frühförderung interdisziplinär, 2. Jg., 1983, S. 54–64.

Prior, M. R., Bradshaw, J. L.: Hemisphere functioning in autistic children. Cortex, 15. Jg., 1979, S. 73–81.

Prior, M., Gajzago, Ch. C., Knox, D. T.: An epidemiological study of autistic and psychotic children in the four eastern states of Australia. Australian and New Zealand Journal of Psychiatry, 10. Jg., 1976, S. 173–184.

Prior, M., MacMillan, M. B.: Maintenance of samenes in children with Kanner's syndrome. Journal of Autism and Childhood Schizophrenia, 3. Jg., 1973, S. 154–167.

Prior, M., Perry, D., Gayzago, Ch.: Karmer's syndrome or early-onset psychosis: A taxonomic analysis of 142 cases. Journal of Autism and Childhood Schizophrenia, 5. Jg., 1975, S. 71–80.

Prizant, B. M.: Speech-language clinicans and autistic children: What is our role? Journal of the American Sppech-Language-Hearing Association, 24. Jg., 1982, S. 463–468.

Prizant, B., Duchan, J.: The functions of immediate echolalia in autistic children. Journal of Speech and Hearing Disorders, 46. Jg., 1981, S. 241–249.

Prizant, B. M., Rydell, P.: A functional analysis of delayed echolalia of autistic children. Paper presented at the Annual Convention of the American Speech-Language-Hearing Association. Los Angeles, California, 1931.

Putnam, M. C.: Some observations on psychoses in early childhood. In: G. Caplan (Ed.) Emotional Problems of Early Childhood. New York: Basic Books, 1955.

Richer, J. M.: The social avoidance behaviour of autistic children. Animal Behaviour, 24. Jg., 1976, S. 898–906.

Richer, J.: The partial noncommunication of culture of autistic children – An application of human ethology. In: M. Rutter & E. Schopler (Eds.) Autism. New York: Plenum Press, 1978.

Richer, J. M., Coss, R. G.: Gaze aversion in autistic and normal children. Acta Psychiatrica Scandinavica, 53. Jg., 1976, S. 193–210.

Ricks, D. H., Wing, L.: Language, communication and the use of symbols in normal and austistic children. Journal of Autism and Childhood Schizophrenia, 5. Jg., 1975, S. 191–221.

Ricks, D. M.: Vocal communication in pre-verbal normal and autistic children. In: N. O'Connor (Ed.) Language, Cognitive Deficits, and Retardation. London: Butterworths, 1975.

Riguet, C. B., Taylor, N. D., Benaroya, S., Klein, L. S.: Symbolic play in autistic, Down's and normal children of equivalent mental age. Journal of Autism and Developmental Disorders, 11. Jg., 1981, S. 439–448.

Rimland, B.: Infantile Autism. New York: Appleton-Century-Crofts, 1964.

Rimland, B.: The differentiation of childhood psychosis. Journal of Autism and Childhood Schizophrenia, 1. Jg., 1971, S. 161–174.

Rincover, A.: Sensory extinction: A procedure for eliminating selfstimulatory behaviour in developmentally disabled children. Journal of Abnormal Child Psychology, 6. Jg., 1978, S. 299–310.

Rincover, A., Koegel, R. L.: Classroom treatment of autistic children: II: Individualized instruction in a group. Journal of Abnormal Child Psychology, 5. Jgg., 1977, S. 113–126.

Rincover, A., Tripp, J. K.: Management and education of autistic children. School Psychology Digest, 8. Jg., 1979, S. 397–411.

Ritvo, E. R., E. C., Brothers, A. M.: Genetic and immunohematologic factors in autism. Journal of Autism and Developmental Disorders, 12. Jg., 1982, S. 109–114.

Ritvo, E., Freeman, B. J.: Current research on the syndrome of autism. Journal of American Academy of Child Psychiatry, 17. Jg., 1978, S. 565–575.

Ritvo, E. R., Ornitz, E. M., La Franchi, S.: Frequency of repetitive behaviors in early infantile autism and its variants. Archives of General Psychiatry, 19. Jg., 1968, S. 341–347.

Rutter, M.: Behavioural and cognitive characteristics of a series of psychotic children. In: J. K. Wing (Ed.) Childhood Autism. London: Pergamon Press, 1966.

Rutter, M.: Diagnosis and definition. In: M. Rutter & E. Schopler (Eds.) Autism. New York: Plenum Press, 1978.

Rutter, M., Bartak, L.: Special education treatment of autistic children: A comparative study. – II. Follow-up findings and implications for services. Journal Child Psychology and Psychiatry, 14. Jg., 1973, S. 241–270.

Rutter, M., Greenfeld, D., Lockyer, L.: A five to fifteen year follow-up study of infantile psychosis: II. Social and behavioural outcome. British Journal of Psychiatry, 113. Jg., 1967, S. 1183–1199.

Rutter, M., Lockyer, L.: A five to fifteen year follow-up study of infantile psychosis: I. Description of Example. British Journal of Psychiatry, 113. Jg., 1967, S. 1169–1182.

Rutter, M., Sussenwein, F.: A developmental and behavioral approach to the treatment of preschool autistic children. Journal of Autism and Childhood Schizophrenia, 1. Jg., 1971, S. 376–397.

Schneider, K.: Klinische Psychopathologie. Stuttgart: Thieme, 1950.

Schopler, E., Andrecos, C. E., Strupp, K.: Do autistic children come from upper-middle-class parents? Journal of Autism and Developmental Disorders, 9. Jg., 1979, S. 139–152.

Schopler, E., Loftin, J.: Thought disorders in parents of psychotic children. Archives of General Psychiatry, 20. Jg., 1969a, S. 174–181.

Schopler, E., Loftin, J.: Thinking disorders in parents of young psychotic children. Journal of Abnormal Psychology, 74. Jg., 1969b, S. 281–287.

Schopler, E.; Reichler, R. J.: Entwicklungs- und Verhaltensprofil. Dortmund, Verlag modernes Lernen: 1981.

Schopler, E., Reichler, R. J., De Vellis, R. F., Daly, K.: Toward objective classification of childhood autism: Childhood autism rating scale (CARS). Journal of Autism and Developmental Disorders, 10. Jg., 1980, S. 91–103.

Schroeder, St. R., Mulick, J. A., Royalen, J.: The definition, taxonomy, epidemiology, and ecology of self-injurious behavior. Journal of Autism and Developmental Disorders, 10. Jg., 1980, S. 417–432.

Seibert, J. M., Oller, D. K.: Linguistic pragmatics and language intervention strategies. Journal of Autism and Developmental Disorders, 11. Jg., 1981, S. 75–88.

Selfe, L.: Nadia: A Case of Extraordinary Drawing Ability in an Autistic Child. London: Academic Press, 1977.

Shah, A., Holmes, N., Wing, L.: Prevalence of autism and related conditions in adults in a mental handicap hospital. Applied Research in Mental Retardation, 3. Jg., 1982, S. 303–317.

Shapiro, T., Chiaraudini, J., Fish, B.: Thirty severely disturbed children: Evaluation of their language development for classification and prognosis. Archives of General Psychiatry, 30. Jg., 1974, S. 819–825.

Shapiro, T., Fish, B., Ginsberg, G.: The speech of a schizophrenic child from 2 to 6. American Journal of Psychiatry, 128. Jg., 1972, S. 1408–1414.

Shapiro, Th., Kapit, R.: Linguistic negation in autistic and normal children. Journal of Psycholinguistic Research, 7. Jg., 1978, S. 337–351.

Shapiro, Th., Lucy, P.: Echoing in autistic children: A chronometric study of semantic processing. Journal of Child Psychology and Psychiatry, 18. Jg., 1973, S. 373–378.

Shapiro, T., Roberts, A., Fish, B.: Imitation and echoing in young schizophrenic children. Journal of Academic Child Psychiatry, 9. Jg., 1970, S. 548–567.

Shodell, M. J., Reiter, H. H.: Self-mutilative behaviour in verbal and nonverbal schizophrenic children. Archives of General Psychiatry, 1968 Jg. , S. 435–455.

Sigman, M., Ungerer, J.: Sensorimotor skills and language comprehension in autistic children. Journal of Abnormal child Psychology, 9. Jg., 1981, S. 149–165.

Silbert, J. L.: The development of pronoun usage in the psychotic child. Journal of Autism and Childhood Schizophrenia, 8. Jg., 1978, S. 413–425.

Simmons, J. R., Baltaxe, Ch.: Language patterns of adolescent autistics. Journal of Autism and Childhood Schizophrenia, 5. Jg., 1975, S. 333–361.

Skinner, B. F.: Verbal Behavior. New York: Appleton-Century-Crofts, 1957.

Sorosky, A. D., Ornitz, E. M., Brown, M. B., Ritvo, E. R.: Systematic observations of autistic behavior. Archives of General Psychiatry, 18. Jg., 1968, S. 439–449.

Stubbs, E. G., Ash, E., Williams, C. P. S.: Autism and congenital cytomegalovirus. Journal of Autism and Developmental Disorders, 14. Jg., 1984, S. 183–189.

Stutte, H.: Dementia infantilis (Heller) from a catamnestic point of view. Acta paedopsychiatica, 36. Jg., 1969, S. 317–326.

Taft, L. T., Cohen, H. J.: Hypsarrythmia and infantile autism: A clinical report. Journal of Autism and Childhood Schizophrenia, 1. Jg., 1971, S. 327–336.

Tager-Flusberg, H.: Sentence comprehension in autistic children. Applied Psycholinguistics, 2. Jg., 1981, S. 5–24.

Tinbergen, E. A., Tinbergen, N.: Early childhood autism. An etiological approach. Beihefte zur Zeitschrift für Tierpsychologie, Nr. 10, 1972.

Tinbergen, E. A., Tinbergen, N.: The aetiology of childhood autism: A critism of the Tinbergen's theory: A rejander. Psychological Medicine, 6. Jg., 1976, S. 545–549.

Tinbergen, E. A., Tinbergen, N.: About Autistic Children and How They Might be Saved. London 1983.

Torrey, E. F., Hersh, S. P., McCabe, K. D.: Early childhood psychosis and bleeding during pregnanca: A prospective study of gravid women and their offspring. Journal of Autism and Childhood Schizophrenia, 5. Jg., 1975, S. 287–297.

Tsai, L. Y.: Handedness in autistic children and their families. Journal of Autism and Developmental Disorders, 12. Jg., 1982, S. 421–423.

Ungerer, J., Sigman, M.: Symbolic play and language comprehension in autistic children. Journal of the American Academy of Child Psychiatry, 20. Jg., 1981, S. 318–337.

Walker, H. A., Coleman, M.: Characteristics of adventitious movements in autistic children. In: M. Coleman (Ed.) The Autistic Syndromes. New York: Elsevier, 1976, S. 135–144.

Waterhouse, L., Fein, D.: Language skills in developmentally disabled children. Brain and Language, 15. Jg., 1982, S. 307–333.

Weber, D.: Der frühkindliche Autismus unter dem Aspekt der Entwicklung. Bern: Huber Verlag, 1970.

Weir, K., Salisbury, D. M.: Acute onset of autistic features following brain damage in a 10-year-old. Journal of Autism and Developmental Disorders, 10. Jg., 1980, S. 185–191.

Welch, M.: Retrieval from autism trough mother-child holding therapy. Manuskript, im Druck (in Tinbergen/Tinbergen, Hamburg/Berlin 1983).

Wilker, F. W.: Die Früherkennung autistischer Kinder. In: Früherkennung und Frühförderung. Hrsg. Bundesverband »Hilfe für das autistische Kind e. V.« Hamburg 1977.

William, R. S., Hauser, St. L., Purpura, D. P., DeLong, R., Swisher, Ch.: Autism and mental retardation: Neuropathologic studies performed in four retarded persons with autistic behavior. Archives of Neurology, 37. Jg., 1980, S. 749–753.

Wing, L.: The handicaps of autistic children: comparative study. Journal of Child Psychology and Psychiatry, 10. Jg., 1969, S. 1–40.

Wing, L.: Früherkennung beim Frühkindlichen Autismus. In: Früherkennung und Frühförderung. Hrsg.: Bundesverband »Hilfe für das autistische Kind e. V.« Hamburg 1977.

Wing, L.: Childhood autism and social class: A question of selection. British Journal of Psychiatry, 137. Jg., 1980, S. 410–417.

Wing, L.: Asperger's syndrome: A clinical account. Psychological Médicine, 11. Jg., 1981 a, S. 115–129.

Wing, L.: Sex ratios in early childhood autism and related conditions. Psychiatry Research, 5. Jg., 1981 b, S. 129–137.

Wing, L., Gould, J.: Severe impairments of social interaction and associated abnormalities in children: Epidemiology and classification. Journal of Autism and Developmental Disorders, 9. Jg., 1979, S. 11–29.

Wing, L., Gould, J., Yeates, S. R., Brierley, L. M.: Symbolic play in mentally retarded and in autistic children. Journal of Child Psychology and Psychiatry, 18. Jg., 1977, S. 167–178.

Wing, L., Ricks, D. M.: The aetiology of childhood autism: A criticism of the Tingergen's ethological theory. Psychological Medicine, 6. Jg., 1976, S. 533–543.

Wing, L., Yeates, S., Bierley, L. M., Gould, J.: The prevalence of early childhood autism: Comparison of administrative and epidermiological studies. Psychological Medicine, 6. Jg., 1976, S. 89–100.

Wolff, S., Barlow, A.: Schizoid personality in childhood: A comparative study of schizoid, autistic and normal children. Journal of Child Psychology and Psychiatry, 20. Jg., 1979, S. 29–46.

Wolff, S., Chess, S.: A behavioural study of schizophrenic children. Acta Psychiatrica Scandinavica, 40. Jg., 1964, S. 438–466.

Wolff, S., Chick, J.: Schizoid personality in childhood: A controlled follow up study. Psychological Medicine, 10. Jg., 1980, S. 85–100.

Yoder, D. E., Calculator, S.: Some perspectives on intervention strategies for persons with developmental disorders. Journal of Autism and Developmental Disorders, 11. Jg., 1981, S. 107–123.

Young, J. G., Kavanagh, M. E., Anderson, G. M., Shaywitz, B. A., Cohen, D. J.: Clinical neurochemistry of autism and associated disorders. Journal of Autism and Developmental Disorders, 12. Jg., 1982, S. 147–166.

Zajonc, R. B.: Feeling and thinking: Preferences need no inferences. American Psychologist, 35. Jg., 1980, S. 151–175.

Zaslow, R. W.: Der Medusa-Komplex. Die Psychopathologie der menschlichen Aggression im Rahmen der Attachement-Theorie, widergespiegelt im Medusa-Mythos, dem Autismus und der Schizophrenie. Zeitschrift für Klinische Psychologie und Psychotherapie, 30. Jg., 1982, S. 162–182.

Namenverzeichnis

Albers, R. J. 82, 96, 270
Ando, H. 150, 270
Antons-Brandi, V. 266, 270
Arnold, G. 162, 270
Asperger, H. 186, 187, 188, 189, 199, 270
Attwood, A. 125, 270
August, G. J. 157, 160, 270

Baker, L. 98, 99, 173, 272
Baltaxe, Ch. 43, 81, 82, 85, 89, 91, 93, 270, 281
Balthazar, E. E. 190, 270
Barlow, A. 188, 189, 282
Baron-Cohen, S. 125, 126, 128, 270
Barry, R. J. 162, 270
Bartak, L. 42, 43, 119, 184, 186, 193, 227, 260, 270
Bartolucci, G. 80, 82, 83, 96, 270, 279
Baumeister, A. A. 137, 138, 253, 270
Bemporad, J. R. 146, 149, 150, 151, 271
Benda, U. von 88, 89, 271
Bettelheim, B. 96, 106, 131, 271
Black, M. 73, 271
Blackstock, E. G. 162, 271
Blank, M. 244, 247, 271
Bloom, L. 243, 244, 247, 271
Bonvillian, J. D. 248, 271
Boucher, J. 51, 52, 53, 80, 162, 271
Bradshaw, J. L. 162, 279
Brask, B. H. 172, 271
Brown, W. T. 157, 271

Cain, A. C. 43, 271
Calculator, S. 237, 282
Campbell, M. 148, 150, 158, 256, 257, 271
Cantwell, D. P. 98, 99, 172, 173, 193, 272
Carr, E. G. 101, 141, 142, 236, 252, 272
Castell, R. 115, 272
Chess, S. 129, 130, 181, 282
Chess, St. 156, 272
Chiaraudini, J. 102, 281
Chick, J. 188, 282

Churchill, D. W. 137, 196, 272, 273
Ciaranello, R. D. 160, 272
Clark, P. 117, 118, 228, 272
Clune, C. 73, 272
Cohen, H. J. 155, 159, 281
Cohen, J. L. 181, 182, 256, 272
Colby, K. M. 162, 272
Coleman, M. 135, 136, 155, 272, 281
Corbett, J. 200, 272
Coss, R. G. 114, 279
Covert, A. 137, 276
Cox, A. 172, 272
Creak, M. 144, 273
Cunningham, M. A. 90, 91, 92, 273
Curcio, F. 46, 47, 101, 273, 279

Damasio, A. R. 163, 278
Damasio, H. 158, 273
Dawson, G. 162, 273
DeLong, G. R. 156, 273
DeMyer, M. K. 40, 41, 42, 43, 79, 104, 131, 142, 143, 144, 145, 146, 147, 148, 150, 151, 158, 165, 182, 196, 273
Dewey, M. 151, 273
Deykin, E. Y. 159, 273
Dixon, D. 90, 273
Duchan, J. 99, 100, 279
Dyer, Ch. 99, 247, 273, 279

Eisenberg, L. 129, 144, 148, 171, 172, 179, 183, 273, 276
Engelhardt, D. M. 257, 273
Epstein 137, 274
Everard, P. 151, 273

Fay, W. 102, 274
Fein, D. 80, 81, 84, 85, 163, 274, 281
Fish, B. 41, 102, 274, 281
Folstein, S. 159, 160, 274
Forsell, C. 155, 274
Frankel, F. 137, 258, 274
Freeman, B. J. 180, 184, 186, 196, 274, 280
Frith, U. 51, 63, 122, 128, 130, 274

Gillberg, Ch. 143, 155, 158, 159, 161, 163, 274

Goldfarb, W. 89, 172, 173, 274, 278

Gottwald, H. 214, 239, 279

Gould, J. 191, 282

Graham, V. 258, 274

Green, A. H. 140, 275

Hammes, J. G. W. 46, 47, 275

Haracopos, D. 190, 275

Hargrave, E. 138, 275

Harris, S. L. 233, 235, 275

Hauser, S. L. 157, 158, 275

Hemsley, R. 261, 275

Hermelin, B. 10, 24, 54, 58, 59, 60, 61, 62, 63, 64, 65, 69, 70, 86, 122, 123, 126, 127, 130, 189, 275, 278

Hildebrand-Nielson, M. 109, 275

Hobson, R. P. 123, 124, 125, 275

Holmes, N. 191, 281

Howlin, P. A. 98, 101, 102, 237, 261, 275

Hurtig, R. 92, 276

Hutt, C. 116, 131, 137, 258, 276

Innerhofer, P. 25, 29, 175, 192, 195, 262, 276

James, A. L. 162, 270

Jörgensen, O. S. 256, 276

Kane, G. 230, 253, 254, 265, 276

Kane, J. F. 230, 253, 254, 265, 276

Kanner, L. 9, 13, 15, 41, 51, 85, 94, 98, 106, 129, 144, 146, 147, 151, 171, 172, 176, 178, 179, 181, 183, 189, 190, 276

Kant, I. 29

Kapit, R. 102, 281

Kelstrup, A. 190, 275

Kern, L. 255, 276

Klicpera, C. 192, 195, 276

Koegel, R. L. 137, 238, 261, 276, 277

Kolvin, J. 171, 172, 196, 197, 277

Krantz, P. J. 235, 236, 247, 277

Lahey, M. 243, 244, 247, 271

Langdell, T. 46, 47, 122, 123, 124, 275, 277

Lennox, C. 173, 277

Leventhal, H. 128, 277

Lichstein, K. L. 255, 277

Lockhart, L. H. 157, 270

Lockyer, L. 40, 41, 42, 115, 130, 135, 171, 180, 181, 277, 280

Loftin, J. 174, 280

Lotter, V. 144, 145, 172, 177, 277

Lovaas, O. I. 56, 137, 233, 234, 235, 236, 237, 277

Lucy, P. 101, 102, 281

Lusseyran, J. 212, 213, 214, 278

Mahler, M. 106

Maltz, A. 43, 278

Mansheim, P. 155, 278

Margolies, P. 235, 278

Maurer, R. G. 163, 278

McConnell, O. L. 114, 278

McHale, S. M. 106, 278

McMahon, B. 159, 273

McMillan, M. B. 130, 279

Meryash, D. L. 157, 278

Meyers, D. 172, 278

Milewski, J. 244, 247, 271

Minton, J. 160, 278

Mittler, P. 144, 278

Müller-Trimbusch, G. 262, 278

O'Connor, N. 24, 54, 58, 59, 60, 61, 62, 63, 64, 65, 69, 70, 86, 122, 123, 126, 127, 130, 189, 275, 278

Oller, D. K. 238, 280

Ornitz, E. M. 41, 54, 137, 278

Ott, H. 214, 239, 279

Ounsted, C. 116, 276

Paccia, J. M. 101, 279

Park, D. 149, 279

Parkinson, C. 162, 272

Paul, R. 157, 279

Philips, G. M. 99, 247, 279

Piaget, I. 45, 47, 48, 73, 90

Pierce, S. 80, 279

Piserchia, E. A. 47, 273

Polizos, P. 257, 273

Prechtl, H. F. R. 159, 279

Prekop, J. 262, 266, 273, 279

Prior, M. 130, 162, 171, 182, 279

Prizant, B. 99, 100, 101, 243, 279

Puntnam, M. C. 173, 279

Reichler, R. J. 202, 280

Reiter, H. H. 140, 141, 281

Richer, J. 114, 116, 117, 118, 119, 258, 279
Ricks, D. 79, 84, 88, 117, 118, 119, 120, 279, 282
Riguet, C. B. 72, 279
Rimland, B. 43, 131, 173, 181, 182, 183, 280
Rincover, A. 255, 259, 280
Ritvo, E. 136, 160, 180, 196, 280
Roberts, A. 102, 281
Rutter, M. 40, 41, 42, 95, 98, 115, 117, 118, 130, 135, 144, 145, 146, 147, 148, 149, 150, 151, 159, 160, 171, 180, 181, 184, 186, 227, 228, 260, 270, 272, 274, 277, 280
Rydell, P. 99, 101, 279

Salisbury, D. M. 157, 282
Schaumann, H. 143, 274
Schneider, K. 196, 280
Schopler, E. 172, 174, 180, 182, 202, 280
Schreibman, L. 255, 277
Schroeder, St. R. 141, 280
Schuler, A. L. 102, 274
Schwartz, S. 162, 270
Seibert, J. M. 238, 280
Selfe, L. 42, 280
Shah, A. 191, 281
Shapiro, T. 101, 102, 281
Shodell, M. J. 140, 141, 281
Sigman, M. 45, 46, 47, 71, 72, 281
Silberg, J. L. 95, 97, 281
Simmons, J. Q. 81, 82, 270
Simmons, J. R. 43, 85, 89, 281
Skinner, B. F. 232, 281
Snowling, M. 51, 274
Sorosky, A. D. 135, 136, 281
Stubbs, E. G. 156, 281
Stutte, H. 200, 281
Sussenwein, F. 260, 280
Svendsen, P. 158, 274
Swisher, L. 138, 275

Taft, L. T. 155, 159, 281
Tager-Flusberg, H. 86, 88, 281
Tinbergen, E. A. 24, 106, 116, 117, 263, 264, 281
Tinbergen, N. 24, 106, 116, 117, 263, 264, 281
Torrey, E. F. 159, 281
Tripp, J. K. 259, 280
Tsai, L. Y. 162, 281

Ungerer, J. 45, 46, 47, 71, 72, 281

Vaizey, M. J. 116, 258, 276

Walker, H. A. 135, 136, 281
Warnke, A. 175, 262, 276
Warrington, E. K. 51, 52, 53, 271
Waterhouse, L. 80, 81, 84, 85, 281
Weber, D. 135, 136, 140, 149, 150, 282
Weir, K. 157, 282
Weeks, S. J. 124, 275
Welch, M. 262, 282
Wilker, F. W. 282
Williams, J. A. 238, 277
Williams, R. S. 160, 282
Wing, L. 72, 73, 79, 84, 88, 98, 117, 118, 119, 120, 172, 173, 176, 177, 187, 188, 191, 279, 281, 282
Wittgenstein, L. 29
Wolff, S. 129, 130, 181, 188, 189, 282

Yoshimura, I. 150, 270
Yoder, D. E. 237, 282
Youderian, P. 149, 279
Young, J. G. 161, 282

Zajonc, R. B. 128, 282
Zaslow, R. W. 263, 283

Sachverzeichnis

abnorme Beziehung zu Gegenständen 111, 133f., 149, 185, 210
Adoleszenz 143f., 146f., 148, 149, 150, 151f., 159
affektive Entwicklung 126f., 150f., 198
– s. auch Emotionen
akontextuale Sprache 76ff., 87ff., 93f., 97, 104
akustische Wahrnehmung 54f., 59, 66
– s. auch Wahrnehmung
Angst 129f., 149, 150f., 154, 169, 181, 197
Artikulation 80, 195
Asperger'sches Syndrom 39, 183f., 186ff., 199
Auffälligkeiten in der Familie 23, 172f.
Begabung, spezielle 22f., 41f.
– musikalische 43f., 45
– Gedächtnis (s. auch Gedächtnis) 44, 51ff., 53, 179
Blickkontakt 24, 99, 109, 113ff., 116, 117, 233f.
Chromosomenanomalien 191
– s. Down-Syndrom
– s. Marker-X-Syndrom
Diagnostik 176, 178ff.
Diagnostische Kriterien
– Differentialdiagnostik 183ff.
– Selektionsdiagnostik 178ff.
– therapieorientierte Diagnostik 178, 200ff.
Distanzverhalten 115ff.
Disziplinprobleme 168f.
Down-Syndrom 157, 191, 192
Dysphasie
– Differentialdiagnose 193ff.
Echolalien 48, 95, 96, 98ff., 147, 179, 194, 247
egozentrischer Sprachgebrauch 87, 90, 91, 92f., 195
Eltern
– Einbeziehung in die Therapie 165, 219ff., 222ff., 259ff.

– Eltern-Kind-Beziehung 22ff., 105, 106f., 108, 120, 138, 165ff.
– Partnerbeziehung 170f.
– Persönlichkeit 170, 171ff.
– Schizophrenie 173f., 199
– Schuldgefühle 23, 169f., 225
– Situation der 22f., 164ff., 166ff., 222f., 225
– Sozialkontakt 168, 170, 172, 175
– Überforderung 167, 169, 174, 175
– Zwänge, zwanghaftes Verhalten 172
Emotionen
– Ausdruck von 120, 123, 124f., 126f., 150, 181, 184, 188, 203f., 208
– Erkennen von 111, 123f., 125ff., 181, 188
Entwicklung
– s. affektive Entwicklung
– s. kognitive Entwicklung
– s. motorische Entwicklung
– s. sensorische Entwicklung
– s. sensumotorische Entwicklung
Entwicklungsstadien nach Piaget 45ff., 73
Epilepsie 143, 153, 158f., 185
Eßverhalten 140, 167f.
Familie (s. Eltern)
Festhalten an Unveränderlichkeit der Umgebung 24, 55, 129ff., 135, 149, 179, 180, 185, 210
Festhalte-Therapie 262ff.
Fürwörter, Gebrauch von 24, 84, 87, 94ff., 179
Gedächtnis 51ff., 62ff., 67, 68ff., 82, 86, 88, 134, 195, 209, 247
– Echogedächtnis 52f., 96
Gegenstandswahrnehmung 26f.
geistige Behinderung 39, 40, 44, 59f., 176, 183ff., 190ff.
Generalisation 84, 134, 230f., 236f., 241f.
genetische Faktoren 155, 157, 159f.
Geschlechterverhältnis 143, 176f., 191
Geschwister (s. Familie) 159f., 171, 175, 223f.

– s. auch Situation der Eltern
Gesichter-Erkennen 30, 31 f., 115, 122 ff.
Gestik 24, 96, 106, 119 ff., 125, 187, 194
Händigkeit 162
Handlungseinheit 26 ff., 228 f., 230 f.
Handlungsschema 36 f.
Heller'sche Demenz
– Differentialdiagnose 199 f.
Hemisphärendominanz 162
Imitation 46 ff., 73, 75, 79, 89, 102 f., 151, 203 f., 234, 247
Informationsverarbeitung 24, 58 f., 64 ff., 128 f.
Intelligenz 13, 40 ff., 75 f., 130, 137, 141, 183 ff., 189
– Entwicklung (s. kognitive Entwicklung)
– Profile 40 ff., 44 f.
– Stabilität 40 f., 44
Interesse, besonderes 90 f., 132, 133 f., 149, 187
Intonation 63, 79, 88 ff., 99, 148, 187
Kausalitätsprinzip 46 f., 48 ff.
kognitive Entwicklung 44, 45 ff., 70 ff., 75 f., 105, 106, 110 ff., 126 f., 149, 184 ff., 198, 199, 227
Kommunikation 78 f., 89, 90 ff., 99 ff., 103, 105 f., 109, 141, 147 f., 179 ff., 187, 190 f., 232 ff.
– nonverbale 47, 119 ff., 195
Kompensation 50, 52, 57 f., 64, 67, 93, 96, 97, 103, 133, 135, 148, 184, 203, 209 ff., 229
Kontextoffenheit kognitiver Inhalte 48 f.
Marker-X-Syndrom 157
medikamentöse Therapie 256 ff.
Mimik 120, 187
Motivationsprobleme 144, 149, 239 ff., 243
motorische Entwicklung 41, 185, 187 f., 189
motorische Schemata 31, 32 ff., 67, 70, 152, 210, 228 f., 242
musikalische Begabung (s. Begabung, spezielle)
Neuropsychologie 161 ff.
Neurotransmitter, Störung der 160 f.
Objektpermanenz 46, 48 ff.
Orientierungsschema 36 f.
Perseveration 81, 82 f., 84, 95, 101 f.
Pragmatik 90 ff., 104
Prognose 72, 148, 192, 199, 215
Psychoanalyse 96, 141, 215, 221
Pubertät 143 f., 146 f., 150, 159

Raumschema 60 ff., 66 ff.
Risikofaktoren, pränatale 159
–, perinatale 159
Rituale 129 f., 134, 149, 167, 179, 185
Sauberkeitserziehung 168
Schemabegriff 28 f.
Schizophrenie
– Differentialdiagnose 196 ff.
– der Eltern (s. Eltern)
Schlafstörungen 168
Schuldgefühle der Eltern (s. Eltern)
Schule, Schulbesuch 116, 143, 149, 152, 177, 186, 258 f.
selbstverletzendes Verhalten 140 ff., 150, 167, 185, 252 f.
Semantik 83, 84 ff., 104, 195
sensorische Dominanz 60, 64
sensorische Entwicklung 58
sensumotorische Entwicklung 45 f., 138
Sexualität 151 ff.
Situation der Eltern (s. Eltern)
Situationsverständnis 205 f.
somatische Faktoren
– als Ursache 139, 141 f., 154 ff., 190, 198, 199
Sozialkontakt 103 ff., 113 ff., 137, 145 ff., 151 ff., 190 ff., 194 ff., 203 f., 216 f.
– der Eltern (s. Eltern)
soziale Schicht 171 f.
Sozialverhalten 13, 23 f., 104 ff., 125 ff., 137, 145 ff., 153 f., 179 ff., 185, 186 f., 189, 190 ff., 198, 199, 208, 231 f.
Spielverhalten 57, 70 ff., 117 f., 179, 186, 190, 191, 192, 195, 210
– Entwicklung 70 ff.
– symbolisches Spiel 70, 71 ff., 207
Sprache 76 ff., 122, 187, 189, 198
– s. Artikulation
– s. Dysphasien
– s. Echolalien
– s. egozentrischer Sprachgebrauch
– s. Entwicklung, sprachliche
– s. Fürwörter, Gebrauch von
– s. Intonation
– s. Kommunikation
– s. Perseverationen
– s. Pragmatik
– s. Semantik
– s. Sprachverständnis
– s. Syntax
– s. Verwendung von

sprachliche Entwicklung 41, 72, 76ff., 80f.,
  89, 91, 95, 101, 102, 109f., 117, 147f., 179,
  180, 184f., 187, 195, 227, 245f.
Sprachschemata 31, 33ff., 51, 65ff., 76ff.,
  93, 127, 152, 204ff., 209f.
Sprachtherapie, Sprachaufbau 77, 232ff.,
  246ff.
– verhaltenstherapeutischer Sprachaufbau
  207f., 232ff.
– linguistisch orientierter Sprachaufbau
  242ff.
Sprachverständnis 41, 84ff., 94, 101, 103,
  147, 148, 193, 195, 235
Stereotypien 72, 103, 113, 130, 135ff., 152,
  169, 179, 185, 188, 189, 210, 227
– Therapie von 252ff.
symbolisches Spiel (s. Spielverhalten)
Syntax 80ff., 91
taktile Wahrnehmung 55f.
– s. auch Wahrnehmung
Theoriebegriff 25
Theorie der logischen Formen 24, 25ff.
– Grundannahmen 37ff.
– Sprachaufbau mittels der 249ff.
Therapie 16f., 118f., 165, 192, 212ff.
– Kriterien der 215ff.
– Therapieziele 220ff., 230
– s. Festhalte-Therapie
– s. medikamentöse Therapie
– s. Sprachtherapie
– s. Verhaltenstherapie
Überforderung 50, 58, 109, 110, 114f., 118f.,
  128f., 132, 208

– der Eltern (s. Eltern)
übermäßige Selektivität 51, 56ff.
Verhaltenstherapie 200, 214, 226f., 232ff.
– s. auch Sprachaufbau
Verwendung von Sprache 77f., 148, 180,
  185, 187, 195
visuelle Wahrnehmung 55, 59f., 66
– s. auch Wahrnehmung
Vorstellungsschemata 31ff., 48f., 65ff.,
  74f., 76, 77f., 127, 134, 139, 152ff., 202ff.,
  229
Wahrnehmung, Störung der 24, 54ff., 64ff.,
  112, 108f., 130, 153, 198
– s. akustische Wahrnehmung
– s. visuelle Wahrnehmung
– s. taktile Wahrnehmung
Zeitschema 62, 64, 67f.
Zwänge, zwanghaftes Verhalten 129ff., 135,
  149, 167, 188, 195
– der Eltern (s. Eltern)

Fallbeispiele

Dicki 214
Donald 15f., 51, 97, 130
Elisa 16f., 249f.
Felix 17ff., 97, 105, 174, 215
Jacques 212f.
Michael 55, 135
Oliver 201
Stefan 55